新郑郜楼两周墓地

河南省文物考古研究院　　编著

The Western and
Eastern Zhou Dynasty
Cemetery in Gaolou,
Xinzheng

上海古籍出版社

图书在版编目（CIP）数据

新郑郜楼两周墓地/河南省文物考古研究院编著
. —上海：上海古籍出版社，2020.8
ISBN 978-7-5325-9684-3

Ⅰ.①新… Ⅱ.①河… Ⅲ.①周墓-发掘报告-新郑
Ⅳ.①K878.85

中国版本图书馆CIP数据核字（2020）第118387号

责任编辑：张亚莉
装帧设计：黄　琛
技术编辑：耿莹祎

新郑郜楼两周墓地

河南省文物考古研究院　编著
上海古籍出版社出版发行
（上海瑞金二路272号　邮政编码200020）
（1）网址：www. guji. com. cn
（2）E-mail：guji1 @ guji. com. cn
（3）易文网网址：www. ewen. co
上海雅昌艺术印刷有限公司印刷
开本889×1194　1/16　印张24.75　插页76　字数569,000
2020年8月第1版　2020年8月第1次印刷
ISBN 978-7-5325-9684-3
K·2873　定价：398.00元
如有质量问题，请与承印公司联系

目　录

插 图 目 录

彩 版 目 录

第一章　前　言

第一节　自然地理概况

一、地质地貌

新郑市位于中原腹地,在行政区划上隶属河南省省会郑州市,为其下辖的县级市,是郑州市南部新城和郑州航空港经济综合试验区的核心组成部分。其北与郑州市中心城区接壤,东连中牟、尉氏二县,南接长葛、禹州二市,西依新密市。这里自古沟通南北、连接东西的交通要道,素有"九州通衢"之称。

新郑在全国自然分布中处于二阶台地前沿部分,在河南的地貌格局中处于豫西山区向豫东平原的过渡地带,介于东经113°30′至113°54′,北纬34°16′至34°39′之间,南北长42公里,东西宽36公里,总面积873平方公里。境内地势整体而言西高东低,中部高、南北低。由于这种过渡地带的地理特点,山、丘、岗和平原等地貌都兼而有之。

境内的西部和西南部为山地和丘陵集中区,这里有属于伏牛山系嵩山余脉的具茨山、陉山、泰山、梅山等,相对高差300米至500米。其中具茨山的主峰为海拔793米的风后岭,为新郑境内最高峰,据传此峰因黄帝臣风后封地而得名。沿低山外围为新生代第四纪黄土覆盖的山前坡洪积岗地,这里的海拔在180至250米之间,相对高差数十米,较大的岗地有马岭岗、黄岗、双岭岗、裴李岗等。京广铁路以东多沙丘岗地,这是由于千百年来黄河改道时沉积沙砾被风吹运而成,相对高差在1.5至5米之间,少数高达10米。黄河古阶地和双洎河、黄水河、溱水河两岸的带状冲积扇,属于地势平缓的平原地带,这里虽面积较小,但土地肥沃,是新郑的主要农产区。

二、河流

新郑地处淮河流域,境内河流湖泉众多,较大的河流有双洎河、黄水河、溱水河、梅河、十八里河、暖泉河、潮河、莲河等。这些河流多发源于北部和西部山区,几条大河都是常年河,属于颍河水系;较小的河流均为季节河,属于贾鲁河水系。其中双洎河和黄水河为新郑境内的第一和第二大河流,呈东西环绕之势从郑韩故城两侧缓缓流过。

三、气候

新郑属暖温带大陆性季风气候,气温适中,四季分明。年平均气温14.2℃。年均日照时数2 368.4小时,光照充足。平均年降水量接近700毫米,降水季节分布很不平衡,夏秋季降雨量大,春冬季降雨量小;降水地区分布也不平衡,一般来说,西南山区降水最多,东部和北部山岗平原降水最少。由于属季风气候,所以风向风力随季节的交替而有变化,春冬季风多且多为东北和西北风,夏季风少且为南风。年均无霜期206天。

第二节　历史沿革情况

一、史前时代

新郑历史文化悠久,文明积淀深厚。早在8 000年前,在新村镇的裴李岗遗址就有原始的先民居住,他们过着稳定的定居生活,从事着农业、家畜饲养业和简单的手工业等在内的经济生产,创造了举世闻名的裴李岗文化。这里是中国古代文明最早的发源地之一。新郑境内同时期的裴李岗文化遗址主要还有沙窝李遗址、西土桥遗址、岭西遗址、唐户遗址等。特别是唐户遗址,面积有140万平方米,其中裴李岗文化遗存面积就达30万平方米,是我国目前发现的面积最大的裴李岗文化时期的聚落遗址。2006—2007年,郑州市文物考古研究院配合南水北调中线工程,对该遗址进行了全面调查和考古发掘,揭露面积5 000平方米,取得了非常重要的考古成果,该项目入选了“2007年全国十大考古发现”。大约5 000年前的仰韶文化时期,史传中华民族的祖先黄帝生于轩辕丘(今新郑市北关外),定都有熊(今新郑市),完成了统一中原的大业。新郑被誉为中华第一古都。相当于此时期的仰韶文化遗址目前在新郑发现的有唐户遗址、洪府遗址、高坡岩遗址、古城遗址、王垌遗址、大朱庄遗址、官庄遗址等。仰韶文化之后的龙山文化时代,新郑一带更是古人类的主要活动区域。这一时期的遗址除上述的唐户遗址、古城遗址、王垌遗址等仰韶文化遗址中发现有龙山文化的遗存外,主要还有大司遗址、于寨遗址、人和寨遗址、金钟寨遗址、水泉遗址等。在史书记载中,相当于龙山文化时期的帝喾高辛氏封祝融氏黎在有熊为火正,所以新郑在后来的史书中又被称为“祝融氏之墟”。

二、历史时期

进入夏商时期,新郑分别为夏、商王朝的畿内之地。此时期的遗址在新郑分布也是比较丰富。新村镇的望京楼遗址就是商代早期的一处典型文化遗址。2010年,郑州市文物考古研究院对该遗址进行了考古发掘,发现了夏代和商代两座城址,并发现了外廓城,城址总面积近170万平方米。这是继郑州商城、偃师商城和荥阳大师姑等之后,中原地区在夏商大型城址方面的又一重大发现,对于探讨夏商历史、夏代晚期文化与商代早期文化更替以及中国早期城池建设等问题都具有重要的意义,因而该发掘项目也入选了“2010年全国十大考古发现”。另外这一时期还有小王庄遗址、下申河遗址、马垌遗址、郭寨沟遗址、街东曹遗址等。周初封郐国(今新密市东南),新郑属郐。公元前806年(周宣王二十二年),周宣王姬静封其庶弟姬友在京畿内的棫林(今陕西省华县东北,也有学者认为在今陕西凤翔县南)建立了郑国,史称姬友为郑桓公,是郑国始封伯爵。公元前781年,周宣王死,其儿子幽王姬宫涅继位,郑桓公被周幽王任命为司徒,掌握全国的土地和户口。周幽王九年(公元前773年),诸侯叛周,郑桓公姬友听从太史伯的建议,将其部族、家属、财产等由棫林陆续迁于郐与东虢(今荥阳东北)之间,作为郑在东方建国的基础。周平王元年(公元前770年),郑国国君武公掘突随平王东迁。周平王二年(公元前769年)、四年(公元前767年),郑武公施离间计先后灭掉郐、虢二国,在古溱水(黄水河)、洧水(双洎河)交汇处的西北建立了郑国新都城,为区别陕西的旧郑,后称新郑。郑国在新郑先后传十四世22君,历时394年。春秋时期,郑国为强国,且地处交通要道,因而长期战争不断。周烈王元年(公元前375年),韩国灭郑,韩哀侯把韩都也由阳翟(今禹州市)迁都新郑,传九世,历时145年。战国之时,韩国是各国贸易往来的必经之地,俨然是中原地区的政治、经济、军事和文化中心。秦王政十七年(公元前230年),秦灭韩,从此新郑失去国都地位。公元前221年,秦统一六国,置新郑县、苑陵县,属颍川郡。西汉承秦制。王莽改苑陵县为左亭县。东汉又改左亭县为苑陵县。三国时河南属魏,新郑县、苑陵县属司州河南尹。晋废新郑县,将其并入苑陵县。隋恢复新郑县,之后又废苑陵县入新郑县。唐初分新郑为新郑县和清池县,不久又将清池县并入新郑县。五代后,设新郑县。此后,新郑的行政建制一直延续至今。1994年5月,经国务院批准,新郑撤县设市,由郑州市代管。

第三节 郑韩故城考古

郑韩故城是国务院公布的第一批全国重点文物保护单位。由于它特殊的地理位置和文化背景,河南省文化局文物工作队(河南省文物考古研究所的前身)在1964年就在新郑设立了工作站,开始了长期不懈的考古勘探和发掘研究工作。

50多年来,在上级文物主管部门和地方政府的关心扶持下,在当地文化、文物部门的大力配合和协助下,在相关部门和基层群众的积极参与和支持下,经过几代考古人的辛勤劳动和艰苦努力,取得了许多重要的考古发现和收获。下面,我们按照大致年代顺序对以前的考古工作进行简单的梳理和介绍。

六十年代,主要的工作手段是考古调查、勘探和试掘。通过对郑韩故城内外的普探和全面调查,初步了解到故城内文化遗迹的大致分布情况,发现了郑韩两国的宫殿和宗庙基址、铸铁遗址、制骨遗址、战国冷藏室遗址及夯土台基等,为郑韩故城的文物保护与科学发掘奠定了坚实的基础。

七十年代,主要是对城内及周边地区的一些墓地和遗址做了小规模的发掘。如白庙范铜兵器坑、大吴楼春秋贵族墓地、后端湾春秋高级贵族墓地、烈江坡东周墓地、梳妆台遗址、花园村宫城遗址等。其中白庙范铜兵器坑出土战国时期有铭文的戈、矛等兵器180余件,这批兵器发现的意义是十分重大的。

八十年代开始,大规模的城市基本建设工作开始进行。配合基建的考古发掘工作也拉开了序幕。这一阶段先后发掘了蔡庄东周墓地、河李墓地、李马墓地、税务局家属院战国大型宫殿建筑遗址、新郑药厂钱范遗址、玻璃厂春秋冷藏窖、阁老坟宫殿遗址等。特别是韩王陵的发现,填补了长期以来郑韩故城没有韩国大型陵墓的空白。

到了九十年代后,配合基建的考古发掘工作达到了高峰时期。这一时期发掘的主要工地有郑韩故城东、北城墙、金城路、郑韩路、大吴楼铸铜遗址、苑陵中学家属院、煤炭储运公司、城市信用社、中国银行新郑支行(以下简称中行)等。通过对东、北城墙的解剖,使我们了解到故城的内、外城都始建于春秋时期,战国时期开始在原来墙体的基础之上加高加宽。金城路遗址、城市信用社遗址和中行遗址是三处时代相近的祭祀遗址,特别是中行遗址的发现,不仅成为郑韩故城考古史上的里程碑,而且还荣获当年的"全国考古十大发现"。

进入二十一世纪以来,在配合基建发掘的同时,也展开了主动性的考古工作。2002年,经国家文物局批准,对郑韩故城外许岗村的韩国王陵进行了大规模的发掘,虽然盗掘严重,但仍获许多新的发现。特别是2006年至2009年,配合南水北调中线工程,河南省文物考古研究所对胡庄韩王陵进行了抢救性发掘。发掘面积12 000平方米,发现了两座带封土的战国晚期韩国王陵,该王陵虽然也遭盗掘,但清理出了由环壕、墓旁建筑、陵墓和陵上建筑等组成的陵园形态,这个发现填补了我国东周陵墓的空白,在我国陵墓考古史上具有重要的学术价值,该发掘也被评为"2008年全国考古十大发现"。配合郑韩故城国家考古遗址公园的建设,我们在探寻城门的过程中,发现了北城门遗址。这是第一次科学发掘郑韩故城城门,厘清了春秋时期水陆并用的城门结构,是国内发现的先秦时期唯一渠门类遗址,这对研究中国古代城市规划与建设有极其重要的意义;战国时期以瓮城为中心的军事防御体系,是东周时期王城遗址中的首次发现;战国隔城墙的发现,说明韩灭郑后除延用郑都外并对都城布局有了重大改变,是研究先秦都城演变规律的重要对象;不同时期带车辙的道路,不仅为研究新郑城市的变迁提供了实物资料,而且也是研究中国古代交通史的重要材料。这么多重要的考古收获,也使该项目携手当年郑韩故城的另一项重要发现——三号车马坑的发掘一同入选"2017年全国考古十大发现"。

此外我们还对冯庄的东周私营制陶遗址、能人路的战国官营制陶遗址、后端湾郑国中字形大墓、新郑监狱春秋战国墓地及铸币遗址、毛园郑国贵族墓地、兴弘公司春秋战国遗址和墓地、热电厂春秋战国遗址和墓地、华瑞路宫殿区遗址、防疫站春秋战国墓地、月季新城春秋战国遗址和铜钱窖藏等进行了考古发掘。这些层出不穷的新资料,对郑韩故城的详尽研究有着十分重要的学术价值。

郑韩故城五十多年来的考古工作是相当辉煌的,取得的成就也是非常喜人的。从目前的考古资料分析,郑韩故城城墙的范围、走向、形状、结构、城门(部分)、始建年代、使用年代、建筑方法等,都是十分清楚的。故城内的平面布局和基本结构也是大致清晰的。西城应该是宫殿建筑基址的所在地,主要集中在西城的中部偏北和西北部地势较高的地带,也就是今天的阁老坟村一带;而东城则是手工业作坊的集中区域。在东城内的大吴楼和小高庄一带发现有铸铜遗址、仓城有铸铁遗址、人民路有制骨遗址、张龙庄有制玉遗址、热电厂和能人路有制陶遗址等。东城的东南部，即现在的仓城村附近，还应该是春秋至战国时期国家的大型仓廪区域，在这一带经常发现有口径极大，壁、底加工十分规整的圆形窖穴，而且在其底部出土了炭化的粮食颗粒和铺底用的腐朽的木板、席子等遗物。近年来在东城内，主要是政府后院的周围也发现有比较集中的大型建筑群，据推测当和郑国的宗庙有关；特别是在东城内的金城路、城市信用社、中行等处前后发现了多座保存完好的青铜礼乐器坑，大量制作精美、组合完整的青铜礼乐器的出土，无疑对郑韩故城城市布局及宗庙社稷的研究提供了极为重要的新材料。墓葬分为贵族和平民墓葬两部分，春秋时期的高级贵族墓葬及其附葬坑主要分布在郑韩故城内西城的李家楼附近和东城的后端湾周围，一般的贵族墓葬在城内的热电厂、白庙范、张龙庄、大吴楼等附近都有发现；战国时期的韩国王室墓葬则主要埋葬在城外，集中在今天的许岗、冢岗、王行庄、胡庄、暴庄、宋庄、冯庄、渔夫子冢等地，另外城内城外都有区域的分布着大量春秋战国时期的平民墓葬。

这一时期郑韩故城的考古资料整理和合作研究也达到了新高。除发表论文、简报数十篇外，还相继出版了考古报告、研究专著6部。同时，我们还和日本、美国、加拿大以及国内外的相关单位在体质人类学、动物考古学、植物考古学、环境考古学等方面展开了多学科的合作研究，并取得巨大的科研成果。

第四节　郜楼墓地发掘

郜楼墓地和我们以前发掘的天利墓地实际上应属于一个大的墓地，二者之间仅一墙之隔，两个发掘区的直线距离不足50米。

2013年，郑州和一正生物科技有限公司拟在该墓地所在地块投资兴建新厂。该新厂位于新郑市梨河镇韩城路东段北、郜楼村南。其东接乡村道路，西邻七里闫村耕地，南依郑州市天利食品厂，北临郜楼村耕地、郜楼村居民区。建筑区域平面呈长方形，东西长220余米，南北宽100米，总面积约2.2万平方米。（图一；彩版一）

接到新郑市文物局钻探队的勘探报告后，我们及时上报了省文物局，在报请国家文物局批准后，河南省文物考古研究所新郑工作站自2013年11月开始，至2013年12月底，配合郑州和一正生物科技有限公司的基建工程，对该墓地进行了考古发掘。（彩版二、三、四）

这次发掘共清理东周时期中小型墓葬150余座，出土了铜、玉、水晶、陶等不同质料的文物500余件。另外这批墓葬中出土了一批保存相当完好的人体骨架，我们现场都进行了提取，这对我们研究此时期人类的种属、体质等有很重要的意义。发掘工作结束后，我们及时组织有关人员对墓地进行了航拍和测绘工作。

整个墓地，西区较为密集，东区则较为疏松。西周晚期早段至春秋早期晚段，郜楼墓地的范围基本奠定，墓葬分布较为松散，没有明显规律。至春秋中期早段，墓地开始呈现有规律的分布，且数量也开始增多。此后的墓葬在此基础上不断填充，至春秋中期晚段，墓地的框架范围基本形

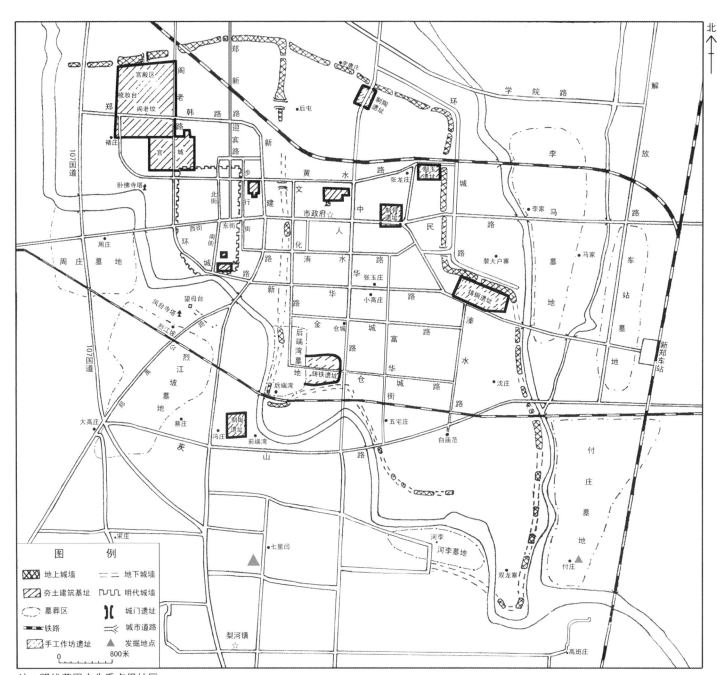

注：粗线范围内为重点保护区

图一　郑楼墓地发掘位置示意图

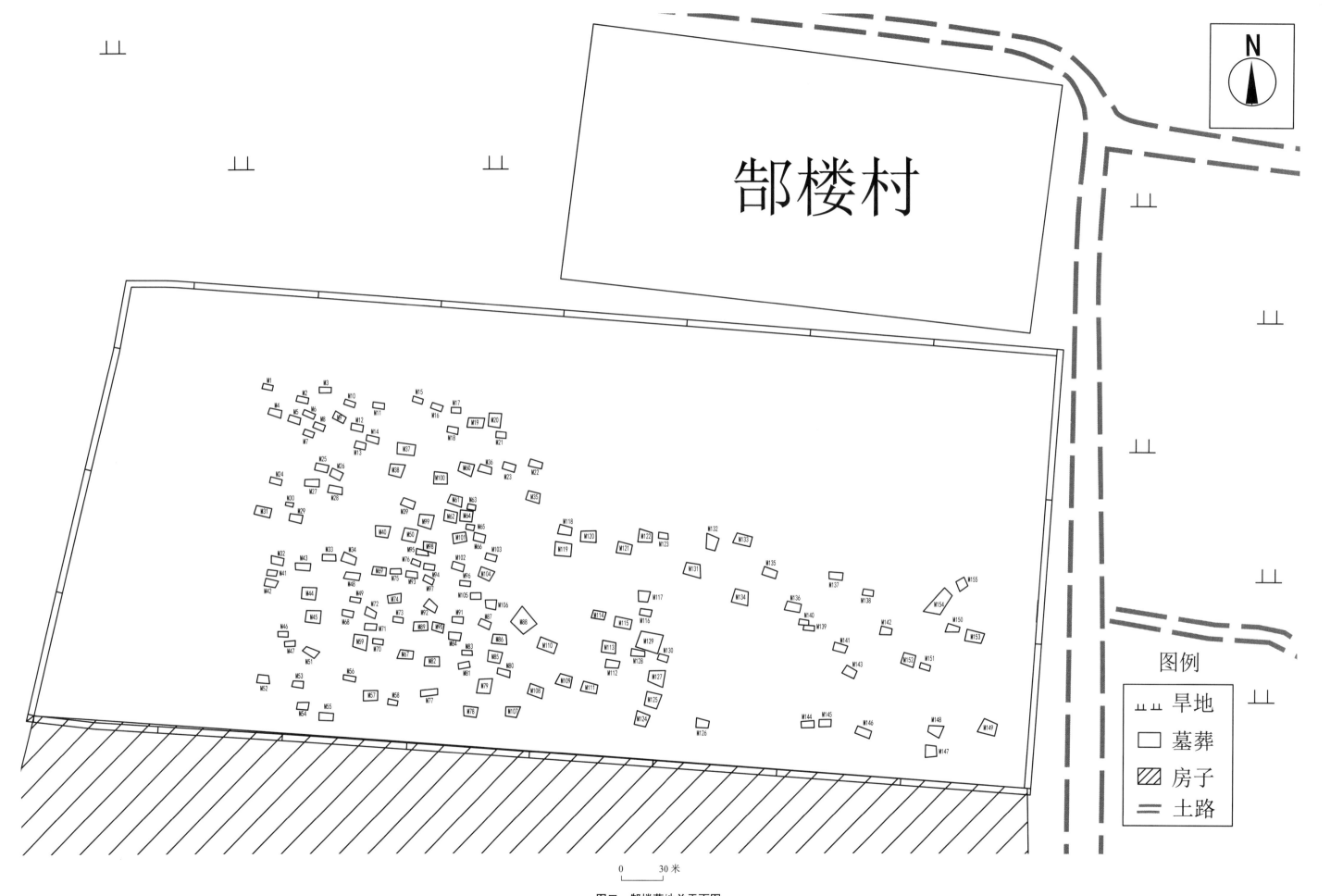

图二 郜楼墓地总平面图

成。从春秋晚期晚段及其之后阶段的墓葬分布特征看,郜楼墓地呈现出向南向东扩展的趋势,西部最先形成较为密集的墓葬分布,而东区作为主要的预留空间并未布满。(图二)

我们将郜楼墓葬分为六期十二段。

第一期 西周晚期,可分为西周晚期早段和西周晚期晚段。

第二期 春秋早期,可分为春秋早期早段和春秋早期晚段。

第三期 春秋中期,可分为春秋中期早段和春秋中期晚段。

第四期 春秋晚期,可分为春秋晚期早段和春秋晚期晚段。

第五期 战国早期,可分为战国早期早段和战国早期晚段。

第六期 战国中期,可分为战国中期早段和战国中期晚段。

第二章 墓葬概况

1. M1

该墓开口于①层下，距地表深50厘米，方向285°。墓葬形制为竖穴土坑墓，开口平面形状呈长方形，墓口长250厘米，宽112厘米，墓口距墓底深60厘米。坑壁垂直，壁面加工规整，平整光滑，平底。填土为五花土，土质较松。(图三)

葬具为单棺，平面形状呈长方形。棺距墓口深50厘米，长234厘米，宽90厘米，残高10厘米，壁厚6厘米。

骨架一具，除左小臂不存外，其余保存基本完整。仰身直肢，头向西，面向不明，右手置于腹部，双脚并拢。

无随葬品。

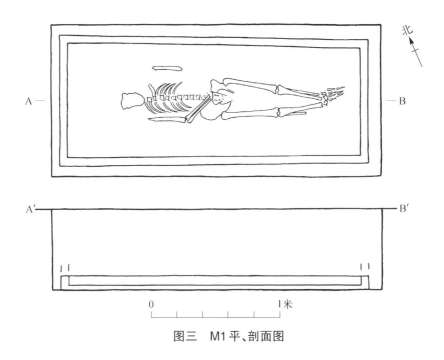

图三　M1平、剖面图

2. M2

该墓开口于①层下，距地表深50厘米，方向290°。墓葬形制为竖穴土坑墓，开口平面形状呈

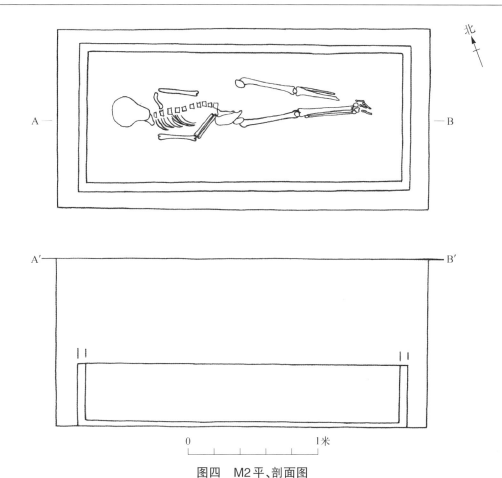

图四 M2平、剖面图

长方形,墓口长270厘米,宽130厘米,墓口距墓底深120厘米。坑壁垂直,壁面加工规整,平整光滑,平底。填土为五花土,土质较松。(图四;彩版五,1)

葬具为单棺,平面形状呈长方形。棺距墓口深75厘米,长240厘米,宽104厘米,残高45厘米,壁厚6厘米。

骨架一具,除左小臂、左足不存外,其余保存基本完整。仰身直肢,头向西,面向上,右手置于腹部。

无随葬品。

3. M3

该墓开口于①层下,距地表深50厘米,方向280°。墓葬形制为竖穴土坑墓,开口平面形状呈长方形,墓口长270厘米,宽132厘米,墓口距墓底深100厘米。坑壁垂直,壁面加工规整,平整光滑,平底。填土为五花土,土质较松。(图五;彩版五,2)

葬具为单棺,平面形状呈长方形。棺距墓口深88厘米,长232厘米,宽90厘米,残高12厘米,壁厚6厘米。

骨架一具,保存基本完整。仰身直肢,头向西,面向北,双手置于腹部,双脚并拢。

无随葬品。

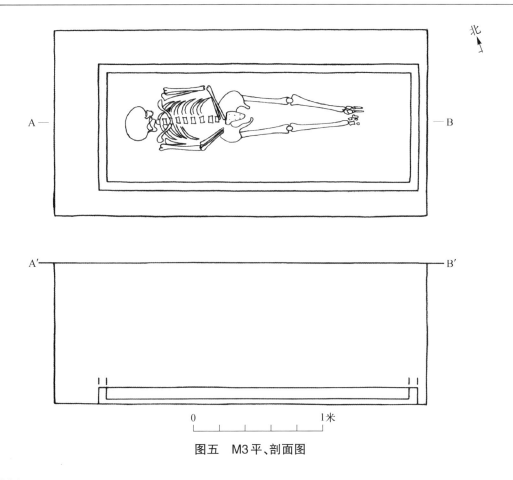

图五　M3平、剖面图

4. M4

该墓开口于①层下，距地表深50厘米，方向292°。墓葬形制为竖穴土坑墓，开口平面形状呈长方形，口大底小，墓口长320厘米，宽180厘米，墓口距墓底深300厘米，墓底长280厘米，宽140厘米。坑壁斜直，壁面加工规整，平底。填土为五花土，土质较松。（图六；彩版六，1）

葬具为一椁一棺，仅存朽痕，平面形状均呈长方形。椁距墓口深260厘米，长263厘米，宽127厘米，残高40厘米，壁厚6厘米；棺距墓口深290厘米，长212厘米，宽71厘米，残高10厘米，壁厚6厘米。

骨架一具，上肢骨部分已朽。仰身直肢，头向西，面向不明。

随葬品放置在墓葬西端的椁与棺之间，出土陶鬲5件、陶盂4件（残1）、陶罐4件（残1）、陶豆2件。

M4∶1，陶罐。窄折沿微仰，方唇，矮领，溜肩弧鼓，肩部以下锐折凸起，斜腹内收，平底内凹，口小底大。泥质深灰陶。器表打磨平整光滑。上沿面有若干道凹弦纹，折肩处上部有一周凹弦纹，下部有一周微凹抹痕。口径10.2厘米，腹径17.4厘米，底径11.2厘米，高12.8厘米。（图七，11；彩版九四，1）

M4∶2，陶罐。窄折沿微仰，方唇，矮领，溜肩弧鼓，肩部以下锐折凸起，斜腹内收，平底内凹，口小底大。泥质深灰陶，局部黑色。器表打磨平整光滑。上沿面两道凹弦纹，折肩处上部有一道凹弦纹，下部有一周微凹抹痕。口径10.4厘米，腹径17.0厘米，底径10.8厘米，高13.0厘米。（图七，10；彩版九四，2）

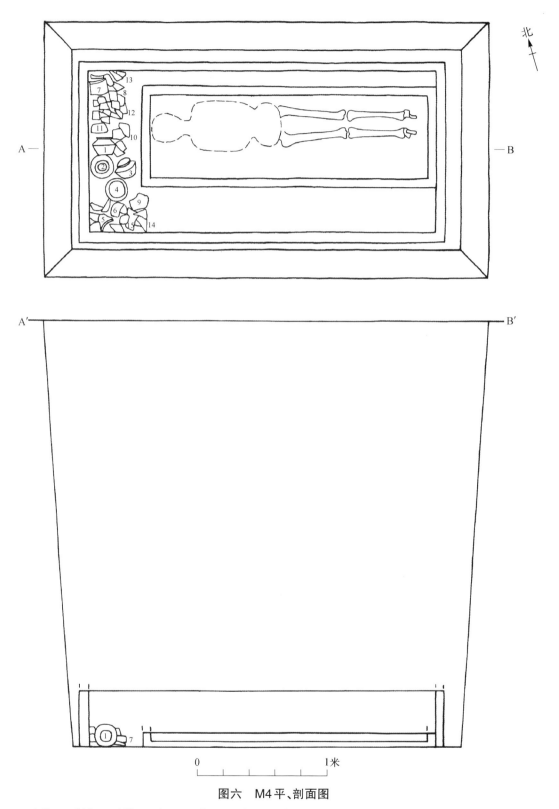

图六 M4平、剖面图

1. 陶罐　2. 陶罐　3. 陶罐　4. 陶盂　5. 陶鬲　6. 陶鬲　7. 陶鬲　8. 陶鬲　9. 陶鬲　10. 陶豆　11. 陶豆　12. 陶盂
13. 陶盂　14. 陶罐　15. 陶盂

M4：3，陶罐。窄折沿微仰，圆唇，矮领，溜肩弧鼓，肩部以下锐折凸起，斜腹内收，平底内凹，口小底大。泥质深灰陶，局部黑色。器表打磨平整光滑。上沿面有两道凹弦纹，折肩处上部有一道不完整凹弦纹，下部一周微凹抹痕。口径9.4厘米，腹径17.2厘米，底径11.0厘米，高13.0厘米。（图七，8；彩版九四，3）

M4：4，陶盂。折沿微下斜，沿面微凸，方唇，下沿面内凹，折腹，上腹微弧，下腹斜收，平底。泥质深灰陶。器表打磨平整光滑。口径16.1厘米，腹径16.0厘米，底径8.4厘米，高9.9厘米。（图七，5；彩版五六，1）

M4：5，陶鬲。折沿下斜，沿面微凸，薄方圆唇，溜肩，弧腹微鼓，袋足内敛，尖足跟，足尖明显，三足间距较大，裆部较低。夹砂深灰陶，黑色相杂。上沿面有两道不明显凹弦纹；通体饰粗绳纹，肩部绳纹被抹去，隐约可见，上饰四周瓦棱状凹带纹，腹上部为纵绳纹，其间有一道抹痕将绳纹隔开，下部为交错绳纹。口径17.7厘米，腹径20.5厘米，高16.0厘米。（图七，3；彩版三五，1）

M4：6，陶鬲。折沿下斜，方圆唇，溜肩，弧腹，袋足内敛，尖足跟，足尖明显，三足间距较大，裆部较低。夹砂深灰陶。上沿面有两道不明显凹弦纹；通体饰粗绳纹，肩部绳纹被抹去，隐约可见，上饰五周瓦棱状凹带纹，腹上部为纵绳纹，其间有一道抹痕将绳纹隔开，下部为交错绳纹。口径18.0厘米，腹径21.1厘米，高17.6厘米。（图七，2；彩版三五，2）

M4：7，陶鬲。折沿不规则，高低不平，尖唇，溜肩，弧腹，袋足内敛，尖足跟，足尖明显，三足间距大。夹细砂灰陶。通体饰粗绳纹，肩部绳纹被抹去，残留清晰可见，上饰数周瓦棱状凹带纹。口径15.0厘米，腹径17.0厘米，高14.0厘米。（图七，1；彩版三五，3）

M4：8，陶鬲。折沿下斜，上沿部微凸，尖圆唇，溜肩，弧腹，袋足内敛，尖足跟，足尖明显，三足间距较大，裆部较低。夹砂深灰陶，局部黑色相杂。上沿面有两道不明显凹弦纹；通体饰粗绳纹，肩部绳纹被抹去，隐约可见，上饰五周瓦棱状凹带纹，腹上部为纵绳纹，其间有一道抹痕将绳纹隔开，下部为交错绳纹。口径17.2厘米，腹径20.1厘米，高16.4厘米。（图七，9；彩版三五，4）

M4：9，陶鬲。折沿下斜，上沿部凸起，尖圆唇，肩部微弧，弧腹，袋足内敛，尖足跟，足尖明显，三足间距大，裆部较低。夹砂深灰陶，局部红色、黑色相杂。通体饰粗绳纹，肩部绳纹被抹去，隐约可见，上饰四周瓦棱状凹带纹，腹上部为纵绳纹，其间有一道抹痕将粗绳纹隔开，下部为交错绳纹。口径18.0厘米，腹径20.0厘米，高16.3厘米。（图七，4；彩版三五，5）

M4：10，陶豆。敞口，尖圆唇，唇外缘弧鼓，渐弧收至折壁处再凸起似肩，使整个外壁略成"S"形，上半部外鼓，下半部内收成较深宽凹槽，折壁，盘腹斜收，盘较浅，盘口较小，细柄较矮，喇叭座较大。泥质灰陶。豆盘内外壁均饰有螺旋状暗纹，内壁暗纹细密，外壁暗纹较细，间距较大；盘内壁正中有刻画符号。盘径17.0厘米，足径10.4厘米，高15.2厘米。（图七，12；图七，14；彩版七七，5；彩版一二一，5）

M4：11，陶豆。敞口，圆唇，唇外缘弧鼓，渐弧收至折壁处再凸起似肩，使整个外壁略成"S"形，上半部外鼓，下半部内收成较深宽凹槽，折壁，盘腹斜收，盘较浅，盘口较小，细柄较矮，喇叭座较大。泥质灰陶。豆盘内外壁均饰有螺旋状暗纹，内壁盘心部位的暗纹细而圈圈相连，外侧暗纹细而有一定间距，外壁仅有四道较细暗纹，间距大；盘内壁正中有刻画符号。盘径16.9厘米，足径10.2厘米，高15.5厘米。（图七，13；图七，15；彩版七七，6；彩版一二一，6）

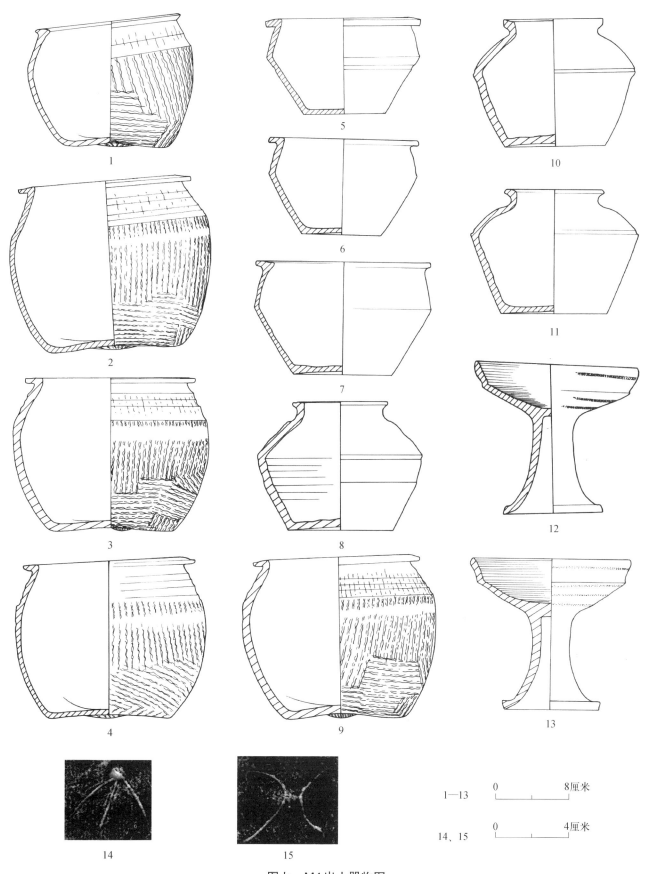

图七　M4出土器物图

1.陶鬲（M4：7）　2.陶鬲（M4：6）　3.陶鬲（M4：5）　4.陶鬲（M4：9）　5.陶盂（M4：4）　6.陶盂（M4：12）　7.陶盂（M4：15）　8.陶罐（M4：3）
9.陶鬲（M4：8）　10.陶罐（M4：2）　11.陶罐（M4：1）　12.陶豆（M4：10）　13.陶豆（M4：11）　14.陶豆刻符（M4：10）　15.陶豆刻符（M4：11）

M4:12,陶盂。平折沿,方唇,下沿面内凹,折腹处微凸起,上腹微弧,下腹斜收,平底微内凹。泥质深灰陶。器表打磨平整光滑。口径15.7厘米,腹径15.6厘米,底径8.4厘米,高9.9厘米。(图七,6;彩版五六,2)

M4:13,陶盂,残。可辨口沿、腹部、器底等残片。泥质灰陶。

M4:14,陶罐,残。可辨口沿、肩部残片。泥质灰陶。

M4:15,陶盂。平折沿,方唇,下沿面内凹,折腹,上腹微弧,下腹斜收,平底内凹。泥质深灰陶。器表打磨平整光滑。口径18.0厘米,腹径17.0厘米,底径8.2厘米,高10.0厘米。(图七,7;彩版五六,3)

5. M5

该墓开口于①层下,距地表深50厘米,方向296°。墓葬形制为竖穴土坑墓,开口平面形状呈长方形,墓口长270厘米,宽132厘米,墓口距墓底深250厘米。坑壁垂直,壁面加工规整,平底。填土为五花土,土质较松。(图八;彩版六,2)

葬具为一椁一棺,平面形状均呈长方形。椁距墓口深220厘米,长246厘米,宽116厘米,残高30厘米,壁厚6厘米;棺距墓口深240厘米,长176厘米,宽62厘米,残高6厘米,壁厚6厘米。

骨架一具,大部分已朽,仅存部分头骨、右臂及右腿骨。仰身直肢,头向西,面向上。

随葬品放置在墓葬西端的棺和椁之间,出土陶鬲2件、陶盂2件、圜底罐2件、陶豆2件。

M5:1,圜底罐。平折沿,方唇,唇面内凹,高领,溜肩,折肩不锐,球腹,浅凹圜底近平。泥质灰陶。上沿面及肩部有数周暗纹,腹部及底部饰横向较粗绳纹,肩腹交界处有两道抹痕。口径15.1厘米,腹径22.0厘米,高22.9厘米。(图九,8;彩版一一三,3)

M5:2,陶鬲。折沿微下斜,斜方唇,溜肩内弧,腹部上弧下斜,袋足内敛,尖足跟,足尖明显,三足间距较大,裆部较低。夹砂灰陶。上沿面外侧有一道凹弦纹;通体饰绳纹,肩部绳纹被抹去,隐约可见,上饰数周较浅瓦棱状凹带纹,腹上部饰粗纵绳纹,其间有两道抹痕,将粗绳纹隔开,下部为交错粗绳纹。鬲内有禽骨。口径16.8厘米,腹径19.6厘米,高16.7厘米。(图九,2;彩版三五,6)

M5:3,陶豆。敞口,圆唇,唇外缘弧鼓,渐弧收至折壁处再凸起似肩,使整个外壁略成"S"形,上半部外鼓,下半部内收成较浅宽凹槽,折壁,盘腹斜收,盘浅,盘口较小,细柄略矮,喇叭座较大,微内凹。泥质灰陶。豆盘内外壁均饰有螺旋状暗纹,内壁暗纹细而圈圈相连,外壁暗纹不明显;盘心有刻画符号。盘径16.0厘米,足径9.4厘米,高14.7厘米。(图九,6;图九,9;彩版七八,1;彩版一二二,1)

M5:4,陶盂。折沿微上仰,方唇,折腹,上腹弧鼓,下腹斜收,平底内凹。泥质深灰胎黑皮陶。器表打磨平整光滑有光泽。上沿面可见若干道不完整的凹弦纹。口径23.0厘米,腹径23.4厘米,底径13.0厘米,高15.2厘米。(图九,4;彩版五六,4)

M5:5,陶豆。敞口,圆唇,唇外缘弧鼓,渐弧收至折壁处再凸起似肩,使整个外壁略成"S"形,上半部外鼓,下半部内收成较深宽凹槽,折壁,盘腹斜收,盘较浅,盘口较小,细柄略矮,喇叭

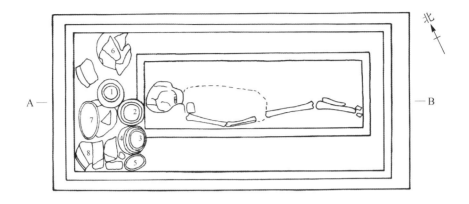

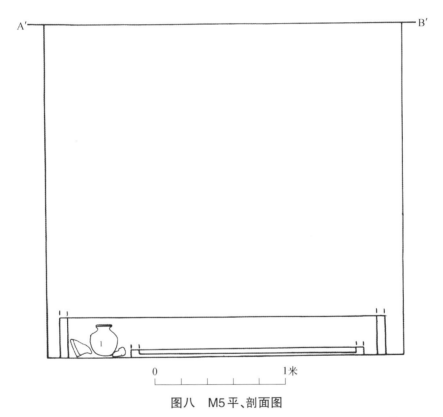

图八　M5平、剖面图

1.圜底罐　2.陶鬲　3.陶豆　4.陶盂　5.陶豆　6.陶鬲　7.陶盂　8.圜底罐

座较大。泥质灰陶。豆盘内外壁均饰有螺旋状暗纹，内壁暗纹细而圈圈相连，外壁暗纹较粗，间距大；豆座唇部有一道不完整凹弦纹；盘心有刻画符号。盘径16.8厘米，足径9.7厘米，高14.9厘米。(图九,3；图九,10；彩版七八,2；彩版一二二,2)

　　M5：6，陶鬲。折沿下斜，方圆唇，斜肩内弧，弧腹，袋足内敛，尖足跟，足尖明显，三足间距较大，裆部较低。夹砂灰陶。上沿面外侧有一道凹弦纹；通体饰绳纹，肩部绳纹被抹去，残留痕迹极不明显，上饰数周瓦棱状凹带纹，腹上部饰纵粗绳纹，其间有两道抹痕，将粗绳纹隔开，下部为交错粗绳纹。口径17.0厘米，腹径19.4厘米，高16.1厘米。(图九,1；彩版三六,1)

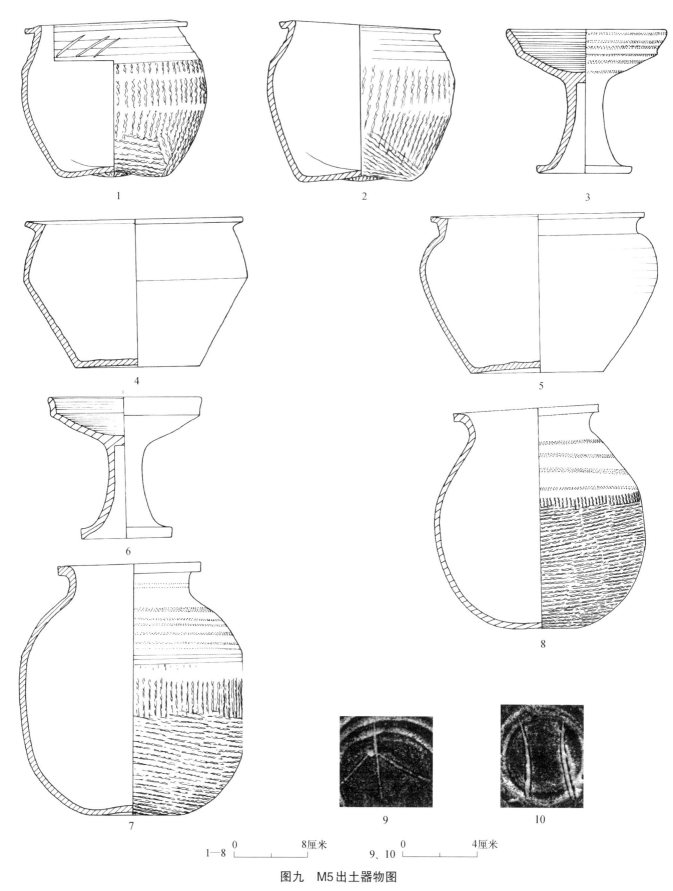

图九 M5 出土器物图

1. 陶鬲（M5:6）2. 陶鬲（M5:2）3. 陶豆（M5:5）4. 陶盉（M5:4）5. 陶盉（M5:7）6. 陶豆（M5:3）
7. 圜底罐（M5:8）8. 圜底罐（M5:1）9. 陶豆刻符（M5:3）10. 陶豆刻符（M5:5）

M5：7，陶盂。折沿微仰，方唇，矮领，圆肩，斜弧腹，平底内凹。泥质褐胎灰黑陶。器表打磨平整光滑有光泽，器腹有刮削痕。上沿面可见一道不完整的浅细凹弦纹。口径22.3厘米，腹径24.8厘米，底径13.8厘米，高16.4厘米。(图九，5；彩版五六，5)

M5：8，圜底罐。平折沿，上沿面内侧凸起，方唇，唇面内凹，高领，弧肩，折肩不锐，直腹，凹圜底。泥质灰陶。肩部有数周暗纹，腹部及底部饰横向较粗绳纹，肩腹交界处有两道抹痕。口径15.0厘米，腹径23.6厘米，高26.1厘米。(图九，7；彩版一一三，4)

6. M6

该墓开口于①层下，距地表深50厘米，方向300°。墓葬形制为竖穴土坑墓，开口平面形状呈长方形，墓口长270厘米，宽110厘米，墓口距墓底深140厘米。坑壁垂直，壁面加工规整，平底。填土为五花土，土质较松。(图一〇；彩版七，1)

葬具为单棺，平面形状呈长方形。棺距墓口深115厘米，长227厘米，宽86厘米，残高25厘米，壁厚6厘米。

骨架一具，保存差。仰身直肢，头向西，面向上，双手置于腹部，双脚并拢。

无随葬品。

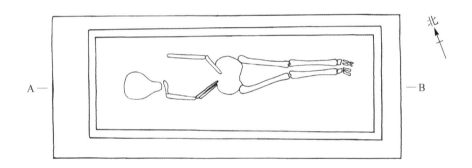

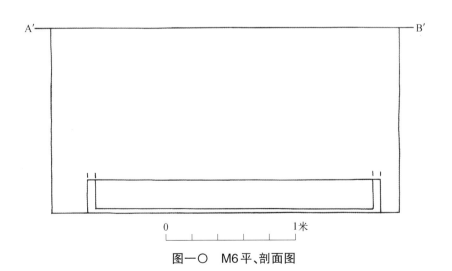

图一〇 M6平、剖面图

7. M7

该墓开口于①层下,距地表深5厘米,方向295°。墓葬形制为竖穴土坑墓,开口平面形状呈长方形,墓口长220厘米,宽112厘米,墓口距墓底深100厘米。坑壁垂直,壁面加工规整,平底。填土为五花土,土质较松。(图一一)

葬具为单棺,平面形状呈长方形。棺距墓口深90厘米,长202厘米,西宽82厘米,东宽72厘米,残高10厘米,壁厚6厘米。

骨架一具,除左小臂不存外,保存基本完整。仰身直肢,头向西,面向上,左小臂不存,仅见右手置于腹部,双脚并拢。

无随葬品。

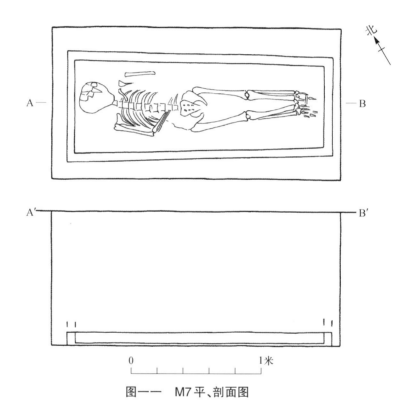

图一一　M7平、剖面图

8. M8

该墓开口于①层下,距地表深50厘米,方向300°。墓葬形制为竖穴土坑墓,开口平面形状呈长方形,墓口长255厘米,宽140厘米,墓口距墓底深140厘米。坑壁垂直,壁面加工规整,平底。填土为五花土,土质较松。(图一二;彩版七,2)

葬具为单棺,平面形状呈长方形。棺距墓口深130厘米,长218厘米,宽108厘米,残高10厘米,壁厚8厘米。

骨架一具,保存较完整。仰身直肢,头向西,面向上,双手置于腹部。

无随葬品。

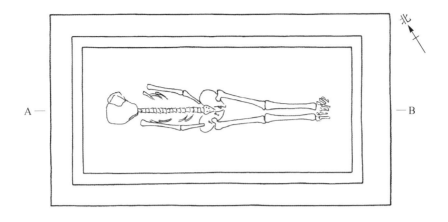

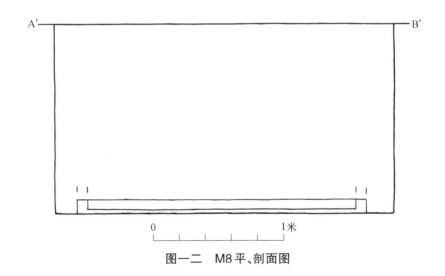

图一二 M8平、剖面图

9. M9

该墓开口于①层下,距地表深50厘米,方向310°。墓葬形制为竖穴土坑墓,开口平面形状呈楔形,口大底小,西宽东窄,墓口长300厘米,西宽180厘米,东宽162厘米,墓口距墓底深220厘米,墓底长280厘米,西宽160厘米,东宽144厘米。坑壁斜直,壁面加工较规整,平底。填土为五花土,土质较松。(图一三;彩版八,1)

葬具为一椁一棺,平面形状呈长方形,椁距墓口深170厘米,长262厘米,宽128厘米,高50厘米,壁厚6厘米;棺距墓口深206厘米,长192厘米,宽91厘米,残高14厘米,壁厚6厘米。

骨架一具,保存较差。仰身直肢,头向西,面向上,双手置于腹部,双脚并拢。

随葬品放置在墓葬西端的椁与棺之间,出土陶鬲2件、陶盂2件、陶罐2件、陶豆2件。

M9:1,陶罐。折沿微下斜,斜方唇,矮领,肩微弧鼓,肩部以下锐折凸起,斜腹内收,平底内凹。泥质深灰陶。器表打磨平整光滑,腹部有刮削痕。上沿面有不明显凹弦纹,折肩处上部有一道较深凹弦纹,折肩处下部有一周微凹抹痕。口径10.5厘米,腹径18.2厘米,底径14.4厘米,高13.6厘米。(图一四,6;彩版九四,4)

　　M9:2,陶罐。平折沿,斜方唇,矮领,肩微弧鼓,肩部以下锐折凸起,斜腹内收,平底内凹。泥质深灰陶。器表打磨平整光滑,腹部有刮削痕。上沿面有不明显凹弦纹,折肩处上部有一道较深凹弦纹,折肩处下部有一周微凹抹痕,腹部局部可见残留绳纹。口径11.2厘米,腹径18.1厘米,底径13.2厘米,高13.3厘米。(图一四,3;彩版九四,5)

　　M9:3,陶盂。平折沿,上沿面近口处凸起,形成一道凹弦纹,尖圆唇,矮领,圆肩,斜弧腹,平

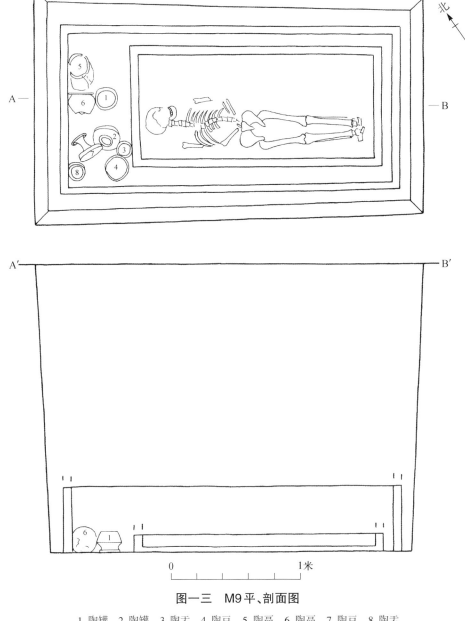

图一三　M9平、剖面图

1.陶罐　2.陶罐　3.陶盂　4.陶豆　5.陶鬲　6.陶鬲　7.陶豆　8.陶盂

底内凹。泥质灰胎灰黑皮陶。器表打磨平整光滑,腹部可见刮削痕。口径13.4厘米,腹径14.1厘米,底径7.4厘米,高7.8厘米。(图一四,5;彩版五六,6)

M9:4,陶豆。敞口,尖唇,折壁处凸起,盘腹弧收,盘较深,盘口较大,柄粗且高,喇叭座较大。泥质浅褐陶。豆盘内外壁均饰有螺旋状暗纹,内壁暗纹细密,外壁暗纹较细,间距较大。盘径18.2厘米,足径11.6厘米,高17.0厘米。(图一四,7;彩版七八,3)

M9:5,陶鬲。折沿下斜,上沿面微凸,尖圆唇,弧肩,斜腹,袋足内敛,尖足跟,足尖明显,三足间距大,裆部较高。泥质红陶。上沿面外侧有一道凹弦纹;通体饰绳纹,肩部绳纹被抹去,隐约可见,上饰四周瓦棱状凹带纹,腹上部为粗纵绳纹,其间有一道抹痕将绳纹隔开,下部为交错较粗绳纹。口径14.4厘米,腹径17.6厘米,高14.0厘米。(图一四,4;彩版三六,2)

M9:6,陶鬲。器型扁矮,口部不规则,高低不平,圆方唇,弧肩,斜腹,袋足内敛,尖足跟,三足

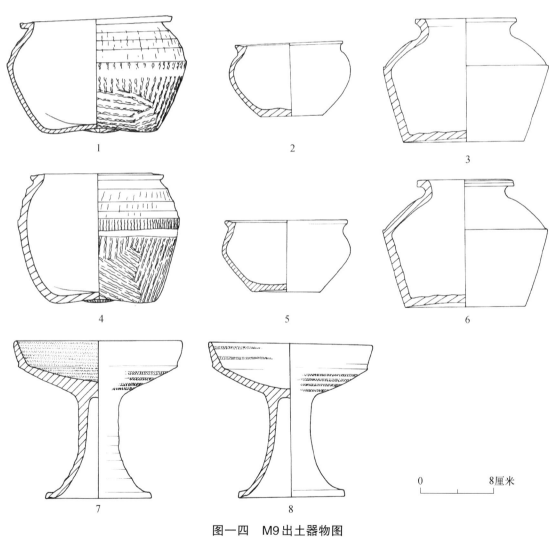

图一四　M9出土器物图

1.陶鬲(M9:6)　2.陶盂(M9:8)　3.陶罐(M9:2)　4.陶鬲(M9:5)　5.陶盂(M9:3)
6.陶罐(M9:1)　7.陶豆(M9:4)　8.陶豆(M9:7)

间距大,裆部较高。泥质红陶。上沿面外侧有一道凹弦纹;通体饰绳纹,肩部纵绳纹被抹去,隐约可见,上饰数周瓦棱状凹带纹,折肩以下饰交错粗绳纹,腹上部有一道抹痕将绳纹隔开。口径16.5厘米,腹径19.5厘米,高12.5厘米。(图一四,1;彩版三六,3)

M9:7,陶豆。敞口,尖唇,折壁处凸起,盘腹弧收,盘较深,盘口较大,柄粗且高,喇叭座较大。泥质红胎褐陶。豆盘内外壁均饰有螺旋状暗纹,内壁暗纹细密,外壁暗纹细,间距较大。盘径18.0厘米,足径11.6厘米,高16.5厘米。(图一四,8;彩版七八,4)

M9:8,陶盉。折沿微仰,上沿面近口处凸起,形成一道凹弦纹,尖唇,矮领,圆肩,斜弧腹,平底。泥质灰陶。器表打磨平整光滑,腹部可见刮削痕。口径11.7厘米,腹径13.2厘米,底径6.7厘米,高7.9厘米。(图一四,2;彩版五七,1)

10. M10

该墓开口于①层下,距地表深50厘米,方向285°。墓葬形制为竖穴土坑墓,开口平面形状呈长方形,墓口长250厘米,宽110厘米,墓口距墓底深80厘米。坑壁垂直,壁面加工规整,平底。填土为五花土,土质较松。(图一五)

葬具为单棺,平面形状呈长方形。棺距墓口深70厘米,长200厘米,西宽101厘米,东宽94厘米,残高10厘米,壁厚6~8厘米。

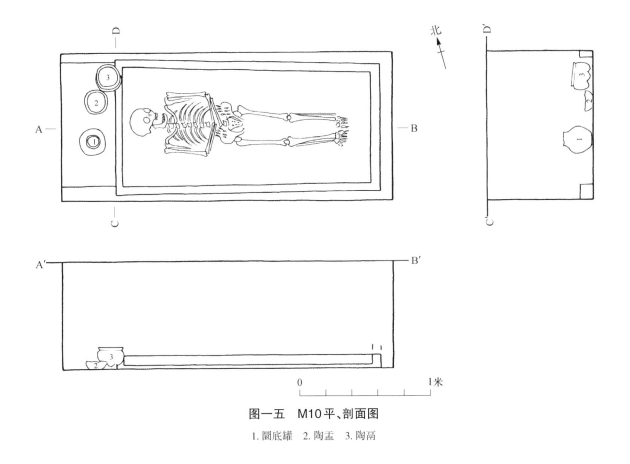

图一五　M10平、剖面图

1. 圜底罐　2. 陶盉　3. 陶盂

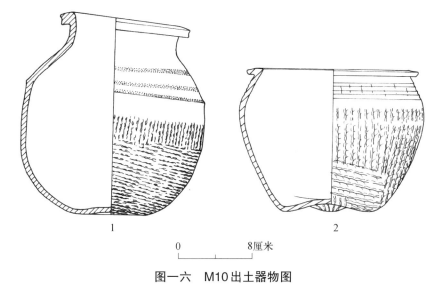

0   8厘米

图一六 M10出土器物图

1.圜底罐（M10∶1） 2.陶鬲（M10∶3）

骨架一具，保存完整。仰身直肢，头向西，面向上，双手交叉置于腹部。

随葬品放置在墓葬西端的棺外，出土陶鬲1件、陶盂1件（已残）、圜底罐1件。

M10∶1，圜底罐。折沿下斜，方唇，高领，弧肩，折肩处凸起，直腹，浅凹圜底。泥质灰陶。肩部有数周暗纹，腹部及器底饰细绳纹，折肩处下部有两道抹痕。口径14.5厘米，腹径20.0厘米，高22.0厘米。（图一六，1；彩版一一三，5）

M10∶2，陶盂，已残。可辨器型为陶盂。仅存口沿、腹部及底部残片。平折沿，方唇，唇面内凹，折腹，平底。泥质红胎灰陶。口径14.0厘米，腹径15.3厘米，底径8.0厘米。

M10∶3，陶鬲。折沿下斜，上沿面凸起，尖圆唇，溜肩，斜弧腹，袋足内敛，尖足跟，足尖明显，三足间距较小，裆部较高。夹粗砂红陶。上沿面外侧有若干凹弦纹；通体饰粗绳纹，肩部绳纹被抹去，隐约可见，上饰五余道较窄瓦棱状凹带纹，腹上部为纵绳纹，其间有一道抹痕将绳纹隔开，下部为交错绳纹。口径19.1厘米，腹径20.6厘米，高15.5厘米。（图一六，2；彩版三六，4）

11. M11

该墓开口于①层下，距地表深50厘米，方向285°。墓葬形制为竖穴土坑墓，开口平面形状呈长方形，墓口长265厘米，宽130厘米，墓口距墓底深120厘米。坑壁垂直，壁面加工规整，平底。填土为五花土，土质较松。（图一七）

葬具为单棺，平面形状呈长方形。棺距墓口深100厘米，长247厘米，宽106厘米，残高20厘米，壁厚6～7厘米。

葬式为仰身直肢。

无随葬品。

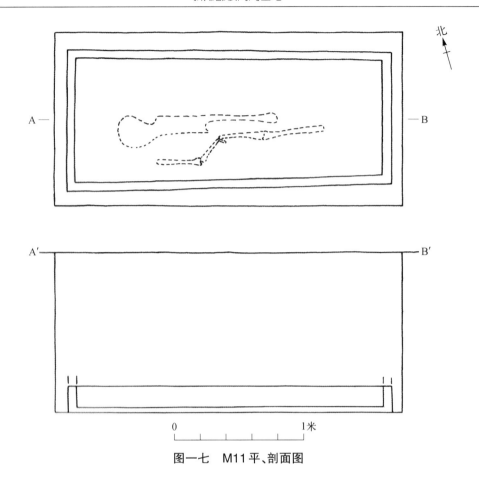

图一七　M11平、剖面图

12. M12

该墓开口于①层下，距地表深50厘米，方向310°。墓葬形制为竖穴土坑墓，开口平面形状呈长方形，墓口长280厘米，宽140厘米，墓口距墓底深250厘米。坑壁垂直，壁面加工规整，平底。填土为五花土，土质较松。(图一八)

葬具为一椁一棺，平面形状呈长方形，椁距墓口深200厘米，长258厘米，宽108厘米，残高50厘米，壁厚8厘米；棺距墓口深226厘米，长204厘米，宽72厘米，残高24厘米，壁厚6厘米。

骨架已朽成灰。葬式不详。

随葬品放置在墓葬西端的椁与棺之间，出土陶鬲2件、陶盂2件、陶罐2件，陶豆2件。(彩版二六,1)

M12:1,陶豆。敞口，圆唇，唇外缘微弧鼓，折壁，盘腹斜收，盘较深，盘口较大，细柄较高，喇叭座较大。泥质灰陶。豆盘内外壁均饰有螺旋状暗纹，内壁折壁处下部暗纹细而圈圈相连，上部暗纹较细而间距大；外壁暗纹较粗，间距较大。盘径17.9厘米，足径10.0厘米，高15.0厘米。(图一九,5;彩版七八,5)

M12:2,陶豆。敞口，圆唇，唇外缘微弧鼓，渐弧收至折壁处再凸起，使整个外壁略成"S"形，上半部外鼓，下半部内收成较浅宽凹槽，盘壁弧折，盘腹弧收，盘较深，盘口较大，细柄较高，喇叭座较大。泥质浅褐陶。豆盘内外壁均饰有螺旋状暗纹，内壁暗纹细密，外壁暗纹较细，间距较大。

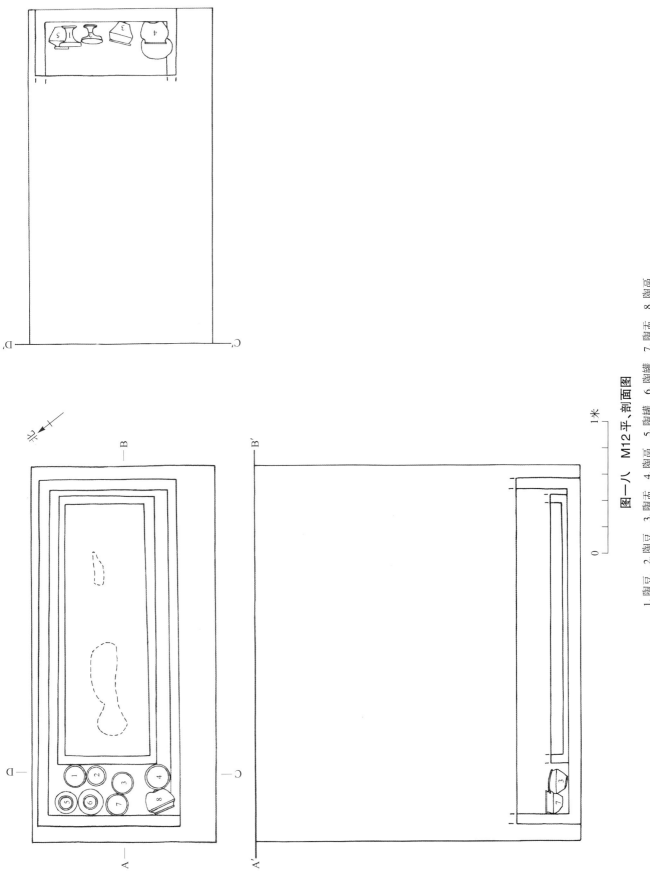

图一八 M12平、剖面图

1.陶豆 2.陶豆 3.陶盂 4.陶鬲 5.陶罐 6.陶罐 7.陶盂 8.陶鬲

盘径16.6厘米,足径10.8厘米,高15.0厘米。(图一九,2;彩版七八,6)

　　M12:3,陶盉。折沿微仰,圆唇,折腹,上腹略弧,下腹斜收,平底。泥质深灰陶。器表打磨平整光滑。上沿面有两道凹弦纹,折腹处上部有一道凹弦纹。口径17.8厘米,腹径17.4厘米,底径9.0厘米,高10.7厘米。(图一九,8;彩版五七,2)

　　M12:4,陶鬲。折沿下斜,尖圆唇,溜肩微内弧,斜腹,袋足略内敛,尖足跟,三足间距大,裆部较高。夹细砂红陶。上沿面有三道凹弦纹,内侧两道较浅而不明显,外侧一道较明显;通体饰较粗绳纹,肩部绳纹被抹去,隐约可见,其上饰数周瓦棱状较浅宽凹带纹,肩部饰一"ᄅ"形泥条,腹上部为纵向较粗绳纹,其间有一道抹痕将绳纹隔断,腹下部为较粗的交错绳纹。鬲内有禽骨。口径17.7厘米,腹径20.3厘米,高14.0厘米。(图一九,4;彩版三六,5)

　　M12:5,陶罐。平折沿,折沿较窄,沿面微凹,圆唇,矮领,肩微弧,肩部以下锐折凸起,斜腹内收,平底。泥质深灰陶。器表打磨平整光滑。上沿面有凹弦纹,唇面有两道凹弦纹,折肩处上部

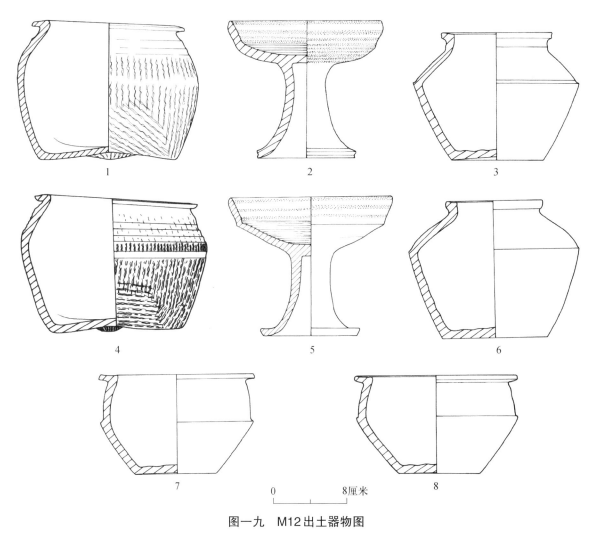

1　　　　　　　　　　2　　　　　　　　　　3

4　　　　　　　　　　5　　　　　　　　　　6

7　　0　　　　8厘米　　8

图一九　M12出土器物图

1.陶鬲(M12:8)　2.陶豆(M12:2)　3.陶罐(M12:6)　4.陶鬲(M12:4)　5.陶豆(M12:1)　6.陶罐(M12:5)
7.陶盉(M12:7)　8.陶盉(M12:3)

有一道凹弦纹,腹部有刮削痕。口径10.4厘米,腹径18.4厘米,底径11.2厘米,高14.7厘米。(图一九,6;彩版九四,6)

M12∶6,陶罐。平折沿,方唇,矮领,肩微弧,肩部以下锐折凸起,斜腹内收,平底内凹,口小底大。泥质深灰陶。器表打磨平整光滑。上沿面有两道不明显凹弦纹,唇面有一道不完整凹弦纹,折肩处上部有一道较深凹弦纹,折肩处下部有一道微凹抹痕,腹部有刮削痕。口径12.0厘米,腹径18.0厘米,底径10.0厘米,高13.7厘米。(图一九,3;彩版九五,1)

M12∶7,陶盂。折沿微仰,方唇,折腹处凸起,上腹斜直,下腹斜收,平底。泥质深灰陶。器表打磨平整光滑。上沿面有两道凹弦纹,折腹处上部有一道凹弦纹,下部有一道不完整的微凹抹痕。口径17.0厘米,腹径18.8厘米,底径9.0厘米,高10.7厘米。(图一九,7;彩版五七,3)

M12∶8,陶鬲。折沿下斜,斜方唇,溜肩,弧腹,袋足略内敛,尖足跟,三足间距大,裆部较高。夹细砂红陶。通体饰粗绳纹,肩部绳纹被抹去,隐约可见,其上饰数周瓦棱状较浅宽凹带纹,腹上部为纵粗绳纹,其间有一道抹痕将绳纹隔断,腹下部为交错粗绳纹。口径16.6厘米,腹径20.0厘米,高15.0厘米。(图一九,1;彩版三六,6)

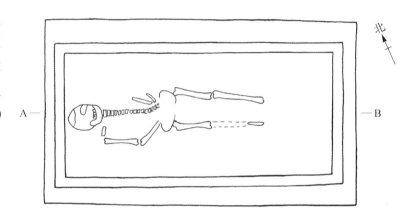

13. M13

该墓开口于①层下,距地表深50厘米,方向290°。墓葬形制为竖穴土坑墓,开口平面形状呈长方形,墓口长244厘米,宽140厘米,墓口距墓底深170厘米。坑壁垂直,壁面加工规整,平底。填土为五花土,土质较松。(图二〇)

葬具为单棺,平面形状呈长方形。棺距墓口深150厘米,长226厘米,宽110厘米,残高20厘米,壁厚8厘米。

骨架一具,保存不完整。仰身直肢。

无随葬品。

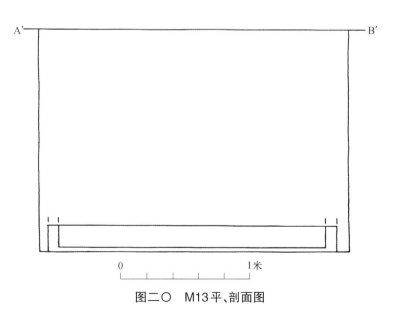

图二〇 M13平、剖面图

14. M14

该墓开口于①层下,距地表深50厘米,方向315°。墓葬形制为竖穴土坑墓,开口平面形状呈楔形,西窄东宽,墓口长290厘米,西宽130厘米,东宽138厘米,墓口距墓底深110厘米。坑壁垂直,平底。填土为五花土,土质较松。(图二一)

葬具为一椁一棺,平面形状呈长方形。椁距墓口深70厘米,长258厘米,宽114厘米,残高40厘米,壁厚6厘米;棺距墓口深90厘米,长206厘米,宽67厘米,残高20厘米,壁厚6厘米。

骨架一具,保存不完整。仰身直肢。

随葬品放置在墓葬西端的椁与棺之间,出土陶鬲1件(残)、陶盂4件(残2)、陶罐2件(残1)、陶豆3件、泥质器4件。

M14:1,陶鬲,残。可辨袋足残片。足尖明显,饰细绳纹。泥质红陶。

M14:2,陶盂,残。可辨口沿、肩部、腹部等残片。泥质黑褐陶。

M14:3,陶豆。微敞口,方圆唇较厚,折壁,盘腹弧收,盘较深,盘口较大,矮柄较粗,喇叭座较大。泥质红陶。豆座唇部有一道不明显凹弦纹。盘径16.0厘米,足径10.4厘米,高11.8厘米。(图二二,8;彩版七九,1)

M14:4,陶盂,残。可辨口沿残片。泥质红胎褐陶。

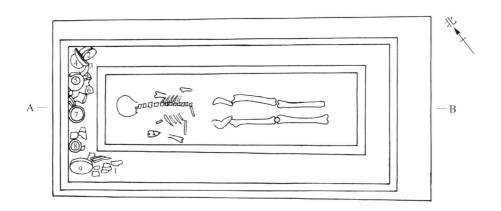

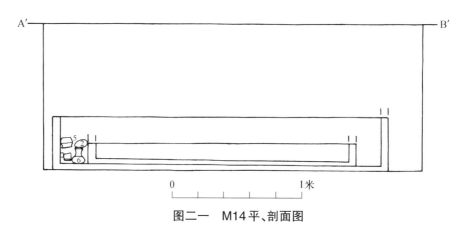

图二一 M14平、剖面图

1.陶鬲 2.陶盂 3.陶豆 4.陶盂 5.陶罐 6.陶豆 7.陶盂 8.陶罐 9.陶豆 10.陶盂 11.泥质器(器物10、11压在器物8、9下)

M14：5，陶罐，残。可辨口沿、肩部等残片。泥质红陶。（图二二，6）

M14：6，陶豆。微敞口，方圆唇较厚，折壁，盘腹斜收，盘深，盘口较大，矮柄较粗，喇叭座。泥质红陶。盘径13.7厘米，足径9.1厘米，高9.1厘米。（图二二，7；彩版七九，2）

M14：7，陶盂。宽厚仰折沿，方唇，折腹，上腹斜直，下腹斜收，平底。泥质黑褐陶。器表打磨，腹部可见刮削痕。唇面有一道凹弦纹，腹部可见被抹的残留绳纹。口径13.3厘米，腹径12.0厘米，底径5.6厘米，高6.7厘米。（图二二，2；彩版五七，4）

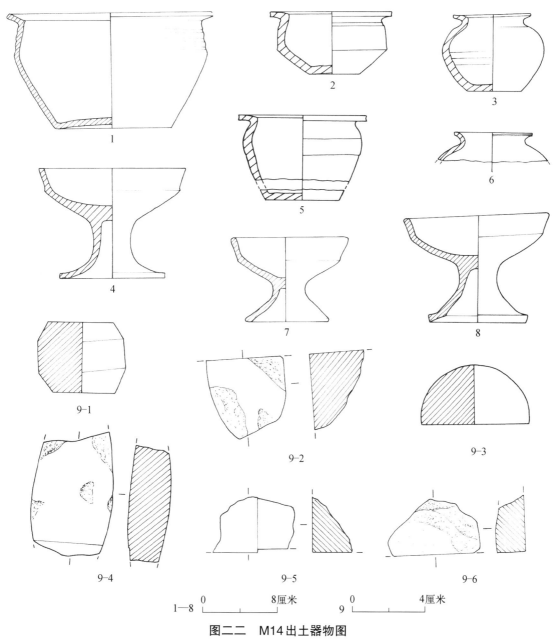

1—8　0 ——— 8厘米　9　0 ——— 4厘米

图二二　M14出土器物图

1.陶盂（M14：10）　2.陶盂（M14：7）　3.陶罐（M14：8）　4.陶豆（M14：9）　5.陶盂（M14：2）　6.陶罐（M14：5）　7.陶豆（M14：6）　8.陶豆（M14：3）
9-1.泥质器（M14：11-1）　9-2、9-5、9-6.泥质器（M14：11-4）　9-3.泥质器（M14：11-3）　9-4.泥质器（M14：11-2）

M14：8，陶罐。仰折沿，薄圆唇，圆肩，斜腹微弧。泥质红褐陶。器表打磨平整。口径8.5厘米，腹径11.2厘米，底径6.0厘米，高8.4厘米。(图二二，3；彩版九五，2)

M14：9，陶豆。微敞口，方唇较厚，折壁，盘腹斜收，盘较深，矮柄较粗，喇叭座较大。泥质红胎褐陶。内壁暗纹不明显，外壁暗纹较粗且密。盘径16.0厘米，足径11.6厘米，高11.8厘米。(图二二，4；彩版七九，3)

M14：10，陶盂。宽厚仰折沿，圆唇，折腹，上腹斜直，下腹斜收，平底内凹。泥质灰陶。器表打磨，腹部可见刮削痕。肩部可见三道凹弦纹。口径22.8厘米，腹径21.2厘米，底径13.0厘米，高12.4厘米。(图二二，1；彩版五七，5)

M14：11，泥质器。11-1，模型泥罐。手制，实心；折肩，斜腹，平底。口径3.4厘米，腹径4.6厘米，高3.8厘米。(图二二，9-1)11-2，已残。手制，实心；近长方体。残长约6厘米，宽约4.2厘米，厚约2厘米。(图二二，9-4)11-3，已残。手制，实心；馒头形。直径5.9厘米，高3.2厘米。(图二二，9-3；彩版一一八，5)11-4，已残成三块，形状均不规则。长4～4.8厘米，宽3～4厘米，高1.4～2厘米。(图二二，9-2、5、6)

15. M15

该墓开口于①层下，距地表深50厘米，方向320°。墓葬形制为竖穴土坑墓，开口平面形状呈长方形，墓口长240厘米，宽110厘米，墓口距墓底深100厘米。坑壁垂直，壁面加工规整，平底。填土为五花土，土质较松。(图二三)

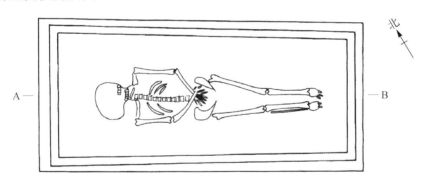

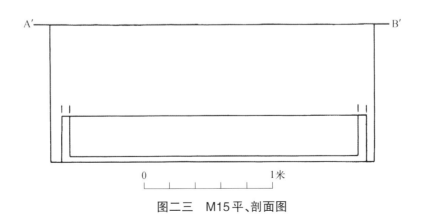

图二三　M15平、剖面图

葬具为单棺,平面形状呈长方形。棺距墓口深66厘米,长216厘米,宽100厘米,残高34厘米,壁厚6厘米。

骨架一具,保存较好。仰身直肢,头向西,面向上,双手交叉置于腹部,双脚并拢。

无随葬品。

16. M16

该墓开口于①层下,距地表深50厘米,方向332°。墓葬形制为竖穴土坑墓,开口平面形状呈长方形,墓口长260厘米,宽128厘米,墓口距墓底深160厘米。坑壁垂直,壁面加工规整,平底;填土为五花土,土质较松。(图二四)

葬具为一椁一棺,平面形状均呈长方形。椁距墓口深130厘米,长250厘米,宽106厘米,残高30厘米,壁厚8厘米;棺距墓口深146厘米,长188厘米,宽67厘米,残高14厘米,壁厚6厘米。

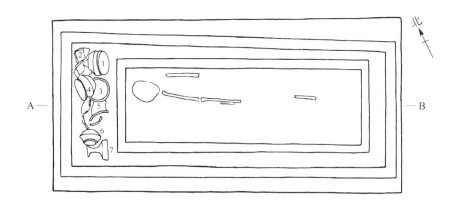

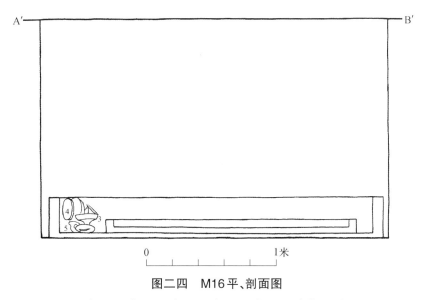

图二四　M16平、剖面图

1.陶盉　2.陶鬲　3.陶豆　4.陶盉　5.陶鬲　6.陶罐　7.陶豆

骨架一具，已朽成灰。葬式不详。

随葬品放置在墓葬西端的椁与棺之间，出土陶鬲2件、陶盂2件、陶罐1件、陶豆2件。

M16：1，陶盂。仰折沿，方唇，折腹，上腹弧鼓，下腹微内弧，平底内凹。泥质灰陶。器表有刮削痕。唇面可见一道不完整的凹弦纹。口径17.7厘米，腹径17.0厘米，底径8.8厘米，高11.1厘米。（图二五，5；彩版五七，6）

M16：2，陶鬲。折沿较窄，不规则，高低不平，薄尖圆唇，溜肩，弧腹，袋足内敛，尖足跟，足尖明显，三足间距较大，裆部较高。泥质红陶，器表局部有烟炭黑。通体饰较粗绳纹，近口处一小段绳纹被抹去，隐约可见，上饰数周瓦棱状凹带纹。口径13.8厘米，腹径14.6厘米，高10.0～12.0厘米。（图二五，1；彩版三七，1）

M16：3，陶豆。敞口，圆唇，唇外缘微弧鼓，渐弧收至折壁处再凸起似肩，使整个外壁略成"S"形，上半部外鼓，下半部内收成较浅宽凹槽，折壁，盘腹斜收，盘较浅，盘口较小，豆柄略矮，略粗，喇叭座较大。泥质灰陶。豆盘内外壁均饰有螺旋状暗纹，内壁暗纹细密，外壁三道不明显螺旋暗纹，细且间距大；盘心有刻画符号。盘径16.8厘米，底径9.0厘米，高14.4厘米。（图二五，6；

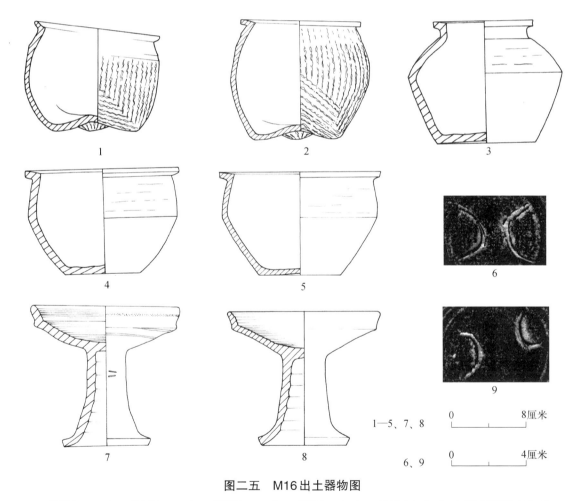

1—5、7、8

0   8厘米

6、9

0   4厘米

图二五　M16出土器物图

1.陶鬲（M16：2）　2.陶鬲（M16：5）　3.陶罐（M16：6）　4.陶盂（M16：4）　5.陶盂（M16：1）　6.陶豆刻符（M16：3）
7.陶豆（M16：3）　8.陶豆（M16：7）　9.陶豆刻符（M16：7）

图二五,7;彩版七九,4;彩版一二二,3)

M16：4，陶盂。仰折沿，方唇，折腹，上腹弧鼓，下腹微内弧，平底。泥质灰陶。器表有刮削痕。口径17.0厘米，腹径16.4厘米，底径8.0厘米，高1.3厘米。(图二五,4;彩版五八,1)

M16：5，陶鬲。折沿较窄，不规则，高低不平，方圆唇，弧鼓腹，袋足内敛，尖足跟，足尖明显，三足间距较大，裆部较高。泥质红陶，黑色相杂。通体饰较粗绳纹，近口处一段绳纹被抹去，隐约可见。口径13.0厘米，腹径15.2厘米，高13.0厘米。(图二五,2;彩版三七,2)

M16：6，陶罐。平折沿，方唇，唇面内凹，短束颈，溜肩弧鼓，斜腹，平底内凹。泥质灰陶。器表有刮削痕，肩部有因刮削留下的刮削暗纹。口径10.8厘米，腹径16.6厘米，底径10.6厘米，高13.1厘米。(图二五,3;彩版九五,3)

M16：7，陶豆。敞口，尖圆唇，唇外缘弧鼓，渐弧收至折壁处再凸起似肩，使整个外壁略成"S"形，上半部外鼓，下半部内收成较浅宽凹槽，折壁，盘腹斜收微弧，盘较浅，盘口较小，细柄略矮，喇叭座较大。泥质灰陶。豆盘内外壁均饰有螺旋状暗纹，内壁暗纹细密，外壁有三余道螺旋暗纹，细且间距大；盘心有刻画符号。盘径18.2厘米，足径9.2厘米，高15.2厘米。(图二五,8;图二五,9;彩版七九,5;彩版一二二,4)

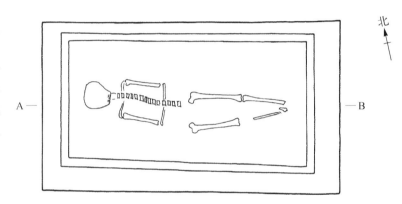

17. M17

该墓开口于①层下，距地表深50厘米，方向280°。墓葬形制为竖穴土坑墓，开口平面形状呈长方形，墓口长230厘米，宽130厘米，墓口距墓底深220厘米。坑壁垂直，壁面加工规整，平底。填土为五花土，土质较松。(图二六)

葬具为单棺，平面形状近长方形。棺距墓口深200厘米，长196厘米，西宽100厘米，东宽105厘米，残高20厘米，壁厚6厘米。

骨架一具，保存不完整。仰身直肢，头向西，面向上，双手置于腹部。

无随葬品。

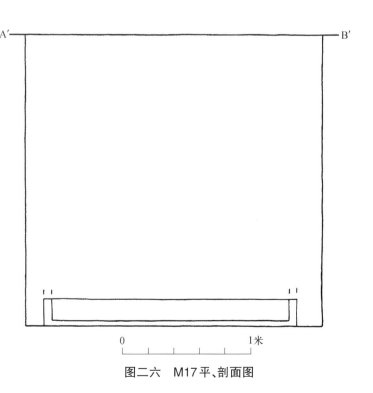

图二六　M17平、剖面图

18. M18

该墓开口于①层下,距地表深50厘米,方向290°。墓葬形制为竖穴土坑墓,开口平面形状呈楔形,西宽东窄,墓口长240厘米,西宽128厘米,东宽122厘米,墓口距墓底深190厘米。坑壁垂直,壁面加工规整,平底。填土为五花土,土质较松。(图二七)

葬具为单棺,平面形状近长方形。棺距墓口深140厘米,长210厘米,西宽102厘米,东宽97厘米,残高60厘米,壁厚6厘米。

骨架一具,保存不完整,上肢骨不存。仰身直肢,头向西,面向上。

无随葬品。

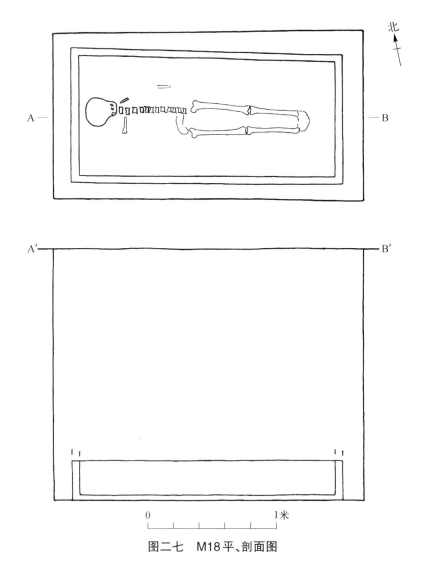

图二七 M18平、剖面图

19. M19

该墓开口于①层下,距地表深50厘米,方向290°。墓葬形制为竖穴土坑墓,口大底小,开口平面形状呈长方形,墓口长400厘米,宽320厘米,墓口距墓底深520厘米,墓底长320厘米,宽240厘

北

0 1米

图二八 M19平、剖面图

米。坑壁斜直,壁面加工规整,平底。填土为五花土,土质较松。(图二八;彩版八,2)

葬具为一椁一棺,平面形状均呈长方形。椁距墓口深440厘米,长278厘米,宽190厘米,高80厘米,壁厚8~10厘米;棺距墓口深480厘米,长215厘米,宽130厘米,高40厘米,壁厚8厘米。

骨架一具,除两足不存外,保存基本完整。仰身直肢,头向西,面向上,双手交叉置于腹部。

无随葬品。

20. M20

该墓开口于①层下,距地表深50厘米,方向330°。墓葬形制为竖穴土坑墓,开口平面形状呈长方形,口大底小,墓口长340厘米,宽220厘米,墓口距墓底深360厘米,墓底长300厘米,宽180厘米。坑壁斜直,壁面加工规整,平底。填土为五花土,土质较松。(图二九)

葬具为一椁一棺,椁、棺平面形状分别呈楔形、长方形。椁距墓口深316厘米,长260厘米,西宽154厘米,东宽160厘米,残高44厘米,壁厚6厘米;棺距墓口深330厘米,长210厘米,宽100厘米,高30厘米,壁厚6厘米。

骨架一具,保存较差。仰身屈肢,头向西,面向上,上半身平仰,双手交叉置于腹部,下肢侧曲。

无随葬品。

21. M21

该墓开口于①层下,距地表深50厘米,方向278°。墓葬形制为竖穴土坑墓,开口平面形状呈长方形,墓口长220厘米,宽123厘米,墓口距墓底深170厘米。坑壁垂直,壁面加工规整,平底。填土为五花土,土质较松。(图三〇)

葬具为单棺,平面形状呈长方形。棺距墓口深140厘米,长196厘米,宽116厘米,残高30厘米,厚6厘米。

骨架一具,仅剩部分下肢骨,直肢。

无随葬品。

22. M22

该墓开口于①层下,距地表深50厘米,方向304°。墓葬形制为竖穴土坑墓,开口平面形状呈长方形,墓口长280厘米,宽150厘米,墓口距墓底深310厘米。坑壁垂直,壁面加工规整,平底。填土为五花土,土质较松。(图三一)

葬具为一椁一棺,平面形状呈长方形。椁距墓口深230厘米,长242厘米,宽124厘米,高80厘米,壁厚6厘米;棺距墓口深300厘米,长174厘米,宽62厘米,高10厘米,壁厚6厘米。

骨架一具,保存不完整。葬式不详。

随葬品放置在墓葬西端的椁与棺之间,出土陶鬲1件、陶盂2件、陶罐2件、泥质圆饼5件。

M22:1,陶罐。窄平折沿,圆唇,领较矮,斜肩近平,肩部以下锐折,腹部斜收程度小,平底内凹,口小底大。泥质灰陶。器表有刮削痕,肩部有因刮削留下的成圈的刮削痕迹。口径8.8厘米,

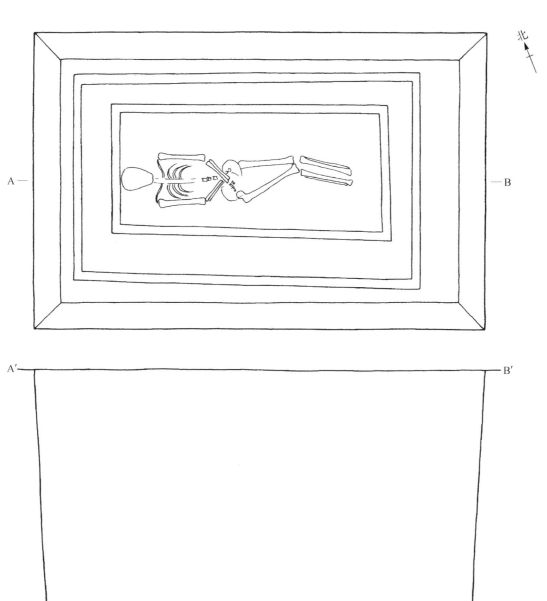

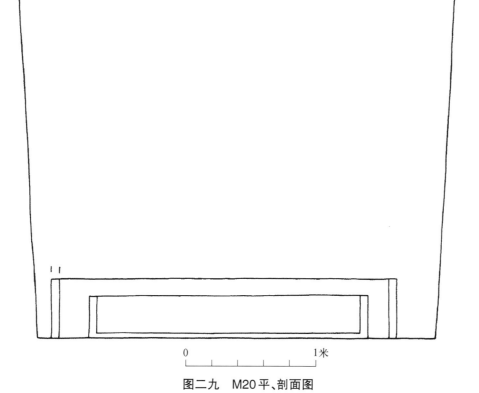

图二九　M20平、剖面图

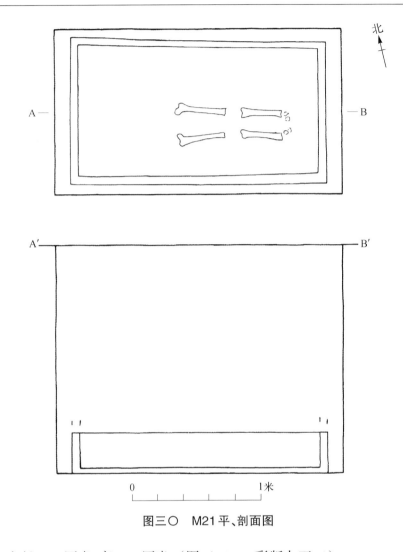

图三〇　M21平、剖面图

腹径13.8厘米,底径10.4厘米,高10.7厘米。(图三二,1;彩版九五,4)

　　M22:2,陶盉。直口,方唇,短束颈,圆肩,斜弧腹,平底。泥质灰陶。器表有横向刮削痕。口径11.3厘米,腹径14.8厘米,底径7.6厘米,高9.2厘米。(图三二,2;彩版五八,2)

　　M22:3,陶盉。直口,方圆唇,短束颈,圆肩,斜弧腹,平底内凹。泥质灰胎黑皮陶,局部红色相杂。器表有横向刮削痕。口径11.9厘米,腹径15.4厘米,底径8.8厘米,高8.8厘米。(图三二,3;彩版五八,3)

　　M22:4,泥质圆饼。五个。手制,实心,上下两台面平整,直壁微弧。直径约3.5厘米,厚约1.5～1.7厘米。(图三二,5;彩版一一八,6)

　　M22:5,陶鬲。平折沿,沿面内凹,方唇,肩部弧鼓,斜腹,袋足内敛,尖足跟,足尖明显,三足间距较小,裆部较低。夹粗砂红陶。通体饰绳纹,肩部绳纹被抹去,隐约可见,上饰数周瓦棱状凹带纹,腹上部为纵向较粗绳纹,其间有一道抹痕将绳纹隔开,下部为交错粗绳纹。口径14.2厘米,腹径16.8厘米,高13.5厘米。(图三二,4;彩版三七,3)

　　M22:6,陶罐。窄平折沿,方唇,矮领,弧肩,肩部以下锐折,斜腹,平底内凹,口大底小。泥

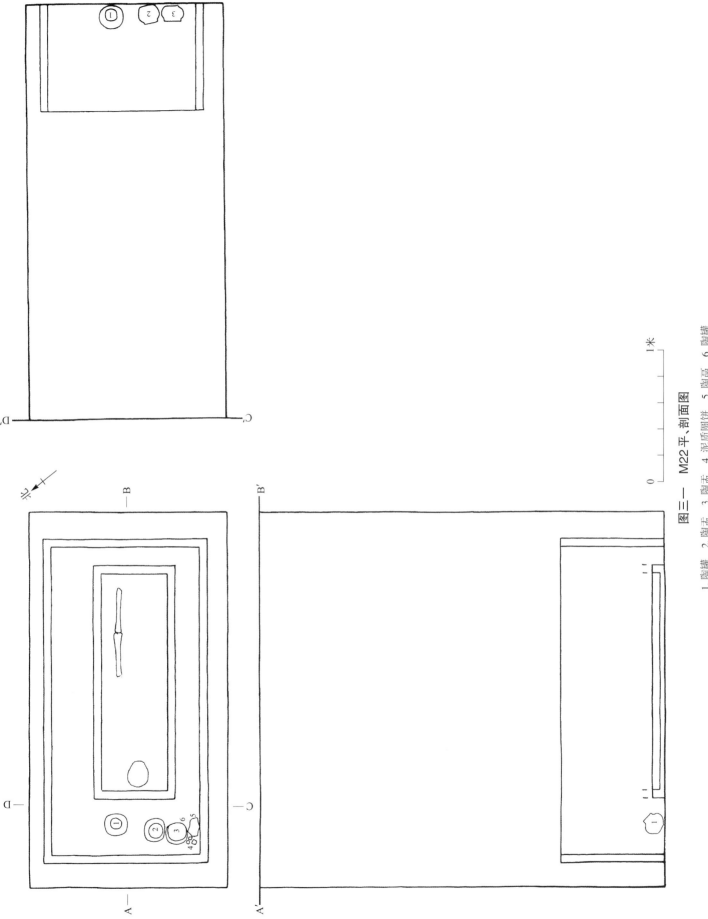

图三一　M22 平、剖面图

1. 陶罐　2. 陶盂　3. 陶盂　4. 泥质圆饼　5. 陶甬　6. 陶罐

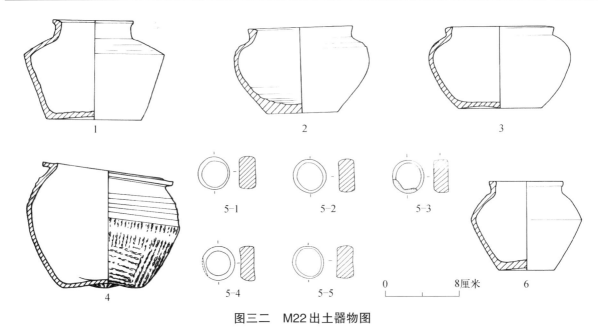

图三二 M22出土器物图

1. 陶罐（M22：1） 2. 陶盂（M22：2） 3. 陶盂（M22：3） 4. 陶鬲（M22：5） 5. 泥质圆饼（M22：4） 6. 陶罐（M22：6）

质灰陶，器表打磨。器腹有刮削痕。口径8.0厘米，腹径12.0厘米，底径6.0厘米，高9.6厘米。（图三二,6；彩版九五,5）

23. M23

该墓开口于①层下，距地表深50厘米，方向302°。墓葬形制为竖穴土坑墓，开口平面形状呈长方形，墓口长292厘米，宽160厘米，墓口距墓底深300厘米。坑壁垂直，壁面加工规整，平底。填土为五花土，土质较松。（图三三；彩版九）

葬具为一椁一棺，平面形状均为长方形。在墓葬西端的棺椁之间有一个长方形的头箱，头箱底部与椁底及墓底齐平，头箱内放随葬品。椁距墓口深280厘米，长252厘米，宽123厘米，残高20厘米，壁厚6厘米；棺距墓口深297厘米，长194厘米，宽64厘米，残高3厘米，壁厚6厘米；头箱长123厘米，宽42厘米，残高20厘米，壁厚6厘米。

骨架一具，保存较完整。仰身直肢，头向西，面向上，双手置于腹部。

随葬品放置在墓葬西端的头箱内，出土陶鬲4件、陶盂2件。

M23：1，陶鬲。折沿下斜，沿面凸起，尖圆唇，溜肩，斜腹，袋足内敛，尖足跟，足尖明显，三足间距大，裆部较高。夹砂灰陶。上沿面外侧有一道凹弦纹；通体饰细绳纹，肩部绳纹被抹去，清晰可见，其上饰六周瓦棱状凹带纹，且贴有两个泥饼，腹上部为纵绳纹，其间有一道抹痕将绳纹隔断，下部为交错绳纹。口径15.6厘米，腹径19.6厘米，高14.5厘米。（图三四,4；彩版三七,4）

M23：2，陶盂。平折沿，方唇，折腹，上腹微弧，下腹斜收，平底内凹。泥质灰胎黑褐皮陶。器表打磨平整光滑。上沿面有若干道不明显的凹弦纹；上腹中部有两道凹弦纹，折腹处上部有一道凹弦纹。口径17.4厘米，腹径16.8厘米，底径9.2厘米，高11.3厘米。（图三四,2；彩版五八,4）

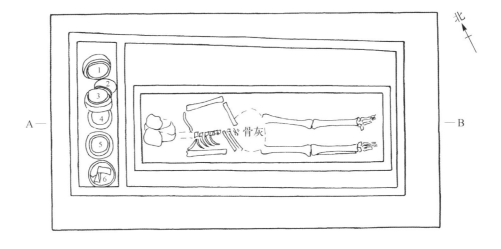

北

A — — B

于骨灰

A′ B′

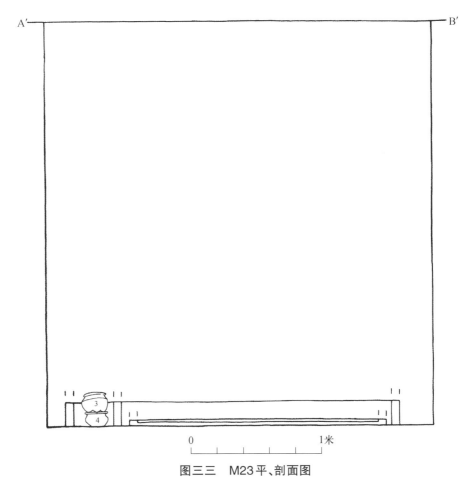

0 1米

图三三 M23平、剖面图

1.陶鬲 2.陶盂 3.陶鬲 4.陶盂 5.陶鬲 6.陶鬲

　　M23：3，陶鬲。折沿下斜，沿面凸起，尖圆唇，溜肩，斜腹，袋足内敛，尖足跟，足尖明显，三足间距较大，裆部较高。夹砂灰陶。上沿面外侧有一道凹弦纹；通体饰细绳纹，肩部绳纹被抹去，清晰可见，其上饰五周瓦棱状凹带纹，且贴有两个泥饼，腹上部为纵绳纹，其间有一道抹痕将绳纹隔

断,下部为交错绳纹。口径17.2厘米,腹径20.8厘米,高15.0厘米。(图三四,1;彩版三七,5)

M23:4,陶盂。平折沿,方圆唇,折腹,上腹微弧,下腹斜收,平底内收。泥质灰陶,器表打磨平整光滑。上沿面外侧有一道不明显凹弦纹。口径17.6厘米,腹径17.6厘米,底径9.6厘米,高10.6厘米。(图三四,5;彩版五八,5)

M23:5,陶鬲。折沿下斜,沿面凸起,尖圆唇,溜肩,斜腹,袋足内敛,尖足跟,足尖明显,三足间距较大,裆部较高。夹砂灰陶。上沿面外侧有一道凹弦纹;通体饰细绳纹,肩部绳纹被抹去,清晰可见,其上饰五周瓦棱状凹带纹,且贴有两个泥饼,腹上部为纵绳纹,其间有一道较宽抹痕将绳纹隔断,下部为交错绳纹。口径15.7厘米,腹径19.6厘米,高14.2厘米。(图三四,3;彩版三七,6)

M23:6,陶鬲。折沿下斜,沿面凸起,尖圆唇,溜肩,斜腹略直,袋足内敛,尖足跟,足尖明显,三足间距大,裆部较高。夹砂灰陶。上沿面外侧有一道凹弦纹;通体饰细绳纹,肩部绳纹被抹去,残留清晰可见,其上饰数周瓦棱状凹带纹,且贴有一个泥饼,腹上部为纵绳纹,其间有一道较宽抹痕将绳纹隔断,下部为交错绳纹。口径17.1厘米,腹径20.2厘米,高15.0厘米。(图三四,6;彩版三八,1)

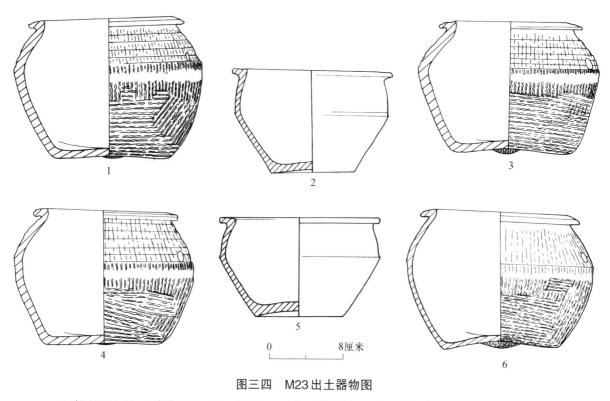

图三四　M23出土器物图
1.陶鬲(M23:3)　2.陶盂(M23:2)　3.陶鬲(M23:5)　4.陶鬲(M23:1)　5.陶盂(M23:4)　6.陶鬲(M23:6)

24. M24

该墓开口于①层下,距地表深50厘米,方向295°。墓葬形制为竖穴土坑墓,开口平面形状呈长方形,口大底小,墓口长296厘米,宽160厘米,墓口距墓底深400厘米,墓底长255厘米,宽122厘米。坑壁斜直,壁面加工规整,平底。填土为五花土,土质较松。(图三五)

图三五 M24平、剖面图

葬具为单棺,平面形状近长方形。棺距墓口深340厘米,长232厘米,西宽100厘米,东宽96厘米,残高60厘米,壁厚6厘米。

骨架一具,保存差。仰身直肢,头向西,面向上,双手置于腹部。

无随葬品。

25. M25

该墓开口于①层下,距地表深50厘米,方向290°。墓葬形制为竖穴土坑墓,开口平面形状呈长方形,墓口长290厘米,宽150厘米,墓口距墓底深200厘米。坑壁垂直,壁面加工规整,平底。填土为五花土,土质较松。(图三六)

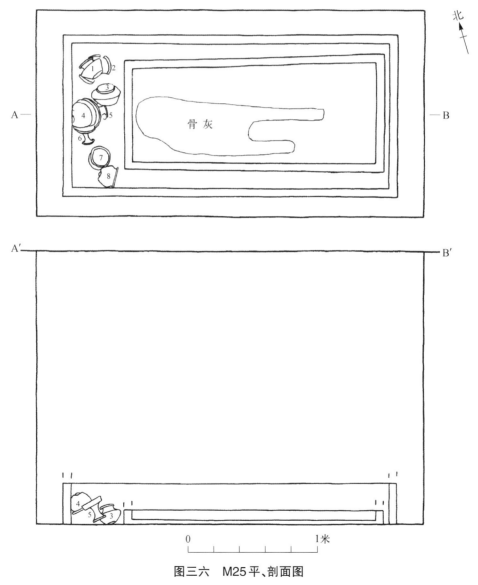

图三六　M25平、剖面图

1.陶罐　2.陶盂　3.陶罐　4.陶鬲　5.陶豆　6.陶豆　7.陶盂　8.陶鬲

　　葬具为一椁一棺,椁、棺平面形状分别呈长方形、楔形。椁距墓口深170厘米,长250厘米,宽118厘米,残高30厘米,壁厚6厘米;棺距墓口深190厘米,长194厘米,西宽78厘米,东宽86厘米,残高10厘米,壁厚6厘米。

　　骨架一具,已朽成灰。葬式不详。

　　随葬品放置在墓葬西端的椁与棺之间,出土陶鬲2件、陶盂2件、陶罐2件、陶豆2件。(彩版二七,1)

　　M25:1,陶罐。平折沿,斜方唇,矮领,肩微弧,肩部以下锐折,斜直腹,平底。泥质褐陶。器表打磨平整。唇面有一道凹弦纹。口径11.2厘米,腹径16.4厘米,底径10.2厘米,高12.8厘米。(图三七,2;彩版九五,6)

　　M25:2,陶盂。平折沿,方唇,矮领,圆肩,斜弧腹,平底。泥质褐陶。器表打磨平整光滑。口径15.2厘米,腹径16.0厘米,底径9.0厘米,高9.2厘米。(图三七,3;彩版五八,6)

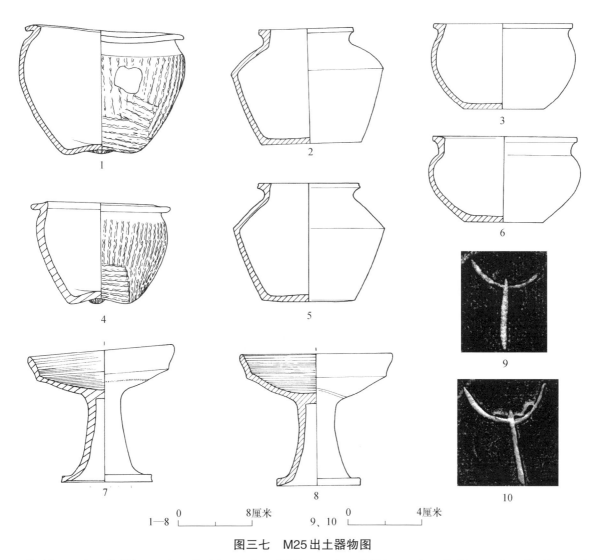

图三七　M25出土器物图

1.陶鬲(M25:4)　2.陶罐(M25:1)　3.陶盂(M25:2)　4.陶鬲(M25:8)　5.陶罐(M25:3)　6.陶盂(M25:7)　7.陶豆(M25:6)
8.陶豆(M25:5)　9.陶豆刻符(M25:5)　10.陶豆刻符(M25:6)

　　M25:3,陶罐。平折沿,斜方唇,矮领,肩微弧,肩部以下锐折微凸,斜腹内收,平底。泥质深灰陶。器表打磨平整。唇面有一条凹弦纹。口径10.3厘米,腹径16.5厘米,底径10.8厘米,高12.2厘米。(图三七,5;彩版九六,1)

　　M25:4,陶鬲。折沿下斜,圆唇,短溜肩,斜弧腹,袋足,尖足跟,三足内聚,间距小,档部较低。夹砂红陶。肩部无绳纹,腹部饰粗绳纹。口径17.2厘米,腹径17.9厘米,高13.9厘米。(图三七,1;彩版三八,2)

　　M25:5,陶豆。敞口,圆唇,唇外缘弧鼓,渐弧收至折壁处再凸起似肩,使整个外壁略成"S"形,上半部外鼓,下半部内收成较浅宽凹槽,折壁,盘腹斜收微弧,盘较浅,盘口较小,细柄略矮,喇叭座较大。泥质黑灰陶。豆盘内外壁均饰有螺旋状暗纹,内壁暗纹细而圈圈相连,外壁暗纹较细,间距较大;盘心有刻画符号。盘径16.8厘米,足径9.1厘米,高14.2厘米。(图三七,8;图三七,9;彩版七九,6;彩版一二二,5)

　　M25:6,陶豆。敞口,圆唇,唇外缘弧鼓,渐弧收至折壁处再凸起似肩,使整个外壁略成"S"形,上半部外鼓,下半部内收成较深宽凹槽,折壁,盘腹斜收,盘较浅,盘口较小,细柄略矮,喇叭座较大。泥质灰陶。豆盘内外壁均饰有螺旋状暗纹,内壁暗纹细而圈圈相连,外壁暗纹不清晰;圈足处有一道凹弦纹;盘心有刻画符号。盘径16.0厘米,足径10.0厘米,高14.7厘米。(图三七,7;图三七,10;彩版八〇,1;彩版一二二,6)

　　M25:7,陶盂。平折沿,方唇,短束颈,圆肩,斜弧腹,平底。泥质黑灰陶。器表打磨平整光滑。口径16.0厘米,腹径16.8厘米,底径8.8厘米,高9.2厘米。(图三七,6;彩版五九,1)

　　M25:8,陶鬲。折沿下斜,尖圆唇,下沿面内凹,短溜肩,斜弧腹,袋足,尖足跟,三足内聚,间距小,档部较低。夹砂红陶。腹部近口处一小段无绳纹,其余腹部饰粗绳纹。口径15.8厘米,腹径14.2厘米,高10.8厘米。(图三七,4;彩版三八,3)

26. M26

　　该墓开口于①层下,距地表深50厘米,方向300°。墓葬形制为竖穴土坑墓,开口平面形状呈长方形,墓口长280厘米,宽136厘米,墓口距墓底深320厘米。坑壁垂直,壁面加工规整,平底。填土为五花土,土质较松。(图三八)

　　葬具为一椁一棺,平面形状均呈长方形。椁距墓口深270厘米,长258厘米,宽112厘米,残高50厘米,壁厚6厘米;棺距墓口深300厘米,长184厘米,宽66厘米,残高20厘米,壁厚6厘米。

　　骨架一具,保存较完整。仰身直肢,头向西,面向上,双手交叉置于腹部。

　　随葬品放置在墓葬西端的椁与棺之间,出土陶鬲2件、陶盂2件、陶罐2件、陶豆2件。

　　M26:1,陶鬲。平折沿,斜方唇,溜肩,弧腹,袋足略内敛,尖足跟,三足间距大,档部极低,平档与足跟几乎齐平。夹粗砂灰陶。上沿面外侧有一道凹弦纹;通体饰粗绳纹,肩部绳纹被抹去,隐约可见,其上饰三周瓦棱状较浅凹带纹,腹上部为纵粗绳纹,其间有一道抹痕将绳纹隔断,下部为交错粗绳纹。口径17.8厘米,腹径20.5厘米,高16.3厘米。(图三九,1;彩版三八,4)

　　M26:2,陶罐。平折沿,圆唇,矮领,溜肩微弧鼓,肩部以下锐折微突起,斜直腹,平底内凹。

图三八 M26平、剖面图

1. 陶鬲 2. 陶罐 3. 陶罐 4. 陶豆 5. 陶鬲 6. 陶盂 7. 陶盂 8. 陶豆

泥质灰陶。器表打磨平整光滑。上沿面有两条凹弦纹,腹部有刮削痕。口径11.4厘米,腹径18.4厘米,底径11.2厘米,高14.2厘米。(图三九,2;彩版九六,2)

M26：3,陶罐。平折沿,方唇,矮领,溜肩微弧,肩部以下锐折微凸,斜腹,平底。泥质黑褐陶。

器表打磨平整光滑。唇面有一道凹弦纹,折肩处上部有一道不明显凹弦纹,腹部有横向刮削痕。口径11.2厘米,腹径19.2厘米,底径10.6厘米,高15.3厘米。(图三九,5;彩版九六,3)

M26:4,陶豆。敞口,圆唇,折壁,折壁处凸起,盘腹斜收,盘较浅,盘口较小,细柄略矮,喇叭座较大。泥质灰陶。豆盘内外壁均饰有螺旋状暗纹,内壁暗纹细而圈圈相连,外壁可见五道较细螺旋状暗纹,间距大;盘心有刻画符号。盘径16.0厘米,足径9.6厘米,高14.3厘米。(图三九,6;图三九,9;彩版八〇,2;彩版一二三,1)

M26:5,陶鬲。平折沿,斜方唇,溜肩,斜弧腹,袋足略内敛,尖足跟,三足间距大,裆部极低,平裆与足跟几乎齐平。夹细砂灰陶。上沿面有两道凹弦纹;通体饰较粗绳纹,肩部绳纹被抹去,隐约可见,其上饰五周瓦棱状凹带纹,腹上部为纵向较粗绳纹,其间有一道抹痕将绳纹隔断,下部为较粗的交错绳纹。口径17.4厘米,腹径20.7厘米,高14.9厘米。(图三九,4;彩版三八,5)

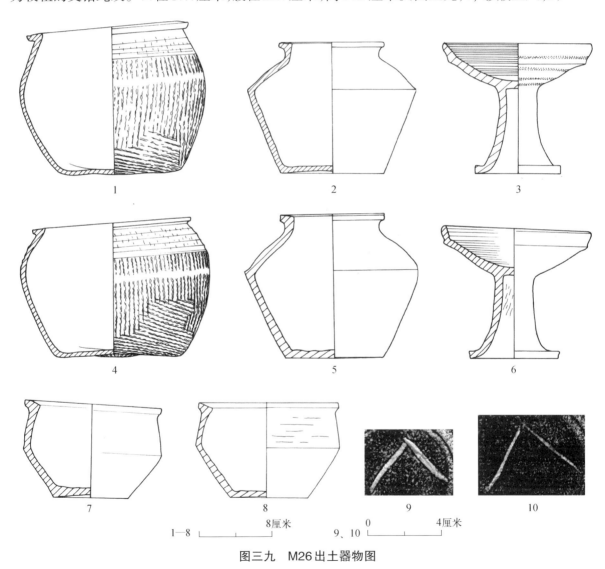

图三九　M26出土器物图

1.陶鬲(M26:1)　2.陶罐(M26:2)　3.陶豆(M26:8)　4.陶鬲(M26:5)　5.陶罐(M26:3)　6.陶豆(M26:4)　7.陶盂(M26:6)
8.陶盂(M26:7)　9.陶豆刻符(M26:4)　10.陶豆刻符(M26:8)

M26：6，陶盂。折沿微仰，方唇，折腹，上腹斜直，下腹斜收，平底内凹。泥质灰陶。器表有刮削痕。上沿面可见若干浅细凹弦纹；唇面可见一条凹弦纹。口径15.0厘米，腹径15.1厘米，底径8.0厘米，高10.4厘米。(图三九，7；彩版五九，2)

M26：7，陶盂。仰折沿，厚方唇，折腹，上腹斜直，下腹微内弧，平底。泥质灰陶。器表有刮削痕。口径15.5厘米，腹径15.9厘米，底径8.6厘米，高10.3厘米。(图三九，8；彩版五九，3)

M26：8，陶豆。敞口，圆唇，唇外缘弧鼓，渐弧收至折壁处再凸起似肩，使整个外壁略成"S"形，上半部外鼓，下半部内收成较浅宽凹槽，折壁，盘腹斜收，盘较浅，盘口较小，细柄略矮，喇叭座较大。泥质灰陶。豆盘内外壁均饰有螺旋状暗纹，内壁暗纹细而圈圈相连，外壁可见七余道细螺旋状暗纹，间距大；盘心有刻画符号。盘径16.0厘米，足径9.3厘米，高14.0厘米。(图三九，3；图三九，10；彩版八〇，3；彩版一二三，2)

27. M27

该墓开口于①层下，距地表深50厘米，方向280°。墓葬形制为竖穴土坑墓，开口平面形状呈楔形，西宽东窄，口大底小。墓口长360厘米，西宽217厘米，东宽206厘米；墓底长320厘米，西宽174厘米，东宽168厘米；墓口距墓底深400厘米。坑壁斜直，壁面加工规整，平底。填土为五花土，土质较松。(图四〇)

葬具为一椁一棺，仅存朽痕，平面形状均近长方形，椁距墓口深340厘米，长278厘米，西宽140厘米，东宽128厘米，残高60厘米，壁厚6厘米；棺距墓口深370厘米，长214厘米，西宽90厘米，东宽76厘米，残高30厘米，壁厚6厘米。

骨架一具，已朽成灰。葬式不详。

随葬品放置在墓葬西端的椁与棺之间，出土陶鬲4件、陶盂4件、圜底罐4件、陶豆4件。(彩版二七，2)

M27：1，陶鬲。折沿下斜，沿面凸起，方唇，溜肩，肩部以下弧折凸起，斜腹，袋足略内敛，尖足跟，三足间距大，裆部极低，平裆与足跟几乎齐平。夹粗砂黑灰陶。上沿面外侧有一道凹弦纹；通体饰细绳纹，肩部绳纹被抹去，清晰可见，其上饰数周瓦棱状较浅凹带纹，腹上部为纵绳纹，其间有一道既窄且浅的抹痕将绳纹隔断，下部为交错绳纹。口径14.2厘米，腹径15.4厘米，高11.4厘米。(图四一，5；彩版三八，6)

M27：2，陶鬲。折沿下斜，沿面凸起，方唇，溜肩，斜腹，袋足略内敛，尖足跟，三足间距大，裆部极低，平裆与足跟几乎齐平。夹粗砂黑灰陶。上沿面外侧有一道凹弦纹；肩部和上腹部绳纹被抹去，残留清晰可见，肩部饰数周瓦棱状较浅凹带纹，器腹下部饰交错细绳纹。口径14.0厘米，腹径16.5厘米，高12.3厘米。(图四一，2；彩版三九，1)

M27：3，陶豆。敞口，尖圆唇，唇外缘弧鼓，渐弧收至折壁处再凸起似肩，使整个外壁略成"S"形，上半部外鼓，下半部内收成宽凹槽，折壁，盘腹斜收，盘较深，盘口较大，细高柄，喇叭座较大。泥质灰陶。豆盘内外壁均饰有螺旋状暗纹，内壁暗纹细密，外壁暗纹较细，间距大。盘径17.8厘米，足径10.6厘米，高16.4厘米。(图四一，12；彩版八〇，4)

骨 灰

北

A — — B

A′ B′

0 1米

图四〇 M27平、剖面图

1.陶鬲 2.陶鬲 3.陶豆 4.陶豆 5.陶鬲 6.陶盉 7.陶盉 8.陶豆 9.陶豆 10.圜底罐 11.圜底罐 12.圜底罐
13.圜底罐 14.陶鬲 15.陶盉 16.陶盉

M27：4，陶豆。敞口，圆唇，唇外缘弧鼓，渐弧收至折壁处再凸起似肩，使整个外壁略成"S"形，上半部外鼓，下半部内收成宽凹槽，折壁，盘腹弧收，盘较深，盘口较大，细高柄，喇叭座较大。泥质灰陶。豆盘内外壁均饰有螺旋状暗纹，内壁暗纹细密，外壁暗纹较细，间距不等。盘径17.5

0　　　　8厘米

图四一　M27出土器物图

1. 陶盂（M27：7）　2. 陶鬲（M27：2）　3. 陶鬲（M27：5）　4. 陶盂（M27：15）　5. 陶鬲（M27：1）　6. 陶鬲（M27：14）
7. 陶盂（M27：16）　8. 陶豆（M27：9）　9. 陶豆（M27：4）　10. 陶盂（M27：6）　11. 陶豆（M27：8）　12. 陶豆（M27：3）

厘米,足径10.0厘米,高16.1厘米。(图四一,9;彩版八〇,5)

M27:5,陶鬲。折沿下斜,沿面凸起,方唇,溜肩,肩部以下弧折凸起,斜腹,袋足略内敛,尖足跟,三足间距大,裆部较低。夹粗砂深灰陶。上沿面外侧有一道凹弦纹;通体饰绳纹,肩部绳纹被抹去,清晰可见,其上饰五周瓦棱状较浅凹带纹,上腹部为纵向较粗绳纹,其间一道既窄且浅的抹痕,将绳纹隔断,下部为交错细绳纹。口径15.2厘米,腹径17.5厘米,高11.9厘米。(图四一,3;彩版三九,2)

M27:6,陶盂。折沿微仰,方唇,折腹,上腹微弧,下腹斜收,平底。泥质深灰陶。器表打磨平整光滑。唇面有一道不完整凹弦纹,折腹处上部有一道明显凹弦纹。口径17.2厘米,腹径17.0厘米,底径9.8厘米,高12.0厘米。(图四一,10;彩版五九,4)

M27:7,陶盂。平折沿,方唇,折腹,上腹斜直,下腹斜收,平底内凹。泥质深灰陶。器表打磨平整光滑。折腹处上部有一道明显凹弦纹。口径16.8厘米,腹径16.4厘米,底径8.8厘米,高11.2厘米。(图四一,1;彩版五九,5)

M27:8,陶豆。敞口,尖圆唇,唇外缘弧鼓,渐弧收至折壁处再凸起似肩,使整个外壁略成"S"形,上半部外鼓,下半部内收成宽凹槽,折壁,盘腹弧收,盘较深,盘口较大,细高柄,喇叭座较大。泥质灰陶。豆盘内外壁均饰有螺旋状暗纹,内壁暗纹细密,外壁螺旋暗纹较细,间距大。盘径18.0厘米,底径10.4厘米,高15.8厘米。(图四一,11;彩版八〇,6)

M27:9,陶豆。敞口,尖圆唇,唇外缘弧鼓,渐弧收至折壁处再凸起似肩,使整个外壁略成"S"形,上半部外鼓,下半部内收成宽凹槽,折壁,盘腹弧收,盘较深,盘口较大,细高柄,喇叭座较大。泥质灰陶。豆盘内外壁均饰有螺旋状暗纹,内壁暗纹细密,部分相连无间距,外壁暗纹较粗,间距大。盘径17.6厘米,底径11.0厘米,高16.0厘米。(图四一,8;彩版八一,1)

M27:10,圜底罐。卷沿,方唇,高领,溜肩,球腹,凹圜底。泥质灰陶。沿面及肩部有数周暗纹,颈、肩部绳纹被抹,隐约可见,折肩处下部有两道抹痕,腹部及器底均饰较粗绳纹,腹上部为纵向绳纹,下部为斜向绳纹。口径12.6厘米,腹径19.6厘米,高20.0厘米。(图四二,4;彩版一一三,6)

M27:11,圜底罐。折沿微上仰,方唇,高领,弧肩,折肩不锐,直腹,凹圜底。泥质灰陶。上沿面外侧有一道凹弦纹,肩部有数周暗纹,腹部及器底饰较粗绳纹,腹上部近肩处一段纵向绳纹,下部为斜向绳纹。口径14.0厘米,腹径21.4厘米,高23.2厘米。(图四二,1;彩版一一四,1)

M27:12,圜底罐。卷沿,方圆唇,高领,溜肩微弧,折肩不锐,弧腹,凹圜底。泥质灰陶。沿面及肩部有数周暗纹,颈、肩部绳纹被抹,隐约可见,腹部及器底饰较粗绳纹,腹上部近肩处一段为纵向绳纹,下部为斜向绳纹。口径22.8厘米,腹径21.2厘米,高21.8厘米。(图四二,3;彩版一一四,2)

M27:13,圜底罐。折沿微下斜,沿面内凹,方唇,高领,弧肩,折肩不锐,圜底。泥质灰陶。腹部及器底均饰较粗绳纹,腹上部为纵向绳纹,下部为横向绳纹。口径14.6厘米,腹径20.0厘米,高14.6厘米。(图四二,2;彩版一一四,3)

M27:14,陶鬲。折沿下斜,沿面凸起,圆唇,溜肩,肩部以下弧折凸起,斜腹,袋足略内敛,尖足跟,三足间距大,裆部较低。夹粗砂黑灰陶。上沿面外侧有一道凹弦纹;通体饰绳纹,肩部绳纹被抹去,清晰可见,其上饰六周瓦棱状较浅凹带纹,腹上部为较粗绳纹,其间有两道较浅抹痕将绳纹隔断,下部为细绳纹。口径14.0厘米,腹径17.1厘米,高12.6厘米。(图四一,6;彩版三九,3)

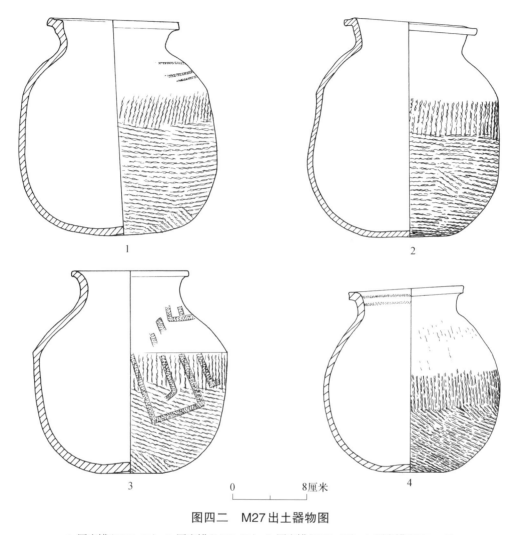

图四二　M27出土器物图

1. 圜底罐（M27：11）　2. 圜底罐（M27：13）　3. 圜底罐（M27：12）　4. 圜底罐（M27：10）

　　M27：15，陶盂。平折沿，方唇，折腹，上腹斜直，下腹斜收，平底。泥质深灰陶。器表打磨平整光滑。唇面有一道凹弦纹，折腹处上部有一道不明显凹弦纹。口径16.6厘米，腹径16.3厘米，底径9.4厘米，高11.0厘米。（图四一，4；彩版五九，6）

　　M27：16，陶盂。折沿微仰，方圆唇，折腹，上腹斜直，下腹斜收，平底微内凹。泥质深灰陶。器表打磨平整光滑。折腹处上部有一道明显凹弦纹。口径17.3厘米，腹径17.3厘米，底径10.0厘米，高11.2厘米。（图四一，7；彩版六〇，1）

28. M28

　　该墓开口于①层下，距地表深50厘米，方向285°。墓葬形制为竖穴土坑墓，开口平面形状呈长方形，墓口长310厘米，宽160厘米，墓口距墓底深280厘米。坑壁垂直，壁面加工规整，平底。填土为五花土，土质较松。（图四三；彩版一〇，1）

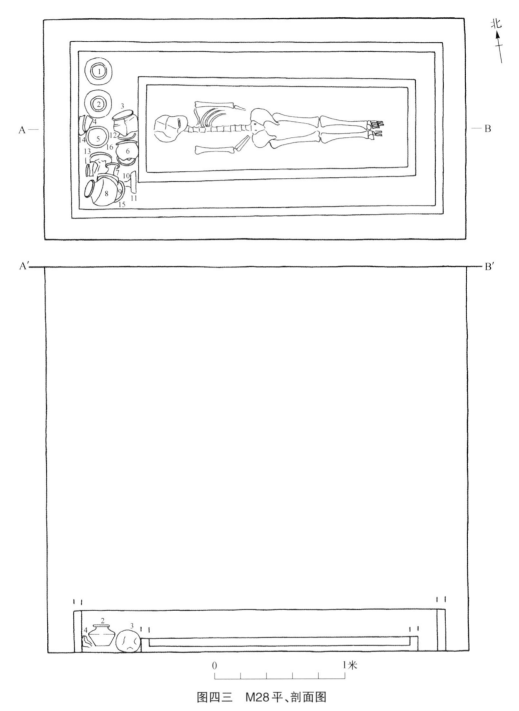

图四三　M28平、剖面图

1. 圜底罐　2. 圜底罐　3. 陶鬲　4. 陶盂　5. 陶盂　6. 陶鬲　7. 陶豆　8. 圜底罐　9. 陶盂　10. 陶盂　11. 陶豆
12. 圜底罐　13. 陶鬲　14. 陶豆　15. 陶豆　16. 陶鬲

　　葬具为一椁一棺，平面形状均呈长方形。椁距墓口深250厘米，长274厘米，宽128厘米，残高30厘米，壁厚6厘米；棺距墓口深270厘米，长204厘米，宽76厘米，残高10厘米，壁厚6厘米。

　　骨架一具，保存较完整。仰身直肢，头向西，面向上，双手置于腹部，双脚并拢。

随葬品放置在墓葬西端的椁与棺之间,出土陶鬲4件、陶盂4件、陶圜底罐4件、陶豆4件。(彩版二八,1)

M28:1,圜底罐。折沿微下斜,方唇,高领,弧肩,折肩处凸起,弧腹,凹圜底。泥质深灰陶。上沿面、肩部有数周暗纹;腹部及器底饰较粗绳纹,腹上部近肩处有两道抹痕,其下残留一小段纵细绳纹,下部为交错绳纹。口径13.3厘米,腹径19.5厘米,高18.0厘米。(图四五,2;彩版一一四,4)

M28:2,圜底罐。折沿微下斜,方唇,高领,弧肩,折肩处凸起,弧腹,凹圜底。泥质深灰陶。上沿面外侧有一道凹弦纹;肩部有数周暗纹;腹部及底饰较粗绳纹,腹上部近肩处有两道抹痕,其下残留一小段纵细绳纹,其余腹部及底部为斜向或横向绳纹。口径13.2厘米,腹径19.4厘米,高18.4厘米。(图四五,1;彩版一一四,5)

M28:3,陶鬲。折沿下斜,沿面微凸,方唇,溜肩,斜腹微内弧,弧裆,截足。泥质灰陶。上沿面外侧有一道凹弦纹;肩部绳纹被抹,隐约可见,上饰数周瓦棱状凹带纹,且等距饰有三个泥条;腹部满饰较粗绳纹,多处被抹,足部及裆部绳纹被抹,且可见刮削痕。口径15.5厘米,腹径18.0厘米,高12.9厘米。(图四四,4;彩版三九,4)

M28:4,陶盂,已残,残存下腹和底。平底。器表打磨光滑。泥质红胎黑皮陶。底径9.3厘米,残高5.6厘米。(图四四,8)

M28:5,陶盂。折沿上仰,沿面内凹,方圆唇,折腹,上腹斜直,下腹斜收,平底内凹。泥质灰胎灰黑皮陶。器表打磨平整光滑。口径16.0厘米,腹径16.6厘米,底径9.2厘米,高10.4厘米。(图四四,12;彩版六〇,2)

M28:6,陶鬲。折沿下斜,沿面微凸,方唇,弧肩,斜腹,弧裆,截足。泥质灰陶。上沿面外侧有一道凹弦纹;肩部绳纹被抹,隐约可见,上饰数周瓦棱状凹带纹,且等距饰有三个泥条;腹部满饰较粗绳纹,多处被抹,足部及裆部绳纹被抹,且可见刮削痕。口径15.6厘米,腹径19.6厘米,高13.6厘米。(图四四,10;彩版三九,5)

M28:7,陶豆。侈口,圆唇,弧壁,盘腹弧收,盘较深,盘口较大,盘壁弧折,细高柄,喇叭座较大。泥质灰陶。豆盘内外壁均饰有螺旋状暗纹,内壁暗纹细密,外壁暗纹较细,间距大。盘径16.9厘米,足径9.9厘米,高15.5厘米。(图四四,3;彩版八一,2)

M28:8,圜底罐。平折沿,沿面内凹,方唇,唇面内凹,高领,弧肩,折肩处凸起,弧腹,圜底。泥质深灰陶。上沿面、肩部有数周暗纹;腹部及器底饰较粗绳纹,腹上部近肩处有两道抹痕,其下残留一小段纵细绳纹,下部为交错绳纹。口径13.2厘米,腹径19.4厘米,高18.0厘米。(图四五,4;彩版一一四,6)

M28:9,陶盂。折沿上仰,沿面内凹,方唇,折腹,上腹略弧,下腹斜收,平底。泥质灰胎灰黑皮陶,局部红色。器表打磨平整光滑。口径17.0厘米,腹径17.3厘米,底径9.0厘米,高10.8厘米。(图四四,5;彩版六〇,3)

M28:10,陶盂。折沿微上仰,方唇,折腹,上腹斜直,下腹斜收,平底。泥质深灰胎黑皮陶。器表打磨平整光滑。口径16.6厘米,腹径16.8厘米,底径8.8厘米,高9.9厘米。(图四四,2;彩版六〇,4)

M28:11,陶豆。侈口,尖唇,弧壁,盘腹弧收,盘较深,盘口较大,盘壁弧折,细高柄,喇叭座较大。泥质褐陶。豆盘内外壁均饰有螺旋状暗纹,内壁暗纹细密,外壁暗纹较粗,有一定间距。口

径18.2厘米,足径10.1厘米,高15.8厘米。(图四四,11;彩版八一,3)

M28:12,圜底罐。平折沿,方唇,高领,弧肩,折肩处凸起,弧腹,凹圜底。泥质深灰陶。肩部有数周暗纹;腹部及器底饰较粗绳纹,腹上部近肩处有两道抹痕,其下残留一小段纵细绳纹,下部为交错绳纹。口径13.0厘米,腹径19.4厘米,高19.4厘米。(图四五,3;彩版一一五,1)

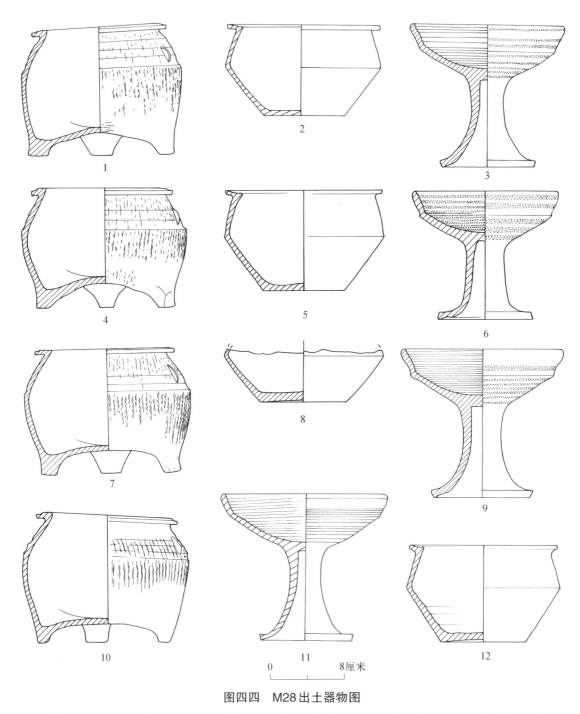

图四四　M28出土器物图

1. 陶鬲(M28:13)　2. 陶盂(M28:10)　3. 陶豆(M28:7)　4. 陶鬲(M28:3)　5. 陶盂(M28:9)　6. 陶豆(M28:15)
7. 陶鬲(M28:16)　8. 陶盂(M28:4)　9. 陶豆(M28:14)　10. 陶鬲(M28:6)　11. 陶豆(M28:11)　12. 陶盂(M28:5)

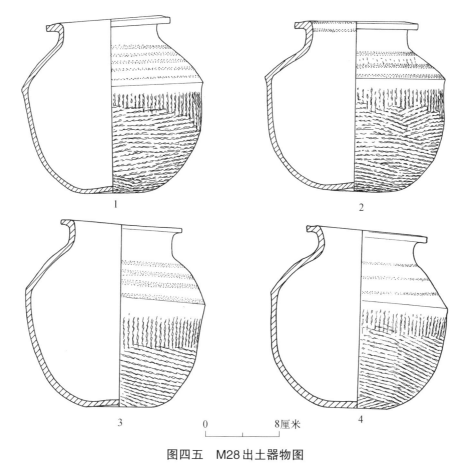

图四五 M28出土器物图

1. 圜底罐（M28：2） 2. 圜底罐（M28：1） 3. 圜底罐（M28：12） 4. 圜底罐（M28：8）

M28：13，陶鬲。折沿下斜，上沿面微凸，方唇，溜肩，斜腹，弧裆，截足。泥质灰陶。上沿面外侧有一道凹弦纹；肩部绳纹被抹，隐约可见，上饰四周瓦棱状凹带纹，且等距饰有三个泥条；腹部满饰较粗绳纹，多处被抹，足部及裆部绳纹被抹，且可见刮削痕。口径14.6厘米，腹径17.6厘米，高14.2厘米。（图四四，1；彩版三九，6）

M28：14，陶豆。敞口，圆唇，弧壁，弧折处凸起似肩，盘腹弧收，柄较高，喇叭座较大。泥质灰陶。豆盘内外壁均饰有螺旋状暗纹，内壁暗纹细密，外壁暗纹较细，间距较大。盘径17.7厘米，足径10.4厘米，高16.0厘米。（图四四，9；彩版八一，4）

M28：15，陶豆。侈口，尖圆唇，盘壁弧折，盘腹弧收，盘较深，盘口较大，喇叭座较大。泥质灰陶。豆盘内外壁均饰有螺旋状暗纹，内壁暗纹粗细、间距不等；外壁折壁处上部暗纹较细，间距不等，折壁处下部暗纹较粗，间距较大。盘径15.6厘米，足径10.2厘米，高13.8厘米。（图四四，6；彩版八一，5）

M28：16，陶鬲。折沿下斜，沿面凸起，方唇，溜肩，斜腹，弧裆，截足。泥质灰陶。上沿面外侧有一道凹弦纹；肩部绳纹被抹，隐约可见，上饰数周瓦棱状凹带纹，且等距饰有三个泥条；腹部满饰较粗绳纹，多处被抹，足部及裆部绳纹被抹，且可见刮削痕。口径15.4厘米，腹径18.3厘米，高13.4厘米。（图四四，7；彩版四〇，1）

29. M29

该墓开口于①层下，距地表深50厘米，方向285°。墓葬形制为竖穴土坑墓，开口平面形状呈长方形，墓口长300厘米，宽168厘米，墓口距墓底深200厘米。坑壁垂直，壁面加工规整，平底。填土为五花土，土质较松。(图四六；彩版一〇,2)

葬具为一椁一棺，平面形状均呈长方形。椁距墓口深180厘米，长252厘米，西宽116厘米，东宽122厘米，残高20厘米，壁厚6厘米；棺距墓口深190厘米，长196厘米，宽66厘米，残高10厘米，壁厚6厘米。

骨架一具，保存较完整。仰身直肢，头向西，面向上，双手置于腹部。

无随葬品。

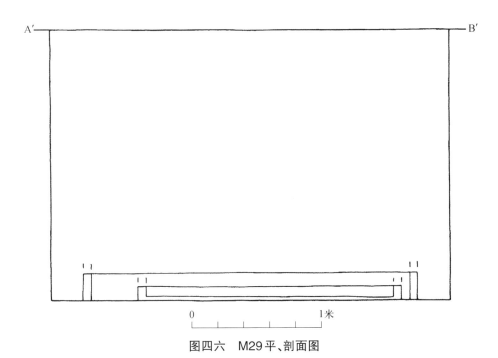

图四六　M29平、剖面图

30. M31

该墓开口于①层下,距地表深50厘米,方向290°。墓葬形制为竖穴土坑墓,口大底小,开口平面形状呈长方形,墓口长370厘米,宽260厘米,墓口距墓底深380厘米,墓底长330厘米,宽220厘米。坑壁斜直,壁面加工规整,平底。填土为五花土,土质较松。(图四七)

葬具为一椁一棺,平面形状均呈长方形。椁距墓口深340厘米,长270厘米,宽140厘米,残高40厘米,壁厚6厘米;棺距墓口深360厘米,长218厘米,宽100厘米,残高20厘米,壁厚6厘米。

骨架不存,葬式不详。

无随葬品。

31. M32

该墓开口于①层下,距地表深50厘米,方向275°。墓葬形制为竖穴土坑墓,口大底小,开口平面形状呈长方形,墓口长340厘米,宽260厘米,墓口距墓底深600厘米,墓底长280厘米,宽200厘米。坑壁斜直,壁面加工规整,平底。填土为五花土,土质较松。(图四八)

葬具为单棺,平面形状呈长方形。棺距墓口深560厘米,长226厘米,宽144厘米,残高40厘米,壁厚6厘米。

骨架一具,保存不完整。仰身直肢。

无随葬品。

32. M33

该墓开口于①层下,距地表深50厘米,方向275°。墓葬形制为竖穴土坑墓,开口平面形状呈楔形,西宽东窄,墓口长280厘米,西宽140厘米,东宽130厘米,墓口距墓底深190厘米。坑壁垂直,壁面加工规整,平底。填土为五花土,土质较松。(图四九)

葬具为单棺,平面形状呈楔形,西宽东窄。棺距墓口深140厘米,长220厘米,西宽100厘米,东宽88厘米,残高50厘米,壁厚6厘米。

骨架一具,头骨和上肢骨保存较完整,残存零星下肢骨。仰身直肢,头向西,面向南。

无随葬品。

33. M34

该墓开口于①层下,距地表深50厘米,方向295°。墓葬形制为竖穴土坑墓,开口平面形状呈长方形,墓口长325厘米,宽162厘米,墓口距墓底深110厘米。坑壁垂直,壁面加工规整,平底。填土为五花土,土质较松。(图五〇)

葬具为一椁一棺,平面形状均呈楔形。椁距墓口深84厘米,长282厘米,西宽128厘米,东宽118厘米,残高26厘米,壁厚6厘米;棺距墓口深100厘米,长206厘米,西宽67厘米,东宽60厘米,残高10厘米,壁厚6厘米。

骨架一具,保存较完整。仰身直肢,头向西,面向上。

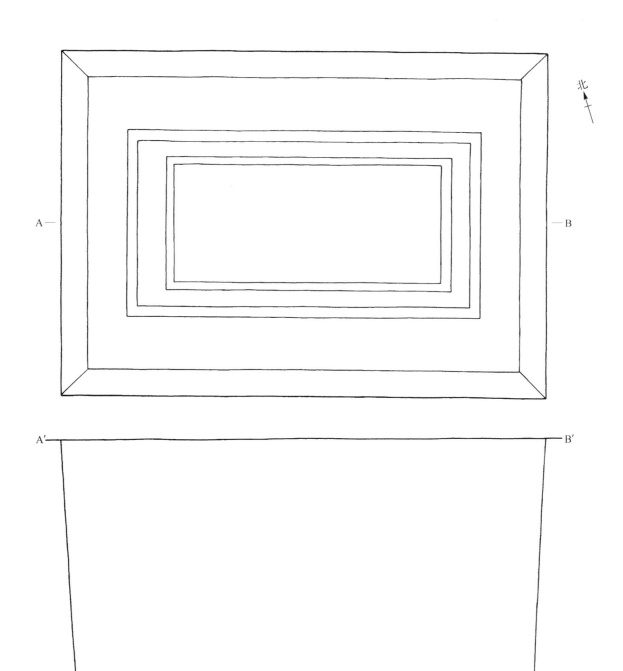

北

A —   — B

A′   B′

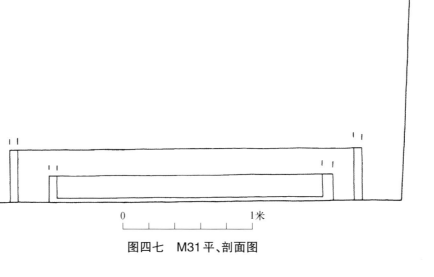

0   1米

图四七 M31平、剖面图

北

图四八　M32平、剖面图

0　　　　　　　1米

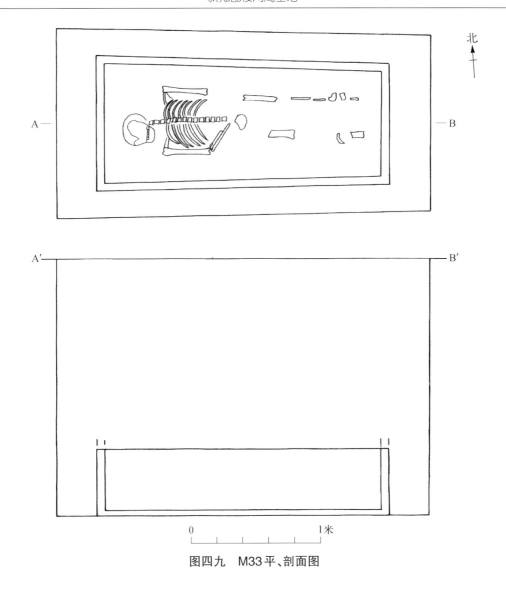

图四九　M33平、剖面图

随葬品放置在墓葬西端的椁与棺之间,出土陶鬲3件、陶盂4件、陶罐2件、陶豆4件(残1)。(彩版二八,2)

M34:1,陶盂。宽厚仰折沿,方唇,折腹,上腹内弧,下腹斜收,平底内凹。泥质褐陶。器表打磨,腹下部可见刮削痕。唇部有一道凹弦纹,器表有被抹平的残留绳纹。口径20.0厘米,腹径17.0厘米,底径8.8厘米,高13.0厘米。(图五一,11;彩版六○,5)

M34:2,陶盂。宽厚仰折沿,方唇,折腹,上腹斜直,下腹斜收,平底。泥质灰陶。器表打磨,腹下部可见刮削痕。器表有被抹平的残留绳纹。口径20.0厘米,腹径17.0厘米,底径10.0厘米,高12.8厘米。(图五一,9;彩版六○,6)

M34:3,陶罐。无领喇叭口,仰折沿,方唇,溜肩,肩部以下弧折,斜腹,平底内凹。泥质黄陶。器表打磨。口径12.6厘米,腹径14.2厘米,底径8.1厘米,高12.4厘米。(图五一,6;彩版九六,4)

M34:4,陶盂。宽厚仰折沿,方圆唇,折腹,上腹微弧,下腹斜收,平底内凹。泥质黄褐陶。器

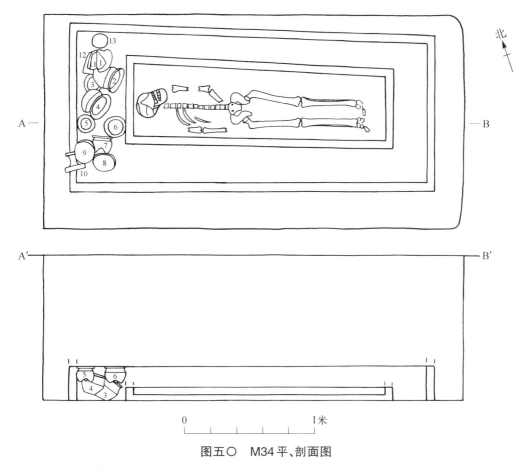

图五〇 M34平、剖面图

1. 陶盂 2. 陶盂 3. 陶罐 4. 陶盂 5. 陶鬲 6. 陶鬲 7. 陶鬲 8. 陶豆 9. 陶豆 10. 陶豆 11. 陶罐 12. 陶盂 13. 陶豆

表打磨，腹下部可见刮削痕。器表有被抹平的残留绳纹。口径20厘米，腹径17.4厘米，底径11.0厘米，高14.0厘米。（图五一，8；彩版六一，1）

　　M34：5，陶鬲。宽厚仰折沿，方唇，无肩，腹近直，锥足。泥质黄陶。下沿面及腹上部绳纹被抹，隐约可见，腹下部及足外侧上部饰细绳纹，足内侧及裆部可见刮削痕。口径13.7厘米，腹径11.6厘米，高10.4厘米。（图五一，1；彩版四〇，2）

　　M34：6，陶鬲。宽厚仰折沿，方唇，无肩，腹近直，锥足。泥质黄陶。下沿面及腹上部绳纹被抹，隐约可见，腹下部及足外侧上部饰细绳纹，足内侧及裆部可见刮削痕。口径14.2厘米，腹径12.0厘米，高10.5厘米。（图五一，2；彩版四〇，3）

　　M34：7，陶鬲。宽厚仰折沿，方唇，圆肩，斜腹微内弧，锥足，泥质黄陶。下沿面及肩部绳纹被抹，隐约可见，腹下部及足外侧饰细绳纹，足内侧及裆部可见刮削痕。口径14.6厘米，腹径13.0厘米，高9.8厘米。（图五一，3；彩版四〇，4）

　　M34：8，陶豆。直口，方唇，浅盘，盘壁弧折，盘底近平，豆柄较粗且矮，豆座较大。泥质灰胎褐陶。盘径17.4厘米，足径11.5厘米，高13.6厘米。（图五一，10；彩版八一，6）

　　M34：9，陶豆。直口，方唇，浅盘，盘壁弧折，盘底近平，豆柄较粗且矮，豆座较大。夹砂灰陶。

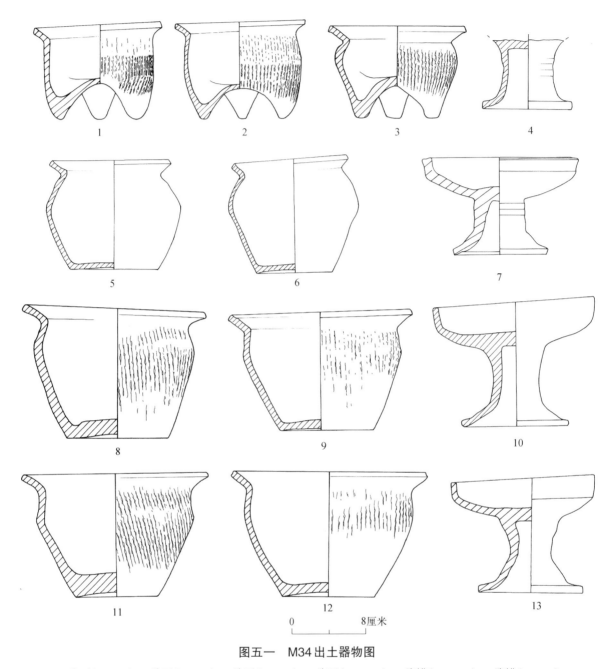

图五一　M34出土器物图

1. 陶鬲(M34∶5)　2. 陶鬲(M34∶6)　3. 陶鬲(M34∶7)　4. 陶豆(M34∶13)　5. 陶罐(M34∶11)　6. 陶罐(M34∶3)
7. 陶豆(M34∶10)　8. 陶盂(M34∶4)　9. 陶盂(M34∶2)　10. 陶豆(M34∶8)　11. 陶盂(M34∶1)
12. 陶盂(M34∶12)　13. 陶豆(M34∶9)

盘径15.5厘米,足径11.3厘米,高12.5厘米。(图五一,13;彩版八二,1)

　　M34∶10,陶豆。近直口,厚方唇,浅盘,盘壁弧折,盘腹弧收,豆柄较粗且矮,豆座较大。夹砂红褐色胎褐陶。盘径16.8厘米,足径10.0厘米,高10.1厘米。(图五一,7;彩版八二,2)

　　M34∶11,陶罐。无领喇叭口,仰折沿,方唇,溜肩,折肩不锐,斜腹,平底内凹。泥质黄陶。器

表打磨。口径13.0厘米,腹径14.5厘米,底径9.5厘米,高11.7厘米。(图五一,5;彩版九六,5)

M34:12,陶盂。宽厚仰折沿,方唇,弧折腹,上腹微弧,下腹斜收,平底内凹。泥质黄褐陶。器表打磨,腹下部可见刮削痕。唇部有一道凹弦纹,器表有被抹平的残留绳纹。口径21.0厘米,腹径18.1厘米,底径10.0厘米,高13.2厘米。(图五一,12;彩版六一,2)

M34:13,陶豆,残。仅残存豆柄、豆座。豆柄较粗且短,柄中部有一周凹带纹,豆座大。泥质灰陶。底径9.6厘米,残高7.3厘米。(图五一,4)

34. M35

该墓开口于①层下,距地表深50厘米,方向276°。墓葬形制为竖穴土坑墓,开口平面形状呈长方形,墓口长270厘米,宽140厘米,墓口距墓底深360厘米。坑壁垂直,壁面加工规整,平底。填土为五花土,土质较松。(图五二)

葬具为一椁一棺,平面形状均呈长方形。椁距墓口深320厘米,长231厘米,宽128厘米,高40厘米,壁厚7厘米;棺距墓口深348厘米,长181厘米,宽70厘米,残高12厘米,壁厚6厘米。

骨架不存,葬式不详。

随葬品放置在墓葬西端的椁与棺之间,出土陶盂1件、陶罐1件。

M35:1,陶盂。敛口,斜方唇,短束颈,鼓腹,平底微内凹。泥质灰陶。器表打磨平整光滑,器表可见刮削痕。口径9.0厘米,腹径10.8厘米,底径5.4厘米,高8.6厘米。(图五三,1;彩版六一,3)

M35:2,陶罐。窄平折沿,上沿面微鼓,尖唇,矮领,肩部弧鼓,肩部以下锐折,斜直腹,平底。泥质灰陶。肩部和腹部可见若干极细凹弦纹。口径9.2厘米,腹径13.6厘米,底径7.2厘米,高9.0厘米。(图五三,2;彩版九六,6)

35. M36

该墓开口于①层下,距地表深50厘米,方向280°。墓葬形制为竖穴土坑墓,开口平面形状呈长方形,墓口长290厘米,宽140厘米,墓口距墓底深450厘米。坑壁垂直,壁面加工规整,平底。填土为五花土,土质较松。(图五四)

葬具为一椁一棺,平面形状均呈长方形。椁距墓口深430厘米,长258厘米,宽124厘米,残高20厘米,壁厚8厘米;棺距墓口深440厘米,长179厘米,宽76厘米,残高10厘米,壁厚6厘米。

骨架不存,葬式不详。

随葬品放置在墓葬西端的椁与棺之间,出土陶鬲2件(残1)、陶盂4件、陶罐1件、陶豆1件(残)。

M36:1,陶罐。平折沿,圆唇,矮领,溜肩,肩部以下锐折,斜腹,平底内凹。泥质深灰陶。器表打磨平整光滑。折肩处有一道凹弦纹,腹部有刮削痕。口径11.2厘米,腹径18.2厘米,底径12.0厘米,高14.2厘米。(图五五,1;彩版九七,1)

M36:2,陶鬲。折沿下斜,方唇,溜肩,弧腹,袋足外张,尖足跟,三足间距大,裆部较低。夹粗砂灰陶。上沿面近口处和外侧各有一道凹弦纹;通体饰绳纹,肩部绳纹被抹去,隐约可见,其上饰

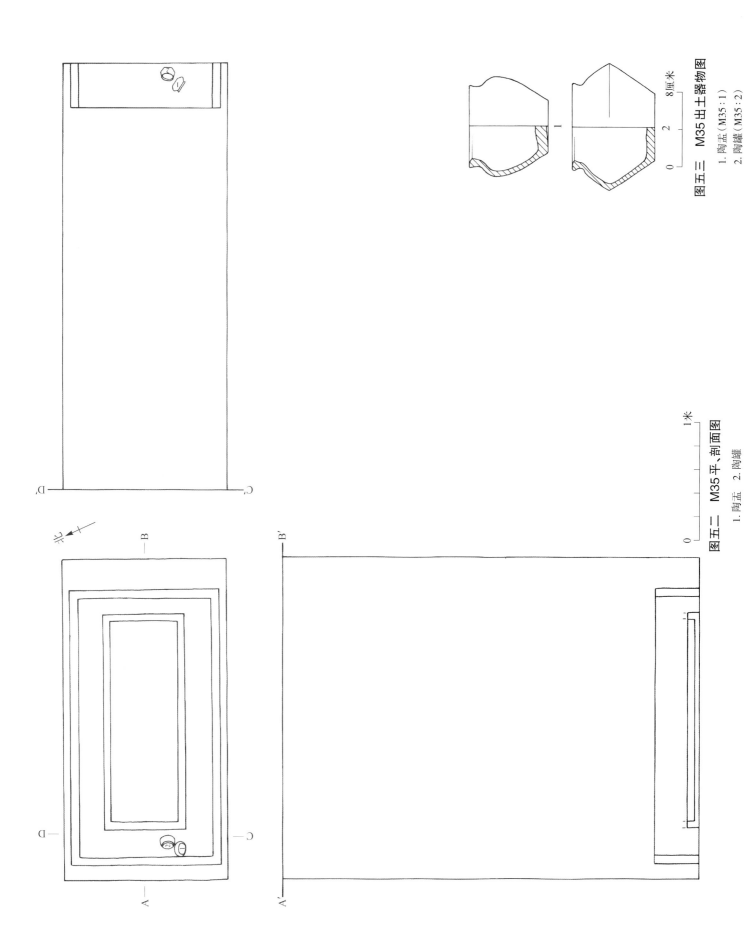

图五三　M35 出土器物图

1. 陶盂（M35：1）　2. 陶罐（M35：2）

图五二　M35 平、剖面图

1. 陶盂　2. 陶罐

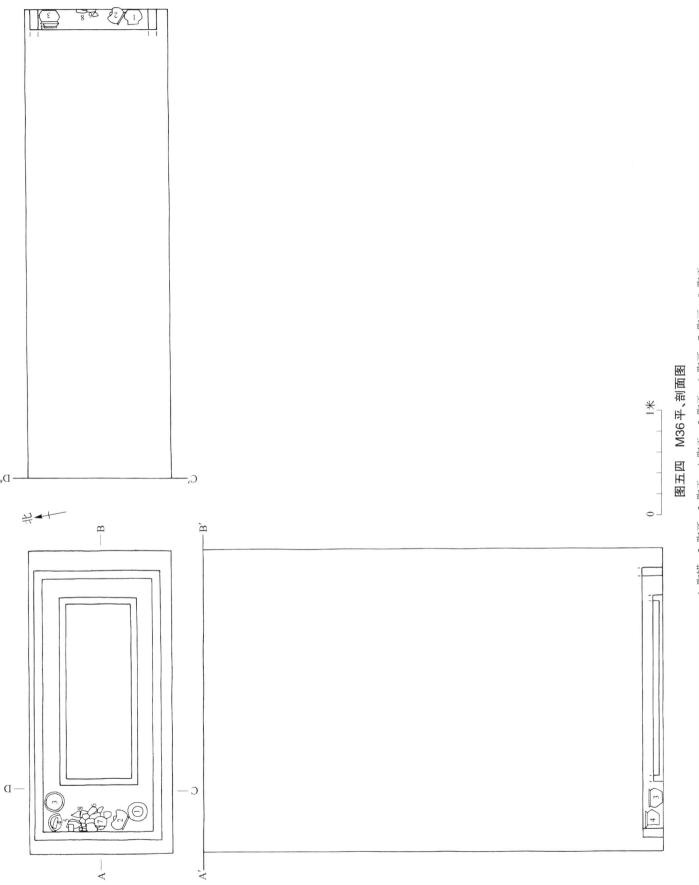

图五四　M36平、剖面图

1. 陶罐　2. 陶鬲　3. 陶盂　4. 陶盂　5. 陶盂　6. 陶盂　7. 陶豆　8. 陶盂

数周瓦棱状凹带纹,腹上部为纵粗绳纹,其间一道抹痕将绳纹隔断,下部为较粗的交错绳纹。口径15.2厘米,腹径17.6厘米,高12.9厘米。(图五五,8;彩版四〇,5)

M36:3,陶盂。折沿微仰,方唇,折腹,上腹斜直,下腹斜收,平底内凹。泥质灰陶。器表打磨平整光滑。上腹和折腹处上部各有一道凹纹。口径17.5厘米,腹径17.7厘米,底径9.3厘米,高12.4厘米。(图五五,6;彩版六一,4)

M36:4,陶盂。平仰折,方圆唇,折腹处凸起,上腹斜直,下腹斜收,平底内凹。泥质灰陶。器表打磨平整光滑。上沿面近口处有一道凹弦纹,上腹有一道凹弦纹。口径17.8厘米,腹径18.0厘米,底径9.5厘米,高12.1厘米。(图五五,4;彩版六一,5)

M36:5,陶盂。平仰折,方圆唇,折腹处凸起,上腹斜直,下腹斜收,平底内凹。泥质灰陶。器表打磨平整光滑。上沿面近口处和外侧各有一道凹弦纹,上腹和折腹处上部各有一道凹弦纹。口径17.9厘米,腹径18.1厘米,底径9.5厘米,高12.2厘米。(图五五,5;彩版六一,6)

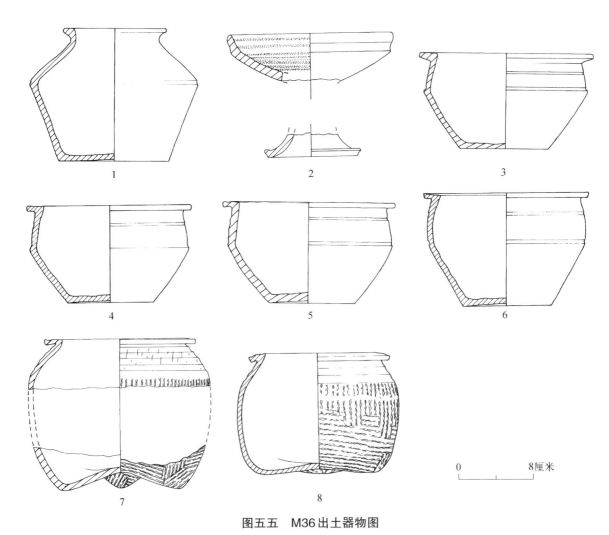

图五五　M36出土器物图

1.陶罐(M36:1)　2.陶豆(M36:7)　3.陶盂(M36:8)　4.陶盂(M36:4)　5.陶盂(M36:5)　6.陶盂(M36:3)
7.陶鬲(M36:6)　8.陶鬲(M36:2)

M36：6，陶鬲，残。残存口沿，袋足，腹部碎片。平折沿，上沿面微凸，方唇，溜肩，袋足。夹砂灰陶。上沿面外侧有一道凹弦纹，唇面有一道凹弦纹，肩部绳纹抹平，上饰数道凹带纹。器腹饰较粗绳纹。口径16.4厘米，腹径20厘米，高16厘米。（图五五，7）

M36：7，陶豆，残。残存豆盘、豆座。尖圆唇，敞口，外壁上部凸起，下部内凹，折壁，盘较深，盘腹斜收，喇叭状豆座，座沿上翘。泥质褐陶。豆盘内外壁均饰有螺旋状暗纹，内壁暗纹细密，外壁暗纹不明显。盘径18.0厘米，足径10.0厘米，残高2.4厘米。（图五五，2）

M36：8，陶盂。平仰折，方圆唇，折腹处凸起，上腹斜直，下腹斜收，平底。泥质灰陶。器表打磨平整光滑。上沿面近口处有一道凹弦纹，上腹和折腹处上部各有一道凹弦纹。口径18.8厘米，腹径17.4厘米，底径9.3厘米，高10.2厘米。（图五五，3；彩版六二，1）

36. M37

该墓开口于①层下，距地表深50厘米，方向273°。墓葬形制为竖穴土坑墓，口大底小，开口平面形状呈长方形，墓口长370厘米，宽260厘米，墓口距墓底深440厘米，墓底长320厘米，宽214厘米。坑壁斜直，壁面加工规整，平底。填土为五花土，土质较松。（图五六；彩版一一，1）

葬具为一椁一棺，平面形状均呈长方形。椁距墓口深390厘米，长282厘米，宽180厘米，高50厘米，壁厚10厘米；棺距墓口深420厘米，长237厘米，宽127厘米，残高20厘米，壁厚8厘米。

骨架一具，已朽成灰。可辨葬式为仰身直肢。

随葬品有陶罐3件、陶豆2件，蚌贝14件。（彩版二九，1）陶器置于内棺西端，蚌贝发现于头骨下。

M37：1，陶罐。平折沿，平折沿极窄，尖唇，矮领，弧肩，折肩不锐，斜腹，平底。泥质深灰陶。器表有刮削痕，肩部有因刮削留下的成圈的刮削痕迹。口径10.6厘米，腹径14.8厘米，底径7.2厘米，高11.8厘米。（图五七，1；彩版九七，2）

M37：2，陶罐。平折沿，平折沿极窄，斜方唇，矮领，弧鼓肩，肩部以下锐折，斜腹内弧，平底。泥质深灰陶。器表有刮削痕，肩部有因刮削留下的成圈的刮削痕迹。口径9.4厘米，腹径13.6厘米，底径6.0厘米，高10.2厘米。（图五七，7；彩版九七，3）

M37：3，陶罐。平折沿，平折沿极窄，上沿面微鼓，圆唇，矮领，弧肩，折肩不锐，斜腹内弧，平底。泥质深灰陶。器表有刮削痕，肩部有因刮削留下的成圈的刮削痕迹。口径10.8厘米，腹径14.0厘米，底径7.7厘米，高11.5厘米。（图五七，4；彩版九七，4）

M37：4，陶豆。敞口，尖圆唇，唇外缘弧鼓，上半部外鼓，下半部微弧收，折壁，盘腹斜弧收，浅盘，盘口小，豆柄细且较矮，喇叭座小。泥质灰陶。豆盘内外壁均饰有螺旋状暗纹，内壁暗纹较细且圈圈相连，外壁暗纹不明显。盘内有刻画符号。盘径11.6厘米，足径6.6厘米，高10.8厘米。（图五七，3；图五七，6；彩版八二，3；彩版一二三，3）

M37：5，陶豆。敞口，圆唇，唇外缘弧鼓，上半部外鼓，下半部微弧收，折壁，盘腹斜弧收，浅盘，盘口小，细豆柄较矮，喇叭座小。泥质灰陶。豆盘内外壁均饰有螺旋状暗纹，内壁暗纹较细且圈圈相连，外壁暗纹不明显。盘内有刻画符号。盘径12.6厘米，足径7.0厘米，高10.6厘米。（图五七，2；图五七，5；彩版八二，4；彩版一二三，4）

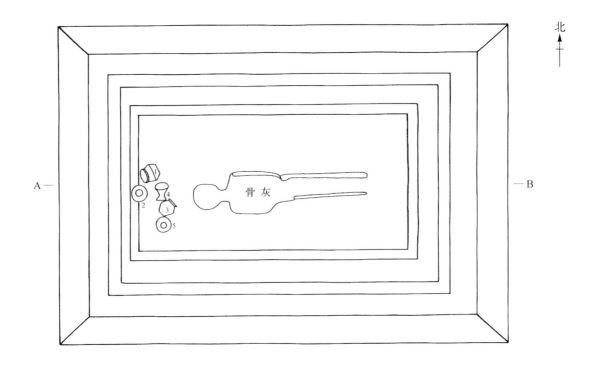

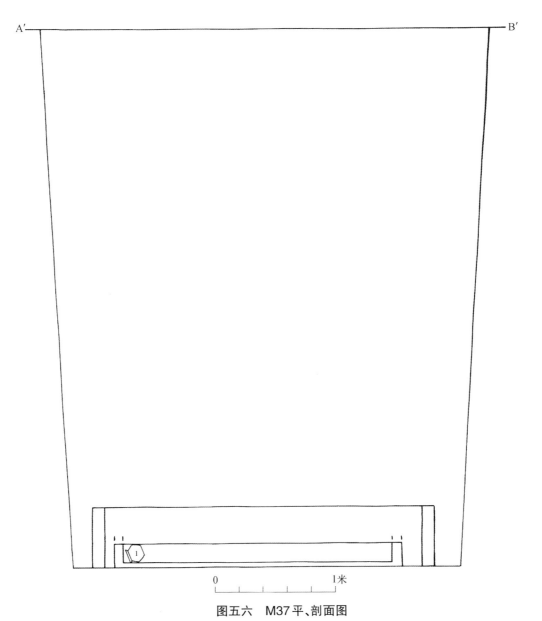

图五六　M37平、剖面图

1.陶罐　2.陶罐　3.陶罐　4.陶豆　5.陶豆　6.蚌贝（器物6压在头骨灰下）

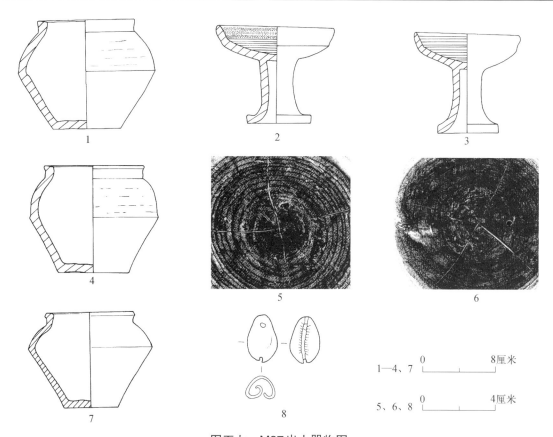

图五七 M37 出土器物图

1. 陶罐(M37：1) 2. 陶豆(M37：5) 3. 陶豆(M37：4) 4. 陶罐(M37：3) 5. 陶豆刻符(M37：5) 6. 陶豆刻符(M37：4)
7. 陶罐(M37：2) 8. 蚌贝(M37：6)

M37：6，蚌贝。14 枚，其中 4 枚残。正面刻齿，背面钻 1 孔。长约 2.5 厘米，宽约 1.7 厘米，厚约 1.4 厘米。(图五七,8；彩版一二一,4)

37. M38

该墓开口于①层下，距地表深 50 厘米，方向 282°。墓葬形制为竖穴土坑墓，口大底小，开口平面形状呈长方形，墓口长 370 厘米，宽 260 厘米，墓口距墓底深 550 厘米，墓底长 325 厘米，宽 220 厘米。坑壁斜直，壁面加工规整，平底。填土为五花土，土质较松。(图五八)

葬具为一椁一棺，平面形状均呈长方形。椁距墓口深 490 厘米，长 292 厘米，宽 184 厘米，高 60 厘米，壁厚 10 厘米；棺距墓口深 520 厘米，长 266 厘米，宽 120 厘米，高 30 厘米，壁厚 8 厘米。

骨架一具，已朽成灰。葬式不详。

随葬品放置在棺内西端，出土陶鬲 2 件、陶盉 4 件(残 1)、陶罐 4 件(残 2)、陶豆 2 件。

M38：1，陶罐。平折沿，平折沿极窄，圆唇，矮领，弧肩，肩部以下锐折，斜腹，平底内凹。泥质灰陶。器腹有刮削痕。口径 8.0 厘米，腹径 10.4 厘米，底径 6.2 厘米，高 9.0 厘米。(图五九,6；彩版九七,5)

M38：2，陶罐。平折沿，平折沿极窄，方唇，矮领，弧肩，肩部以下锐折，斜腹，平底内凹。泥质灰

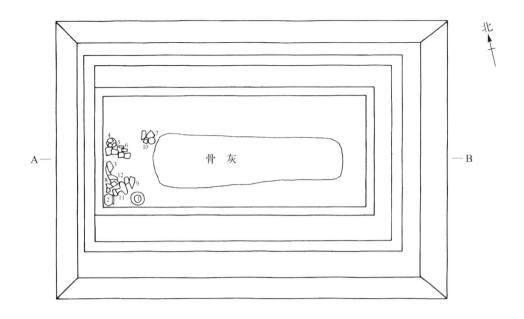

骨　灰

北

0　　　　　1米

图五八　M38 平、剖面图

1.陶罐　2.陶罐　3.陶鬲　4.陶鬲　5.陶盉　6.陶盉　7.陶盉　8.陶盉　9.陶罐　10.陶罐　11.陶豆　12.陶豆

陶。器腹有刮削痕。口径8.4厘米，腹径10.4厘米，底径5.6厘米，高8.0厘米。（图五九，10；彩版九七，6）

M38：3，陶鬲。平折沿，圆唇，鼓腹，乳足小。泥质灰陶。上沿面有一道凹弦纹，上腹可见数道不明显凹带纹，足及裆部有明显刮削痕。口径12.4厘米，腹径12.6厘米，高7.2厘米。（图五九，1；彩版四〇，6）

M38：4，陶鬲。平折沿，圆唇，上腹近口处内凹形成似颈结构，鼓腹，乳足。泥质灰陶。上沿面有一道凹弦纹，上腹可见数道不明显凹带纹，足及裆部有刮削痕。口径11.6厘米，腹径11厘米，高6.2～7厘米。（图五九，2；彩版四一，1）

M38：5，陶盂。平折沿，斜方唇，折腹不明显，折棱系刮削形成的细棱，几近弧腹，平底。泥质灰陶。器表有刮削痕。口径15.2厘米，腹径12.0厘米，底径5.4厘米，高7.0厘米。（图五九，7；彩版六二，2）

M38：6，陶盂。平折沿，斜方唇，折腹不明显，折棱系刮削形成的细棱，几近弧腹，平底内凹。泥质灰陶。器表有刮削痕。口径14.2厘米，腹径11.0厘米，底径5.6厘米，高6.7厘米。（图五九，8；彩版六二，3）

M38：7，陶盂。折沿微上仰，斜方唇，折腹不明显，折棱系刮削形成的细棱，几近弧腹，平底内凹。泥质灰陶。器表有刮削痕。口径15.6厘米，腹径12.0厘米，底径5.8厘米，高7.2厘米。（图五九，11；彩版六二，4）

M38：8，陶盂，残。残存口沿、腹部、底部残片。平折沿，斜方唇，折腹不明显，折棱系刮削形成的细棱，几近弧腹，平底内凹。泥质灰陶。口径16.0厘米，腹径12.8厘米，底径6.3厘米。

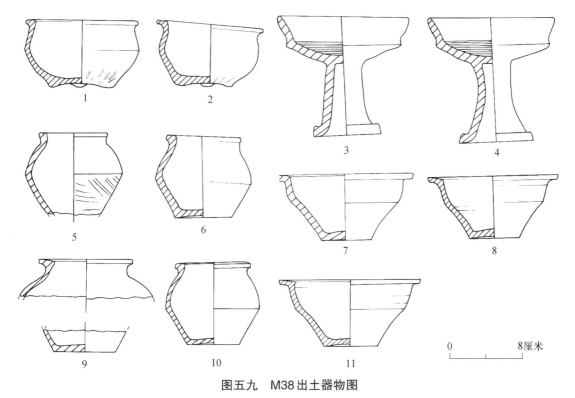

0　　　　8厘米

图五九　M38出土器物图

1. 陶鬲（M38：3）　2. 陶鬲（M38：4）　3. 陶豆（M38：11）　4. 陶豆（M38：12）　5. 陶罐（M38：10）　6. 陶罐（M38：1）
7. 陶盂（M38：5）　8. 陶盂（M38：6）　9. 陶罐（M38：9）　10. 陶罐（M38：2）　11. 陶盂（M38：7）

M38：9，陶罐，残。残存口沿及器底残片。平折沿，方唇，矮领，弧肩，平底。泥质灰陶。口径约10.4厘米，底径约7.0厘米。(图五九，9)

M38：10，陶罐，残。残存口沿、肩部及腹部残片。平折沿，平折沿极窄，尖圆唇，矮领，弧肩微鼓。泥质灰陶。口径7.6厘米，腹径10.6厘米，残高8.8厘米。(图五九，5)

M38：11，陶豆。敞口，尖圆唇，唇外缘弧鼓，渐弧收至折壁处再凸起似肩，使整个外壁略成"S"形，上半部外鼓，下半部内收成较深宽凹槽，折壁，盘壁较高，盘腹斜收，盘口较小，细柄较矮，喇叭座较小。泥质灰陶。豆盘内外壁均饰有螺旋状暗纹，内壁暗纹细密，外壁暗纹不明显。盘径14.1厘米，足径7.4厘米，高13.2～12.2厘米。(图五九，3；彩版八二，5)

M38：12，陶豆。敞口，尖圆唇，唇外缘弧鼓，渐弧收至折壁处再凸起似肩，使整个外壁略成"S"形，上半部外鼓，下半部内收成较深宽凹槽，折壁，盘壁较高，盘腹斜收，盘口较小，细柄较矮，喇叭座较小。泥质灰陶。豆盘内外壁均饰有螺旋状暗纹，内壁暗纹细密，外壁暗纹不明显。盘径14.0厘米，足径8.2厘米，高13.6厘米～13.0厘米。(图五九，4；彩版八二，6)

38. M39

该墓开口于①层下，距地表深50厘米，方向300°。墓葬形制为竖穴土坑墓，开口平面形状呈长方形，墓口长292厘米，宽160厘米，墓口距墓底深170厘米。坑壁垂直，壁面加工规整，平底。填土为五花土，土质较松。(图六〇)

葬具为单棺，平面形状呈长方形。棺距墓口深140厘米，长242厘米，宽127厘米，残高30厘米，壁厚6厘米。

骨架一具，仰身直肢。

无随葬品。

39. M40

该墓开口于①层下，距地表深50厘米，方向295°。墓葬形制为竖穴土坑墓，开口平面形状呈长方形，墓口长314厘米，宽170厘米，墓口距墓底深400厘米。坑壁垂直，壁面加工规整，平底。填土为五花土，土质较松。(图六一)

葬具为一椁一棺，平面形状均呈楔形。椁距墓口深382厘米，长284厘米，西宽143厘米，东宽133厘米，残高18厘米，壁厚6厘米；棺距墓口深392厘米，长197厘米，西宽76厘米，东宽64厘米，残高8厘米，壁厚6厘米。

骨架一具，除头骨不存外，其余部位保存较完整。仰身直肢，头向西，双手置于腹部，双脚并拢。

随葬品放置在墓葬西端的椁与棺之间，出土陶鬲4件、陶盂4件、陶罐4件、陶豆2件、泥质器1件。

M40：1，陶盂。平折沿，圆唇，折腹，折棱不显，为刮削形成的细棱，上腹微鼓，下腹内弧，平底内凹。泥质灰胎褐皮陶。器表有刮削痕。上沿面近口处有一道不完整的凹弦纹。口径13.6厘米，腹径14.0厘米，底径7.4厘米，高10.3厘米。(图六三，2；彩版六二，5)

M40：2，陶鬲。窄平折沿，沿面内侧凸起，尖唇，溜肩，肩部以下弧折，斜腹微弧，乳足，裆

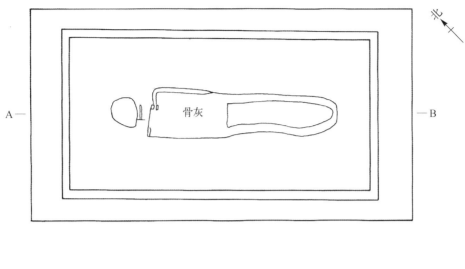

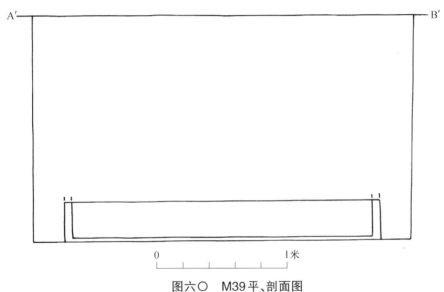

图六〇 M39平、剖面图

部较高。泥质深灰陶,胎体厚重。上沿面外侧有一道凹弦纹,肩部绳纹抹平,隐约可见,腹上部饰纵细绳纹,腹下部及足、裆部饰交错细绳纹。口径13.0厘米,腹径14.4厘米,高10.4厘米。(图六三,8;彩版四一,2)

M40:3,陶罐。平折沿,方唇,较高束颈,溜肩微弧鼓,斜腹,平底内凹。泥质深灰陶。器表打磨,有刮削痕。口径10.8厘米,腹径17厘米,底径10.6厘米,高12.8厘米。(图六二,2;彩版九八,1)

M40:4,陶罐。平折沿,方唇,短束颈,溜肩微弧,斜腹,平底内凹。泥质深灰陶。器表打磨,有刮削痕。口径11.0厘米,腹径16.9厘米,底径11.0厘米,高12.7厘米。(图六二,1;彩版九八,2)

M40:5,陶盂。平折沿,方唇,折腹,折棱不显,为刮削形成的细棱,上腹微鼓,下腹斜收,平底内凹。泥质灰胎黑皮陶。器表有刮削痕。上沿面近口处有一道凹弦纹。口径14.1厘米,腹径12.8厘米,底径7.4厘米,高9.8厘米。(图六三,4;彩版六二,6)

M40:6,陶鬲。窄平折沿,沿面内侧凸起,方圆唇,溜肩内弧,肩部以下弧折,斜腹,乳足,裆

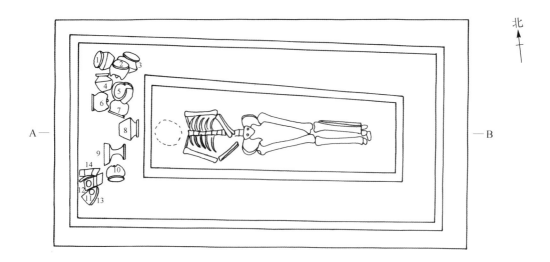

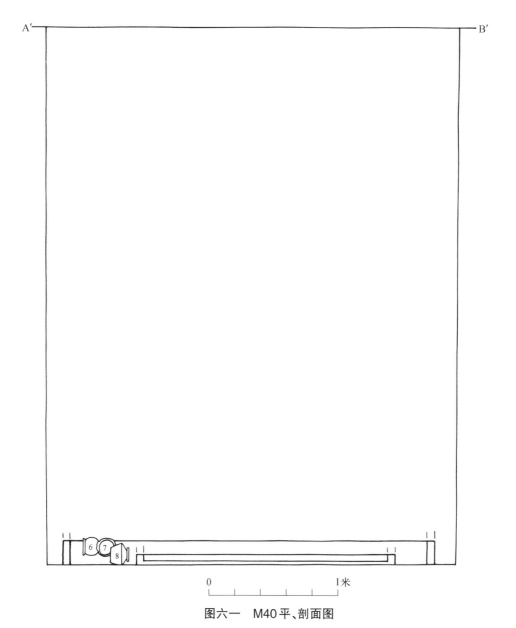

北

A'———————————————————B'

0   1米

图六一　M40平、剖面图

1. 陶盂　2. 陶鬲　3. 陶罐　4. 陶罐　5. 陶盂　6. 陶鬲　7. 陶鬲　8. 陶罐　9. 陶豆　10. 陶鬲　11. 陶盂　12. 陶豆
13. 陶罐　14. 陶盂　15. 模型泥鬲（叠压在残陶器下）

部较高。泥质深灰陶,胎体厚重。上沿面外侧有一道凹弦纹,肩部打磨平整,腹上部饰纵细绳纹,腹下部及足、裆部饰交错细绳纹。鬲内有禽骨。口径12.6厘米,腹径12.2厘米,高10.4厘米。(图六三,5;彩版四一,3)

M40:7,陶鬲。折沿微下斜,沿面内侧凸起,方唇,溜肩,肩部以下弧折,斜腹微弧,乳足,裆部较高。泥质深灰陶,胎体厚重。上沿面外侧有一道凹弦纹,肩部绳纹抹平,隐约可见,腹上部饰纵细绳纹,腹下部及足、裆部饰交错细绳纹。鬲内有禽骨。口径12.6厘米,腹径13.6厘米,高10.6厘米。(图六三,6;彩版四一,4)

M40:8,陶罐。平折沿,方唇,短束颈,溜肩微弧鼓,斜腹,平底内凹。泥质深灰陶。器表打磨,有刮削痕。口径10.7厘米,腹径17.0厘米,底径10.4厘米,高12.5厘米。(图六二,4;彩版九八,3)

M40:9,陶豆。敞口,尖圆唇,唇外缘弧鼓,渐弧收至折壁处凸起似肩,使整个外壁略成"S"形,上半部外鼓,下半部内收成较深宽凹槽,折壁,盘腹斜收,盘较浅,盘口稍大,细柄略矮,喇叭座较大。泥质灰陶。豆盘内外壁均饰有螺旋状暗纹,内壁暗纹细而圈圈相连,外壁的暗纹不明显,较细,间距较大;盘心有刻画符号。盘径17.1厘米,足径9.9厘米,高15.0厘米。(图六二,6;图六二,7;彩版八三,1)

M40:10,陶鬲。窄平折沿,沿面内侧凸起,尖唇,溜肩,肩部以下弧折,斜腹,乳足,裆部较高。

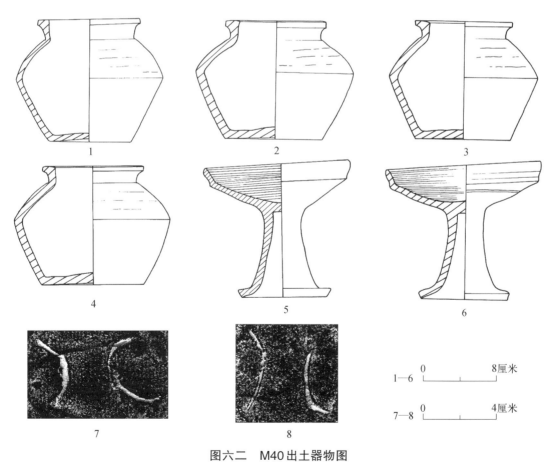

图六二 M40出土器物图

1. 陶罐(M40:4) 2. 陶罐(M40:3) 3. 陶罐(M40:13) 4. 陶罐(M40:8) 5. 陶豆(M40:12) 6. 陶豆(M40:9)
7. 陶豆刻符(M40:9) 8. 陶豆刻符(M40:12)

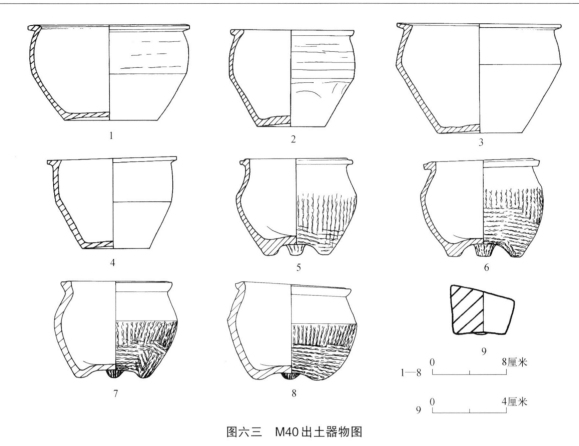

图六三　M40 出土器物图

1. 陶盂（M40：11）　2. 陶盂（M40：1）　3. 陶盂（M40：14）　4. 陶盂（M40：5）　5. 陶鬲（M40：6）　6. 陶鬲（M40：7）
7. 陶鬲（M40：10）　8. 陶鬲（M40：2）　9. 模型泥鬲（M40：15）

泥质灰深陶,胎体厚重。上沿面外侧有一道凹弦纹,肩部绳纹抹平,隐约可见,腹上部为纵细绳纹,腹上部及足、裆部饰交错细绳纹。口径12.2厘米,腹径13.6厘米,高10.0厘米。(图六三,7;彩版四一,5)

　　M40：11,陶盂。平折沿,方唇,折腹,折棱不显,为刮削形成的细棱,上腹微鼓,下腹斜收,平底内凹。泥质深灰陶。器表有刮削痕。上沿面及肩部可见刮削留下的弦纹,唇面有一道不明显的凹弦纹。口径17.8厘米,腹径17.5厘米,底径10.2厘米,高10.3厘米。(图六三,1;彩版六三,1)

　　M40：12,陶豆。敞口,圆唇,唇外缘弧鼓,渐弧收至折壁处再凸起似肩,使整个外壁略成"S"形,上半部外鼓,下半部内收成较浅宽凹槽,折壁,盘腹斜收,盘较浅,盘口较小,细柄略矮,喇叭座较大。泥质灰陶。豆盘内外壁均饰有螺旋状暗纹,内壁暗纹细而圈圈相连,外壁数道暗纹不明显;盘心有刻画符号。盘径16.0厘米,足径10.2厘米,高14.7厘米。(图六二,5;图六二,8;彩版八三,2;彩版一二三,5)

　　M40：13,陶罐。平折沿,方唇,短束颈,溜肩微弧鼓,斜腹,平底。泥质深灰陶。器表打磨,有刮削痕。口径10.6厘米,腹径16.2厘米,底径10.4厘米,高12.8厘米。(图六二,3;彩版九八,4)

　　M40：14,陶盂。折沿微上仰,方唇,折腹,上腹微鼓,下腹斜收,平底内凹。泥质灰胎黑皮陶。器表有刮削痕。上沿面外侧和近口处各有一条较浅凹弦纹,唇面有一条不明显的凹弦纹。口径18.0厘米,腹径18.0厘米,底径9.4厘米,高12.0厘米。(图六三,3;彩版六三,2)

M40:15,模型泥鬲。斜腹,分裆小袋足,袋足外张,裆部极低。口径约3.5厘米,高1.8～2.7厘米。(图六三,9;彩版一一九,1)

40. M41

该墓开口于①层下,距地表深50厘米,方向290°。墓葬形制为竖穴土坑墓,开口平面形状呈长方形,墓口长250厘米,宽150厘米,墓口距墓底深170厘米。坑壁垂直,壁面加工规整,平底。填土为五花土,土质较松。(图六四)

葬具为单棺,平面形状呈长方形。棺距墓口深140厘米,长210厘米,宽110厘米,残高30厘米,壁厚6厘米。

骨架不存,葬式不详。

无随葬品。

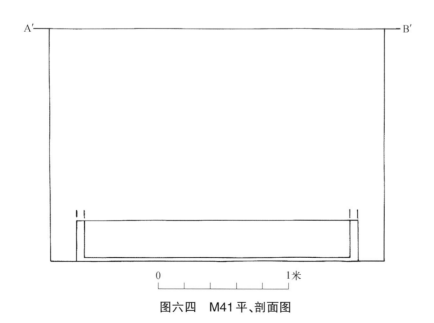

图六四 M41平、剖面图

41. M42

该墓开口于①层下，距地表深50厘米，方向290°。墓葬形制为竖穴土坑墓，口大底小，开口平面形状呈长方形，墓口长300厘米，宽260厘米，墓口距墓底深580厘米。坑壁斜直，壁面加工规整，平底。填土为五花土，土质较松。（图六五）

葬具为一椁一棺，平面形状均呈长方形，椁距墓口深540厘米，长203厘米，宽146厘米，残高40厘米，壁厚8厘米；棺距墓口深565厘米，长175厘米，宽90厘米，残高15厘米，壁厚6厘米。

骨架不存，葬式不详。

无随葬品。

42. M43

该墓开口于①层下，距地表深50厘米，方向285°。墓葬形制为竖穴土坑墓，开口平面形状呈长方形，墓口长330厘米，宽160厘米，墓口距墓底深210厘米。坑壁垂直，壁面加工规整，平底。填土为五花土，土质较松。（图六六）

葬具为一椁一棺，平面形状均呈长方形。椁距墓口深150厘米，长254厘米，宽125厘米，残高60厘米，壁厚6厘米；棺距墓口深200厘米，长176厘米，宽70厘米，残高10厘米，壁厚6厘米。

骨架已朽成灰，葬式不详。

随葬品放置在墓葬西端的椁与棺之间，出土陶鬲2件、陶盂2件、陶罐2件、陶豆2件。

M43：1，陶鬲。平折沿，口部不规则，高低不平，薄唇或尖圆或圆，弧腹，袋足外张，尖足跟，三足间距较小，裆部极低，平裆与足跟几乎齐平。泥质红陶，大面积烟炱黑。近口处一小段绳纹被抹，隐约可见，腹部满饰粗绳纹。口径9.9厘米，腹径10.7厘米，高9.3厘米。（图六七，5；彩版四一，6）

M43：2，陶盂。折沿微仰，圆唇，矮领，圆肩，弧腹，平底内凹。泥质灰陶。器表打磨，有刮削痕。口径15.7厘米，腹径14.8厘米，底径7.0厘米，高9.7厘米。（图六七，4；彩版六三，3）

M43：3，陶鬲。仰折沿，圆唇，溜肩微内弧，弧腹，袋足外张，尖足跟，三足间距较小，裆部极低，平裆与足跟几乎齐平。夹砂红陶，大面积烟炱黑。肩部绳纹被抹去，隐约可见，腹部满饰粗绳纹。口径10.2厘米，腹径11.0厘米，高10.1厘米。（图六七，6；彩版四二，1）

M43：4，陶盂。折沿微上仰，圆唇，矮领，圆肩，斜弧腹，平底微内凹。泥质灰陶。器表打磨，有刮削痕。上沿面可见浅细凹弦纹。口径8.4厘米，腹径17.4厘米，底径8.4厘米，高10.4厘米。（图六七，3；彩版六三，4）

M43：5，陶豆。敞口，尖圆唇，唇外缘弧鼓，渐弧收至折壁处凸起似肩，使整个外壁略成"S"形，上半部外鼓，下半部内收成较深宽凹槽，盘壁弧折，盘较深，盘口较大，细高柄，喇叭座较大，座面内凹。泥质灰陶。豆盘内外壁均饰有螺旋状暗纹，内壁暗纹自盘心至外侧渐疏、渐细，外壁暗纹四道，较细，间距非常大；盘内壁正中有刻画符号。盘径18.5厘米，足径10.5厘米，高17.0厘米。（图六七，7；图六七，10；彩版八三，3；彩版一二三，6）

M43：6，陶豆。敞口，尖圆唇，唇外缘弧鼓，渐弧收至折壁处再凸起似肩，使整个外壁略成"S"形，上半部外鼓，下半部内收成较深宽凹槽，折壁，盘腹斜收，盘较浅，盘口较小，细柄较矮，喇

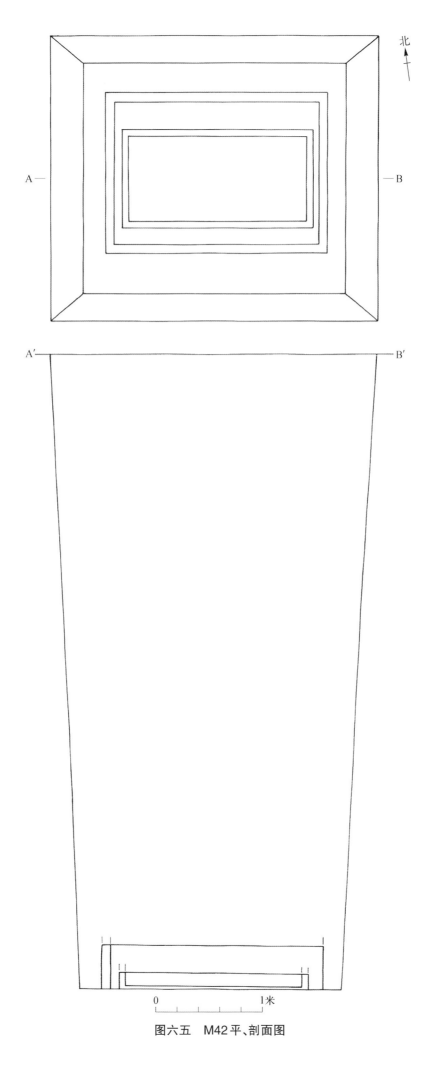

北

A

B

A′

B′

0   1米

图六五　M42平、剖面图

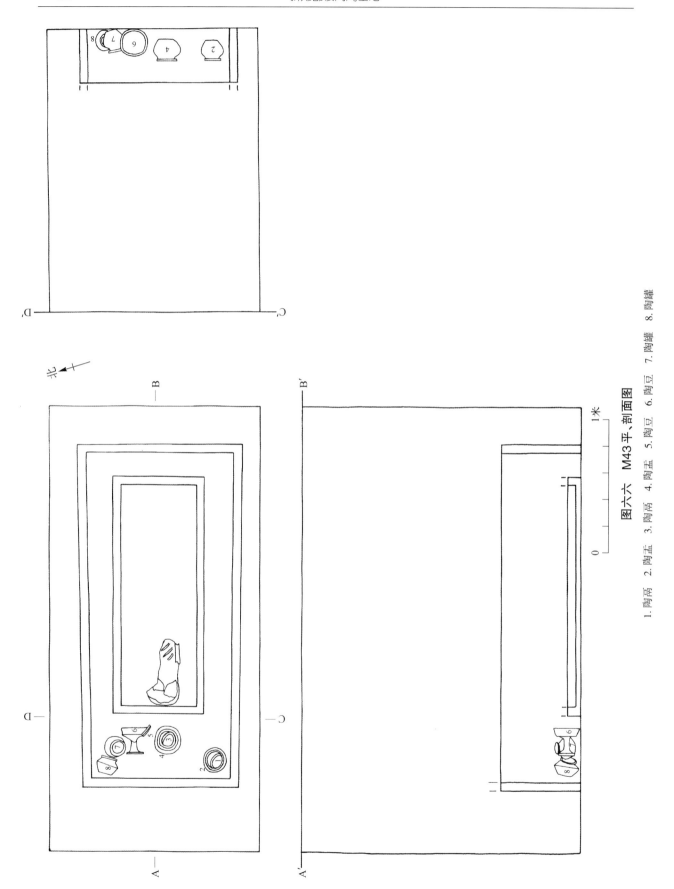

图六六 M43 平、剖面图

1. 陶鬲 2. 陶盂 3. 陶鬲 4. 陶盂 5. 陶豆 6. 陶豆 7. 陶罐 8. 陶罐

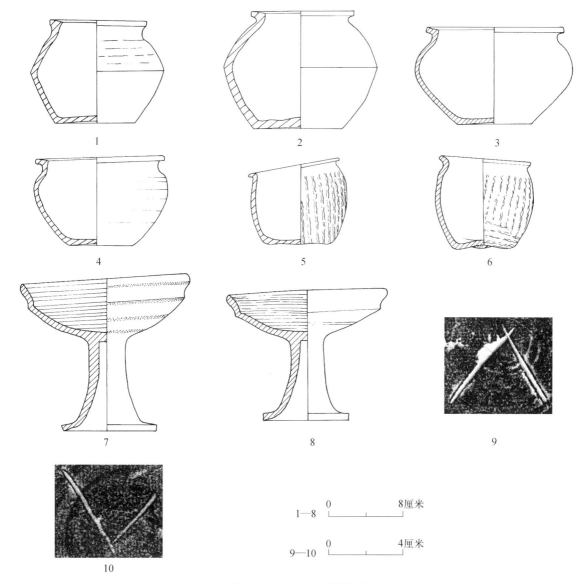

图六七 M43出土器物图

1. 陶罐（M43：8） 2. 陶罐（M43：7） 3. 陶盂（M43：4） 4. 陶盂（M43：2） 5. 陶鬲（M43：1） 6. 陶鬲（M43：3） 7. 陶豆（M43：5）
8. 陶豆（M43：6） 9. 陶豆刻符（M43：6） 10. 陶豆刻符（M43：5）

叭座较大。泥质灰陶。豆盘内外壁均饰有螺旋状暗纹，内壁暗纹细而圈圈相连，外壁暗纹可见数
道不明显暗纹，较粗，间距较大；盘内壁正中有刻画符号。盘径17.5厘米，底径9.5厘米，高14.1厘
米。（图六七，8；图六七，9；彩版八三，4；彩版一二四，1）

　　M43：7，陶罐。折沿微上仰，方唇，矮领，溜肩弧鼓，折肩不锐，斜腹，平底内凹。泥质灰陶。器表
打磨，有刮削痕。口径11.3厘米，腹径16.7厘米，底径10.4厘米，高12.7厘米。（图六七，2；彩版九八，5）

　　M43：8，陶罐。折沿微上仰，斜方唇，矮领，溜肩微弧，肩部以下锐折，斜腹，平底内凹。泥质灰
陶。器表打磨，有刮削痕。口径10.6厘米，腹径14.6厘米，底径8.5厘米，高11.2厘米。（图六七，1；
彩版九八，6）

43. M44

该墓开口于①层下，距地表深50厘米，方向294°。墓葬形制为竖穴土坑墓，开口平面形状呈长方形，墓口长314厘米，宽168厘米，墓口距墓底深330厘米。坑壁垂直，壁面加工规整，平底。填土为五花土，土质较松。(图六八；彩版一二，1)

葬具为一椁一棺，平面形状均呈长方形，椁距墓口深300厘米，长274厘米，宽148厘米，残高30厘米，壁厚6厘米；棺距墓口深320厘米，长202厘米，宽92厘米，残高10厘米，壁厚6厘米。

骨架一具，保存较完整。仰身直肢，头向西，面向上，双手置于腹部。

随葬品放置在墓葬西端的椁与棺之间，出土陶鬲4件、陶盂4件、陶罐4件、陶豆2件。(彩版二九，2)

M44：1，陶罐。平折沿，方唇，短束颈，溜肩微弧鼓，折肩不锐，斜腹，平底。泥质灰陶。器表打磨，有刮削痕。口径10.4厘米，腹径17.1厘米，底径11.0厘米，高14.4厘米。(图六九，2；彩版九九，1)

M44：2，陶豆。敞口，圆唇，唇外缘弧鼓，渐弧收至折壁处凸起似肩，使整个外壁略成"S"形，上半部外鼓，下半部内收成较深宽凹槽，折壁，盘壁弧收，盘浅，盘口较小，细柄略矮。泥质灰陶。豆盘内外壁均饰有螺旋状暗纹，内壁暗纹较细，部分圈圈相连，外壁暗纹不明显；盘内有刻画符号。盘径16.0厘米，足径8.5厘米，高12.8～14.0厘米。(图六九，6；图六九，7；彩版八三，5；彩版一二四，2)

M44：3，陶罐。平折沿，方唇，短束颈，溜肩微弧鼓，斜腹，平底。泥质灰陶。器表打磨，有刮削痕。口径10.6厘米，腹径17.4厘米，底径10.8厘米，高14.0厘米。(图六九，3；彩版九九，2)

M44：4，陶鬲。折沿高低不平，上沿面凸起，方唇，溜肩，斜腹，袋足内敛，尖足跟，足尖明显，三足间距较小，裆部较低。夹细砂灰陶。上沿面外侧和近口处各有一道凹弦纹；通体饰绳纹，肩部绳纹被抹去，隐约可见，上饰四余道瓦棱状凹带纹，腹上部为纵细绳纹，其间有不完整抹痕将局部绳纹隔开，下部为交错粗绳纹。口径15.2厘米，腹径17.8厘米，高13.1厘米。(图七〇，3；彩版四二，2)

M44：5，陶罐。平折沿，方唇，短束颈，溜肩微弧鼓，折肩不锐，斜腹，平底。泥质灰陶。器表打磨，有刮削痕。口径11.4厘米，腹径17.4厘米，底径10.4厘米，高14.5厘米。(图六九，1；彩版九九，3)

M44：6，陶罐。平折沿，方圆唇，短束颈，溜肩微弧鼓，折肩不锐，斜腹，平底。泥质灰陶。器表打磨，有刮削痕。口径11.0厘米，腹径17.2厘米，底径10.2厘米，高14.5厘米。(图六九，4；彩版九九，4)

M44：7，陶盂。仰折沿，方唇，折腹，折棱不显，系刮削留下的细棱，上腹微弧，平底内凹。泥质深灰陶。器表打磨，有刮削痕。口径15.3厘米，腹径13.6厘米，底径9.4厘米，高15.3厘米。(图七〇，8；彩版六三，5)

M44：8，陶鬲。平折沿，方唇，溜肩微弧，斜腹，袋足内敛，尖足跟，足尖明显，三足间距较小，裆部较低。夹细砂灰陶。上沿面外侧有一道凹弦纹；通体饰粗绳纹，肩部绳纹被抹去，隐约可见，上饰四余道瓦棱状凹带纹，腹上部为纵绳纹，其间有一不完整且不规则抹痕将局部绳纹隔开，下部为交错绳纹。口径14.6厘米，腹径16.5厘米，高12.0厘米。(图七〇，1；彩版四二，3)

M44：9，陶鬲。平折沿，上沿面局部微凸，方圆唇，溜肩微弧，斜腹，袋足内敛，尖足跟，足尖明显，三足间距较小，裆部较低。夹细砂灰陶。上沿面外侧有一道凸弦纹；通体饰绳纹，肩部绳纹被抹去，隐约可见，上饰六余道瓦棱状凹带纹，腹上部为纵细绳纹，其间一道抹痕将绳纹隔开，下部为交错粗绳纹。口径15.2厘米，腹径17.8厘米，高13.2厘米。(图七〇，4；彩版四二，4)

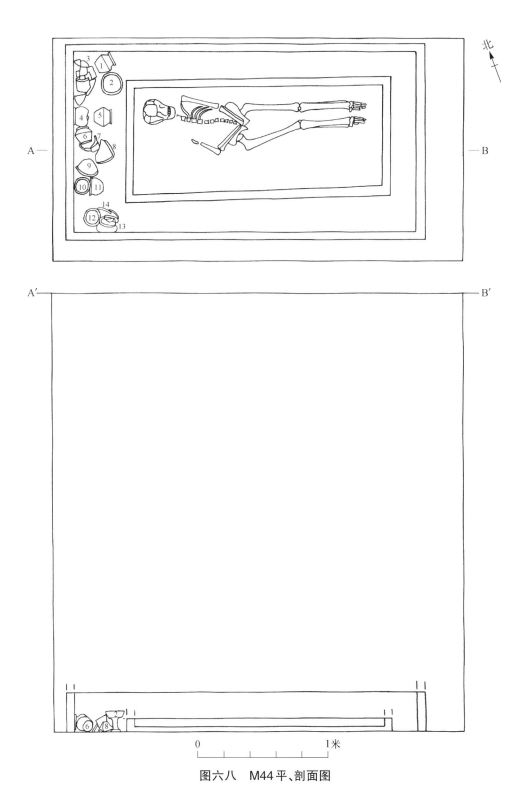

图六八 M44平、剖面图

1.陶罐 2.陶豆 3.陶罐 4.陶鬲 5.陶罐 6.陶罐 7.陶盂 8.陶鬲 9.陶鬲 10.陶豆 11.陶盂 12.陶盂
13.陶盂 14.陶鬲

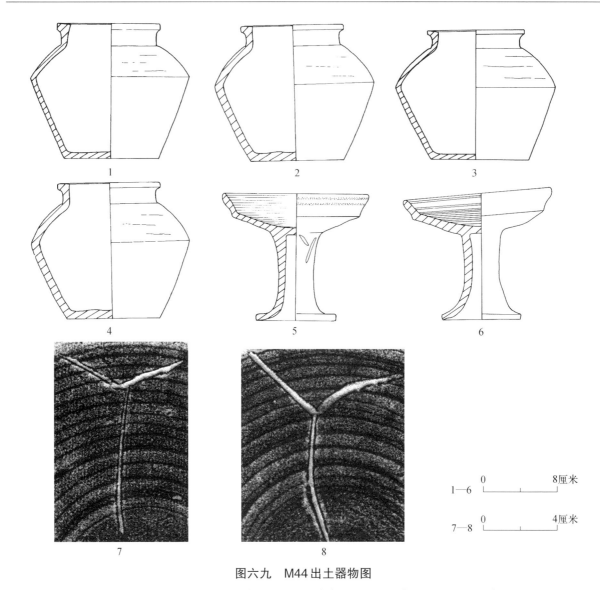

图六九 M44出土器物图

1. 陶罐（M44：5） 2. 陶罐（M44：1） 3. 陶罐（M44：3） 4. 陶罐（M44：6） 5. 陶豆（M44：10） 6. 陶豆（M44：2）
7. 陶豆刻符（M44：2） 8. 陶豆刻符（M44：10）

　　M44：10，陶豆。敞口，圆唇，唇外缘弧鼓，渐弧收至折壁处再凸起似肩，使整个外壁略成"S"形，上半部外鼓，下半部内收成较深宽凹槽，折壁，盘腹斜收，盘浅，盘口较小，细柄略矮。泥质灰陶。豆盘内外壁均饰有螺旋状暗纹，内壁折壁处下部暗纹较细而圈圈相连，折壁上部暗纹较细，间距小，外壁暗纹不明显；盘内及豆柄均有一个刻画符号。盘径16.1厘米，足径8.7厘米，高13.7厘米。（图六九，5；图六九，8；彩版八三，6；彩版一二四，3）

　　M44：11，陶盂。仰折沿，斜方唇，折腹，折棱不显，系刮削留下的细棱，上腹微弧，下腹斜收，平底内凹。泥质深灰陶。器表打磨，有刮削痕。口径13.7厘米，腹径13.0厘米，底径7.7厘米，高8.0厘米。（图七〇，6；彩版六三，6）

　　M44：12，陶盂。仰折沿，斜方唇，折腹，折棱不显，系刮削留下的细棱，上腹微弧，下腹斜收，

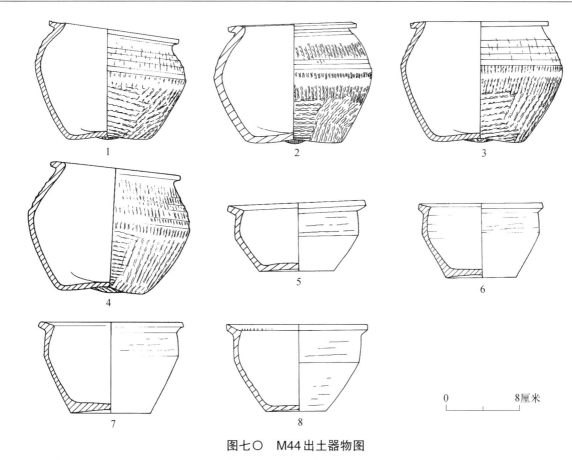

图七〇 M44出土器物图

1. 陶鬲（M44：8） 2. 陶鬲（M44：14） 3. 陶鬲（M44：4） 4. 陶鬲（M44：9） 5. 陶盂（M44：13） 6. 陶盂（M44：11）
7. 陶盂（M44：12） 8. 陶盂（M44：7）

平底内凹。泥质灰陶。器表打磨，有刮削痕。上沿面有浅细刮削痕。口径15.6厘米，腹径14.4厘米，底径8.6厘米，高9.8厘米。(图七〇,7；彩版六四,1)

M44：13，陶盂。仰折沿，斜方唇，折腹，折棱不显，系刮削形成的细棱，上腹微弧，下腹斜收，平底内凹。泥质深灰陶。器表打磨，有刮削痕。口径15.0厘米，腹径13.4厘米，底径8.1厘米，高7.6厘米。(图七〇,5；彩版六四,2)

M44：14，陶鬲。平折沿，上沿面凸起，方唇，溜肩微弧，斜腹，袋足内敛，尖足跟，足尖明显，三足间距较小，裆部较低。夹细砂灰陶。上沿面近口处和外侧各有一道凹弦纹；通体饰绳纹，肩部绳纹被抹去，隐约可见，上饰六余道瓦棱状凹带纹，腹上部饰纵细绳纹，其间两道抹痕将绳纹隔开，下部为交错粗绳纹。口径14.0厘米，腹径17.2厘米，高13.0厘米。(图七〇,2；彩版四二,5)

44. M45

该墓开口于①层下，距地表深50厘米，方向279°。墓葬形制为竖穴土坑墓，开口平面形状呈长方形，口大底小，墓口长334厘米，西宽210厘米，东宽220厘米，墓口距墓底深380厘米，墓底长314厘米，宽279厘米。坑壁垂直，壁面加工规整，平底。填土为五花土，土质较松。(图七一；彩版一二,2)

北

骨灰

A — — B

A′ — — B′

0   1米

图七一　M45平、剖面图

1. 陶罐　2. 陶盂　3. 陶盂　4. 陶罐　5. 陶豆　6. 陶鬲　7. 陶鬲

葬具为一椁一棺,平面形状均呈长方形。椁距墓口深320厘米,长278厘米,宽160厘米,残高60厘米,壁厚6厘米;棺距墓口深350厘米,长218厘米,宽90厘米,残高30厘米,壁厚6厘米。

骨架一具,保存不完整。仰身直肢。

随葬品放置在墓葬西端的椁与棺之间,出土陶鬲2件、陶盂2件、陶罐2件、陶豆1件。

M45:1,陶罐。折沿较窄,微上仰,圆唇较薄,矮领,弧肩,折肩不锐,斜腹,平底。泥质灰陶。器表打磨,有刮削痕。口径10.0厘米,腹径16.0厘米,底径8.6厘米,高12.0厘米。(图七二,6;彩版九九,5)

M45:2,陶盂。仰折沿,方唇,折腹,折棱不显,系刮削形成的细棱,上腹微弧,下腹内弧,平底。泥质灰陶。器表打磨,有刮削痕。口径17.6厘米,腹径16.2厘米,底径8.0厘米,高10.0厘米。(图七二,4;彩版六四,3)

M45:3,陶盂。仰折沿,方唇,唇面内凹,折腹,折棱不显,系刮削形成的细棱,上腹微弧,下腹内弧,平底。泥质灰陶。器表打磨,有刮削痕。口径17.2厘米,腹径15.0厘米,底径7.2厘米,高10.5厘米。(图七二,3;彩版六四,4)

M45:4,陶罐。折沿较窄,微上仰,圆唇,矮领,溜肩弧鼓,折肩不锐,平底。泥质灰陶。器表打磨,有刮削痕。口径11.2厘米,腹径16.0厘米,底径17.4厘米,高14.0厘米。(图七二,5;彩版九九,6)

M45:5,陶豆。敞口,圆唇,唇外缘弧鼓,上半部外鼓,下半部微弧收,折壁,盘腹斜收,盘浅,盘

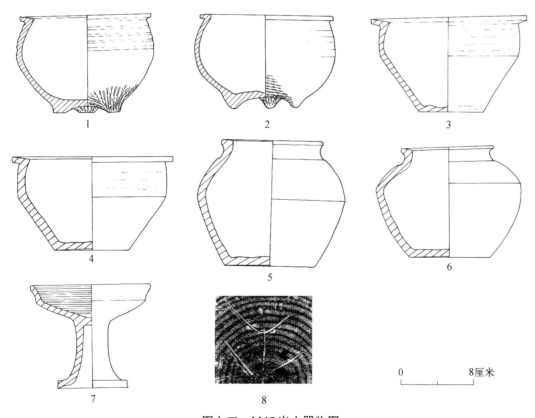

图七二 M45出土器物图

1.陶鬲(M45:6) 2.陶鬲(M45:7) 3.陶盂(M45:3) 4.陶盂(M45:2) 5.陶罐(M45:4)
6.陶罐(M45:1) 7.陶豆(M45:5) 8.陶豆刻符(M45:5)

口小、细豆柄较矮、喇叭座小。泥质灰陶。豆盘内外壁均饰有细密螺旋状暗纹；豆盘内有刻画符号。盘径13.1厘米，足径7.5厘米，高11.2厘米。(图七二，7；图七二，8；彩版八四，1；彩版一二四，4)

M45：6，陶鬲。折沿微仰，沿面微鼓，圆唇，鼓腹，乳足，裆部较低。泥质灰陶。上沿面内侧有一道凹弦纹，上腹数周窄凹带，腹下部、足部及裆部可见较粗绳纹。口径14.4厘米，腹径15.0厘米，高10.4厘米。(图七二，1；彩版四二，6)

M45：7，陶鬲。平折沿，沿面微鼓，方圆唇，鼓腹，乳足，裆部较低。泥质灰陶。上腹数周窄凹带，腹下部、足内侧及裆部可见较粗绳纹。口径14.5厘米，腹径15.3厘米，高10.2厘米。(图七二，2；彩版四三，1)

45. M46

该墓开口于①层下，距地表深50厘米，方向227°。墓葬形制为竖穴土坑墓，开口平面形状呈长方形，墓口长240厘米，宽120厘米，墓口距墓底深110厘米。坑壁垂直，壁面加工规整，平底。填土为五花土，土质较松。(图七三)

葬具为单棺，平面形状呈长方形。棺距墓口深80厘米，长230厘米，宽106厘米，残高30厘米，壁厚6厘米。

骨架一具，仅存部分头骨、臂骨及较完整下肢骨，下肢骨弯曲。

无随葬品。

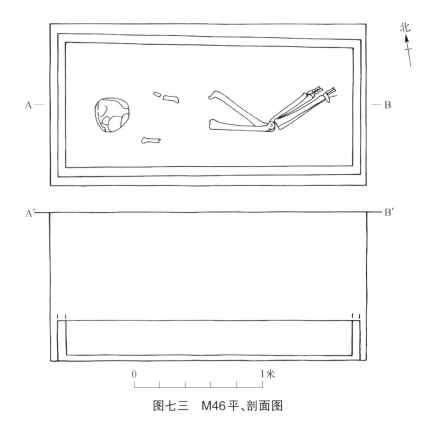

图七三　M46平、剖面图

46. M47

该墓开口于①层下，距地表深50厘米，方向270°。墓葬形制为竖穴土坑墓，开口平面形状呈楔形，西宽东窄。墓口长240厘米，西宽129厘米，东宽125厘米，墓口距墓底深170厘米。坑壁垂直，壁面加工规整，平底。填土为五花土，土质较松。(图七四)

葬具为单棺，平面形状呈长方形。棺距墓口深140厘米，长212厘米，宽104厘米，残高30厘米，壁厚6厘米。

骨架一具，保存不完整。仰身直肢。

无随葬品。

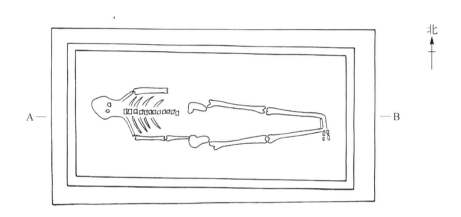

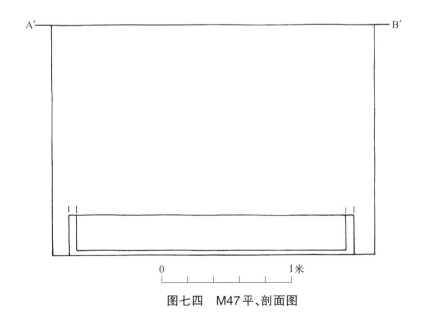

图七四　M47平、剖面图

47. M48

该墓开口于①层下, 距地表深50厘米, 方向276°。墓葬形制为竖穴土坑墓, 开口平面形状呈长方形, 口大底小, 墓口长326厘米, 宽170厘米, 墓口距墓底深310厘米, 墓底长296厘米, 宽140厘米。坑壁斜直, 壁面加工规整, 平底。填土为五花土, 土质较松。(图七五; 彩版一三, 1)

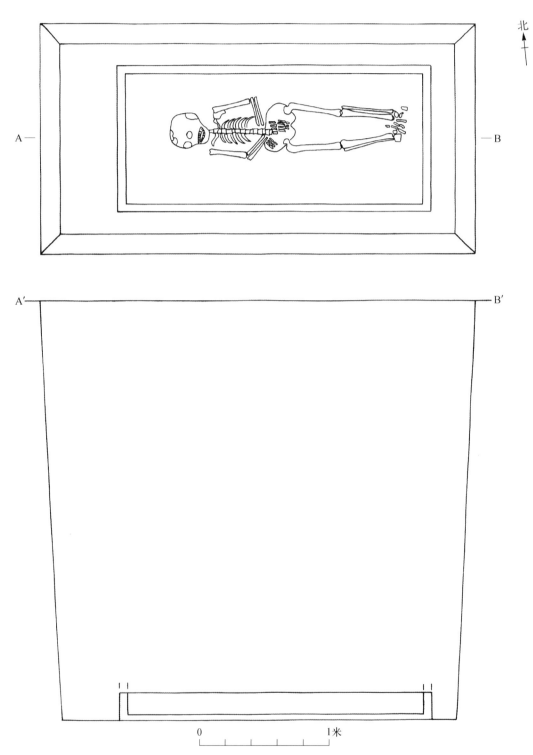

图七五　M48平、剖面图

葬具为单棺,平面形状呈长方形,棺距墓口深290厘米,长235厘米,宽108厘米,残高20厘米,壁厚6厘米。

骨架一具,保存较完整。仰身直肢,头向西,面向上,双手交叉置于腹部,双脚并拢。

无随葬品。

48. M49

该墓开口于①层下,距地表深50厘米,方向285°。墓葬形制为竖穴土坑墓,开口平面形状呈长方形,墓口长288厘米,宽124厘米,墓口距墓底深150厘米。坑壁垂直,壁面加工规整,平底。填土为五花土,土质较松。(图七六)

葬具为一椁一棺,平面形状均呈楔形。椁距墓口深140厘米,长264厘米,西宽116厘米,东宽108厘米,残高10厘米,壁厚6厘米;棺距墓口深146厘米,长184厘米,西宽72厘米,东宽66厘

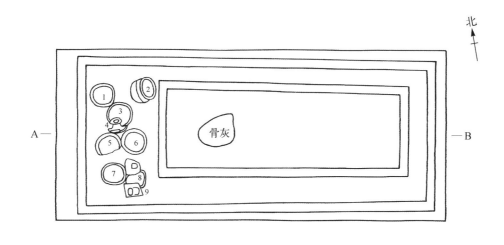

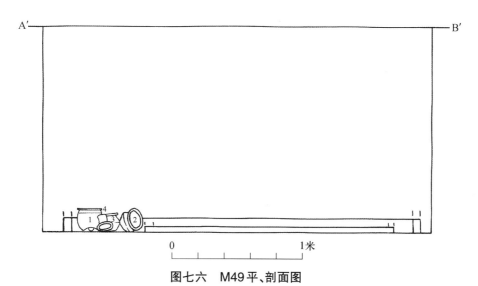

图七六 M49平、剖面图

1.陶鬲 2.陶盉 3.陶盉 4.陶豆 5.陶罐 6.陶鬲 7.陶罐 8.陶盉 9.陶盉 10.泥质器(器物10压在器物8、9下)

米,残高4厘米,壁厚6厘米。

骨架一具,已朽成灰。葬式不详。

随葬品放置在墓葬西端的椁与棺之间,出土陶鬲2件、陶盂4件(残2)、陶罐2件(残2)、陶豆1件、泥质器7件。

M49∶1,陶鬲。平折沿,上沿面唇缘处微凸,方唇,弧腹,大袋足,无尖足跟,足间距较大,裆部较低。夹砂红胎黑陶。通体饰粗绳纹,其中腹上部一段绳纹抹平,隐约可见。口径11.5厘米,腹径16.5厘米,高12.9厘米。(图七七,2;彩版四三,2)

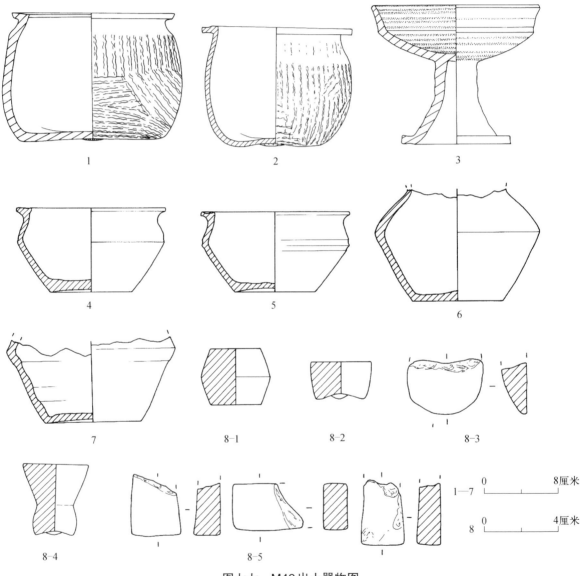

图七七 M49出土器物图

1.陶鬲(M49∶6) 2.陶鬲(M49∶1) 3.陶豆(M49∶4) 4.陶盂(M49∶3) 5.陶盂(M49∶2) 6.陶罐(M49∶5)
7.陶罐(M49∶7) 8-1.泥质器(M49∶10-1) 8-2.泥质器(M49∶10-4) 8-3.泥质器(M49∶10-3)
8-4.泥质器(M49∶10-5) 8-5.泥质器(M49∶10-2)

M49:2,陶盂。折沿微上仰,方圆唇,折腹,上腹斜直,下腹斜收,平底内凹。泥质深灰胎黑皮陶。器表打磨平整光滑。上沿面近口处有一道凹弦纹;折腹处上部有一道凹弦纹。口径16.4厘米,腹径16.1厘米,底径8.8厘米,高8.6厘米。(图七七,5;彩版六四,5)

M49:3,陶盂。平折沿,方唇,折腹,上腹略弧鼓,下腹斜直,平底内凹。泥质深灰胎黑皮陶。器表打磨平整光滑。口径16.4厘米,腹径16.0厘米,底径8.9厘米,高9.1厘米。(图七七,4;彩版六四,6)

M49:4,陶豆。敞口,圆唇,折壁,盘腹弧收,深盘,盘口大,柄较高且粗,豆柄有不明显凸棱,喇叭座较大。泥质深灰陶。豆盘内外壁均饰有细且间距大的螺旋状暗纹。盘径18.0厘米,底径11.8厘米,高14.8厘米。(图七七,3;彩版八四,2)

M49:5,陶罐,残。残存肩部、腹部及底部。溜肩略弧鼓,肩部以下锐折,斜腹,平底。泥质灰胎褐皮陶,局部黑色相杂。器表打磨平整光滑。腹径18厘米,底径10厘米,残高12厘米。(图七七,6)

M49:6,陶鬲。折沿微仰,上沿面近口处局部凸起,斜方唇,短肩内弧,弧腹,袋足,有尖足跟,足间距大,裆部较低。夹粗砂灰胎灰黑陶。上沿面中部一道浅细凹弦纹,腹上部饰纵粗绳纹,下部饰交错粗绳纹。口径17.8厘米,腹径19.2厘米,高14.0厘米。(图七七,1;彩版四三,3)

M49:7,陶罐,残。残存肩部、腹部及底部。折肩,斜腹,平底内凹。泥质灰胎褐皮陶,局部黑色相杂。器表打磨平整光滑。腹径18.4厘米,底径10.3厘米,残高9厘米。(图七七,7)

M49:8,陶盂,残。可辨腹部、器底残片。泥质红胎黑皮陶。

M49:9,陶盂,残。可辨器底残片。平底内凹。泥质红胎黑皮陶。底径8.2厘米,残高3.2厘米。

M49:10,泥质器。(彩版一一九,2)M49:10-1,模型泥罐。手制,实心;折肩,斜腹,平底。口径2.8厘米,腹径4厘米,底径2.8厘米,高3厘米。(图七七,8-1)M49:10-2,三件,均残。手制,实心;呈长方形或梯形。残长3.5～4厘米,宽约3厘米,高约1.5厘米。(图七七,8-5)M49:10-3,手制,实心;馒头形。底径约4厘米,高约2厘米。(图七七,8-3)M49:10-4,模型泥鬲。手制,实心;微弧腹,分裆小袋足,袋足外张,裆部较高。口径3.4厘米,高2厘米。(图七七,8-2)M49:10-5,模型泥甗。手制,实心;上部甑为斜直腹,下部鬲弧腹,分裆小袋足,袋足外张,裆部较高。口径3.6厘米,高5.8厘米。(图七七,8-4)

49. M50

该墓开口于①层下,距地表深50厘米,方向285°。墓葬形制为竖穴土坑墓,口大底小,开口平面形状呈长方形,墓口长350厘米,宽240厘米,墓口距墓底深300厘米,墓底长310厘米,宽204厘米。坑壁斜直,壁面加工规整,平底。填土为五花土,土质较松。(图七八)

葬具为一椁一棺,平面形状均呈长方形。椁距墓口深280厘米,长270厘米,宽152厘米,残高20厘米,壁厚6厘米;棺距墓口深293厘米,长214厘米,宽80厘米,残高7厘米,壁厚6厘米。

骨架一具,已朽成灰。可辨葬式为仰身直肢。

无随葬品。

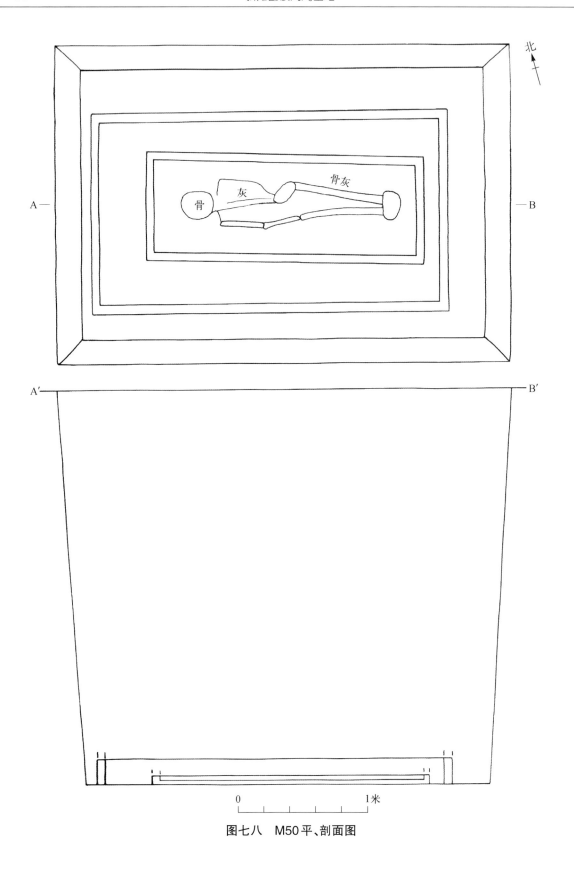

骨

灰

骨灰

北

A

B

A′

B′

0　　　　　　　　1米

图七八　M50平、剖面图

50. M51

该墓开口于①层下,距地表深50厘米,方向309°。墓葬形制为竖穴土坑墓,开口平面形状呈长方形,墓口长272厘米,宽160厘米,墓口距墓底深500厘米。坑壁垂直,壁面加工规整,平底。填土为五花土,土质较松。(图七九;彩版一三,2)

葬具为单棺,平面形状呈长方形。棺距墓口深490厘米,长222厘米,宽114厘米,残高10厘米,壁厚6厘米。

骨架一具,保存较完整。头向西,面向北,上身平躺,双手交叉置于腹部,下肢弯曲,小腿并拢。

无随葬品。

51. M52

该墓开口于①层下,距地表深50厘米,方向279°。墓葬形制为竖穴土坑墓,开口平面形状呈楔形,西窄东宽。墓口长306厘米,西宽180厘米,东宽200厘米,墓口距墓底深130厘米。坑壁垂直,壁面加工规整,平底。填土为五花土,土质较松。(图八○)

葬具为一椁一棺,平面形状均呈平行四边形。椁距墓口深100厘米,长278厘米,宽160厘米,残高30厘米,壁厚6厘米;棺距墓口深118厘米,长224厘米,宽110厘米,残高12厘米,壁厚6厘米。

骨架一具,已朽成灰。葬式不详。

随葬品放置在墓葬西端的棺椁之间,出土陶鬲4件、陶盂4件、陶罐4件、陶豆3件。

M52:1,陶盂。折沿微下斜,圆唇,折腹,折腹处微凸,上腹近直,下腹斜收,平底内凹。夹砂灰陶。器表打磨平整。口径16.2厘米,腹径14.2厘米,底径7.4厘米,高8.2厘米。(图八一,12;彩版六五,1)

M52:2,陶罐。折沿下斜,上沿面微凸,圆唇,矮领,溜肩,折肩处微凸,斜腹,平底内凹。夹细砂灰陶。口径11.6厘米,腹径15.6厘米,底径10.4厘米,高11.4厘米。(图八一,6;彩版一一○,1)

M52:3,陶盂。折沿微下斜,斜方唇,折腹,折腹处微凸,上腹近直,下腹斜收,平底。夹砂灰陶。器表打磨平整。折腹处上部有一道较浅较宽的凹弦纹。口径17.2厘米,腹径14.6厘米,底径7.6厘米,高8.1厘米。(图八一,15;彩版六五,2)

M52:4,陶罐。折沿下斜,上沿面微凸,圆唇,矮领,溜肩,斜腹,平底内凹。夹细砂灰陶。口径12.0厘米,腹径15.1厘米,底径10厘米,高11.2厘米。(图八一,7;彩版一○○,2)

M52:5,陶鬲。折沿微下斜,沿面微凸起,尖圆唇,溜肩,弧腹,弧裆,截足。夹细砂灰陶。上沿面外侧饰一道凹弦纹;肩部绳纹被抹平,隐约可见,上饰数周瓦棱状凹带纹;腹部饰较粗绳纹,局部被抹;足部、裆部未见绳纹,有刮削痕。口径14.0厘米,腹径14.4厘米,高10.6厘米。(图八一,4;彩版四三,4)

M52:6,陶盂。折沿微下斜,圆唇,折腹,折腹处微凸,上腹内弧,下腹斜收,平底内凹。夹砂灰陶。器表打磨平整。口径16.6厘米,腹径14.2厘米,底径16.6厘米,高8.7厘米。(图八一,13;彩版六五,3)

图七九 M51平、剖面图

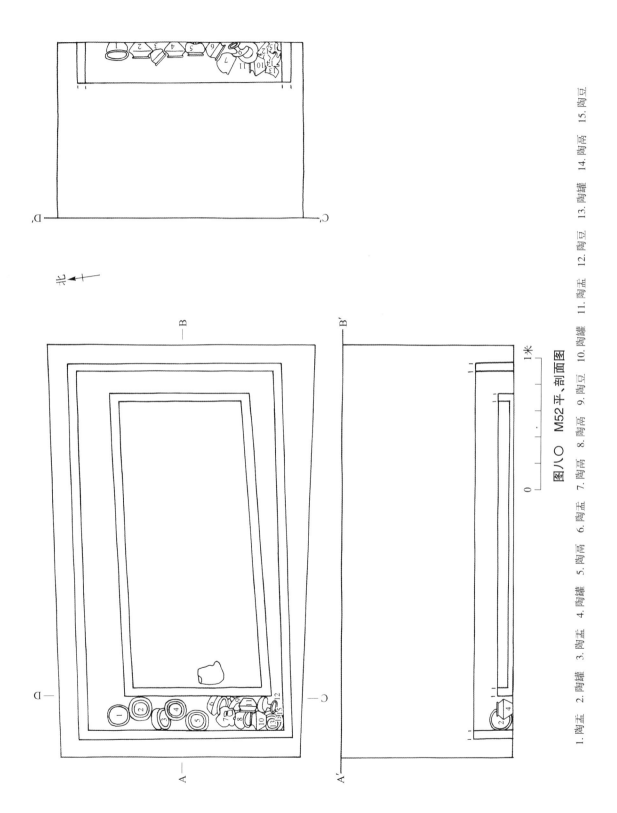

图八〇 M52平、剖面图

1. 陶盂 2. 陶罐 3. 陶盂 4. 陶罐 5. 陶鬲 6. 陶盂 7. 陶鬲 8. 陶鬲 9. 陶豆 10. 陶罐 11. 陶盂 12. 陶豆 13. 陶罐 14. 陶鬲 15. 陶豆

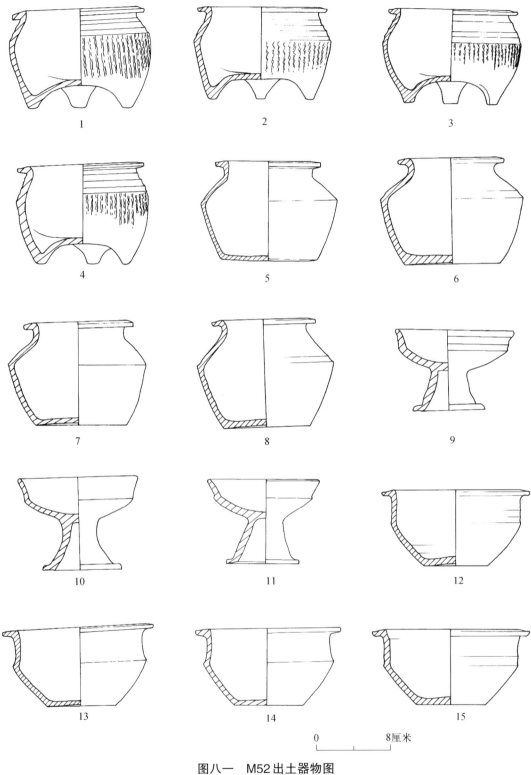

0 　　　　8厘米

图八一　M52出土器物图

1. 陶鬲（M52：8）　2. 陶鬲（M52：14）　3. 陶鬲（M52：7）　4. 陶鬲（M52：5）　5. 陶罐（M52：13）　6. 陶罐（M52：2）
7. 陶罐（M52：4）　8. 陶罐（M52：10）　9. 陶豆（M52：9）　10. 陶豆（M52：15）　11. 陶豆（M52：12）　12. 陶盂（M52：1）
13. 陶盂（M52：6）　14. 陶盂（M52：11）　15. 陶盂（M52：3）

M52：7,陶鬲。折沿微下斜,圆唇,溜肩,弧腹,弧裆,截足。夹细砂灰陶。肩部绳纹被抹平,隐约可见,上饰数周瓦棱状凹带纹;腹部饰较粗绳纹,局部被抹;足部、裆部未见绳纹,有刮削痕。口径13.8厘米,腹径15.0厘米,高10.2厘米。(图八一,3;彩版四三,5)

M52：8,陶鬲。折沿微下斜,沿面凸起,方唇,溜肩,弧腹,弧裆,截足。夹细砂灰陶。上沿面外侧饰一道凹弦纹;肩部绳纹被抹平,隐约可见,上饰数周瓦棱状凹带纹;腹部饰较粗绳纹,局部被抹;足部、裆部未见绳纹,有刮削痕。口径14.4厘米,腹径15.6厘米,高10.9厘米。(图八一,1;彩版四三,6)

M52：9,陶豆。敞口,圆唇,折壁,盘腹弧收,盘略浅,盘口小,矮柄喇叭座。内外壁螺旋状暗纹均不明显。盘径13.0厘米,足径7.8厘米,高9.0厘米。(图八一,9;彩版八四,3)

M52：10,陶罐。折沿下斜,上沿面微凸,方圆唇,矮领,溜肩,折肩处微凸,斜腹,平底内凹。夹细砂灰陶。口径11.4厘米,腹径15.0厘米,底径9.4厘米,高11.6厘米。(图八一,8;彩版一〇〇,3)

M52：11,陶盂。折沿微下斜,圆唇,折腹,折腹处微凸,上腹微内弧,下腹斜收,平底。夹砂灰陶。器表打磨平整。口径15.9厘米,腹径14.2厘米,底径7.6厘米,高8.5厘米。(图八一,14;彩版六五,4)

M52：12,陶豆。敞口,圆唇,折壁,折壁处凸起似肩,盘腹弧收,盘略浅,盘口小,矮柄喇叭座。内外壁螺旋暗纹均不明显。盘径12.0厘米,足径8.0厘米,高9.0厘米。(图八一,11;彩版八四,4)

M52：13,陶罐。折沿微下斜,方唇,矮领,溜肩,折肩处微凸,斜腹,平底。夹细砂灰陶。口径11.6厘米,腹径15.0厘米,底径10.4厘米,高10.8厘米。(图八一,5;彩版一〇〇,4)

M52：14,陶鬲。折沿微下斜,沿面微凸,方圆唇,溜肩,斜腹,弧裆,截足。夹细砂灰陶。上沿面外侧饰一道凹弦纹;肩部绳纹被抹平,隐约可见,上饰数周瓦棱状凹带纹;腹部饰较粗绳纹,局部被抹;足部、裆部未见绳纹,有刮削痕。口径14.2厘米,腹径15厘米,高10厘米。(图八一,2;彩版四四,1)

M52：15,陶豆。敞口,圆唇,折壁,盘腹弧收,盘略浅,盘口小,矮柄喇叭座。内外壁均饰螺旋状暗纹,均不明显。盘径13.2厘米,足径8.4厘米,高9.9厘米。(图八一,10;彩版八四,5)

52. M53

该墓开口于①层下,距地表深50厘米,方向275°。墓葬形制为竖穴土坑墓,开口平面形状呈长方形,墓口长254厘米,宽140厘米,墓口距墓底深310厘米。坑壁垂直,壁面加工规整,平底。填土为五花土,土质较松。(图八二)

葬具为一椁一棺,平面形状均呈长方形。椁距墓口深300厘米,长220厘米,宽112厘米,残高10厘米,壁厚6厘米;棺距墓口深308厘米,长186厘米,宽80厘米,残高2厘米,壁厚6厘米。

骨架不存,葬式不详。

无随葬品。

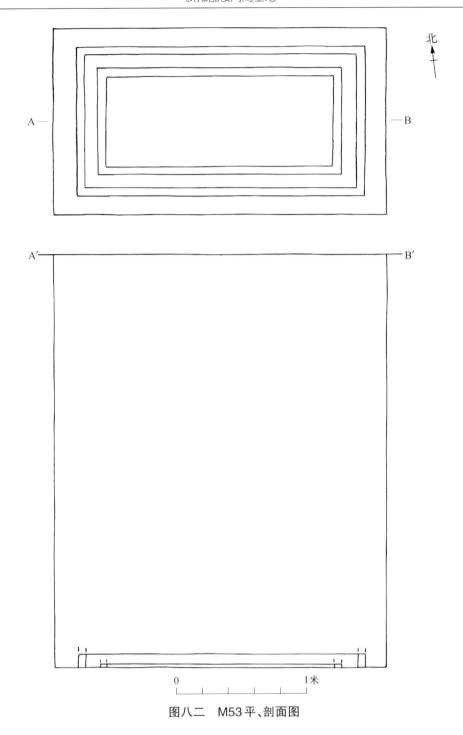

图八二 M53平、剖面图

53. M54

该墓开口于①层下，距地表深50厘米，方向275°。墓葬形制为竖穴土坑墓，开口平面形状呈长方形，墓口长260厘米，宽160厘米，墓口距墓底深210厘米。坑壁垂直，壁面加工规整，平底。填土为五花土，土质较松。（图八三）

葬具为单棺，平面形状呈长方形。棺距墓口深190厘米，长230厘米，宽120厘米，残高20厘

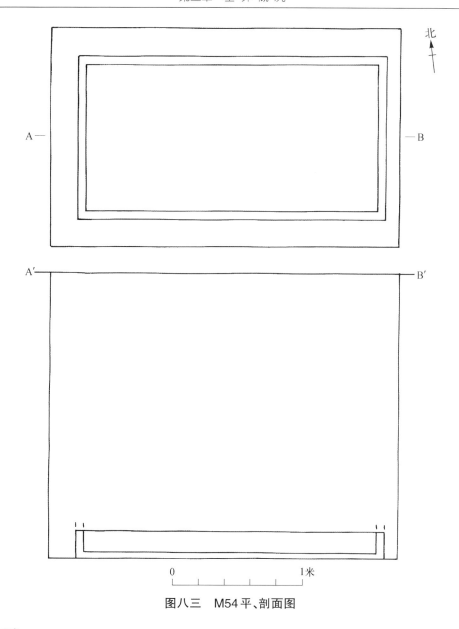

图八三　M54平、剖面图

米,壁厚6厘米。

　　骨架不存,葬式不详。

　　无随葬品。

54. M55

　　该墓开口于①层下,距地表深50厘米,方向299°。墓葬形制为竖穴土坑墓,开口平面形状呈长方形,墓口长296厘米,宽168厘米,墓口距墓底深180厘米。坑壁垂直,壁面加工规整,平底。填土为五花土,土质较松。(图八四)

　　葬具为单棺,平面形状呈楔形,西宽东窄。棺距墓口深140厘米,长252厘米,西宽110厘米,东宽98厘米,残高40厘米,壁厚8厘米。

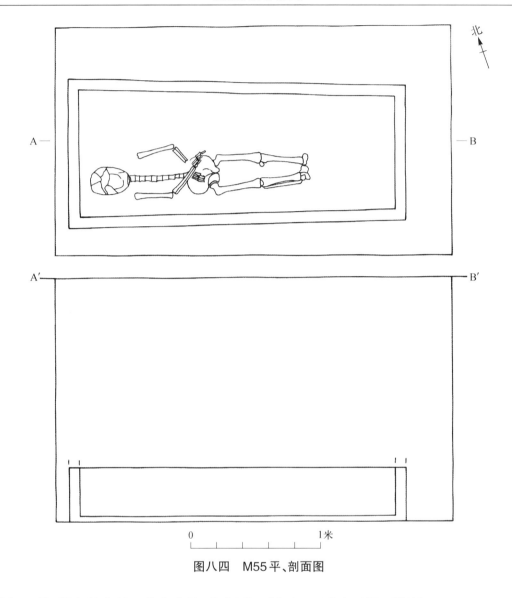

图八四　M55平、剖面图

骨架一具,保存较完整。仰身直肢,头向西,面向上,双手交叉置于腹部。

无随葬品。

55. M56

该墓开口于①层下,距地表深50厘米,方向285°。墓葬形制为竖穴土坑墓,开口平面形状呈长方形,墓口长270厘米,宽180厘米,墓口距墓底深280厘米。坑壁垂直,壁面加工规整,平底。填土为五花土,土质较松。(图八五)

葬具为一椁一棺,仅存朽痕,平面形状均呈长方形,椁距墓口深240厘米,长245厘米,宽156厘米,残高40厘米,壁厚6厘米;棺距墓口深276厘米,长195厘米,宽64厘米,残高4厘米,壁厚5厘米。

骨架一具,除头骨外,其余部位保存基本完整。仰身直肢,头向西,面向上,双手交叉置于腹部。

无随葬品。

图八五 M56平、剖面图

56. M57

该墓开口于①层下，距地表深50厘米，方向285°。墓葬形制为竖穴土坑墓，口大底小，开口平面形状呈长方形，墓口长320厘米，宽240厘米，墓口距墓底深310厘米，墓底长290厘米，宽210厘米。坑壁斜直，壁面加工规整，平底。填土为五花土，土质较松。(图八六)

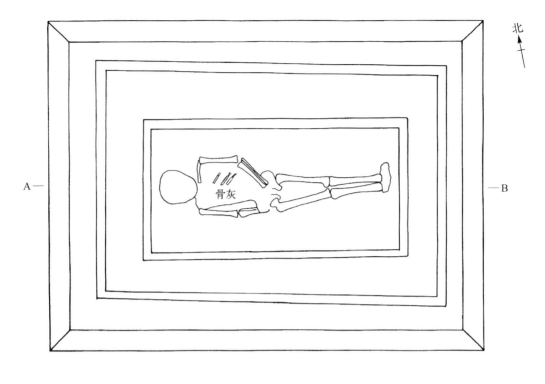

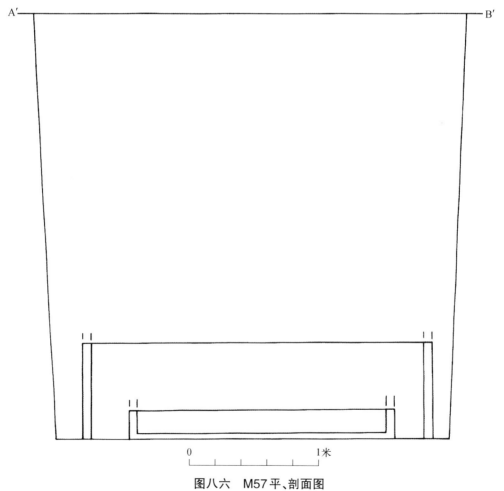

北

骨灰

A ─   ─ B

A′   ─ B′

0   1米

图八六　M57平、剖面图

葬具为一椁一棺,平面形状均呈长方形。椁距墓口深240厘米,长258厘米,宽175厘米,残高70厘米,壁厚6厘米;棺距墓口深290厘米,长195厘米,宽102厘米,残高20厘米,壁厚6厘米。

骨架一具,保存不完整。仰身直肢,双手置于腹部。

无随葬品。

57. M58

该墓开口于①层下,距地表深50厘米,方向292°。墓葬形制为竖穴土坑墓,开口平面形状呈长方形,墓口长255厘米,宽156厘米,墓口距墓底深300厘米。坑壁垂直,壁面加工规整,平底。填土为五花土,土质较松。(图八七)

葬具为单棺,平面形状呈长方形。棺距墓口深244厘米,长212厘米,宽124厘米,残高56厘米,壁厚6厘米。

骨架一具,仅存下肢骨。直肢。

无随葬品。

58. M59

该墓开口于①层下,距地表深50厘米,方向278°。墓葬形制为竖穴土坑墓,口大底小,开口平面形状呈长方形,墓口长295厘米,宽220厘米,墓口距墓底深560厘米,墓底长264厘米,宽190厘米。坑壁斜直,壁面加工规整,平底。填土为五花土,土质较松。(图八八)

葬具为一椁一棺,平面形状均呈长方形。椁距墓口深520厘米,长218厘米,宽148厘米,残高40厘米,壁厚10厘米;棺距墓口深550厘米,长178厘米,宽80厘米,残高10厘米,壁厚6厘米。

骨架不存,葬式不详。

无随葬品。

59. M60

该墓开口于①层下,距地表深50厘米,方向295°。墓葬形制为竖穴土坑墓,开口平面形状呈长方形,口大底小,墓口长370厘米,宽280厘米,墓口距墓底深520厘米。墓底长290厘米,宽200厘米。坑壁斜直,壁面加工规整,平底。填土为五花土,土质较松。(图八九)

葬具为一椁一棺,平面形状均呈长方形。椁距墓口深460厘米,长272厘米,宽182厘米,高60厘米,壁厚8厘米;棺距墓口深490厘米,长235厘米,宽124厘米,高30厘米,壁厚7厘米。

骨架一具,已朽成灰,可辨葬式为仰身直肢。

无随葬品。

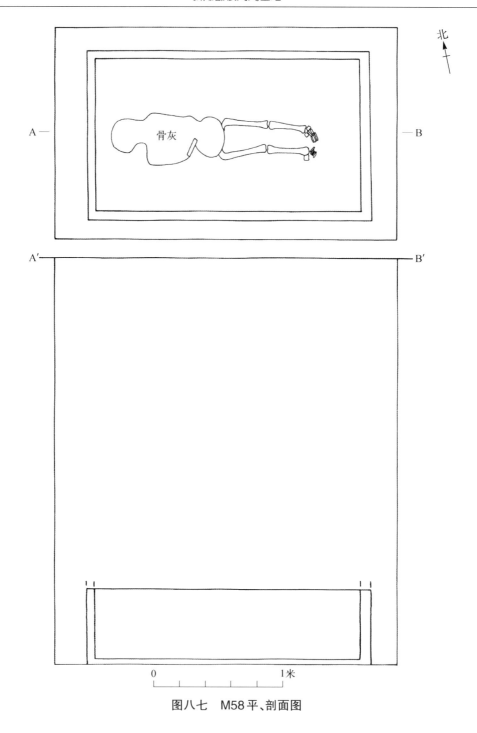

骨灰

北

图八七　M58平、剖面图

60. M61

　　该墓开口于①层下，距地表深50厘米，方向295°。墓葬形制为竖穴土坑墓，开口平面形状呈长方形，墓口长300厘米，宽160厘米，墓口距墓底深310厘米。坑壁垂直，壁面加工规整，平底。填土为五花土，土质较松。(图九○)

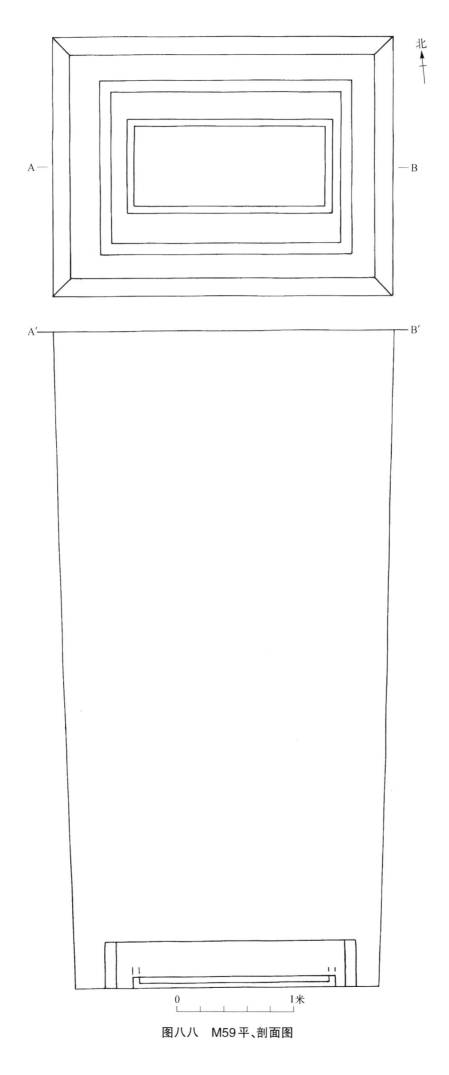

北

A —

— B

A′

B′

0   1米

图八八　M59平、剖面图

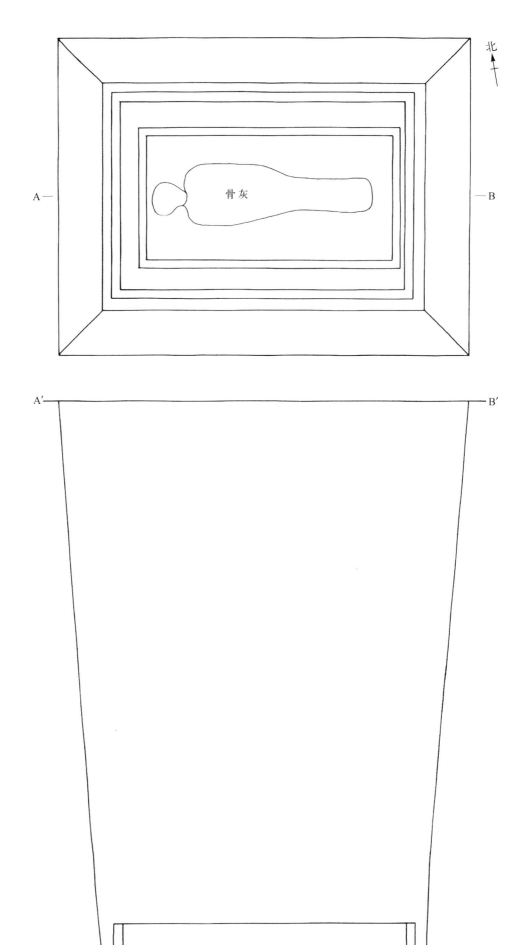

北

A —   — B

骨灰

A′   B′

0   1米

图八九　M60平、剖面图

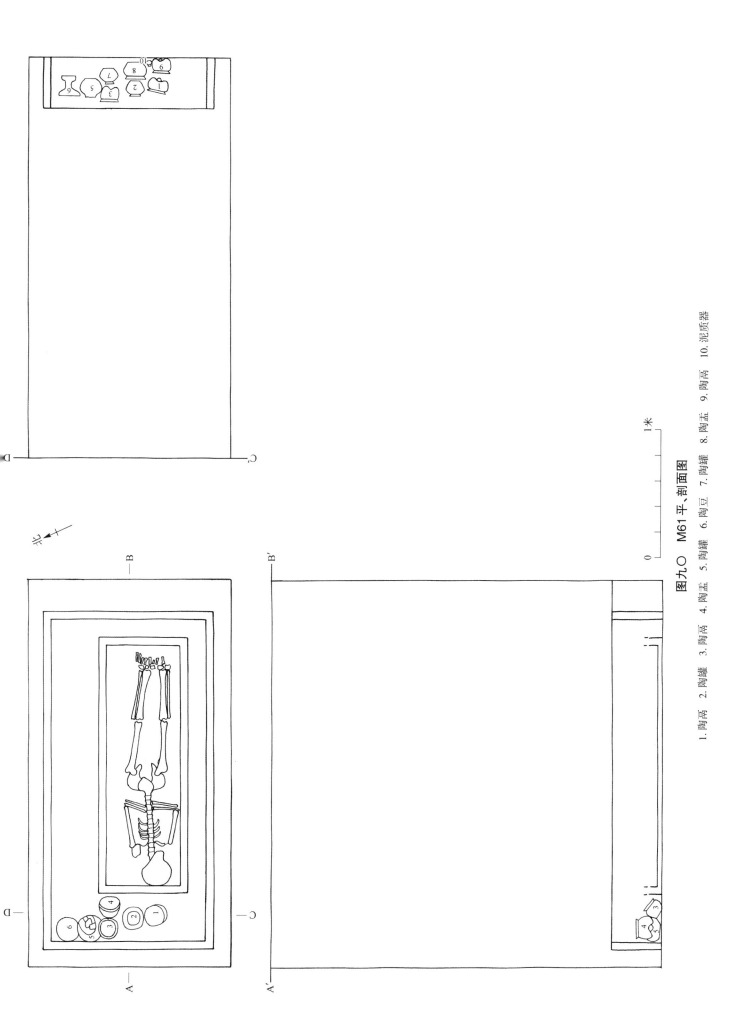

图九〇 M61 平、剖面图

1. 陶鬲 2. 陶罐 3. 陶鬲 4. 陶盂 5. 陶罐 6. 陶豆 7. 陶罐 8. 陶盂 9. 陶盂 10. 泥质陶器

葬具为一椁一棺,平面形状均呈长方形。椁距墓口深270厘米,长263厘米,宽133厘米,高40厘米,壁厚6厘米;棺距墓口深300厘米,长198厘米,宽70厘米,残高10厘米,壁厚6厘米。

骨架一具,除头骨外,其余部位保存较完整。仰身直肢,头向西,双手置于腹部。

随葬品放置在墓葬西端的椁与棺之间,出土陶鬲3件、陶盂2件、陶罐3件、陶豆1件、泥质器1件。

M61:1,陶鬲。窄折沿不规则,高低不平,薄尖唇,溜肩,斜腹微弧,袋足内敛,尖足跟,足尖明显,三足间距较大,裆部较低。夹细砂灰陶。通体饰绳纹,肩部绳纹被抹去,隐约可见,其上贴有泥饼装饰;腹上部为纵向粗绳纹,其间有一道抹痕,将绳纹隔开,下部为较粗的交错绳纹。口径14.8厘米,腹径16.8厘米,高14.2厘米。(图九一,3;彩版四四,2)

M61:2,陶罐。仰折沿,圆唇,矮领,肩部弧鼓,斜腹,平底内凹。泥质灰陶。器表打磨平整光滑。口径11.3厘米,腹径17.6厘米,底径11.2厘米,高13.1厘米。(图九一,5;彩版一〇〇,5)

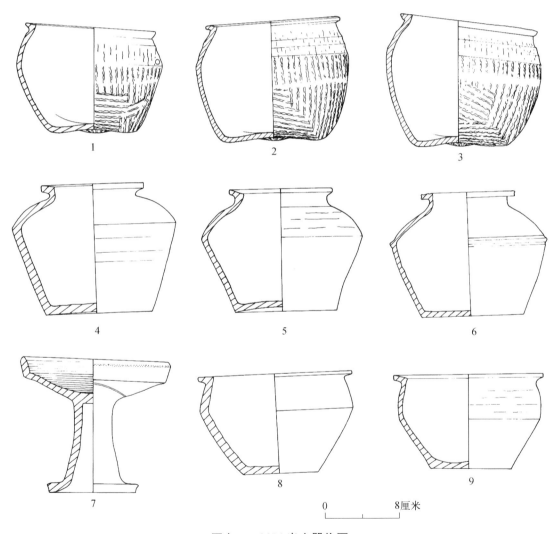

图九一　M61出土器物图

1. 陶鬲(M61:9)　2. 陶鬲(M61:3)　3. 陶鬲(M61:1)　4. 陶罐(M61:5)　5. 陶罐(M61:2)　6. 陶罐(M61:7)　7. 陶豆(M61:6)　8. 陶盂(M61:8)　9. 陶盂(M61:4)

M61:3,陶鬲。窄折沿不规则,高低不平,沿面微鼓,薄尖圆唇,溜肩,斜腹,袋足内敛,尖足跟,足尖明显,三足间距较大,裆部较低。夹细砂灰陶。通体饰绳纹,肩部绳纹被抹去,隐约可见,上饰数道瓦棱状凹带纹,腹上部为纵向粗绳纹,其间有一道抹痕将其隔开,下部为较粗的交错绳纹。口径15.6厘米,腹径16.9厘米,高13.2厘米。(图九一,2;彩版四四,3)

M61:4,陶盂。仰折沿,斜方唇,折腹,折棱不显,系刮削形成的细棱,上腹微弧鼓,下腹斜直,平底。泥质灰陶。器表打磨,有刮削痕。口径16.2厘米,腹径15.2厘米,底径8.8厘米,高10.3厘米。(图九一,9;彩版六五,5)

M61:5,陶罐。平折沿、方唇、矮领,肩部弧鼓,斜腹,平底。泥质褐陶,局部红色。器表打磨平整光滑。上沿面有凹弦纹,腹部有刮削痕。口径11.1厘米,腹径18.0厘米,底径11.6厘米,高13.8厘米。(图九一,4;彩版一〇〇,6)

M61:6,陶豆。敞口,尖圆唇,唇外缘弧鼓,渐弧收至折壁处再凸起,上半部外鼓,下半部内收成较浅宽凹槽,折壁,盘腹斜收,盘较浅,盘口较小,细柄略矮,喇叭座较大。泥质灰陶。豆盘内外壁均饰有细密螺旋状暗纹,内壁暗纹细而圈圈相连,外壁数道暗纹不明显;盘心有刻画符号。盘径16.6厘米,足径10.0厘米,高14.6厘米。(图九一,7;彩版八四,6;彩版一二四,5)

M61:7,陶罐。平折沿、方唇、矮领,肩部弧鼓,肩部以下锐折凸起,斜腹,平底。泥质深灰陶,局部黑色。器表打磨平整光滑。上沿有两道凹弦纹,折肩处上、下部各有一条凹弦纹。口径10.0厘米,腹径17.0厘米,底径11.0厘米,高13.2厘米。(图九一,6;彩版一〇一,1)

M61:8,陶盂。平折沿,上沿面外缘处微凸,圆唇,折腹,上腹微弧,下腹斜收,平底。泥质灰胎黑褐皮陶。器表打磨平整光滑。口径17.0厘米,腹径16.8厘米,底径8.2厘米,高10.8厘米。(图九一,8;彩版六五,6)

M61:9,陶鬲。窄折沿不规则,高低不平,沿面微鼓,薄尖圆唇,溜肩,斜腹,袋足内敛,尖足跟,足尖明显,三足间距较大,裆部较低。夹细砂灰陶。通体饰绳纹,肩部绳纹被抹去,隐约可见,其上饰数道瓦棱状凹带纹,贴有一泥饼装饰;腹上部为纵向粗绳纹,其间有一道抹痕将其隔开,下部为较粗的交错绳纹。口径15.4厘米,腹径16.5厘米,高13.2厘米。(图九一,1;彩版四四,4)

M61:10,泥质器,模型泥罐。手制,实心;折肩,斜腹,平底。口径约1.4厘米,腹径约2厘米,底径约1.4厘米,高约1.6厘米(彩版一一九,3)。

61. M62

该墓开口于①层下,距地表深50厘米,方向275°。墓葬形制为竖穴土坑墓,开口平面形状呈长方形,墓口长260厘米,宽180厘米,墓口距墓底深240厘米。坑壁垂直,壁面加工规整,平底。填土为五花土,土质较松。(图九二)

葬具为单棺,平面形状呈长方形。棺距墓口深190厘米,长232厘米,宽142厘米,高50厘米,壁厚7厘米。

骨架不存,葬式不详。

无随葬品。

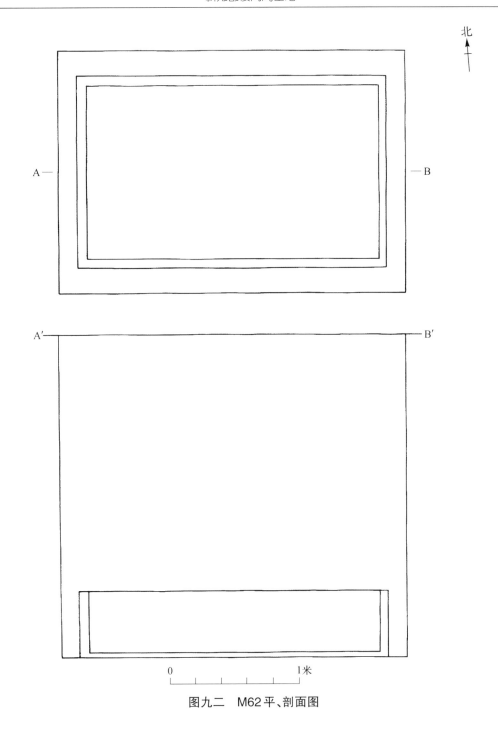

图九二　M62平、剖面图

62. M63

该墓开口于①层下，距地表深50厘米，方向285°。墓葬形制为竖穴土坑墓，开口平面形状呈长方形，墓口长240厘米，宽140厘米，墓口距墓底深200厘米。坑壁垂直，壁面加工规整，平底。填土为五花土，土质较松。(图九三)

葬具为单棺，平面形状呈长方形。棺距墓口深170厘米，长226厘米，宽106厘米，残高30厘

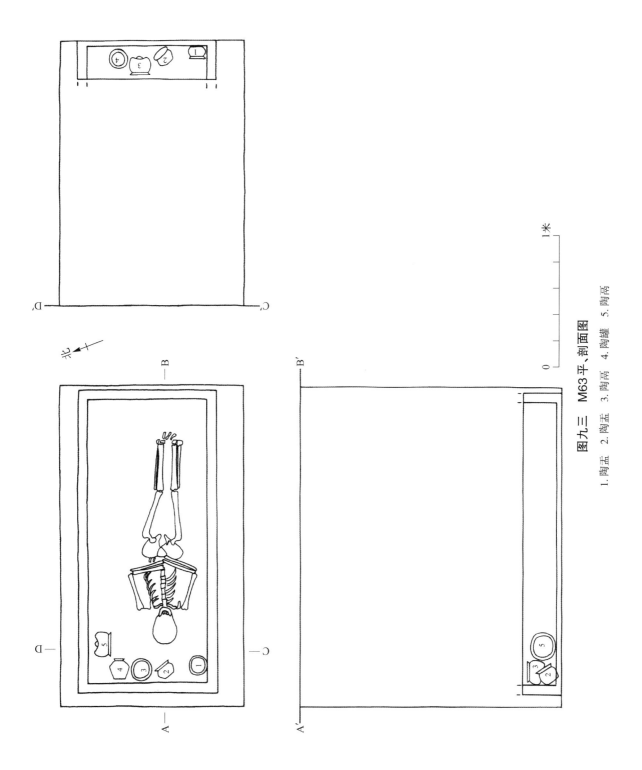

图九三 M63 平、剖面图

1. 陶盂 2. 陶盂 3. 陶鬲 4. 陶罐 5. 陶瓮

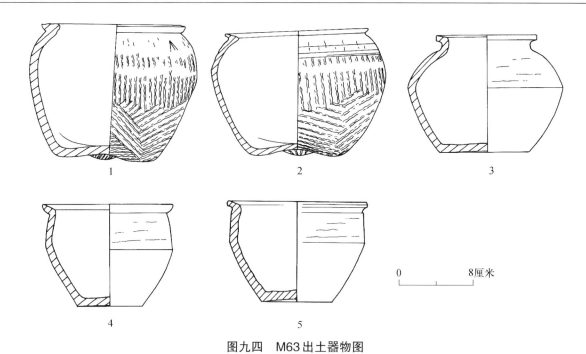

图九四　M63出土器物图

1.陶鬲（M63∶5）　2.陶鬲（M63∶3）　3.陶罐（M63∶4）　4.陶盂（M63∶1）　5.陶盂（M63∶2）

米,壁厚6厘米。

骨架一具,保存较完整。仰身直肢,头向西,面向上,双手置于腹部。

随葬品放置在棺内西端,出土陶鬲2件、陶盂2件、陶罐1件。

M63∶1,陶盂。仰折沿,斜方唇,折腹,折棱不显,系刮削形成的细棱,上腹微弧,下腹斜收,平底。泥质灰陶。器表打磨,有刮削暗纹。口径14.2厘米,腹径14.0厘米,底径7.0厘米,高10.0厘米。(图九四,4;彩版六六,1)

M63∶2,陶盂。仰折沿,方唇不规整,折腹,折棱不显,系刮削形成的细棱,上腹微弧,下腹斜收,平底内凹。泥质灰陶。器表打磨,有刮削暗纹。口径15.4厘米,腹径14.6厘米,底径7.6厘米,高10.8厘米。(图九四,5;彩版六六,2)

M63∶3,陶鬲。折沿上仰,上沿面凸起,尖圆唇,较薄,肩部弧鼓,斜弧腹,袋足内敛,尖足跟,足尖明显,三足间距较小,裆部较高。夹砂红陶。上沿面外侧有一道凹弦纹;通体饰粗绳纹,肩部绳纹被抹去,隐约可见,上饰数道瓦棱状凹带纹,腹上部为纵绳纹,其间有一道抹痕将绳纹隔开,下部为交错绳纹。口径15.6厘米,腹径19.1厘米,高13.8厘米。(图九四,2;彩版四四,5)

M63∶4,陶罐。折沿微上仰,方唇,矮领,肩部弧鼓,斜腹,平底。泥质灰陶,局部红色。器表打磨。口径11.0厘米,腹径16.8厘米,底径9.4厘米,高12.6厘米。(图九四,3;彩版一〇一,2)

M63∶5,陶鬲。平折沿,上沿面凸起,尖唇,较薄,肩部弧鼓,斜弧腹,袋足内敛,尖足跟,足尖明显,三足间距较小,裆部较高。夹砂红陶。上沿面外侧有两道凹弦纹;通体饰粗绳纹,肩部绳纹被抹去,隐约可见,腹上部为纵绳纹,其间有一道抹痕将绳纹隔开,下部为交错绳纹。口径16.0厘米,腹径18.6厘米,高15.0厘米。(图九四,1;彩版四四,6)

63. M64

该墓开口于①层下,距地表深50厘米,方向285°。墓葬形制为竖穴土坑墓,开口平面形状呈长方形,墓口长280厘米,宽200厘米,墓口距墓底深280厘米,墓底长260厘米,宽180厘米。坑壁垂直,壁面加工规整,平底。填土为五花土,土质较松。(图九五)

图九五 M64平、剖面图

葬具为一椁一棺,平面形状均呈长方形。椁距墓口深220厘米,长232厘米,宽152厘米,残高60厘米,壁厚6厘米;棺距墓口深270厘米,长188厘米,宽108厘米,残高10厘米,壁厚6厘米。

骨架不存,葬式不详。

无随葬品。

64. M65

该墓开口于①层下,距地表深50厘米,方向280°。墓葬形制为竖穴土坑墓,开口平面形状呈长方形,墓口长245厘米,宽140厘米,墓口距墓底深100厘米。坑壁垂直,壁面加工规整,平底。填土为五花土,土质较松。(图九六)

葬具为一椁一棺,平面形状均呈长方形。椁距墓口深90厘米,长224厘米,宽100厘米,残高10厘米,壁厚6厘米;棺距墓口深90厘米,长161厘米,宽60厘米,残高10厘米,壁厚4厘米。

骨架一具,保存差。仰身直肢。

随葬品放置在墓葬西端的棺椁之间,出土陶盂1件、陶豆1件,均残。

M65:1,陶盂,已残,可辨领部、肩部、腹部、底部等残片。

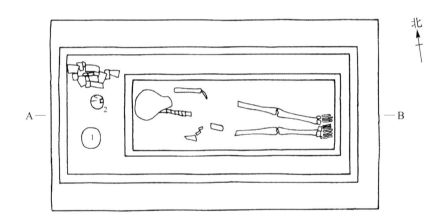

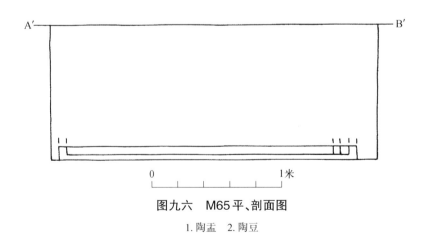

图九六　M65平、剖面图

1. 陶盂　2. 陶豆

M65:2,陶豆,残存豆盘、喇叭豆座。圆唇,敞口,外壁上部凸出,下部内凹,折壁处凸起,喇叭座。泥质灰陶。盘径16.0厘米,残高5.2厘米;底径10.2厘米,残高5.8厘米。(图九七,1)

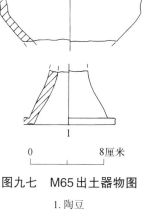

图九七 M65出土器物图
1.陶豆

65. M66

该墓开口于①层下,距地表深50厘米,方向292°。墓葬形制为竖穴土坑墓,口大底小,开口平面形状呈长方形,墓口长336厘米,宽180厘米,墓口距墓底深310厘米,墓底长296厘米,宽140厘米。坑壁斜直,壁面加工规整,平底。填土为五花土,土质较松。(图九八)

葬具为一椁一棺,平面形状均呈长方形。椁距墓口深257厘米,长242厘米,宽116厘米,残高53厘米,壁厚6厘米;棺距墓口深300厘米,长184厘米,宽72厘米,残高10厘米,壁厚6厘米。

骨架一具,保存较完整。仰身屈肢,头向西,上身平躺,双手置于腹部,下肢骨弯曲。

随葬品放置在墓葬西端的椁与棺之间,出土陶鬲2件、陶盂1件、陶罐2件、陶豆2件。

M66:1,陶罐。折沿微仰,方唇,矮领,溜肩微弧鼓,斜腹,平底内凹。泥质黑褐陶。器表打磨平整光滑。上沿面有一道不明显的凹弦纹,唇面有一道凹弦纹,腹部有刮削痕。口径11.8厘米,腹径18.9厘米,底径11.5厘米,高15.5厘米。(图九九,6;彩版一○一,3)

M66:2,陶豆。敞口,圆唇,唇外缘弧鼓,渐弧收至折壁处凸起似肩,使整个外壁略成"S"形,上半部外鼓,下半部内收成较深宽凹槽,折壁,盘腹斜收微弧,盘较浅,盘口较小,细柄略矮,喇叭座较大。泥质灰陶。豆盘内外壁均饰螺旋状暗纹,内壁暗纹细而圈圈相连,外壁上腹暗纹较细间距小,下腹五道暗纹粗细不一,间距较大;盘心有刻画符号。盘径16.6厘米,足径8.6厘米,高14.4厘米。(图九九,4;图九九,8;彩版八五,1;彩版一二四,6)

M66:3,陶豆。敞口,尖圆唇,唇外缘弧鼓,渐弧收至折壁处再凸起似肩,使整个外壁略成"S"形,上半部外鼓,下半部内收成较深宽凹槽,折壁,盘腹斜收,盘较浅,盘口较小,细柄略矮,喇叭座较大。泥质灰陶。豆盘内外壁均饰螺旋状暗纹,内壁暗纹极细而圈圈相连,外壁暗纹较细,自唇缘处至柄处,间距渐大;豆座唇部有一道凹弦纹;盘心有刻画符号。盘径17.2厘米,足径9.6厘米,高15.1厘米。(图九九,3;图九九,9;彩版八五,2;彩版一二五,1)

M66:4,陶鬲。仰折沿,圆唇,器口不规则,高低不平,弧鼓腹,袋足外张,尖足跟,三足间距较小,裆部较高。夹砂红陶,胎体厚重。上沿面有两道不明显的凹弦纹,通体饰粗绳纹,腹上部近口处一段绳纹被抹去,隐约可见。口径17.0厘米,腹径18.4厘米,高15.7厘米。(图九九,1;彩版四五,1)

M66:5,陶盂。平折沿,上沿面微凸,下沿面内凹,斜方唇,折腹,上腹微弧,下腹斜收,平底内凹。泥质深灰胎黑皮陶。器表打磨平整。上沿面外侧和近口处各有一条凹弦纹。口径18.7厘米,腹径18.4厘米,底径10.3厘米,高12.1厘米。(图九九,7;彩版六六,3)

M66:6,陶鬲。平折沿,唇或方或圆,溜肩,斜弧腹,袋足内敛,尖足跟,三足间距较小,裆部较高。泥质红陶。上沿面外侧有一道凹弦纹;通体饰粗绳纹,肩部绳纹被抹平,上饰数周瓦棱状凹

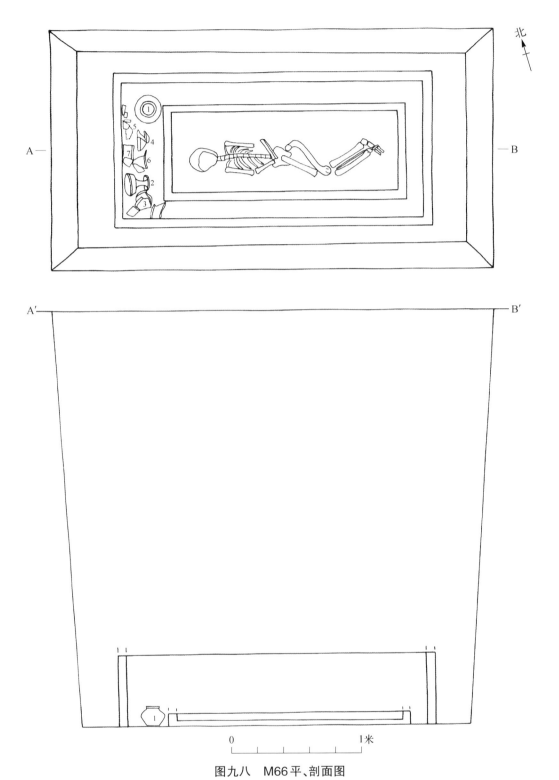

图九八　M66平、剖面图

1.陶罐　2.陶豆　3.陶豆　4.陶鬲　5.陶盉　6.陶鬲　7.陶罐

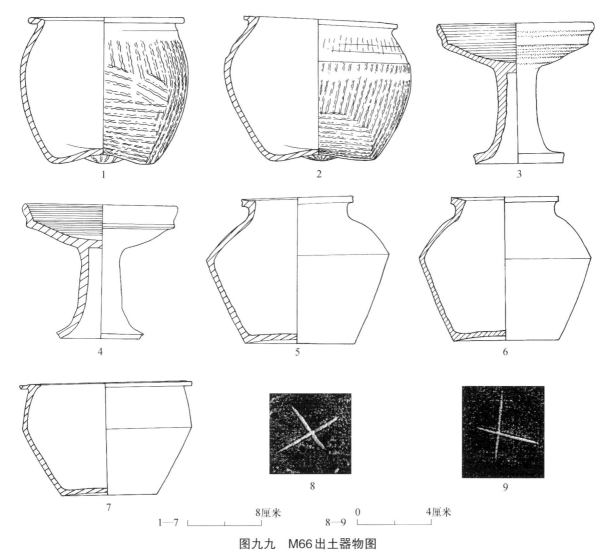

图九九 M66出土器物图

1. 陶鬲（M66:4） 2. 陶鬲（M66:6） 3. 陶豆（M66:3） 4. 陶豆（M66:2） 5. 陶罐（M66:7） 6. 陶罐（M66:1）
7. 陶盂（M66:5） 8. 陶豆刻符（M66:2） 9. 陶豆刻符（M66:3）

带纹，腹上部为纵绳纹，其间有一道抹痕将绳纹隔开，下部为交错绳纹。口径16.5厘米，腹径20.4厘米，高15.7厘米。（图九九，2；彩版四五，2）

M66:7，陶罐。折沿微仰，方唇，矮领，溜肩微弧鼓，斜腹，平底内凹。泥质黑褐陶。器表打磨平整光滑。唇面有一道凹弦纹，腹部有刮削痕。口径12.1厘米，腹径19.8厘米，底径12.0厘米，高15.9厘米。（图九九，5；彩版一〇一，4）

66. M67

该墓开口于①层下，距地表深50厘米，方向294°。墓葬形制为竖穴土坑墓，口大底小，开口平面形状呈长方形，墓口长365厘米，宽220厘米，墓口距墓底深425厘米，墓底长325厘米，宽180厘米。坑壁斜直，壁面加工规整，平底。填土为五花土，土质较松。（图一〇〇；彩版一四）

图一〇〇 M67平、剖面图

1 陶豆 2 陶豆 3 陶罐 4 陶罐 5 陶壶 6 陶壶 7 陶豆 8 陶壶

葬具为一椁一棺,平面形状均呈长方形。椁距墓口深370厘米,长276厘米,宽150厘米,高65厘米,壁厚8厘米;棺距墓口深395厘米,长232厘米,宽104厘米,高30厘米,壁厚6厘米。

骨架一具,保存较完整。仰身直肢,头向西,面向上,双手置于腹部。

随葬品放置在棺内西端,出土陶鬲3件、陶盂2件、陶罐3件。

M67:1,陶鬲。折沿微上仰,方唇,溜肩,斜弧腹,袋足内敛,尖足跟,三足间距较小,裆部较高。夹细砂灰陶。上沿面近口处和外侧各有一道不明显凹弦纹;通体饰较粗绳纹,肩部绳纹被抹去,隐约可见,上饰数周瓦棱状凹带纹,腹上部为纵绳纹,其间有一道抹痕将绳纹隔开,下部为交错绳纹。口径13.6厘米,腹径16.0厘米,高13.2厘米。(图一〇一,2;彩版四五,3)

M67:2,陶罐。平折沿,方唇,矮领,肩部弧鼓,斜腹,平底。泥质灰陶。器表有刮削痕。口径11.8厘米,腹径17.8厘米,底径10.6厘米,高13.5厘米。(图一〇一,4;彩版一〇一,5)

M67:3,陶鬲。折沿微上仰,方圆唇,溜肩,斜弧肩,袋足内敛,尖足跟,三足间距较小,裆部较高。夹细砂灰陶。上沿面近口处和外侧各有一道不明显凹弦纹;腹部通体饰较粗绳纹,肩部绳纹

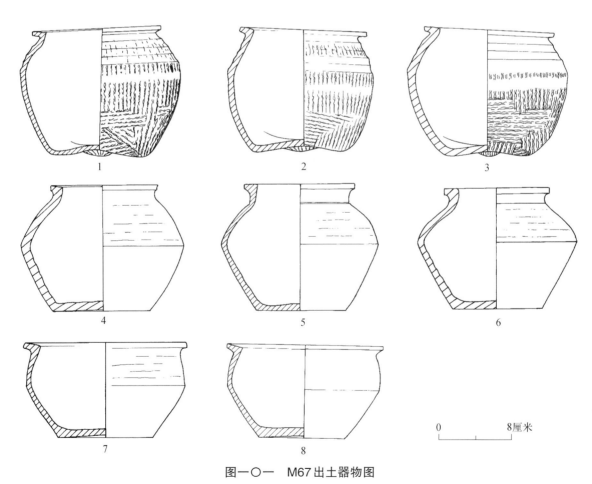

图一〇一 M67出土器物图

1.陶鬲(M67:3) 2.陶鬲(M67:1) 3.陶鬲(M67:6) 4.陶罐(M67:2) 5.陶罐(M67:7) 6.陶罐(M67:4)
7.陶盂(M67:5) 8.陶盂(M67:8)

被抹去,隐约可见,上饰数周瓦棱状凹带纹,腹上部为纵绳纹,其间有一道抹痕将绳纹隔开,下部为交错绳纹。口径14.1厘米,腹径17.6厘米,高14.2厘米。(图一〇一,1;彩版四五,4)

M67:4,陶罐。平折沿,方唇,矮领,肩部弧鼓,斜腹,平底。泥质灰陶。器表有刮削痕。口径11.6厘米,腹径17.6厘米,底径9.8厘米,高13.0厘米。(图一〇一,6;彩版一〇一,6)

M67:5,陶盂。仰折沿,方唇,折腹,上腹微弧,下斜腹收,平底微内凹。泥质灰陶。器表有刮削痕。口径18.0厘米,腹径17.5厘米,底径10.4厘米,高10.2厘米。(图一〇一,7;彩版六六,4)

M67:6,陶鬲。平折沿,斜方唇,溜肩,斜弧腹,袋足内敛,尖足跟,三足间距较小,档部较高。夹细砂灰陶。上沿面近口处和外侧各有一道不明显凹弦纹;腹部通体饰较粗绳纹,肩部绳纹被抹去,隐约可见,上饰数周瓦棱状凹带纹,腹上部为纵绳纹,其间有一道抹痕将绳纹隔开,下部为交错绳纹。口径14.2厘米,腹径18.0厘米,高14.0厘米。(图一〇一,3;彩版四五,5)

M67:7,陶罐。平折沿,方唇,短束颈,肩部弧鼓,斜腹,平底。泥质灰陶。器表有刮削痕。口径12.0厘米,腹径17.1厘米,底径10.0厘米,高13.0厘米。(图一〇一,5;彩版一〇二,1)

M67:8,陶盂。仰折沿,方唇,折腹,上腹微弧鼓,下腹斜收,平底内凹。泥质灰陶。器表有刮削痕。口径17.1厘米,腹径16.8厘米,底径9.4厘米,高17.1厘米。(图一〇一,8;彩版六六,5)

67. M68

该墓开口于①层下,距地表深50厘米,方向299°。墓葬形制为竖穴土坑墓,开口平面形状呈长方形,墓口长266厘米,宽136厘米,墓口距墓底深130厘米。坑壁垂直,壁面加工规整,平底。填土为五花土,土质较松。(图一〇二)

葬具为单棺,平面形状呈长方形。棺距墓口深106厘米,长218厘米,宽96厘米,残高24厘米,壁厚6~7厘米。

骨架一具,保存较完整。仰身直肢,头向西,面向上,双手置于腹部。

随葬品放置在棺内西端,出土陶鬲2件、陶盂1件、陶罐1件、陶豆2件。

M68:1,陶罐。平折沿,上沿面微凸,方唇,矮领,肩部微弧鼓,斜腹,平底内凹。泥质深灰陶。器表有刮削痕暗纹。口径11.2厘米,腹径16.3厘米,底径10.0厘米,高12.3厘米。(图一〇三,3;彩版一〇二,2)

M68:2,陶豆。敞口,尖圆唇,唇外缘弧鼓,渐弧收至折壁处凸起,使整个外壁略成"S"形,上半部外鼓,下半部内收成较浅宽凹槽,折壁,盘腹斜弧收,盘较浅,盘口较小,细柄较矮,喇叭座较大。泥质灰陶。豆盘内外壁均饰螺旋状暗纹,内壁暗纹细密,外壁三道较细螺旋状暗纹,间距大;盘心有刻画符号。盘径16.7厘米,足径9.1厘米,高14.1厘米。(图一〇三,6;图一〇三,7;彩版八五,3;彩版一二五,2)

M68:3,陶豆。敞口,圆唇,唇外缘弧鼓,渐弧收至折壁处凸起,使整个外壁略成"S"形,上半部外鼓,下半部内收成较深宽凹槽,折壁,下腹斜收,盘较浅,盘口较小,细柄较矮,喇叭座较大。泥质灰陶。豆盘内外壁均饰螺旋状暗纹,内壁暗纹细而圈圈相连,外壁两道较细暗

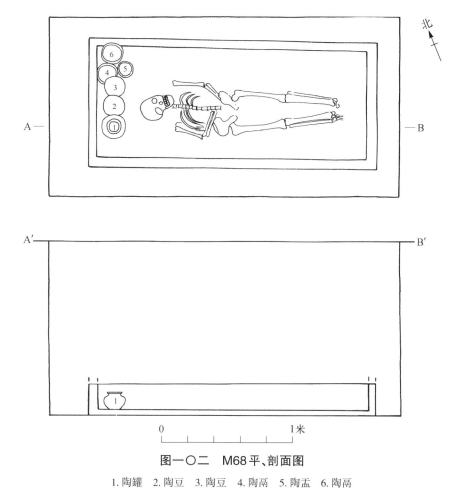

图一〇二 M68平、剖面图

1.陶罐 2.陶豆 3.陶豆 4.陶鬲 5.陶盂 6.陶鬲

纹,间距大;盘心有刻画符号。盘径16.5厘米,足径8.8厘米,高15.4厘米。(图一〇三,5;图一〇三,8;彩版八五,4;彩版一二五,3)

M68:4,陶鬲。平折沿,上沿面凸起,方唇,肩部弧鼓,斜腹,袋足内敛,尖足跟,三足间距较小,裆部较高。夹砂红胎褐陶。上沿面外侧与近口处各有一道凹弦纹;通体饰粗绳纹,肩部绳纹被抹去,隐约可见,上饰五道瓦棱状凹带纹,腹上部为斜绳纹,其间有一道抹痕将绳纹隔开,下部为交错绳纹。口径16.5厘米,腹径20厘米,高14.5厘米。(图一〇三,1;彩版四五,6)

M68:5,陶盂。折沿微仰,尖圆唇,折腹,上腹弧鼓,下腹斜收,平底。泥质灰陶。器表打磨。口径12.7厘米,腹径13.5厘米,底径6.5厘米,高7.7厘米。(图一〇三,2;彩版六六,6)

M68:6,陶鬲。平折沿,上沿面凸起,方唇,溜肩微弧鼓,斜腹,袋足内敛,尖足跟,足尖明显,三足间距较小,裆部较高。夹砂红胎褐陶,黑色相杂。上沿面外侧与近口处各有一道凹弦纹;通体饰粗绳纹,肩部绳纹被抹去,隐约可见,上饰六余道瓦棱状凹带纹,腹上部为纵绳纹,其间有一道抹痕将绳纹隔开,下部为交错绳纹。口径16.8厘米,腹径20.0厘米,高15.8厘米。(图一〇三,4;彩版四六,1)。

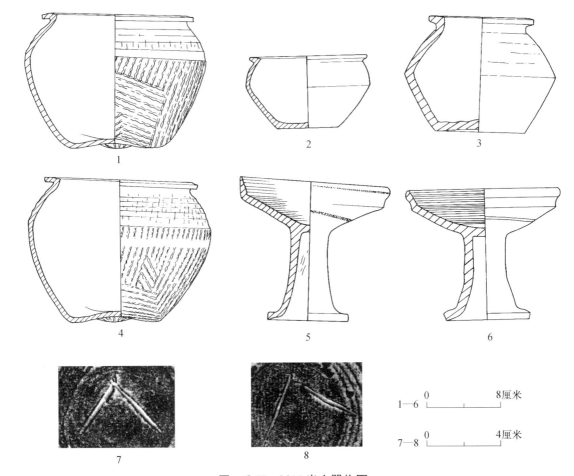

图一〇三　M68出土器物图

1. 陶鬲（M68:4）　2. 陶盂（M68:5）　3. 陶罐（M68:1）　4. 陶鬲（M68:6）　5. 陶豆（M68:3）
6. 陶豆（M68:2）　7. 陶豆刻符（M68:2）　8. 陶豆刻符（M68:3）

68. M69

该墓开口于①层下，距地表深50厘米，方向291°。墓葬形制为竖穴土坑墓，开口平面形状呈长方形，墓口长270厘米，宽112厘米，墓口距墓底深110厘米。坑壁垂直，壁面加工规整，平底。填土为五花土，土质较松。（图一〇四）

葬具为单棺，平面形状呈长方形。棺距墓口深102厘米，长206厘米，宽72厘米，残高8厘米，壁厚6厘米。

骨架一具，除臂骨外，其余部位保存基本完整。仰身直肢，头向西，面向上。

随葬品放置在墓葬西端，出土陶鬲1件、陶盂1件、陶罐1件、陶豆2件。

M69:1，陶豆。敞口，尖圆唇，唇外缘弧鼓，渐弧收至折壁处再凸起，使整个外壁略成"S"形，上半部外鼓，下半部内收成较浅较宽凹槽，折壁，盘腹斜收，盘较浅，盘口较小，细柄较矮，喇叭座较大。泥质灰陶。豆盘内外壁均饰螺旋状暗纹，内壁暗纹细密，外壁暗纹粗细不一，间距较大。盘径17.6厘米，足径8.8厘米，高15.5厘米。（图一〇五，5；彩版八五，5）

M69:2，陶鬲。折沿下斜，上沿面凸起，圆唇，溜肩，斜腹，袋足内敛，尖足跟，三足间距较小，

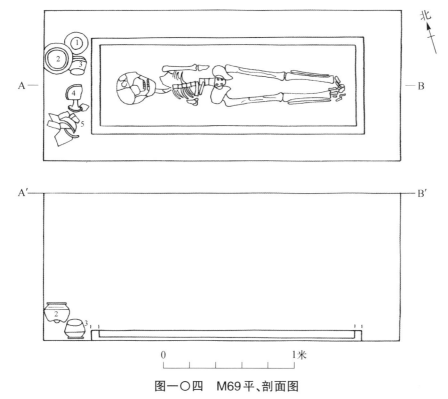

图一〇四　M69平、剖面图

1. 陶豆　2. 陶鬲　3. 陶罐　4. 陶豆　5. 陶盉

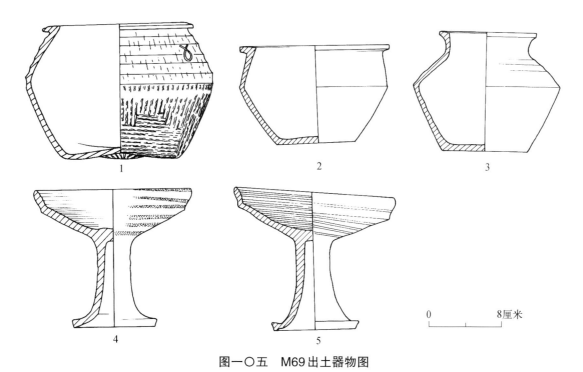

图一〇五　M69出土器物图

1. 陶鬲（M69：2）　2. 陶盉（M69：5）　3. 陶罐（M69：3）　4. 陶豆（M69：4）　5. 陶豆（M69：1）

裆部较高。夹砂红陶。上沿外侧有一道凹弦纹；通体饰细绳纹，肩部绳纹被抹去，隐约可见，其上饰五余周瓦棱状凹带纹，贴有一泥条装饰；腹上部为纵绳纹，其间有两道抹痕将绳纹隔断，下部为交错绳纹。口径16.4厘米，腹径20.4厘米，高14.5厘米。(图一〇五，1；彩版四六，2)

M69∶3，陶罐。仰折沿，方唇，领较高，溜肩，斜腹，平底。泥质灰陶。器表有刮削痕。口径10.9厘米，腹径16.2厘米，底径9.3厘米，高12.8厘米。(图一〇五，3；彩版一〇二，3)

M69∶4，陶豆。敞口，尖圆唇，唇外缘弧鼓，渐弧收至折壁处再凸起，使整个外壁略成"S"形，上半部外鼓，下半部内收成较浅宽凹槽，折壁，盘腹斜收，盘较浅，盘口稍大，细柄略矮，喇叭座较大。泥质灰陶。豆盘内外壁均饰螺旋状暗纹，内壁暗纹细密，外壁上腹可见四道较细暗纹，间距较大，下腹可见四道较粗暗纹，间距较大。盘径17.0厘米，足径8.6厘米，高14.8厘米。(图一〇五，4；彩版八五，6)

M69∶5，陶盂。平折沿，方唇，折腹处凸起，上腹斜直，下腹斜收，平底。泥质深灰胎黑皮陶，器表打磨平整。上沿面外侧有凹弦纹。口径16.4厘米，腹径16.0厘米，底径8.8厘米，高10.4厘米。(图一〇五，2；彩版六七，1)

69. M70

该墓开口于①层下，距地表深50厘米，方向279°。墓葬形制为竖穴土坑墓，开口平面形状呈长方形，墓口长236厘米，宽108厘米，墓口距墓底深120厘米。坑壁垂直，壁面加工规整，平底。填土为五花土，土质较松。(图一〇六)

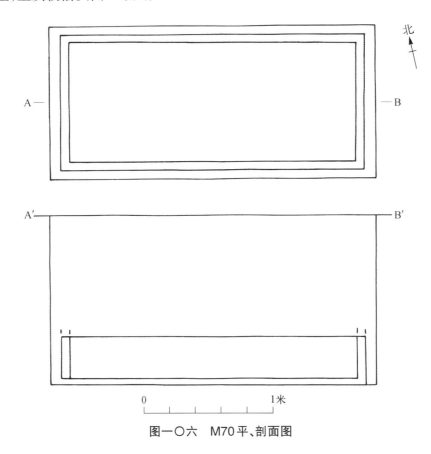

图一〇六　M70平、剖面图

葬具为单棺,平面形状呈长方形。棺距墓口深86厘米,长220厘米,宽96厘米,残高34厘米,壁厚6厘米。

骨架不存,葬式不详。

无随葬品。

70. M71

该墓开口于①层下,距地表深50厘米,方向283°。墓葬形制为竖穴土坑墓,开口平面形状呈长方形,墓口长266厘米,宽132厘米,墓口距墓底深130厘米。坑壁垂直,壁面加工规整,平底。填土为五花土,土质较松。(图一〇七)

葬具为单棺,平面形状呈长方形。棺距墓口深86厘米,长222厘米,宽102厘米,残高44厘米,壁厚6厘米

骨架一具,除头骨、臂骨外,其余部位保存较完整。仰身直肢。

无随葬品。

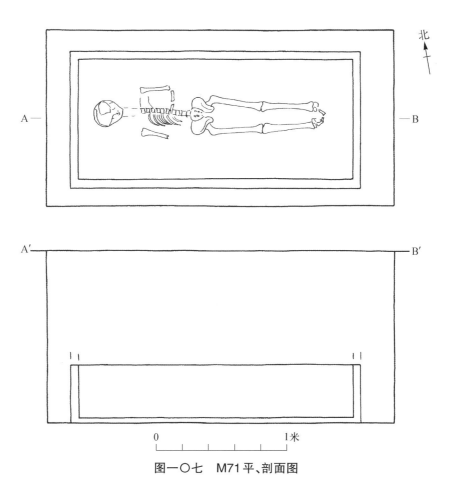

图一〇七 M71平、剖面图

71. M72

该墓开口于①层下，距地表深50厘米，方向300°。墓葬形制为竖穴土坑墓，开口平面形状呈长方形，墓口长250厘米，宽164厘米，墓口距墓底深300厘米。坑壁垂直，壁面加工规整，平底。填土为五花土，土质较松。(图一○八)

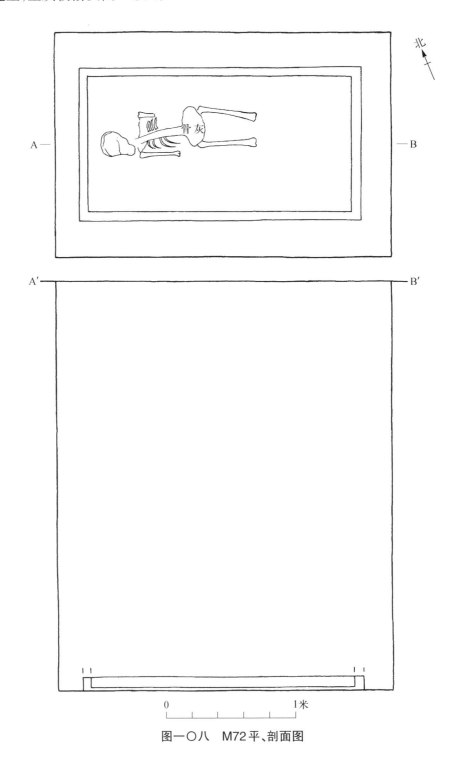

图一○八　M72平、剖面图

葬具为单棺,平面形状呈长方形。棺距墓口深290厘米,长210厘米,宽112厘米,残高10厘米,壁厚6厘米。

骨架一具,保存较差。仰身直肢。

无随葬品。

72. M73

该墓开口于①层下,距地表深50厘米,方向298°。墓葬形制为竖穴土坑墓,开口平面形状呈长方形,墓口长250厘米,宽120厘米,墓口距墓底深100厘米。坑壁垂直,壁面加工规整,平底。填土为五花土,土质较松。(图一〇九)

葬具为单棺,平面形状呈长方形。棺距墓口深85厘米,长196厘米,宽90厘米,残高15厘米,壁厚6厘米。

骨架一具,仅残存部分下肢骨。直肢。

随葬品放置在墓葬西端,出土陶鬲2件、陶盂1件、陶罐2件、陶豆2件。

M73:1,陶鬲。折沿微下斜,较窄,方唇,肩部弧鼓,斜腹,袋足内敛,尖足跟,三足间距较小,裆部较高。泥质灰陶。上沿面外侧有一道凹弦纹;通体饰细绳纹,肩部绳纹被抹去,隐约可见,上饰数周瓦棱状凹带纹,腹上部为纵绳纹,其间有一道抹痕将绳纹隔开,下部为交错绳纹。口径

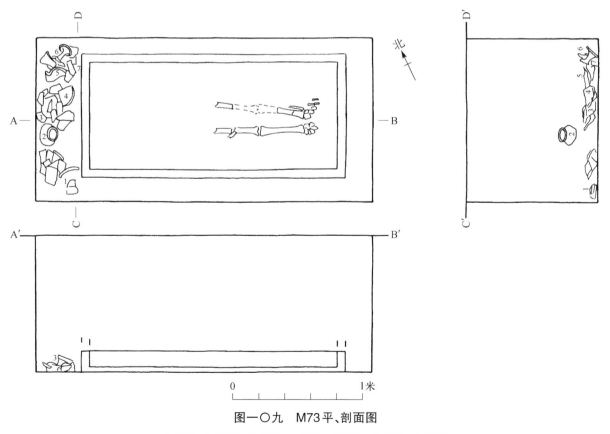

图一〇九 M73平、剖面图

1.陶鬲 2.陶罐 3.陶罐 4.陶豆 5.陶盂 6.陶豆 7.陶鬲

16.1厘米,腹径21.1厘米,高15.5厘米。(图一一〇,1;彩版四六,3)

　　M73:2,陶罐。折沿微仰,方唇,矮领,溜肩,斜腹,平底。泥质灰陶。器表打磨,有刮削痕。口径9.8厘米,腹径13.8厘米,底径8.6厘米,高11.5厘米。(图一一〇,2;彩版一〇二,4)

　　M73:3,陶罐。折沿微仰,方圆唇,矮领,溜肩微弧,斜腹微弧,平底。泥质深灰陶。器表打磨,有刮削痕。口径10.9厘米,腹径16.4厘米,底径8.0厘米,高11.2厘米。(图一一〇,5;彩版一〇二,5)

　　M73:4,陶豆。敞口,圆唇,唇外缘弧鼓,渐弧收至折壁处再凸起似肩,使整个外壁略成"S"形,上半部外鼓,下半部内收成较深宽凹槽,折壁,盘腹斜收,盘较浅,盘口较小,细柄较矮,喇叭座较大。泥质灰陶。豆盘内外壁均饰螺旋状暗纹,内壁暗纹细密,部分圈圈相连,外壁数道暗纹不明显;盘心有刻画符号。盘径16.8厘米,足径8.6厘米,高14.0厘米。(图一一〇,6;图一一〇,8;彩版八六,1;彩版一二五,4)

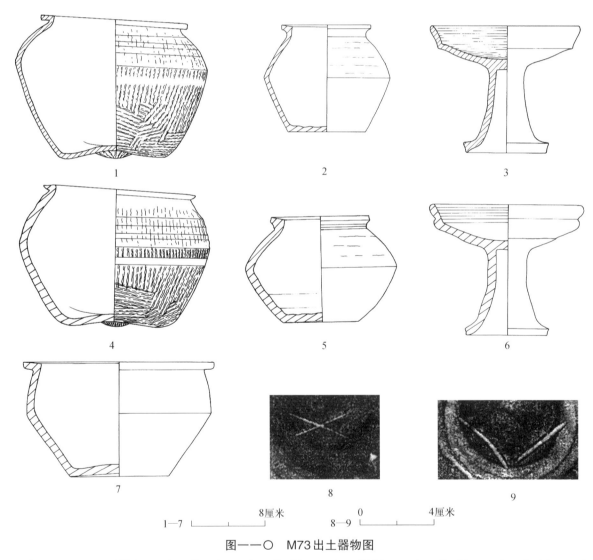

图一一〇　M73出土器物图

1.陶鬲(M73:1)　2.陶罐(M73:2)　3.陶豆(M73:6)　4.陶鬲(M73:7)　5.陶罐(M73:3)　6.陶豆(M73:4)　7.陶盂(M73:5)
8.陶豆刻符(M73:4)　9.陶豆刻符(M73:6)

M73：5，陶盂。折沿微上仰，方唇，折腹，上腹微弧，下腹斜收，平底内凹。泥质深灰陶。器表打磨平整。上沿面可见若干弦纹。口径21.0厘米，腹径10.3厘米，底径10.8厘米，高12.3厘米。（图一一〇，7；彩版六七，2）

M73：6，陶豆。敞口，圆唇，唇外缘弧鼓，渐弧收至折壁处再凸起似肩，使整个外壁略成"S"形，上半部微外鼓，下半部内收成较深宽凹槽，折壁，盘壁斜收微弧，盘较浅，盘口较小，豆柄较矮、略粗，喇叭座较大。泥质灰陶。豆盘内外壁均饰螺旋状暗纹，内壁暗纹细而圈圈相连，外壁数道较细暗纹，间距较大；盘心有刻画符号。盘径16.4厘米，足径8.7厘米，高13.7厘米。（图一一〇，3；图一一〇，9；彩版八六，2；彩版一二五，5）

M73：7，陶鬲。平折沿，上沿面凸起，尖唇，溜肩，斜腹，袋足内敛，尖足跟，三足间距较小，裆部较高。泥质灰陶。上沿面外侧有一道凹弦纹；通体饰细绳纹，肩部绳纹被抹去，隐约可见，上饰数道瓦棱状凹带纹，腹上部饰纵绳纹，其间有道抹痕将绳纹隔开，下部为交错绳纹。口径16.8厘米，腹径21.0厘米，高14.8厘米。（图一一〇，4；彩版四六，4）

73. M74

该墓开口于①层下，距地表深50厘米，方向298°。墓葬形制为竖穴土坑墓，口大底小，开口平面形状呈长方形，墓口长354厘米，宽220厘米，墓口距墓底深410厘米。坑壁斜直，壁面加工规整，平底。填土为五花土，土质较松。（图一一一；彩版一五）

葬具为单棺，平面形状呈长方形。棺距墓口深350厘米，长280厘米，宽146厘米，残高60厘米，壁厚8厘米。

骨架一具，保存较差。仰身直肢，头向西，面向上。

随葬品放置在棺内西端，出土陶鬲4件、陶盂4件、陶罐4件、陶豆4件。

M74：1，陶罐。折沿微下斜，口沿处凸起，外侧内凹，厚方唇，高束颈，溜肩微弧，斜腹，平底内凹。泥质灰陶。器表打磨平整，腹部有不规则刮削痕。唇面有一条凹带纹。口径11.0厘米，腹径15.8厘米，底径9.5厘米，高14.1厘米。（图一一二，9；彩版一〇二，6）

M74：2，陶豆。敞口，尖圆唇，唇外缘弧鼓，渐弧收至折壁处再凸起，使整个外壁略成"S"形，上半部外鼓，下半部内收成较深宽凹槽，折壁，盘腹斜收，盘较浅，盘口较小，细柄较高，喇叭座较大。泥质灰陶。豆盘内外壁均饰螺旋状暗纹，内壁暗纹细密，外壁唇外缘弧鼓处暗纹细密，其下部可见两道既浅又细凹弦纹；盘心处有刻画符号。盘径16.3厘米，足径9.0厘米，高15.3厘米。（图一一三，3；图一一三，6；彩版八六，3；彩版一二五，6）

M74：3，陶盂。折沿微仰，尖唇，折腹，上腹微弧，下腹斜收，平底。泥质灰陶。器表打磨平整，腹部有刮削痕。上沿面外侧与近口处有不明显凹弦纹。口径18.4厘米，腹径18.0厘米，底径9.0厘米，高11.2厘米。（图一一二，11；彩版六七，3）

M74：4，陶盂。平折沿，尖唇，折腹，上腹内弧，下腹斜收，平底内凹。泥质深灰陶，器表打磨，腹部有刮削痕。口径18.4厘米，腹径19.0厘米，底径9.8厘米，高12.2厘米。（图一一二，8；彩版六七，4）

M74：5，陶罐。折沿微下斜，口沿处凸起，外侧内凹，厚方唇，高束颈，肩部弧鼓，斜腹，平底内

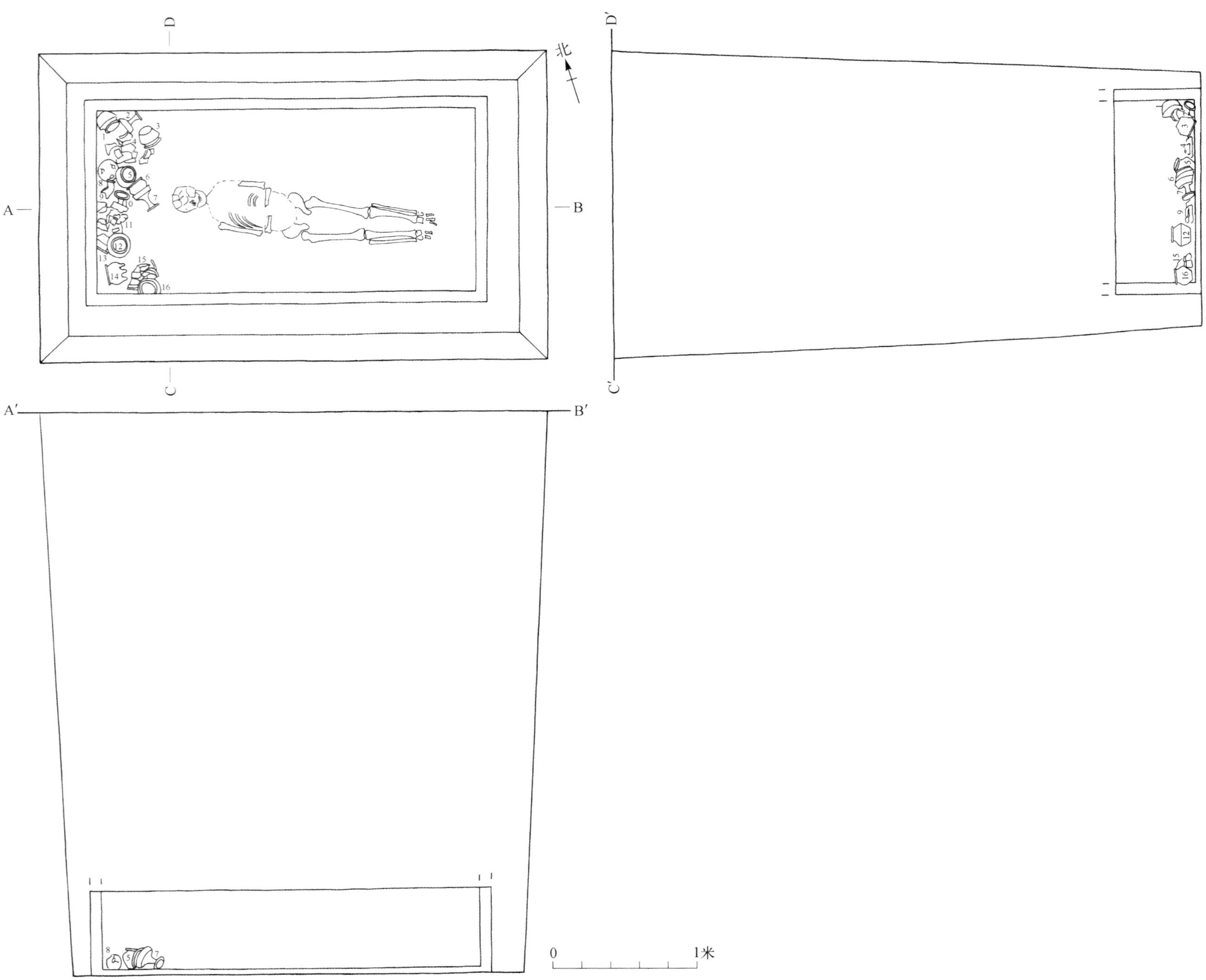

图一一一 M74平、剖面图

1. 陶罐 2. 陶豆 3. 陶盂 4. 陶盂 5. 陶罐 6. 陶盂 7. 陶豆 8. 陶豆 9. 陶鬲 10. 陶鬲 11. 陶豆 12. 陶豆 13. 陶罐 14. 陶鬲 15. 陶鬲 16. 陶盂

凹。泥质灰陶。器表打磨平整,腹部有不规则刮削痕。唇面有一条凹带纹。口径11.2厘米,腹径15.7厘米,底径10.0厘米,高14.4厘米。(图一一二,12;彩版一○三,1)

M74:6,陶盂。平折沿,尖唇,折腹处凸起,上腹微内弧,下腹斜收,平底内凹。泥质深灰陶。器表打磨平整,腹部有刮削痕。上沿面有三道不明显凹弦纹,折腹处上部和下部各有一道凹弦纹。口径17.9厘米,腹径18.0厘米,底径9.2厘米,高11.4厘米。(图一一二,5;彩版六七,5)

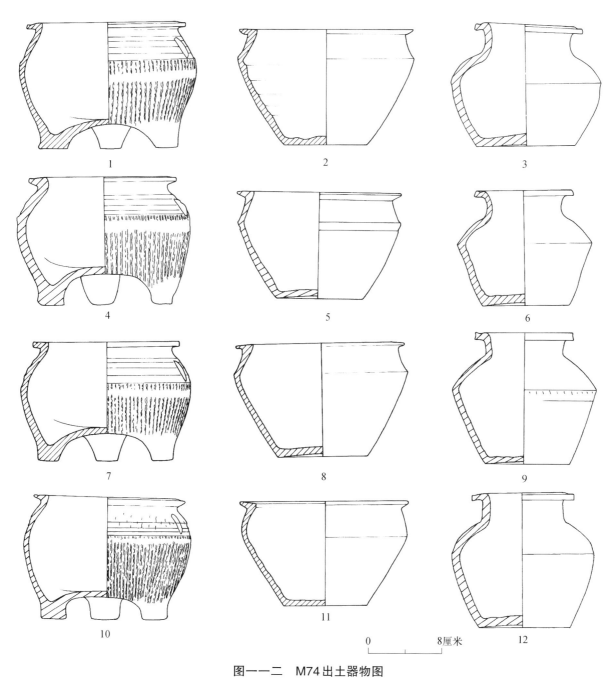

0   8厘米

图一一二 M74出土器物图

1. 陶鬲(M74:14) 2. 陶盂(M74:16) 3. 陶罐(M74:12) 4. 陶鬲(M74:9) 5. 陶盂(M74:6) 6. 陶罐(M74:13)
7. 陶鬲(M74:15) 8. 陶盂(M74:4) 9. 陶罐(M74:1) 10. 陶鬲(M74:8) 11. 陶盂(M74:3) 12. 陶罐(M74:5)

M74：7，陶豆。敞口，圆唇，唇外缘弧鼓，渐弧收至折壁处再凸起似肩，使整个外壁略成"S"形，上半部外鼓，下半部内收成较宽凹槽，折壁，盘腹斜收微弧，盘较浅，盘口较大，细柄较高，喇叭座较大。泥质灰陶。豆盘内外壁均饰螺旋状暗纹，内壁暗纹细而圈圈相连，外壁可见数道暗纹，粗细不一，间距较大；盘心处有刻画符号。盘径16.5厘米，足径10.2厘米，高14.8厘米。（图一一三，4；图一一三，7；彩版八六，4；彩版一二六，1）

M74：8，陶鬲。折沿微下斜，上沿面凸起，薄尖唇，圆肩，弧鼓腹，弧裆，截足，裆部高。泥质灰褐陶，局部红、黑色。上沿面外侧有一道凹弦纹；通体饰绳纹，肩部绳纹被抹，隐约可见，上饰数周瓦棱状凹带纹，等距贴有三个泥条（其中一个已残，一个已失）；腹部饰较粗绳纹，腹上部有一道抹痕将绳纹隔断；裆部无绳纹，可见刮削痕。口径16.4厘米，腹径18.2厘米，高13.3厘米。（图一一二，10；彩版四六，5）

M74：9，陶鬲。平折沿，方唇，圆肩，斜弧腹，弧裆，截足，裆部高。泥质灰陶。唇面有一道凹弦纹；上沿面有三道不明显凹弦纹；通体饰绳纹，肩部绳纹被抹，隐约可见，其上饰数周凹带纹，等距贴有三个泥条（一个已失）；腹部饰较粗绳纹，腹上部有一道抹痕将绳纹隔断，器底及裆部无绳纹，可见刮削痕。口径16.0厘米，腹径19.0厘米，高13.8厘米。（图一一二，4；彩版四六，6）

M74：10，陶豆。敞口，尖圆唇，唇外缘弧鼓，渐弧收至折壁处再凸起，使整个外壁略成"S"形，上半部外鼓，下半部内收成较深宽凹槽，折壁，盘腹斜收微弧，盘较浅，盘口较小，细高柄，喇叭座较大。泥质灰陶。豆盘内外壁均饰螺旋状暗纹，内壁暗纹细而圈圈相连，外壁可见三道暗纹，粗细不一，间距大；盘内壁有刻画符号。盘径16.4厘米，足径10.2厘米，高16.4厘米。（图一一三，2；图一一三，5；彩版八六，5；彩版一二六，2）

M74：11，陶豆。敞口，尖圆唇，折壁，盘较浅，盘口较小，细柄较高，喇叭座较大。泥质灰陶。豆盘内外壁均饰螺旋状暗纹，内壁暗纹细而圈圈相连，外壁暗纹不明显；盘内壁有刻画符号。盘径16.4厘米，足径9.4厘米，高15.0厘米。（图一一三，1；彩版八六，6；彩版一二六，3）

M74：12，陶罐。折沿微下斜，口沿处凸起，外侧内凹，厚方唇，高束颈，肩部微弧鼓，斜腹微弧，平底内凹。泥质灰陶。器表打磨平整，腹部可见不规则刮削痕。口径11.8厘米，腹径16.4厘米，底径10.8厘米，高13.2厘米。（图一一二，3；彩版一〇三，2）

M74：13，陶罐。平折沿，上沿面内凹，斜方唇，高束颈，肩部微弧鼓，折肩处微凸，斜腹，平底内凹。泥质灰陶。器表打磨平整，腹部有不规则刮削痕。口径10.8厘米，腹径14.8厘米，底径9.6厘米，高12.4厘米。（图一一二，6；彩版一〇三，3）

M74：14，陶鬲。折沿微下斜，方唇，弧肩，斜弧腹，弧裆，截足，裆部高。泥质黑灰陶。上沿面外侧有一道凹弦纹；唇面有一道凹弦纹；肩部等距饰三个泥条；通体饰绳纹，肩部绳纹被抹，隐约可见，上饰数周凹带纹，腹部饰较粗绳纹，腹上部有一道抹痕将绳纹隔断；器底及裆部无绳纹，可见刮削痕。口径17.2厘米，腹径19.3厘米，高13.6厘米。（图一一二，1；彩版四七，1）

M74：15，陶鬲。平折沿，方唇，圆肩，弧鼓腹，弧裆，截足，裆部高。泥质灰陶。唇面有一道不完整凹弦纹；上沿面有三道不明显凹弦纹；肩部等距饰三个泥条（一个已失）；通体饰绳纹，肩部绳纹被抹，隐约可见，上饰数周凹带纹，腹部饰较粗绳纹，腹上部有一道抹痕将绳纹隔断；器底及裆部无绳纹，可

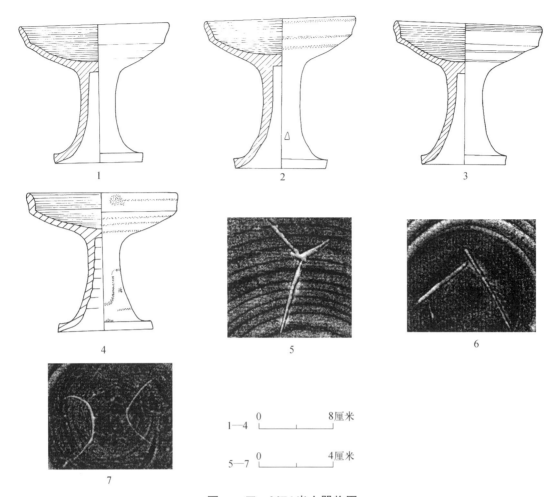

图一一三 M74出土器物图

1. 陶豆（M74∶11） 2. 陶豆（M74∶10） 3. 陶豆（M74∶2） 4. 陶豆（M74∶7） 5. 陶豆刻符（M74∶10）
6. 陶豆刻符（M74∶2） 7. 陶豆刻符（M74∶7）

见刮削痕。鬲内有禽骨。口径16.0厘米，腹径18.5厘米，高12.9厘米。（图一一二，7；彩版四七，2）

M74∶16，陶盂。平折沿，尖唇，折腹，上腹内弧，下腹斜收，平底。泥质深灰陶。器表打磨，腹部有刮削痕。口径19.0厘米，腹径19.2厘米，底径9.0厘米，高12.5厘米。（图一一二，2；彩版六七，6）

74. M75

该墓开口于①层下，距地表深50厘米，方向290°。墓葬形制为竖穴土坑墓，开口平面形状呈长方形，墓口长260厘米，宽140厘米，墓口距墓底深310厘米。坑壁垂直，壁面加工规整，平底。填土为五花土，土质较松。（图一一四）

葬具为单棺，平面呈长方形。棺距墓口深270厘米，长240厘米，宽120厘米，残高40厘米，壁厚6厘米。

骨架不存，葬式不详。

无随葬品。

图一一四 M75平、剖面图

75. M76

该墓开口于①层下，距地表深50厘米，方向300°。墓葬形制为竖穴土坑墓，开口平面形状呈长方形，墓口长246厘米，宽120厘米，墓口距墓底深130厘米。坑壁垂直，壁面加工规整，平底。填土为五花土，土质较松。（图一一五）

葬具为单棺，平面形状呈楔形，西窄东宽。棺距墓口深100厘米，长214厘米，西宽102厘米，

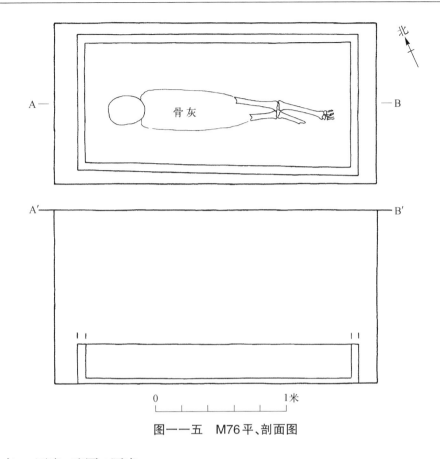

骨灰

图一一五 M76平、剖面图

东宽106,残高30厘米,壁厚6厘米。

骨架一具,残存部分下肢骨。直肢,腿骨微屈。

无随葬品。

76. M77

该墓开口于①层下,距地表深50厘米,方向290°。墓葬形制为竖穴土坑墓,开口平面形状呈长方形,口大底小,墓口长350厘米,宽260厘米,墓口距墓底深670厘米,墓底长290厘米,宽200厘米。坑壁斜直,壁面加工规整,平底。填土为五花土,土质较松。(图一一六)

葬具为单棺,平面形状呈长方形。棺距墓口深630厘米,长200厘米,宽100厘米,残高40厘米,壁厚8厘米。

骨架不存,葬式不详。

无随葬品。

77. M78

该墓开口于①层下,距地表深50厘米,方向297°。墓葬形制为竖穴土坑墓,开口平面形状呈长方形,口大底小,墓口长346厘米,宽208厘米,墓口距墓底深380厘米,墓底长305厘米,宽168厘米。坑壁斜直,壁面加工规整,平底。填土为五花土,土质较松。(图一一七;彩版一六,1)

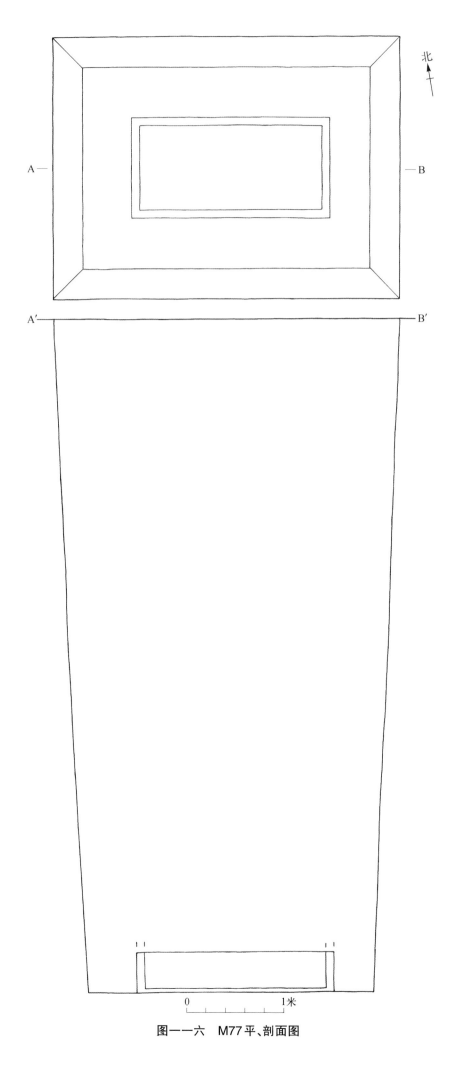

北

A — — B

A′ — — B′

0　　　　　　1米

图一一六　M77平、剖面图

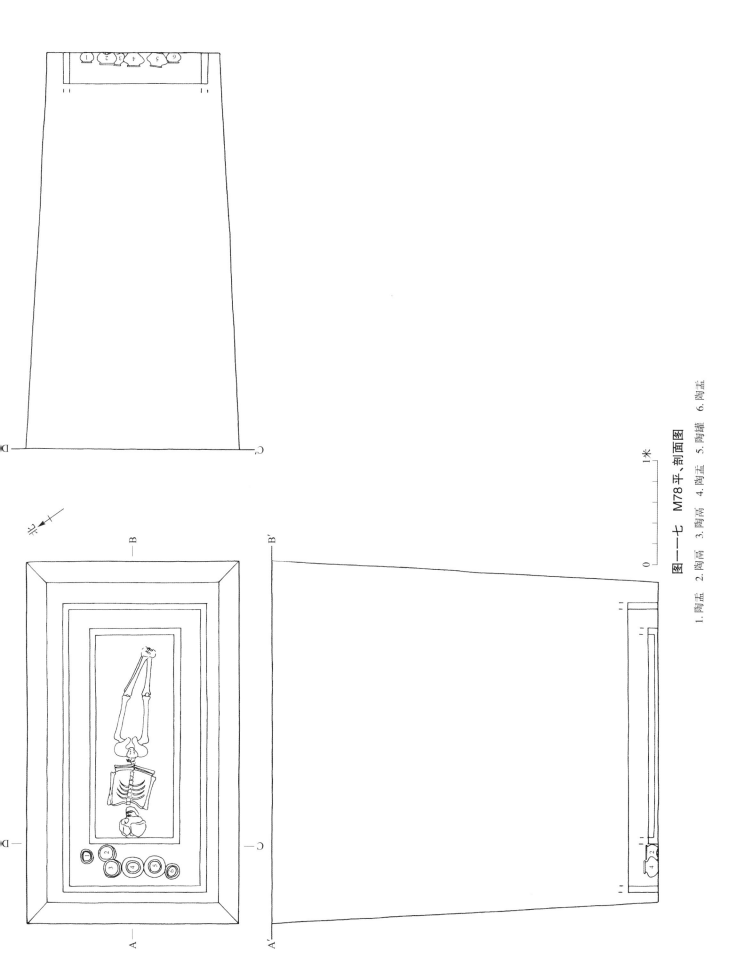

图一一七　M78平、剖面图

1. 陶盂　2. 陶两　3. 陶盂　4. 陶盂　5. 陶罐　6. 陶盂

0　　　　　　　　1米

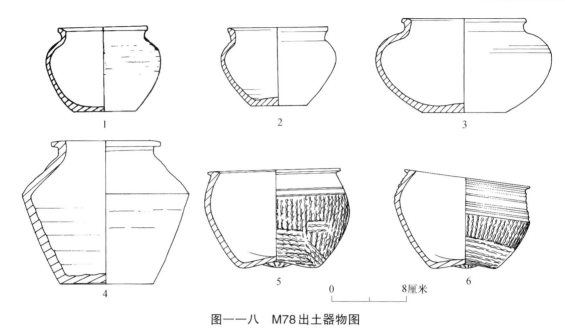

图一一八　M78出土器物图

1.陶盂(M78:4)　2.陶盂(M78:1)　3.陶盂(M78:6)　4.陶罐(M78:5)　5.陶鬲(M78:2)　6.陶鬲(M78:3)

葬具为一椁一棺，平面形状均呈长方形。椁距墓口深350厘米，长276厘米，宽140厘米，残高30厘米，壁厚6厘米；棺距墓口深370厘米，长206厘米，宽88厘米，残高10厘米，壁厚6厘米。

骨架一具，保存较完整。仰身直肢，头向西，面向上，双手置于腹部，双脚并拢偏向南侧。

随葬品放置在墓葬西端的椁与棺之间，出土陶鬲2件、陶盂3件、陶罐1件。

M78:1，陶盂。窄仰折沿，斜方唇，矮领，圆肩，斜弧腹，平底。泥质灰陶。器表有刮削痕。口径11.0厘米，腹径12.6厘米，底径6.0厘米，高8.4厘米。(图一一八，2；彩版六八，1)

M78:2，陶鬲。平折沿，尖圆唇，溜肩，斜腹，袋足内敛，尖足跟，足尖明显，三足间距较小，裆部较低。夹细砂红陶。通体饰绳纹，肩部绳纹被抹去，隐约可见，上饰数周较窄瓦棱状凹带纹，腹上部为纵粗绳纹，下部为较粗的交错绳纹。口径10.6厘米，腹径14.7厘米，高10.6厘米。(图一一八，5；彩版四七，3)

M78:3，陶鬲。平折沿高低不平，尖圆唇，较薄，溜肩，斜腹，袋足内敛，尖足跟，三足间距较小，裆部较低。夹细砂红陶。通体饰较粗绳纹，肩部绳纹被抹去，隐约可见，上饰数周窄凹弦纹，腹上部为纵绳纹，下部为交错绳纹。口径14.6厘米，腹径16.0厘米，高10.7厘米。(图一一八，6；彩版四七，4)

M78:4，陶盂。窄仰折沿，方唇，矮领，圆肩，弧腹，平底。泥质灰陶。器表有刮削痕。口径9.8厘米，腹径12.6厘米，底径6.6厘米，高9.1厘米。(图一一八，1；彩版六八，2)

M78:5，陶罐。折沿微下斜，方圆唇，矮领，溜肩，斜腹，平底内凹。泥质褐陶。器表打磨平整光滑，腹部有刮削痕。唇面有一道不完整凹弦纹。口径12.0厘米，腹径18.3厘米，底径10.2厘米，高15.3厘米。(图一一八，4；彩版一〇三，4)

M78:6，陶盂。器型扁矮，窄折沿微上仰，圆唇，矮领，圆肩，鼓腹斜收，平底。泥质灰陶。器表有刮削痕。口径13.5厘米，腹径19.2厘米，底径9.0厘米，高10.1厘米。(图一一八，3；彩版六八，3)

78. M79

该墓开口于①层下,距地表深50厘米,方向286°。墓葬形制为竖穴土坑墓,口大底小,开口平面形状呈长方形,墓口长360厘米,宽260厘米,墓口距墓底深540厘米,墓底长300厘米,宽200厘米。坑壁斜直,壁面加工规整,平底。填土为五花土,土质较松。(图一一九)

葬具为一椁一棺,平面形状均呈长方形。椁距墓口深520厘米,长244厘米,宽145厘米,残高20厘米,壁厚8厘米;棺距墓口深530厘米,长195厘米,宽84厘米,残高10厘米,壁厚8厘米。

骨架一具,除头骨外,其余部位保存较完整。仰身直肢,头向西,面向上,双手置于腹部,双脚并拢。

随葬品放置在墓葬西端的椁外,出土陶鼎1件(残)、陶盖豆2件(残1)、陶壶2件、高柄小壶2件(残1)、陶盘1件、陶匜1件。(彩版三四,1)

M79:1,陶壶。器盖为方唇,盖面有两道折棱,盖顶隆起,圆平顶,短舌;器身敞口,方唇,长束颈,圆肩,弧腹,最大颈接近肩部,假圈足。泥质灰陶。盖面上饰短锯齿纹夹对称翻转的"S"纹;颈部和颈肩交界处、肩腹交界处和腹中部各有两周凹弦纹。口径11.9厘米,腹径21.2厘米,底径11.0厘米,高32.2厘米。(图一二〇,3;彩版一一六,5)

M79:2,高柄小壶。器盖为圆唇,盖面有一道折棱,盖顶隆起,圆平顶,短舌;器身敞口,方唇,束颈,溜肩,鼓腹略垂,细柄较矮,喇叭座圈足。泥质灰陶,器表打磨。器表有暗纹。口径4.9厘米,腹径8.6厘米,底径7.0厘米,高15.4厘米。(图一二一,4;彩版一一七,2)

M79:3,陶壶。盖失。器身敞口,方唇,长束颈,弧腹,最大颈接近肩部,假圈足。泥质灰陶。颈部和颈肩结合处、肩腹结合处和腹中部各有两周凹弦纹,颈部有锯齿纹。口径12.0厘米,腹径20.4厘米,底径11.8厘米,高28.8厘米。(图一二〇,4;彩版一一六,6)

M79:4,高柄小壶。盖已失。器身敞口,方唇,束颈,溜肩,鼓腹略扁,细柄较矮,喇叭座圈足(已残)。泥质灰陶,器表打磨。器表有暗纹。口径4.6厘米,腹径8.5厘米,残高14.6厘米。(图一二一,3)

M79:5,陶盖豆,已残。泥质灰陶。盘径17.2厘米,足径14.9厘米,残高22.0厘米。

M79:6,陶盖豆。器盖为圆唇,弧壁弧顶,弧顶中部一圆形捉手,捉手一道折棱,口沿折而向下,中心为一直达盖顶的圆孔洞,束腰盖柱。器身子口内敛,圆唇,折腹,上腹近直,下腹弧收,柄较短较细,喇叭状圈足。泥质灰陶,器表打磨平整。盖面有两组纹饰,均由数个纵向短锯齿纹夹"S"纹组成;上腹下部有两道凹带纹。盘径17.6厘米,足径13.8厘米,捉手径7.6厘米,通高25.8厘米。(图一二一,1;彩版一一六,1)

M79:7,陶匜。器身为瓢形,敞口,圆唇,平底,流较长而略昂,平面弧边,尾内凹。泥质灰陶。器物内部弧壁处有三周锯齿纹,底有若干对称"S"形纹。口径长15.3厘米,口径宽16.0厘米,高7.0厘米。(图一二〇,2;彩版一一八,2)

M79:8,陶盘。平折沿,沿面略弧,圆唇,折腹,盘较浅,平底内凹。泥质灰陶。盘心饰一涡状云纹,其外围至折壁处为一周由数个纵向短锯齿纹夹一个"S"纹组成的纹饰。盘径30.7厘米,腹径25.3厘米,底径13.0厘米,高7.4厘米。(图一二一,2;彩版一一七,3、4)

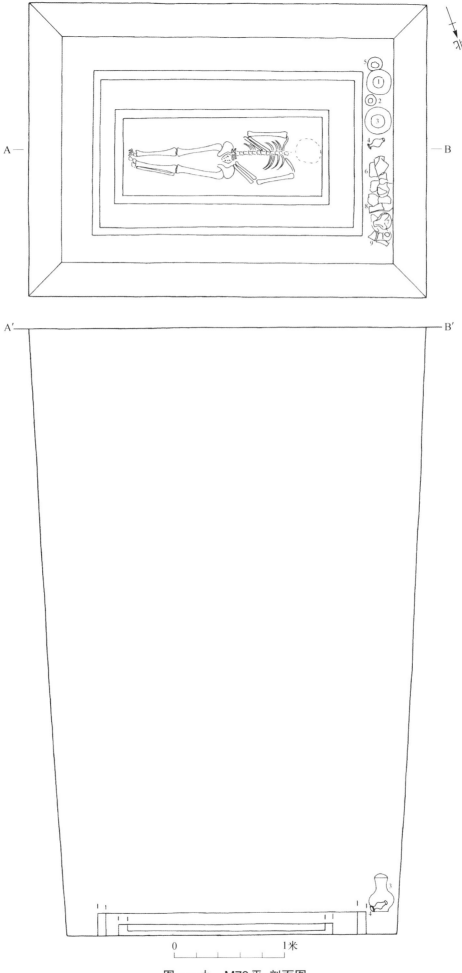

图一一九　M79平、剖面图

1. 陶壶　2. 高柄小壶　3. 陶壶　4. 高柄小壶　5. 陶盖豆　6. 陶盖豆　7. 陶匜　8. 陶盘　9. 陶鼎

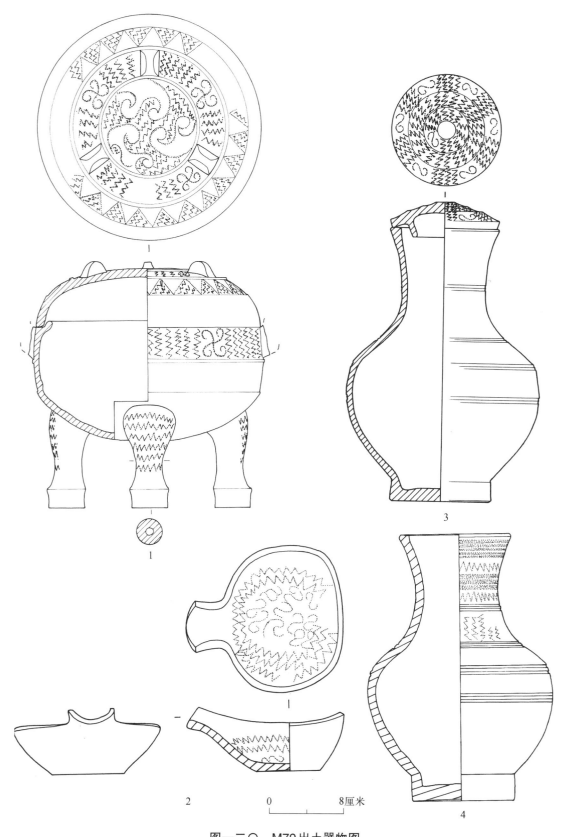

图一二〇　M79出土器物图

1. 陶鼎（M79:9）　2. 陶匜（M79:7）　3. 陶壶（M79:1）　4. 陶壶（M79:3）

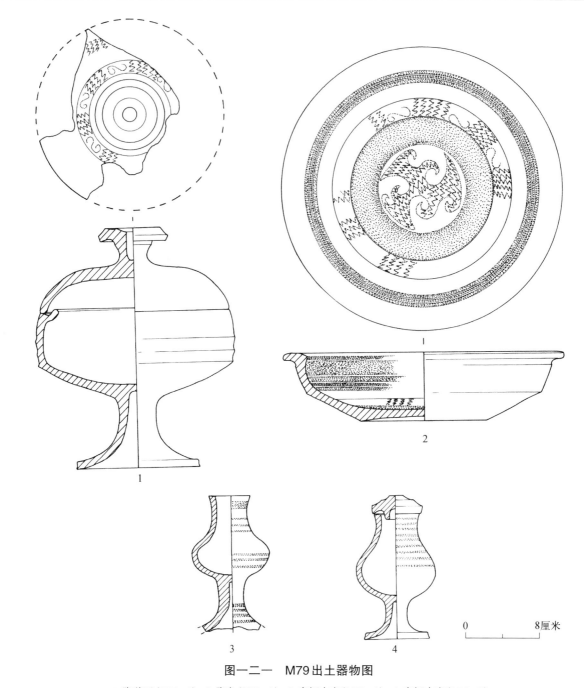

图一二一　M79 出土器物图

1. 陶盖豆（M79：6）　2. 陶盘（M79：8）　3. 高柄小壶（M79：4）　4. 高柄小壶（M79：2）

　　M79：9，陶鼎，已残。盖为斜方圆唇，盖缘弧折，盖顶近平。泥质灰陶。盖面有两道凸棱和一道凹弦纹，从上至下，第一道凸棱内中部为一涡状云纹；第一道和第二道凸棱间等距分布有三个纽，各纽间为数个纵向锯齿纹夹"S"纹；第二道凸棱和第三道凹弦纹间为大三角锯齿纹，三角内填纵向短锯齿纹。盖口径24.5厘米，盖高6.2厘米。器身残存鼎腹、底、足跟及附耳。子口圆唇，方附耳，弧腹，上腹近直，圜底，足跟中空。泥质灰陶。腹部有两周凸棱似肩，口缘至第一道凸棱

间饰有纵向短锯齿纹夹两个交叉的"S"纹,足上有若干排锯齿纹。口径22.1厘米,高20.2厘米。(图一二〇,1)

79. M80

该墓开口于①层下,距地表深50厘米,方向295°。墓葬形制为竖穴土坑墓,口大底小,开口平面形状呈长方形,墓口长316厘米,宽140厘米,墓口距墓底深380厘米,墓底长296厘米,宽120厘米。坑壁斜直,壁面加工规整,平底。填土为五花土,土质较松。(图一二二;彩版一六,2)

葬具为单棺,平面形状呈长方形。棺距墓口深364厘米,长278厘米,宽100厘米,残高16厘米,壁厚8厘米。

骨架一具,保存不完整。仰身直肢。

随葬品放置在墓葬西端的棺内,出土陶鬲2件、陶盂2件、陶罐2件、陶豆2件。

M80:1,陶鬲。折沿下斜,沿面凸起,方圆唇,器口不规则,高低不平,溜肩,斜腹,袋足内敛,尖足跟,三足间距较大,裆部较高。夹砂黑灰陶。上沿面外侧有一道凹弦纹;通体饰较粗绳纹,肩部绳纹被抹去,隐约可见,其上有两道凹弦纹和一刻画符号;腹上部为斜向绳纹,其间有一道抹痕将绳纹隔断,下部为交错绳纹。口径14.6厘米,腹径18.1厘米,高14.1厘米。(图一二三,5;图一二三,10;彩版四七,5)

M80:2,陶罐。平折沿,方唇,矮领,溜肩,折肩处凸起,斜腹,平底。泥质深灰陶。器表打磨平整光滑。上沿面有两道不明显凹弦纹;唇面有一道不明显凹弦纹;折肩处上部有一道凹弦纹,下部可见一道微凹抹痕。口径11.2厘米,腹径18厘米,底径18厘米,高16厘米。(图一二三,11;彩版一〇三,5)

M80:3,陶鬲。折沿下斜,沿面凸起,尖圆唇,溜肩,斜腹,袋足内敛,尖足跟,三足间距较大,裆部较高。夹砂黑灰陶。上沿面外侧有一道凹弦纹;通体饰较粗绳纹,肩部绳纹被抹去,隐约可见,其上贴一圆形泥片装饰,四道斜向划痕;腹上部为斜向绳纹,其间有一道抹痕将绳纹隔断,下部为交错绳纹。口径17.6厘米,腹径20.2厘米,高14.3厘米。(图一二三,4;彩版四七,6)

M80:4,陶罐。器型矮胖,平折沿,圆唇,矮领,广肩,折肩处凸起,斜弧腹,平底。泥质深灰陶。器表打磨平整光滑。沿面有一道凹弦纹,折肩处上部有一道凹弦纹。口径9.4厘米,腹径18.4厘米,底径6.4厘米,高11.4厘米。(图一二三,3;彩版一〇三,6)

M80:5,陶豆,已残,仅剩豆盘。敞口,尖圆唇,唇外缘弧鼓,渐弧收至折壁处再凸起似肩,使整个外壁略成"S"形,上半部外鼓,下半部内收成较深宽凹槽,折壁,盘较深,盘口较大。泥质灰陶。豆盘内外壁均饰有螺旋状暗纹;内壁暗纹细而圈圈相连,外壁暗纹五余道,较细,间距较大;盘内壁正中有刻画符号。盘径18.4厘米,残高6.3厘米。(图一二三,6;图一二三,7)

M80:6,陶豆。敞口,圆唇,唇外缘弧鼓,渐弧收至折壁处再凸起似肩,使整个外壁略成"S"形,上半部外鼓,下半部内收成较深宽凹槽,折壁,盘较深,盘口较大,细高柄,喇叭座较大。泥质灰陶。豆盘内外壁均饰有螺旋状暗纹,内壁暗纹细而圈圈相连,外壁暗纹六道,粗细不一,间距不等且较大;盘内壁正中有刻画符号。盘径17.6厘米,足径10.0厘米,高16.6厘米。(图一二三,8;图一二三,9;彩版八七,1;彩版一二六,4)

图一二二 M80 平、剖面图

1. 陶鬲 2. 陶罐 3. 陶罐 4. 陶罐 5. 陶豆 6. 陶豆 7. 陶盂 8. 陶盂

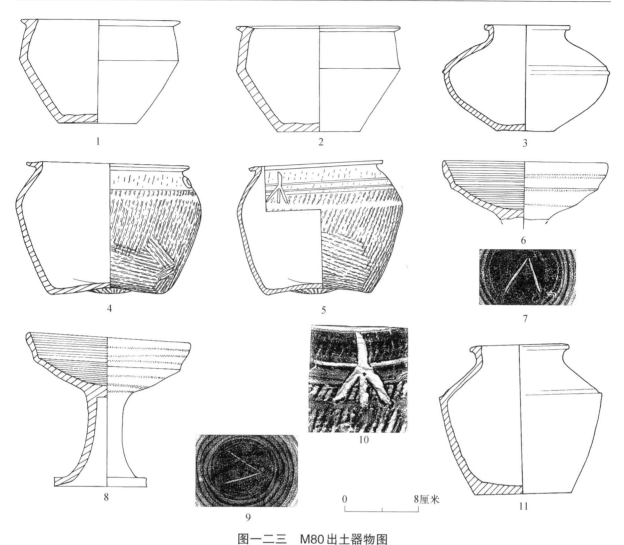

图一二三 M80出土器物图

1. 陶盂（M80：7） 2. 陶盂（M80：8） 3. 陶罐（M80：4） 4. 陶鬲（M80：3） 5. 陶鬲（M80：1） 6. 陶豆（M80：5）

7. 陶豆刻符（M80：5） 8. 陶豆（M80：6） 9. 陶豆刻符（M80：6） 10. 陶鬲刻符（M80：1） 11. 陶罐（M80：2）

M80：7，陶盂。平折沿，尖圆唇，折腹，上腹斜直，下腹斜收，平底内凹。泥质灰胎灰黑皮陶，局部脱落。器表打磨平整光滑。口径17.3厘米，腹径17.4厘米，底径8.6厘米，高11.2厘米。（图一二三，1；彩版六八，4）

M80：8，陶盂。平折沿，尖圆唇，折腹，上腹斜直，下腹斜收，平底。泥质灰胎灰黑皮陶。器表打磨平整光滑。口径18.0厘米，腹径18.0厘米，底径9.0厘米，高11.2厘米。（图一二三，2；彩版六八，5）

80. M81

该墓开口于①层下，距地表深50厘米，方向292°。墓葬形制为竖穴土坑墓，开口平面形状呈长方形，墓口长270厘米，宽132厘米，墓口距墓底深190厘米。坑壁垂直，壁面加工规整，平底。墓室西端有二层台，宽40厘米，高82厘米。填土为五花土，土质较松。（图一二四；彩版一七，1）

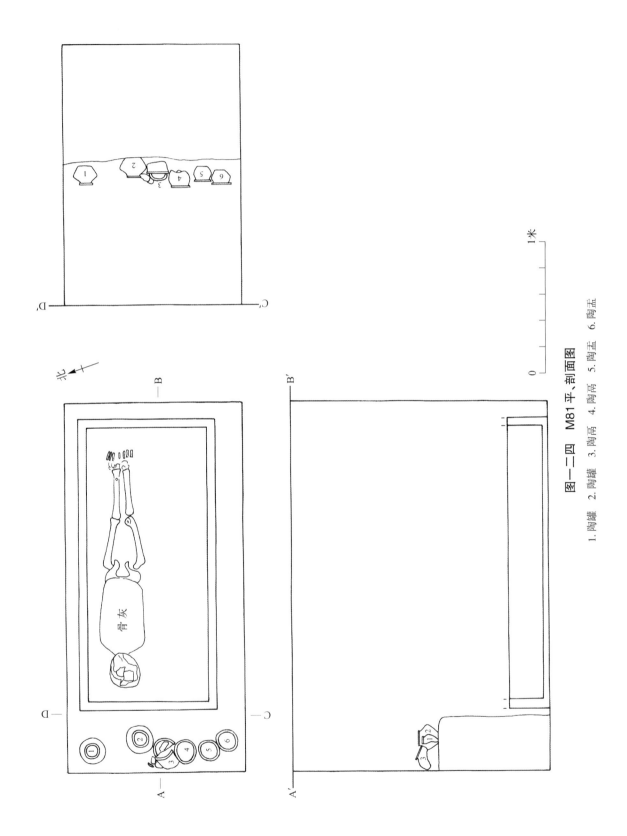

图一二四　M81 平、剖面图

1. 陶罐　2. 陶罐　3. 陶鬲　4. 陶鬲　5. 陶盂　6. 陶盂

葬具为单棺,平面形状呈长方形。棺距墓口深160厘米,长212厘米,宽102厘米,残高30厘米,壁厚6厘米。

骨架一具,仅存部分头骨和较完整下肢骨。仰身直肢。

随葬品放置在二层台上,出土陶鬲2件、陶盂2件、陶罐2件。

M81:1,陶罐。平折沿,沿面微凸,厚方唇,领较高,溜肩微弧,折肩处凸起,斜腹,平底。泥质灰陶。器表打磨平整光滑,腹部有不规则刮削痕。口径10.0厘米,腹径15.0厘米,底径10.4厘米,高14.4厘米。(图一二五,3;彩版一〇四,1)

M81:2,陶罐。平折沿,方唇,矮领,溜肩,折肩处凸起,斜腹微弧,平底。泥质褐陶,局部红色。器表打磨平整光滑。上沿面有数道凹弦纹,折肩处上部有一道较深凹弦纹,折肩处下部有一道微凹抹痕。口径11.2厘米,腹径18.0厘米,底径9.0厘米,高15.0厘米。(图一二五,4;彩版一〇四,2)

M81:3,陶鬲。折沿下斜,方圆唇,溜肩,弧鼓腹,袋足肥大,无尖足跟,裆部较高。夹砂红陶。上沿面外侧有一道不明显凹弦纹;肩部以下通体饰较粗绳纹。口径16.2厘米,腹径18.0厘米,高13.0厘米。(图一二五,1;图四八,1)

M81:4,陶鬲。折沿下斜,方唇,溜肩,弧鼓腹,袋足肥大,无尖足跟,裆部较高。夹砂红陶。通体饰较粗绳纹,肩部绳纹被抹,隐约可见。口径15.8厘米,腹径17.4厘米,高12.2厘米。(图一二五,2;图四八,2)

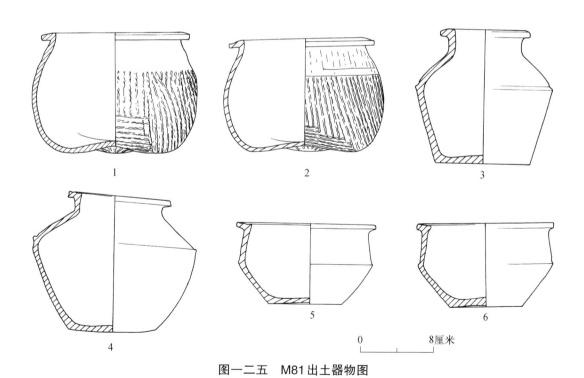

图一二五 M81出土器物图

1.陶鬲(M81:3) 2.陶鬲(M81:4) 3.陶罐(M81:1) 4.陶罐(M81:2) 5.陶盂(M81:5) 6.陶盂(M81:6)

M81：5，陶盂。平折沿，圆唇，折腹处凸起，上腹斜直，下腹斜收，平底内凹。泥质灰陶。器表打磨平整光滑。上沿面近口处有一条较浅凹弦纹。口径15.2厘米，腹径14.4厘米，底径8.0厘米，高8.7厘米。(图一二五,5;彩版六八,6)

M81：6，陶盂。折沿微仰，圆唇，折腹处凸起，上腹斜直，下腹斜收，平底内凹。泥质灰陶。器表打磨平整光滑。折腹处上部有一道较浅的凹弦纹。口径15.2厘米，腹径15.2厘米，底径8.0厘米，高9.0厘米。(图一二五,6;彩版六九,1)

81. M82

该墓开口于①层下，距地表深50厘米，方向283°。墓葬形制为竖穴土坑墓，开口平面形状呈长方形，墓口长362厘米，宽240厘米，墓口距墓底深390厘米，墓底长322厘米，宽188厘米。坑壁垂直，壁面加工规整，平底。填土为五花土，土质较松。(图一二六;彩版一七,2)

葬具为一椁一棺，平面形状均呈长方形，椁距墓口深350厘米，长254厘米，宽160厘米，残高40厘米，壁厚8厘米；棺距墓口深380厘米，长186厘米，宽90厘米，残高10厘米，壁厚6厘米。

骨架一具，保存较完整。仰身屈肢，头向西，面向上，上身平躺，双手交叉置于腹部，下肢骨弯曲。

随葬品放置在椁内西北角，出土陶豆1件。

M82：1，陶豆。敞口，尖圆唇，唇外缘弧鼓，渐弧收至折壁处再凸起似肩，使整个外壁略成"S"形，上半部外鼓，下半部内收成较浅凹槽，折壁，盘腹斜收，盘口较小，细柄较矮，喇叭座较小。泥质灰陶。豆盘内外壁暗纹均不明显；盘心有刻画符号。盘径14.2厘米，足径7.5厘米，高1.0厘米。(图一二七,1;图一二七,2;彩版八七,2;彩版一二六,5)

82. M83

该墓开口于①层下，距地表深50厘米，方向280°。墓葬形制为竖穴土坑墓，开口平面形状呈长方形，墓口长240厘米，宽108厘米，墓口距墓底深130厘米。坑壁垂直，壁面加工规整，平底。填土为五花土，土质较松。(图一二八)

葬具为单棺，平面形状呈长方形，棺距墓口深100厘米，长212厘米，宽88厘米，残高30厘米，壁厚6厘米。

骨架一具，仅剩下肢骨。直肢，双脚并拢。

无随葬品。

83. M84

该墓开口于①层下，距地表深50厘米，方向297°。墓葬形制为竖穴土坑墓，开口平面形状呈长方形，口大底小，墓口长302厘米，宽200厘米，墓口距墓底深320厘米，墓底长262厘米，宽160厘米。坑壁斜直，壁面加工规整，平底。填土为五花土，土质较松。(图一二九;彩版一八,1)

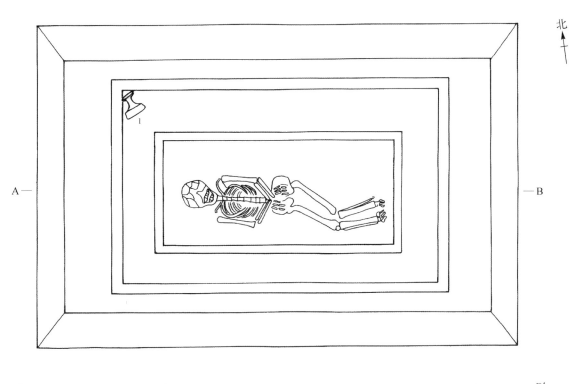

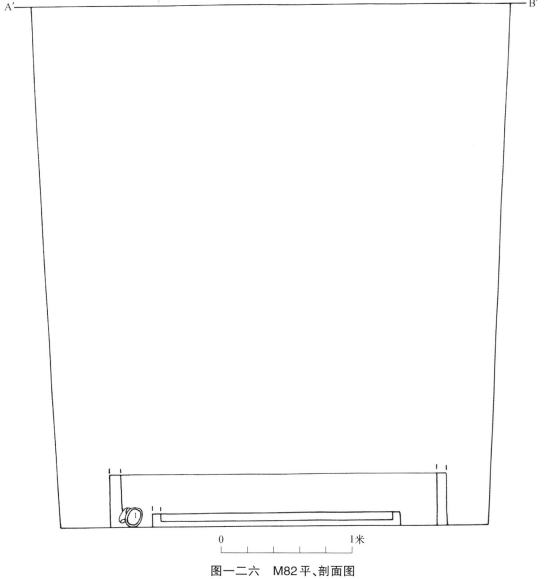

0   1米

图一二六　M82平、剖面图

1. 陶豆

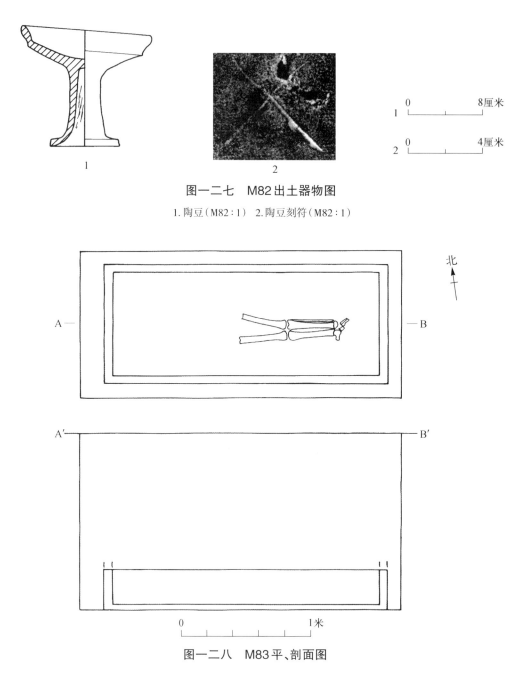

图一二七 M82出土器物图

1. 陶豆（M82:1） 2. 陶豆刻符（M82:1）

图一二八 M83平、剖面图

葬具为一椁一棺，平面形状均呈长方形。椁距墓口深300厘米，长247厘米，宽136厘米，残高20厘米，壁厚6厘米；棺距墓口深310厘米，长210厘米，宽100厘米，残高10厘米，壁厚6厘米。

骨架一具，双足不存，其余部分保存较完整。仰身直肢，头向西，面向上，双手置于腹部。

无随葬品。

北

A —

— B

A′

B′

0 1米

图一二九　M84平、剖面图

84. M85

该墓开口于①层下,距地表深50厘米,方向279°。墓葬形制为竖穴土坑墓,开口平面形状呈长方形,口大底小,墓口长346厘米,宽220厘米,墓口距墓底深410厘米,墓底长306厘米,宽168厘米。坑壁斜直,壁面加工规整,平底。填土为五花土,土质较松。(图一三〇)

葬具为一椁一棺,平面形状均呈长方形。椁距墓口深380厘米,长274厘米,宽140厘米,残高30厘米,壁厚6厘米;棺距墓口深402厘米,长192厘米,宽84厘米,残高8厘米,壁厚6厘米。

骨架不存,葬式不详。

随葬品放置在墓葬西端的椁与棺之间,出土陶鬲2件(残1)、陶盂4件、陶罐4件、陶豆4件、泥质器4件。

M85:1,陶鬲。平折沿,方圆唇,溜肩,斜腹,袋足内敛,尖足跟,三足间距较小,裆部较低。夹砂深灰陶。上沿面有若干道凹弦纹;通体饰粗绳纹,肩部绳纹被抹去,隐约可见,上饰数周瓦棱状凹带纹,有三道斜向划痕;腹上部为纵绳纹,其间有两道抹痕将绳纹隔开,下部为交错绳纹。口径16.6厘米,腹径18.7厘米,高14.1厘米。(图一三一,9;彩版四八,3)

M85:2,陶罐。折沿微上仰,斜方唇,矮领,溜肩微弧鼓,折肩处凸起,斜腹,平底内凹。泥质褐陶。器表打磨平整光滑。折肩处上部有一道凹弦纹。口径11.0厘米,腹径19.6厘米,底径11.2厘米,高14.2厘米。(图一三一,5;彩版一〇四,3)

M85:3,陶罐。折沿微上仰,斜方唇,矮领,溜肩,折肩处凸起,斜腹,平底内凹。泥质褐陶。器表打磨平整光滑。折肩处上部有一道凹弦纹。口径12.6厘米,腹径19.8厘米,底径11.4厘米,高15.6厘米。(图一三一,6;彩版一〇四,4)

M85:4,陶罐。平折沿,方唇,溜肩微弧,折肩处凸起,斜腹,平底内凹。泥质黑褐陶。器表打磨平整光滑。折肩处上部有一道凹弦纹。口径11.6厘米,腹径17.6厘米,底径11.4厘米,高14.0厘米。(图一三一,8;彩版一〇四,5)

M85:5,陶盂。折沿微上仰,方唇,折腹处凸起,上腹微弧,下腹斜收,平底。泥质灰胎灰黑皮陶。器表打磨平整。唇面有一道凹弦纹。口径18厘米,腹径18.4厘米,底径9.2厘米,高12.0厘米。(图一三一,3;彩版六九,2)

M85:6,陶盂。折沿微上仰,方唇,折腹处凸起,上腹斜直,下腹斜收,平底内凹。泥质灰胎灰黑皮陶。器表打磨平整。唇面有一道凹弦纹,折腹处上部有一道较浅凹弦纹。口径17.6厘米,腹径17.8厘米,底径9.0厘米,高11.9厘米。(图一三一,1;彩版六九,3)

M85:7,陶盂。折沿微上仰,方唇,折腹处凸起,上腹微弧,下腹斜收,平底内凹。泥质灰胎灰黑皮陶。器表打磨平整。唇面有一道凹弦纹。口径18.4厘米,腹径18.8厘米,底径9.0厘米,高11.7厘米。(图一三一,2;彩版六九,4)

M85:8,陶盂。折沿微上仰,方唇,折腹处凸起,上腹微弧,下腹斜收,平底内凹。泥质灰胎灰黑皮陶。器表打磨平整。上沿面有若干凹弦纹,唇面有一道凹弦纹,折腹处上部有一道浅细凹弦纹。口径18.0厘米,腹径17.8厘米,底径9.2厘米,高11.5厘米。(图一三一,4;彩版六九,5)

M85:9,陶豆。敞口,圆唇,盘壁中部弧鼓,盘较浅,盘口较小,细柄略矮,喇叭座较大。泥质

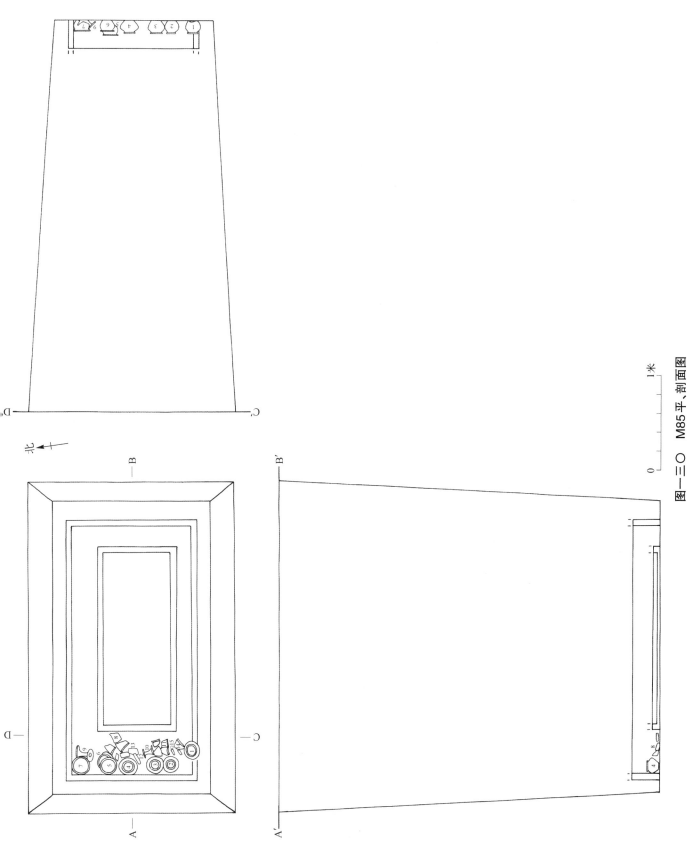

图一三〇 M85平、剖面图

1. 陶鬲　2. 陶罐　3. 陶罐　4. 陶罐　5. 陶盂　6. 陶盂　7. 陶盂　8. 陶盂　9. 陶豆　10. 陶豆　11. 陶豆　12. 陶豆　13. 陶罐　14. 陶鬲　15. 泥质器

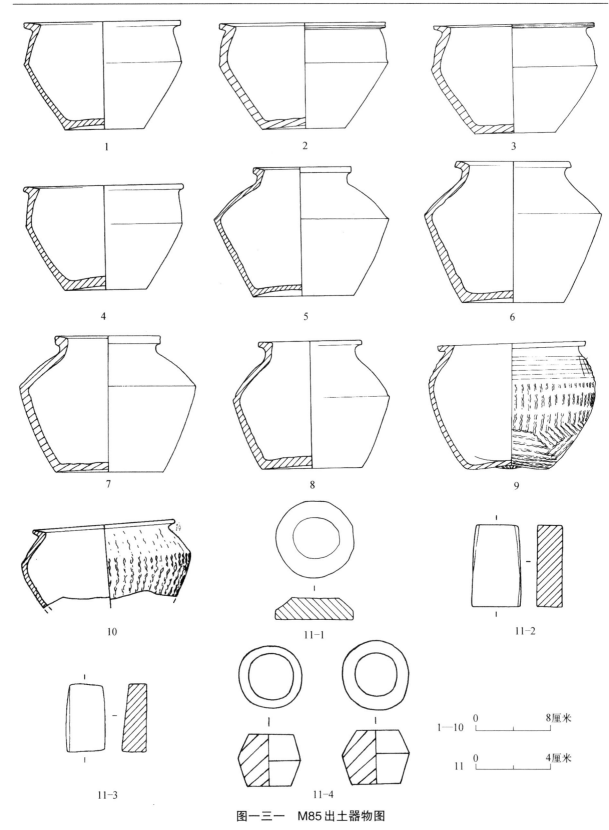

图一三一　M85出土器物图

1.陶盂（M85：6）　2.陶盂（M85：7）　3.陶盂（M85：5）　4.陶盂（M85：8）　5.陶罐（M85：2）　6.陶罐（M85：3）
7.陶罐（M85：13）　8.陶罐（M85：4）　9.陶鬲（M85：1）　10.陶鬲（M85：14）　11-1.泥质器（M85：15-1）　11-2.泥质器
（M85：15-2）　11-3.泥质器（M85：15-3）　11-4.泥质器（M85：15-4）

灰陶。豆盘内外壁均饰有螺旋状暗纹,内壁暗纹细密,部分相连无间距,外壁数道暗纹,粗细不一,间距较大;盘心有刻画符号。盘径17.3厘米,足径10.0厘米,高14.4厘米。(图一三二,1;图一三二,5;彩版八七,3;彩版一二六,6)

M85:10,陶豆。敞口,圆唇,唇外缘弧鼓,渐弧收至折壁处再凸起,上半部外鼓,下半部内收成较浅宽凹槽,折壁,盘壁斜收,盘较浅,盘口较小,细柄略矮,喇叭座较大。泥质灰陶。豆盘内外壁均饰有螺旋状暗纹,内壁暗纹细而圈圈相连,外壁可见三道明显暗纹,较细,间距大;盘心有刻画符号。盘径16.4厘米,足径9.4厘米,高14.2厘米。(图一三二,2;图一三二,6;彩版八七,4;彩版一二七,1)

M85:11,陶豆。敞口,圆唇,唇外缘弧鼓,渐弧收至折壁处再凸起,上半部外鼓,下半部内收成较浅宽凹槽,折壁,盘壁斜收,盘较浅,盘口较小,细柄略矮,喇叭座较大。泥质灰陶。

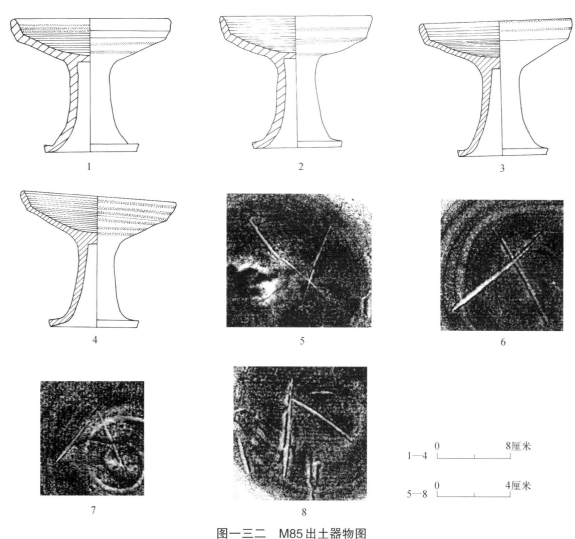

图一三二　M85出土器物图

1.陶豆(M85:9)　2.陶豆(M85:10)　3.陶豆(M85:11)　4.陶豆(M85:12)　5.陶豆刻符(M85:9)　6.陶豆刻符(M85:10)
7.陶豆刻符(M85:11)　8.陶豆刻符(M85:12)

豆盘内外壁均饰有螺旋状暗纹，内壁暗纹细而圈圈相连，外壁暗纹不明显，约五道，较细，间距大；盘心有刻画符号。盘径16.9厘米，足径9.8厘米，高14.6厘米。（图一三二，3；图一三二，7；彩版八七，5；彩版一二七，2）

M85：12，陶豆。敞口，圆唇，唇外缘弧鼓，上半部外鼓，下半部微弧收，折壁，盘壁斜收，盘较浅，盘口较小，豆柄略矮粗，喇叭座较大。泥质灰陶。豆盘内外壁均饰有螺旋状暗纹，内壁暗纹细而圈圈相连，外壁可见暗纹六余道，较粗，间距较大；盘心有刻画符号。盘径17.0厘米，足径9.4厘米，高14.6厘米。（图一三二，4；图一三二，8；彩版八七，6；彩版一二七，3）

M85：13，陶罐。折沿微仰，方唇，较厚，唇面内凹，矮领，溜肩微弧，折肩处凸起，斜腹，平底内凹。泥质黑褐陶，局部红色。器表打磨平整光滑。折肩处上部有一道不完整凹弦纹。口径11.8厘米，腹径19.8厘米，高15.0厘米。（图一三一，7；彩版一〇四，6）

M85：14，陶鬲，残。残存口沿、肩部、腹部等残片。仰折沿，薄圆唇，弧肩。泥质红陶。肩部绳纹被抹去，腹部饰中粗绳纹。口径15.8厘米，腹径18.9厘米，残高8.6厘米。（图一三一，10）

M85：15，泥质器。M85：15-1，模型泥盘。手制，实心；折腹，平底。直径2.2厘米，高1.2厘米。（图一三一，11-1；彩版一一九，4）M85：15-2，手制，实心；长方体。长4.5厘米，宽2.5厘米，厚1.5厘米。（图一三一，11-2；彩版一一九，4）M85：15-3，手制，实心；长方体。长3.7厘米，宽2厘米，厚1.2厘米。（图一三一，11-3；彩版一一九，4）M85：15-4，模型泥罐。两件。手制，实心；折肩，斜腹，平底。口径1.2厘米，腹径2.2厘米，底径1.2厘米，高1.6厘米。（图一三一，11-4；彩版一一九，5）

85. M86

该墓开口于①层下，距地表深50厘米，方向285°。墓葬形制为竖穴土坑墓，开口平面形状呈长方形，口大底小，墓口长350厘米，宽220厘米，墓口距墓底深330厘米，墓底长312厘米，宽172厘米。坑壁斜直，壁面加工规整，平底。填土为五花土，土质较松。（图一三三）

葬具为一椁一棺，平面均呈长方形。椁距墓口深270厘米，长288厘米，宽156厘米，残高60厘米，壁厚6厘米；棺距墓口深290厘米，长254厘米，宽95厘米，残高40厘米，壁厚6厘米。

骨架一具，已朽成灰。可辨下肢骨弯曲。

随葬品放置在棺内西端，出土陶鬲4件、陶盂3件、陶罐3件、陶豆1件。

M86：1，陶罐。折沿微上仰，方唇，短束颈，溜肩，斜腹，平底。泥质灰陶。器表打磨，有刮削痕。颈肩交界处有一道凹弦纹。口径11.0厘米，腹径18.4厘米，底径10.4厘米，高14.2厘米。（图一三四，8；彩版一〇五，1）

M86：2，陶盂。折沿微仰，方唇，折腹，上腹弧鼓，下腹斜收，平底内凹。泥质灰陶。器表有刮削痕。上沿面有若干道浅细凹弦纹，唇面有一道凹弦纹。口径17.8厘米，腹径16.8厘米，底径9.0厘米，高9.8厘米。（图一三四，6；彩版六九，6）

M86：3，陶鬲。折沿下斜，上沿面凸起，斜方唇，溜肩，斜弧腹，袋足内敛，尖足跟，三足间距较小，裆部较低。泥质红胎褐陶。上沿面近口处和外侧各有一道凹弦纹；通体饰较粗绳纹，肩部

骨 灰

北

0   1米

图一三三　M86平、剖面图

1.陶罐　2.陶盉　3.陶鬲　4.陶盉　5.陶鬲　6.陶盉　7.陶罐　8.陶罐　9.陶豆　10.陶鬲　11.陶鬲

绳纹被抹去，隐约可见，上饰六余道瓦棱状凹带纹，腹上部有一道抹痕，将绳纹隔开。口径14.0厘米，腹径17.2厘米，高12.4厘米。(图一三四，3；彩版四八，4)

　　M86：4，陶盂。仰折沿，方唇，折腹，上腹弧鼓，下腹斜收，平底。泥质灰陶。器表有刮削痕。上沿面有一道不完整凹弦纹，唇面有一道凹弦纹。口径17.4厘米，腹径17.0厘米，底径9.0厘米，高10.4厘米。(图一三四，5；彩版七〇，1)

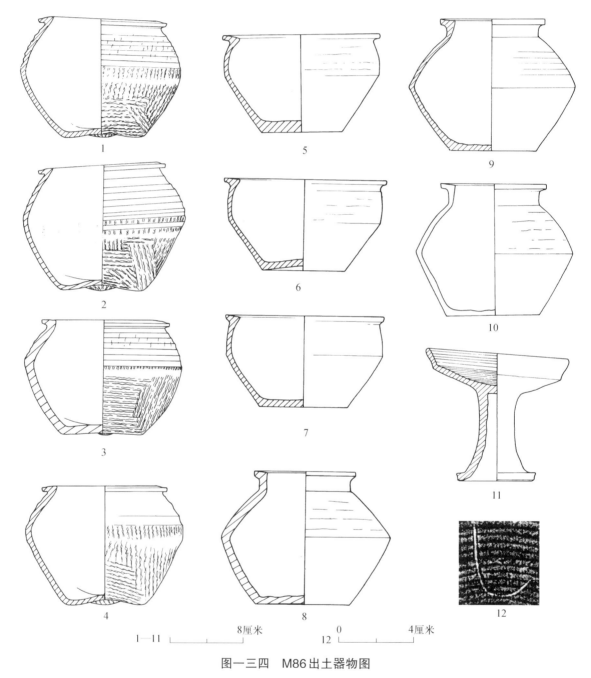

图一三四　M86出土器物图

1. 陶鬲(M86：11)　2. 陶鬲(M86：5)　3. 陶鬲(M86：3)　4. 陶鬲(M86：10)　5. 陶盂(M86：4)　6. 陶盂(M86：2)
7. 陶盂(M86：6)　8. 陶罐(M86：1)　9. 陶罐(M86：8)　10. 陶罐(M86：7)　11. 陶豆(M86：9)　12. 陶豆刻符(M86：9)

M86：5，陶鬲。折沿下斜，上沿面凸起，斜方唇，溜肩，斜腹，袋足内敛，尖足跟，三足间距较小，裆部较低。泥质红胎褐陶。上沿面近口处和外侧各有一道凹弦纹；通体饰较粗绳纹，肩部绳纹被抹去，隐约可见，上饰六余道瓦棱状凹带纹，腹上部为纵绳纹，其间有两道抹痕将绳纹隔开，下部为交错绳纹。口径13.8厘米，腹径18.0厘米，高13.9厘米。(图一三四,2；彩版四八,5)

M86：6，陶盂。折沿微仰，方唇，折腹，上腹微弧，下腹斜收，平底。泥质灰陶。器表有刮削痕。唇面有一道凹弦纹。口径17.3厘米，腹径17.0厘米，底径9.0厘米，高10.2厘米。(图一三四,7；彩版七〇,2)

M86：7，陶罐。折沿微上仰，方唇，短束颈，溜肩，斜腹，平底。泥质灰陶。器表打磨，有刮削痕。颈肩交界处有一道凹弦纹。口径11.5厘米，腹径17.0厘米，底径10.2厘米，高14.2厘米。(图一三四,10；彩版一〇五,2)

M86：8，陶罐。折沿微上仰，方唇，短束颈，溜肩，斜腹，平底。泥质灰陶。器表打磨，有刮削痕。颈肩交界处有一道凹弦纹。口径11.4厘米，腹径17.9厘米，底径9.5厘米，高14.2厘米。(图一三四,9；彩版一〇五,3)

M86：9，陶豆。敞口，圆唇，唇外缘弧鼓，渐弧收至折壁处再凸起似肩，使整个外壁略成"S"形，上半部外鼓，下半部内收成较深宽凹槽，折壁，盘壁斜收，浅盘，盘口较小，细柄较矮，喇叭座较小。泥质灰陶。豆盘内外壁均饰有螺旋状暗纹，内壁暗纹极细而圈圈相连，外壁暗纹不明显，较粗，间距较小；盘内有刻画符号。盘径15.6厘米，足径8.2厘米，高14.3厘米。(图一三四,11；图一三四,12；彩版八八,1；彩版一二七,4)

M86：10，陶鬲。折沿下斜，上沿面凸起，斜方唇，溜肩，斜腹，袋足内敛，尖足跟，三足间距较小，裆部较低。泥质灰陶。上沿面近口处和外侧各有一道凹弦纹；通体饰较粗绳纹，肩部绳纹被抹去，隐约可见，上饰六余道瓦棱状凹带纹，腹上部为纵绳纹，其间有一道抹痕，将绳纹隔开，下部为交错绳纹。口径13.8厘米，腹径17.4厘米，高12.8厘米。(图一三四,4；彩版四八,6)

M86：11，陶鬲。折沿下斜，上沿面凸起，斜方唇，溜肩，斜腹，袋足内敛，尖足跟，三足间距较小，裆部较低。泥质灰陶。上沿面近口处和外侧各有一道凹弦纹；通体饰较粗绳纹，肩部绳纹被抹去，隐约可见，上饰六余道瓦棱状凹带纹，腹上部为纵绳纹，其间有一道抹痕将绳纹隔开，下部为交错绳纹。口径14.0厘米，腹径17.6厘米，高13.1厘米。(图一三四,1；彩版四九,1)

86. M87

该墓开口于①层下，距地表深50厘米，方向286°。墓葬形制为竖穴土坑墓，开口平面形状呈长方形，墓口长270厘米，宽140厘米，墓口距墓底深280厘米。坑壁垂直，壁面加工规整，平底。填土为五花土，土质较松。(图一三五)

葬具为一椁一棺，平面形状均呈长方形。椁距墓口深230厘米，长252厘米，宽120厘米，残高50厘米，壁厚6厘米；棺距墓口深252厘米，长232厘米，宽88厘米，残高28厘米，壁厚6厘米。

骨架一具，仅存部分下肢骨。可辨葬式为仰身直肢。

无随葬品。

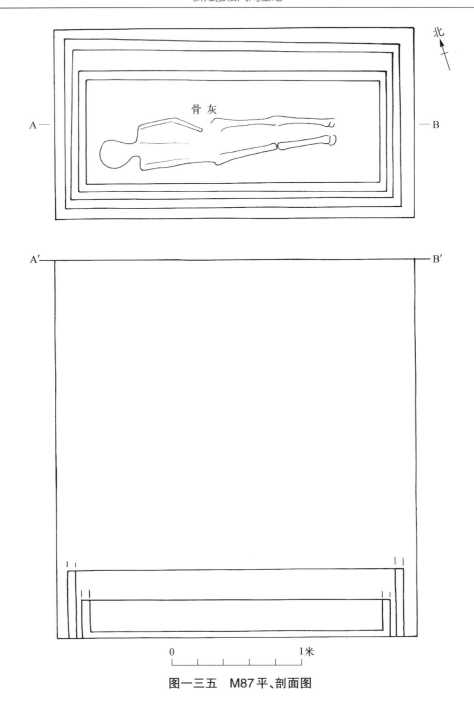

图一三五 M87平、剖面图

87. M88

该墓开口于①层下，距地表深50厘米，方向314°。墓葬形制为竖穴土坑墓，口大底小，开口平面形状呈长方形，墓口长390厘米，宽280厘米，墓口距墓底深580厘米，墓底长330厘米，宽220厘米。坑壁垂直，壁面加工规整，平底。填土为五花土，土质较松。（图一三六）

葬具为一椁一棺，平面形状均呈长方形。椁距墓口深500厘米，长290厘米，宽192厘米，残高80厘米，壁厚8厘米；棺距墓口深530厘米，长238厘米，宽130厘米，残高50厘米，

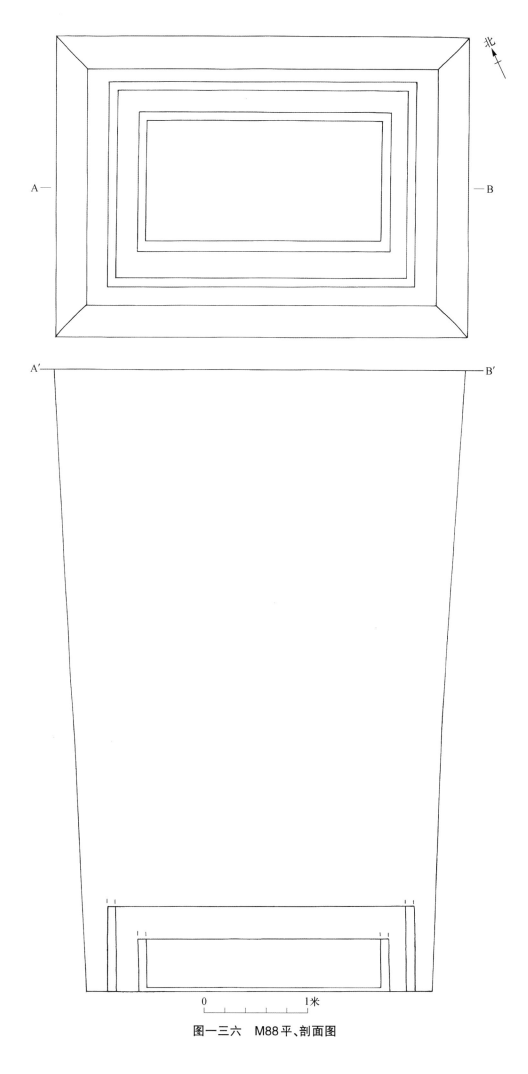

北

A —　　　　　　　　　— B

A′　　　　　　　　　B′

0　　　　　　1米

图一三六　M88平、剖面图

壁厚8厘米。

骨架不存。葬式不详。

无随葬品。

88. M89

该墓开口于①层下,距地表深50厘米,方向297°。墓葬形制为竖穴土坑墓,口大底小,开口平面形状呈长方形,墓口长344厘米,宽240厘米,墓口距墓底深320厘米,墓底长304厘米,宽200厘米。坑壁斜直,壁面加工规整,平底。填土为五花土,土质较松。(图一三七;彩版一八,2)

葬具为一椁一棺,平面形状均呈长方形。椁距墓口深260厘米,长278厘米,宽157厘米,残高60厘米,壁厚7厘米;棺距墓口深286厘米,长222厘米,宽104厘米,残高34厘米,壁厚6厘米。

骨架一具,保存较完整。仰身直肢,头向西,面向上,双手交叉置于腹部。

无随葬品。

89. M90

该墓开口于①层下,距地表深50厘米,方向291°。墓葬形制为竖穴土坑墓,口大底小,开口平面形状呈长方形,墓口长296厘米,宽200厘米,墓口距墓底深470厘米,墓底长254厘米,宽156厘米。坑壁斜直,壁面加工规整,平底。填土为五花土,土质较松。(图一三八)

葬具为一椁一棺,平面形状均呈长方形。椁距墓口深440厘米,长222厘米,宽120厘米,残高30厘米,壁厚6厘米;棺距墓口深460厘米,长180厘米,宽80厘米,残高10厘米,壁厚8厘米。

骨架一具,下肢骨不存。仰身,头向西,面向上,双手置于腹部。

无随葬品。

90. M91

该墓开口于①层下,距地表深50厘米,方向301°。墓葬形制为竖穴土坑墓,开口平面形状呈长方形,墓口长214厘米,宽104厘米,墓口距墓底深220厘米。坑壁垂直,壁面加工规整,平底。填土为五花土,土质较松。(图一三九)

葬具为单棺,平面形状呈长方形。棺距墓口深200厘米,长198厘米,宽90厘米,残高20厘米,壁厚6厘米。

骨架一具,保存不完整,仅剩下肢骨及零星臂骨,直肢。

无随葬品。

91. M92

该墓开口于①层下,距地表深50厘米,方向305°。墓葬形制为竖穴土坑墓,口大底小,开口平面形状呈长方形,墓口长300厘米,宽192厘米,墓口距墓底深500厘米,墓底长260厘米,宽152

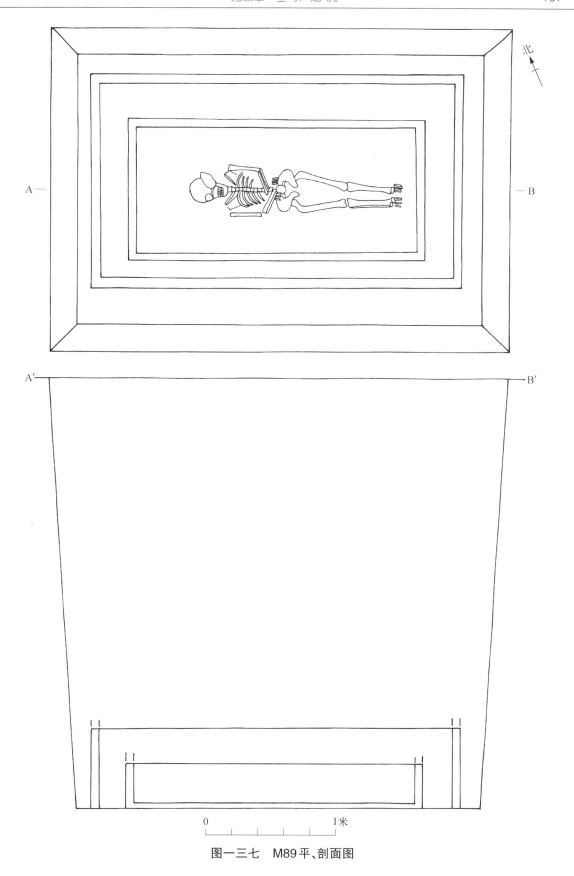

图一三七　M89平、剖面图

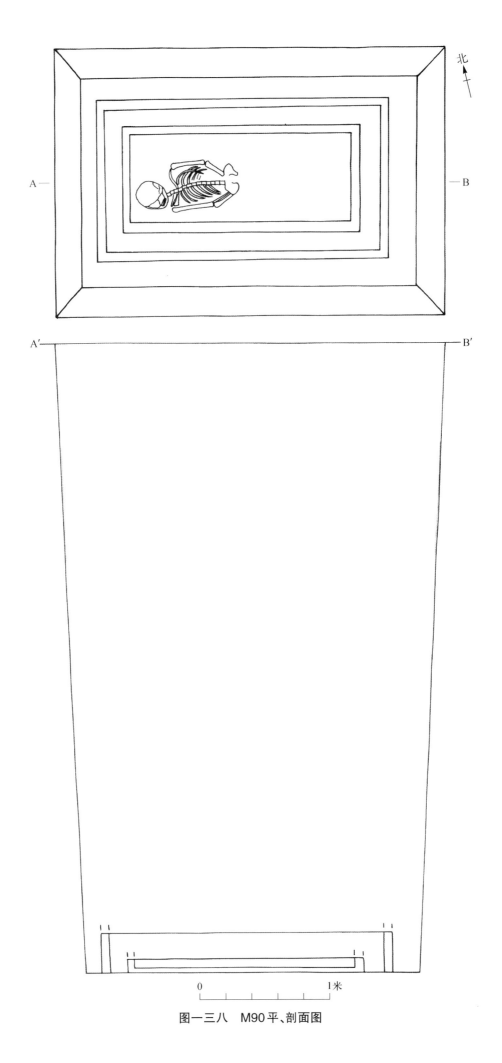

北

图一三八　M90平、剖面图

0　　　　　　　　1米

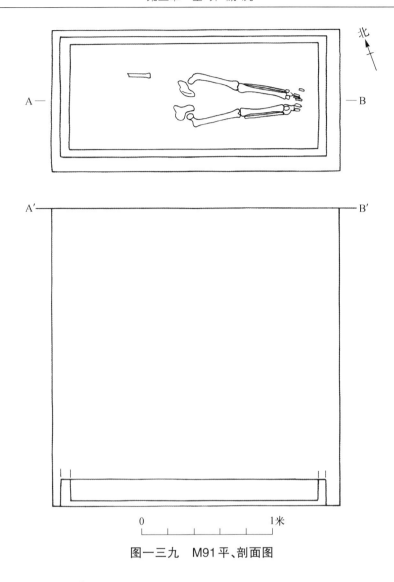

图一三九　M91平、剖面图

厘米。坑壁斜直,壁面加工规整,平底。填土为五花土,土质较松。(图一四〇)

葬具为单棺,平面形状呈长方形。棺距墓口深460厘米,长220厘米,宽120厘米,残高40厘米,壁厚6厘米。

骨架不存,葬式不详。

无随葬品。

92. M93

该墓开口于①层下,距地表深50厘米,方向280°。墓葬形制为竖穴土坑墓,开口平面形状呈长方形,墓口长250厘米,宽140厘米,墓口距墓底深120厘米。坑壁垂直,壁面加工规整,平底。填土为五花土,土质较松。(图一四一)

葬具为单棺,平面形状呈长方形。棺距墓口深90厘米,长210厘米,宽96厘米,残高30厘米,

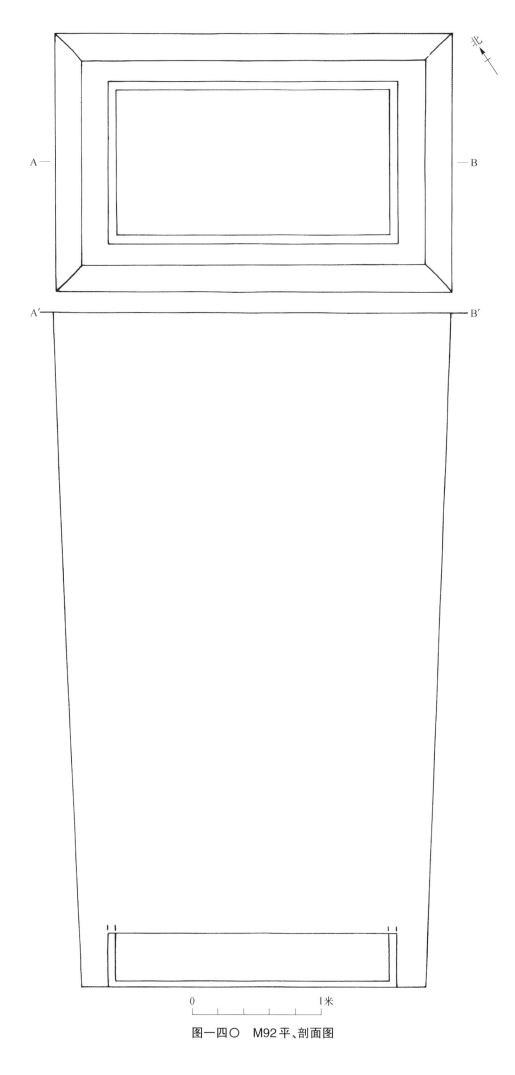

北

A ——

—— B

A′

B′

0　　　　　　　　　1米

图一四〇　M92平、剖面图

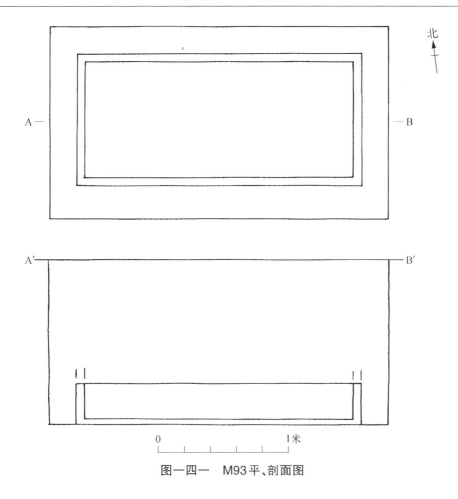

图一四一 M93平、剖面图

壁厚6厘米。

骨架不存,葬式不详。

无随葬品。

93. M94

该墓开口于①层下,距地表深50厘米,方向280°。墓葬形制为竖穴土坑墓,口大底小,开口平面形状呈长方形,墓口长300厘米,宽180厘米,墓口距墓底深230厘米,墓底长280厘米,宽160厘米。坑壁斜直,壁面加工规整,平底。填土为五花土,土质较松。(图一四二)

葬具为单棺,平面形状呈长方形。棺距墓口深210厘米,长240厘米,宽120厘米,残高20厘米,壁厚6厘米。

骨架不存,葬式不详。

填土中出土铁铲1件。

M94:1,铁铲。上弧下方,有銎以纳铲身。长12.2厘米,最宽9.5厘米,厚约0.4厘米,銎长5.5厘米,宽3.3厘米,最厚3.3厘米。(图一四三,1;彩版一二一,3)

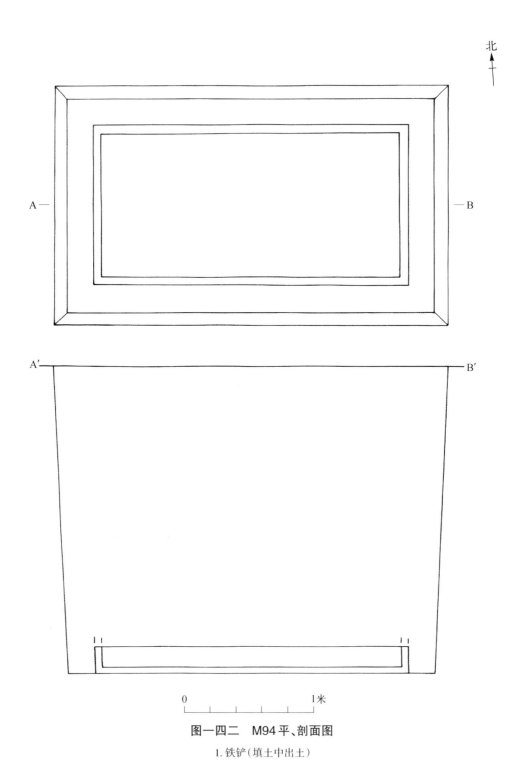

图一四二　M94平、剖面图

1.铁铲（填土中出土）

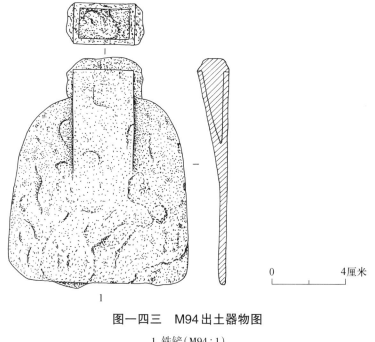

图一四三 M94出土器物图

1. 铁铲（M94:1）

94. M95

该墓开口于①层下，距地表深50厘米，方向295°，被M98打破。墓葬形制为竖穴土坑墓，开口平面形状呈长方形，墓口长270厘米，宽136厘米，墓口距墓底深210厘米。坑壁垂直，壁面加工规整，平底。填土为五花土，土质较松。（图一四四）

葬具为单棺，平面形状呈长方形。棺距墓口深180厘米，长248厘米，宽112厘米，高30厘米，厚6厘米。

骨架一具，仅剩部分头骨和下肢骨。直肢。

随葬品放置在棺内西端，出土陶鬲4件、陶盂4件、陶罐4件。

M95:1，陶罐。平折沿，方唇，矮领，溜肩微弧，斜腹，平底。泥质灰陶。器表有刮削痕。口径12.0厘米，腹径16.0厘米，底径9.0厘米，高11.4厘米。（图一四五,6；彩版一〇五,4）

M95:2，陶罐。平折沿，方唇，矮领，溜肩，斜腹，平底。泥质深灰陶。器表有刮削痕。领肩交界处有一条不完整凹弦纹。口径11.5厘米，腹径16.0厘米，底径9.0厘米，高11.5厘米。（图一四五,3；彩版一〇五,5）

M95:3，陶罐。平折沿，方唇，矮领，溜肩，斜腹，平底内凹。泥质深灰陶。器表有刮削痕。口径11.4厘米，腹径15.3厘米，底径9.0厘米，高11.6厘米。（图一四五,12；彩版一〇五,6）

M95:4，陶罐。折沿微仰，方唇，矮领，溜肩，斜腹，平底内凹。泥质灰陶。器表有刮削痕。上沿面有一条凸弦纹。口径11.8厘米，腹径16.3厘米，底径9.6厘米，高11.5厘米。（图一四五,9；彩版一〇六,1）

M95:5，陶盂。平折沿，沿面中部微凸，方唇，折腹，上腹微弧鼓，下腹斜收，平底内凹。泥质灰陶，局部红褐色相杂。器表有刮削痕。口径16.6厘米，腹径16.8厘米，底径8.8厘米，高10.3厘米。（图一四五,11；彩版七〇,3）

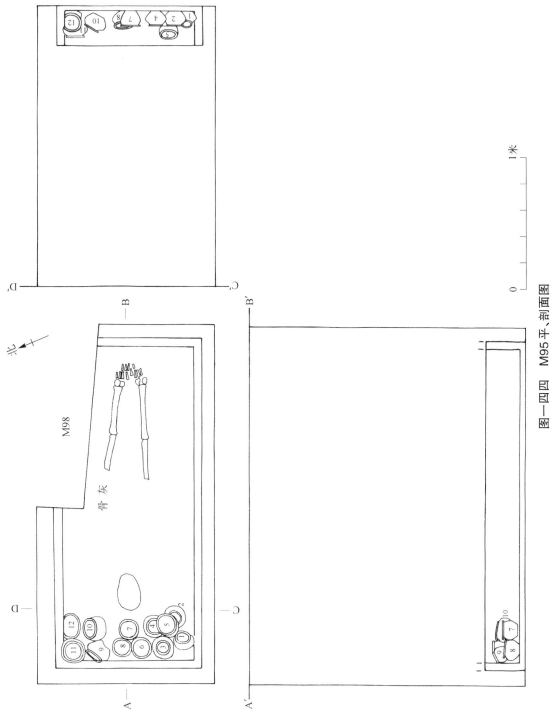

图一四四 M95平、剖面图

1. 陶罐 2. 陶罐 3. 陶罐 4. 陶罐 5. 陶盂 6. 陶鬲 7. 陶鬲 8. 陶鬲 9. 陶鬲 10. 陶盂 11. 陶盂 12. 陶盂

M95:6,陶鬲。平折沿,沿面微鼓,尖唇,溜肩,斜腹,乳足,裆部极低,与足跟近乎齐平。泥质黑灰陶。肩部有三道不明显凹带纹,腹部大面积绳纹被抹,局部可见残留的较粗绳纹,足部及裆部可见较粗绳纹。口径14.5厘米,腹径16.0厘米,高10.6厘米。(图一四五,4;彩版四九,2)

M95:7,陶鬲。器型扁矮。平折沿,沿面鼓,方唇,溜肩,斜腹,乳足,裆部极低,与足跟齐平。泥质灰陶。肩部有三道瓦棱状凹带纹,腹部、足部及裆部可见较粗绳纹。口径14.0厘米,腹径15.5厘米,高9.0厘米。(图一四五,7;彩版四九,3)

M95:8,陶鬲。器型扁矮。平折沿,沿面弧鼓,方唇,溜肩,斜腹,乳足,裆部较低。泥质灰陶。肩部有三道瓦棱状凹带纹,腹部、足部及裆部可见较粗绳纹,局部被抹。口径15.6厘米,腹径16.6

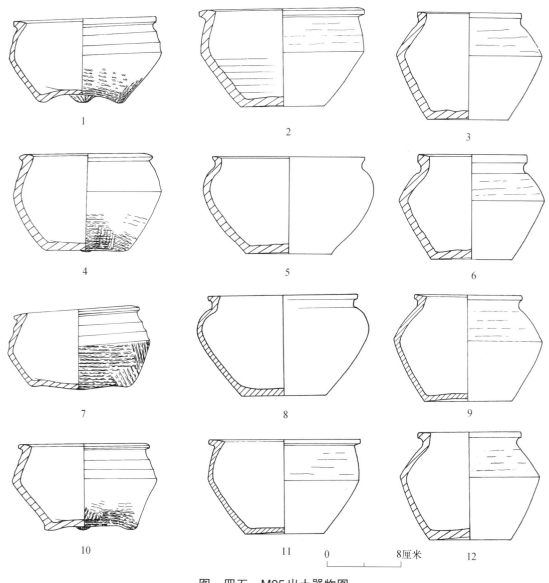

图一四五 M95出土器物图

1.陶鬲(M95:8) 2.陶盂(M95:12) 3.陶罐(M95:2) 4.陶鬲(M95:6) 5.陶盂(M95:11) 6.陶罐(M95:1)
7.陶鬲(M95:7) 8.陶盂(M95:10) 9.陶罐(M95:4) 10.陶鬲(M95:9) 11.陶盂(M95:5) 12.陶罐(M95:3)

厘米,高9.3厘米。(图一四五,1;彩版四九,4)

M95:9,陶鬲。平折沿,沿面弧鼓,方唇,溜肩,斜腹,乳足,裆部较低。泥质灰陶。肩部有三道瓦棱状凹带纹,腹部绳纹被抹,局部可见残留的较粗绳纹,足部及裆部可见较粗绳纹。口径14.0厘米,腹径15.8厘米,高9.5厘米。(图一四五,10;彩版四九,5)

M95:10,陶盂。平折沿,方圆唇,矮领,圆肩,斜弧腹,平底。泥质黑灰陶。器表有刮削痕。口径16.4厘米,腹径18.9厘米,底径9.0厘米,高10.8厘米。(图一四五,8;彩版七〇,4)

M95:11,陶盂。仰折沿,较窄,尖唇,矮领,圆肩,斜弧腹,平底。泥质黑灰陶。器表有刮削痕。口径16.6厘米,腹径18.6厘米,底径9.4厘米,高10.5厘米。(图一四五,5;彩版七〇,五)

M95:12,陶盂。平折沿,沿面中部微凸,斜方唇,折腹,上腹微弧,下腹斜收,平底。泥质灰陶,局部红褐色相杂。器表有刮削痕。口径18.0厘米,腹径17.8厘米,底径9.0厘米,高10.3厘米。(图一四五,2;彩版七〇,6)

95. M96

该墓开口于①层下,距地表深50厘米,方向280°。墓葬形制为竖穴土坑墓,开口平面形状呈长方形,墓口长250厘米,宽110厘米,墓口距墓底深120厘米。坑壁垂直,壁面加工规整,平底。填土为五花土,土质较松。(图一四六)

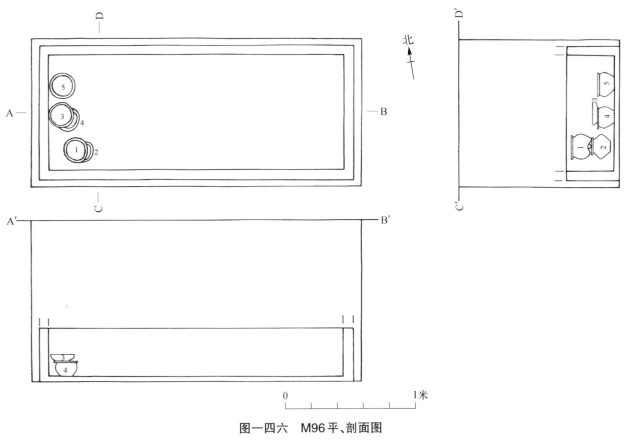

图一四六　M96平、剖面图

1.陶鬲　2.陶罐　3.陶豆　4.陶盂　5.陶盂

葬具为单棺,平面形状呈长方形。棺距墓口深80厘米,长238厘米,宽99厘米,残高40厘米,壁厚8厘米。

骨架不存,葬式不详。

随葬品放置在棺内西端,出土陶鬲1件、陶盂2件、陶罐1件、陶豆1件。

M96:1,陶鬲。平折沿,斜方唇,短肩内弧,弧腹,大袋足,尖足跟略显,裆部较高。夹砂灰黑陶。上沿面外侧有一道凹弦纹;肩部绳纹抹去,隐约可见,腹部、足部及裆部饰粗绳纹。口径16.2厘米,腹径17.2厘米,高13.4厘米。(图一四七,1;彩版四九,6)

M96:2,陶罐。折沿微仰,方圆唇,矮领,溜肩微弧,斜腹,平底。泥质灰陶。器表打磨平整光滑,腹部有刮削痕。上沿面有凹弦纹。口径12.2厘米,腹径18.2厘米,底径10.4厘米,高14.8厘米。(图一四七,4;彩版一〇六,2)

M96:3,陶豆。敞口,圆唇,盘较深,盘心凸起,盘口较大,折壁处凸起似肩,柄较高、较粗,大喇叭座。泥质黑灰陶。豆盘内外壁均饰有螺旋状暗纹,内壁暗纹不规则,外壁暗纹不明显;豆座唇部有一道凹弦纹。盘径17.6厘米,足径9.4厘米,高14.0厘米。(图一四七,5;彩版八八,2)

M96:4,陶盂。折沿微下斜,上沿面近口处及外缘处凸起,圆唇,矮领,圆肩,斜腹,平底。泥质黑灰陶。器表打磨平整光滑,腹部有刮削痕。口径16.2厘米,腹径16.0厘米,高8.0厘米。(图一四七,3;彩版七一,1)

M96:5,陶盂。折沿微下斜,方唇,折腹,上腹微弧,下腹斜收,平底。泥质深灰陶。器表打磨

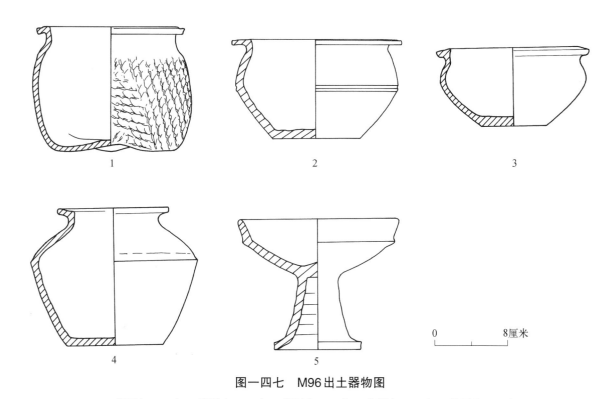

0   8厘米

图一四七 M96出土器物图

1.陶鬲(M96:1) 2.陶盂(M96:5) 3.陶盂(M96:4) 4.陶罐(M96:2) 5.陶豆(M96:3)

平整光滑,腹部有刮削痕。折腹处上、下部各有一道凹弦纹。口径18.6厘米,腹径17.6厘米,底径9.7厘米,高10.6厘米。(图一四七,2;彩版七一,2)

96. M97

该墓开口于①层下,距地表深50厘米,方向295°。墓葬形制为竖穴土坑墓,开口平面形状呈长方形,墓口长260厘米,宽150厘米,墓口距墓底深130厘米。坑壁垂直,壁面加工规整,平底。填土为五花土,土质较松。(图一四八)

葬具为单棺,平面形状呈长方形。棺距墓口深100厘米,长237厘米,宽120厘米,残高30厘米,厚6～7厘米。

骨架一具,已朽。判断应为仰身直肢。

无随葬品。

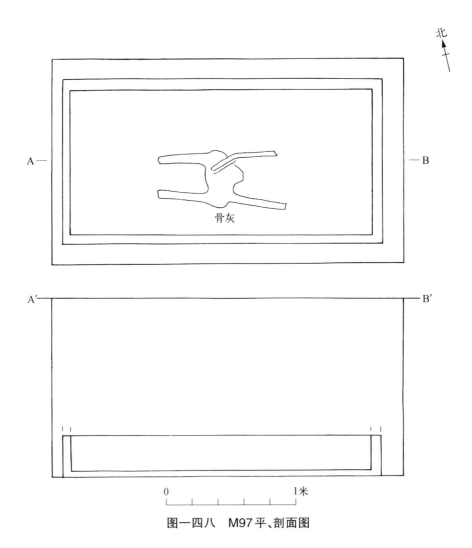

图一四八　M97平、剖面图

97. M98

该墓开口于①层下,距地表深50厘米,方向290°。墓葬形制为竖穴土坑墓,开口平面形状呈长方形,口大底小,墓口长360厘米,宽240厘米,墓口距墓底深520厘米,墓底长320厘米,宽200厘米。坑壁斜直,壁面加工规整,平底。填土为五花土,土质较松。(图一四九)

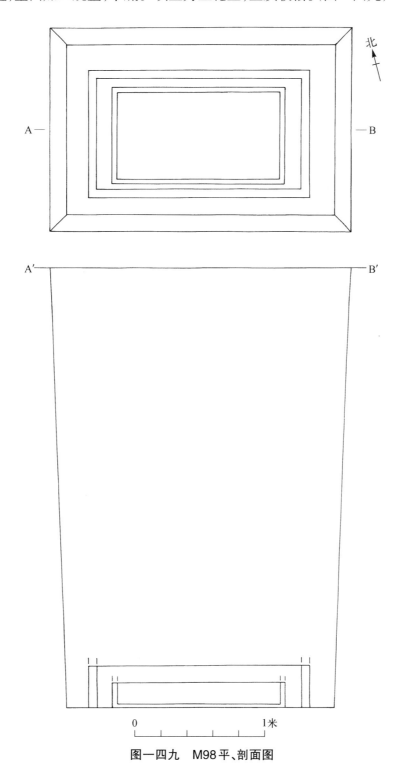

图一四九　M98平、剖面图

葬具为一椁一棺,平面形状均呈长方形。椁距墓口深470厘米,长264厘米,宽150厘米,高50厘米,壁厚10厘米;棺距墓口深490厘米,长206厘米,宽114厘米,高30厘米,壁厚6厘米。

骨架不存,葬式不详。

无随葬品。

98. M99

该墓开口于①层下,距地表深50厘米,方向307°。墓葬形制为竖穴土坑墓,开口平面形状呈楔形,西宽东窄,墓口长324厘米,西宽220厘米,东宽212厘米,墓口距墓底深380厘米。坑壁垂直,壁面加工规整,平底。填土为五花土,土质较松。(图一五〇)

葬具为一椁一棺,平面形状均呈长方形。椁距墓口深360厘米,长270厘米,宽150厘米,残高20厘米,壁厚6~7厘米;棺距墓口深370厘米,长230厘米,宽112厘米,残高10厘米,壁厚6厘米。

骨架一具,上肢骨已朽。仰身直肢,头向西,面向上。

无随葬品。

99. M100

该墓开口于①层下,距地表深50厘米,方向291°。墓葬形制为竖穴土坑墓,开口平面形状呈长方形,口大底小,墓口长350厘米,宽260厘米,墓口距墓底深500厘米。坑壁斜直,壁面加工规整,平底。填土为五花土,土质较松。(图一五一)

葬具为一椁一棺,平面形状均呈长方形。椁距墓口深460厘米,长250厘米,宽150厘米,残高40厘米,壁厚8厘米;棺距墓口深470厘米,长204厘米,宽96厘米,残高30厘米,壁厚8厘米。

骨架一具,保存较完整。仰身直肢,头向西,面向上,双手交叉置于腹部,双脚并拢。

无随葬品。

100. M101

该墓开口于①层下,距地表深50厘米,方向295°。墓葬形制为竖穴土坑墓,口大底小,开口平面形状呈长方形,墓口长280厘米,宽180厘米,墓口距墓底深600厘米,墓底长260厘米,宽160厘米。坑壁斜直,壁面加工规整,平底。填土为五花土,土质较松。(图一五二)

葬具为一椁一棺,平面形状均呈长方形。椁距墓口深530厘米,长233厘米,宽132厘米,高70厘米,壁厚7厘米;棺距墓口深560厘米,长200厘米,宽102厘米,高40厘米,壁厚6厘米。

骨架不存,葬式不详。

无随葬品。

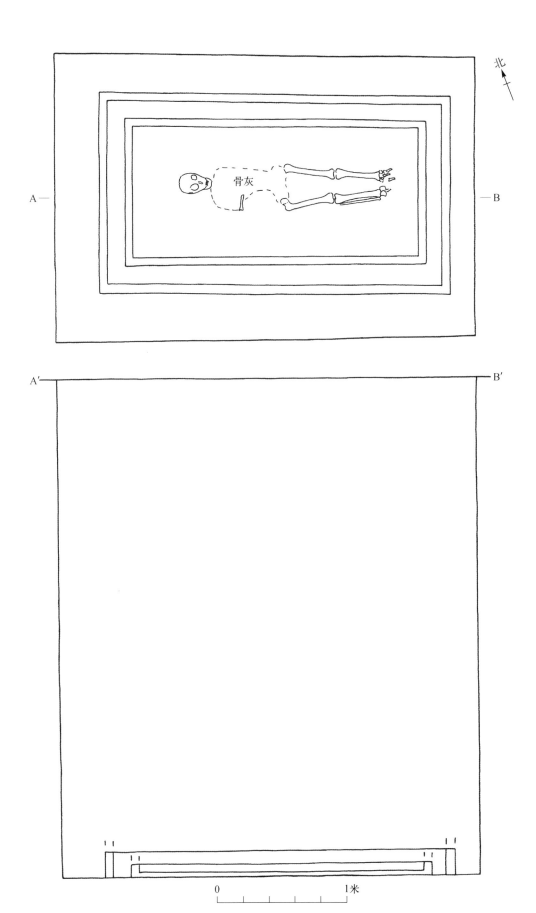

骨灰

北

0　　　　　　1米

图一五〇　M99平、剖面图

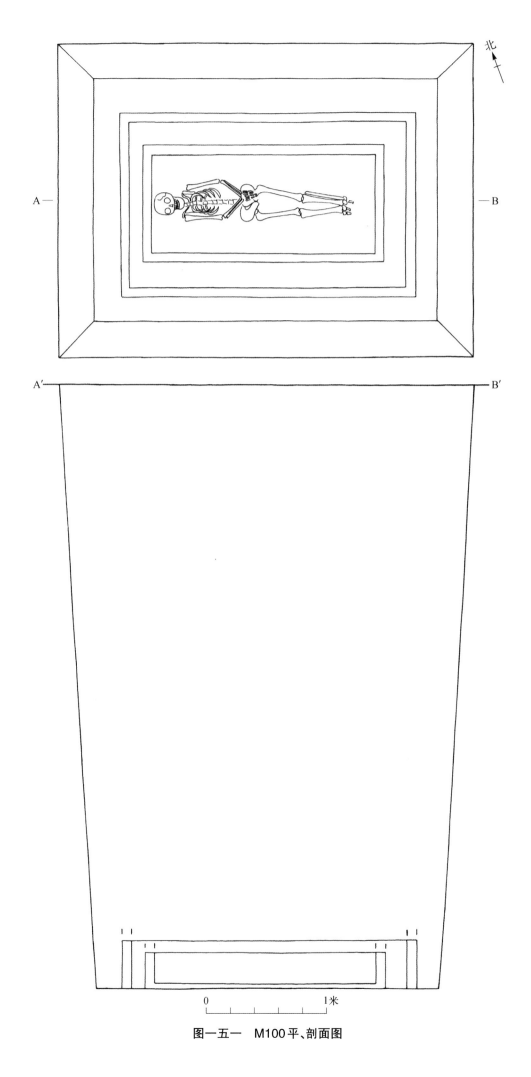

北

A—　　　　　　　—B

A′　　　　　　　　　　B′

0　　　　　　　1米

图一五一　M100平、剖面图

北

A — — B

A′ — — B′

0　　　　　　　1米

图一五二　M101平、剖面图

101. M102

该墓开口于①层下，距地表深50厘米，方向309°。墓葬形制为竖穴土坑墓，开口平面形状呈长方形，墓口长264厘米，宽152厘米，墓口距墓底深210厘米。坑壁垂直，壁面加工规整，平底。填土为五花土，土质较松。(图一五三)

葬具为单棺，平面形状呈长方形。棺距墓口深180厘米，长252厘米，宽120厘米，残高30厘米，壁厚6厘米。

骨架一具，仅剩骨灰。仰身直肢。

无随葬品。

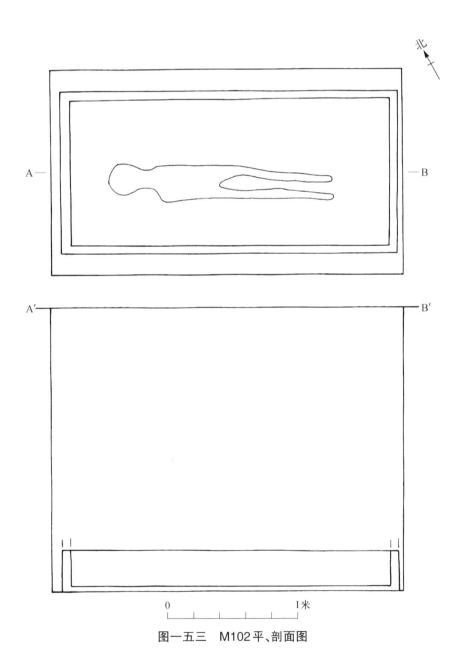

图一五三　M102平、剖面图

102. M103

该墓开口于①层下，距地表深50厘米，方向291°。墓葬形制为竖穴土坑墓，开口平面形状呈楔形，西窄东宽，墓口长265厘米，西宽132厘米，东宽144厘米，墓口距墓底深170厘米。坑壁垂直，壁面加工规整，平底。填土为五花土，土质较松。(图一五四；彩版一九，1)

葬具为单棺，平面形状呈长方形。棺距墓口深152厘米，长234厘米，宽110厘米，残高18厘米，壁厚6厘米。

骨架一具，仅剩骨灰。可辨为仰身直肢。

随葬品放置在棺内西部，出土陶鬲1件、陶盂1件、陶罐1件、陶豆2件。

M103：1，陶罐。折沿微下斜，方唇，矮领，溜肩弧鼓，折肩处凸起，斜腹，平底。泥质深灰陶。器表打磨平整光滑，器腹可见刮削痕。折肩处有一道凹弦纹，腹部有刮削痕。口径11.6厘米，腹

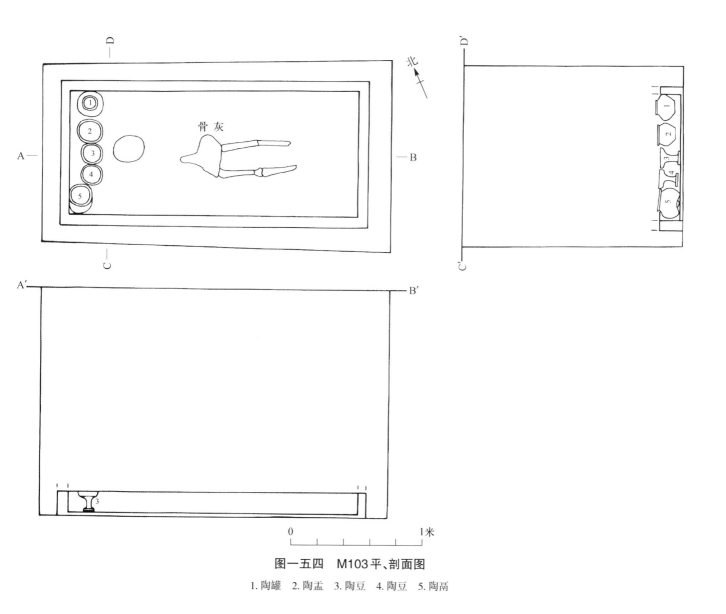

图一五四　M103平、剖面图

1.陶罐　2.陶盂　3.陶豆　4.陶豆　5.陶鬲

径18.3厘米,底径12.4厘米,高14.0厘米。(图一五五,3;彩版一〇六,3)

M103：2,陶盉。仰折沿,方圆唇,折腹,上腹弧鼓,下腹斜收,平底内凹。泥质灰陶。器表打磨平整光滑,器腹可见刮削痕。唇面可见一道不明显的凹弦纹。口径18.6厘米,腹径17.6厘米,底径8.7厘米,高10.8厘米。(图一五五,2;彩版七一,3)

M103：3,陶豆。敞口,圆唇,唇外缘弧鼓,上半部外鼓,下半部弧收,折壁,盘腹弧收,盘较浅,盘口较小,细柄略矮,喇叭座较大。泥质灰陶。豆盘内外壁均饰有螺旋状暗纹,内壁暗纹细而圈圈相连,外壁暗纹不明显;盘内有刻画符号。盘径16.0厘米,足径8.4厘米,高13.5厘米。(图一五五,5;图一五五,6;彩版八八,3;彩版一二七,5)

M103：4,陶豆。敞口,尖圆唇,唇外缘弧鼓,渐弧收至折壁处再凸起似肩,使整个外壁略成"S"形,上半部外鼓,下半部内收成较深宽凹槽,折壁,盘腹斜收,盘较浅,盘口较小,细柄略矮,喇叭座较大。泥质灰陶。豆盘内外壁均饰有螺旋状暗纹,内壁暗纹较粗而圈圈相连,外壁数道暗纹不清晰;盘内有刻画符号。盘径16.3厘米,足径8.9厘米,高14.3厘米。(图一五五,4;图一五五,7;彩版八八,4;彩版一二七,6)

M103：5,陶鬲。折沿下斜,上沿面凸起,方唇,溜肩,斜腹微弧,袋足内敛,尖足跟,三足间距较小,裆部较低。夹粗砂红陶。上沿面外侧有两道凹弦纹;通体饰绳纹,肩部绳纹被抹去,隐约可见,上饰数周瓦棱状较窄凹带纹,腹上部饰纵向粗绳纹,下部为较粗的交错绳纹。口径17.5厘米,腹径19.5厘米,高14.6厘米。(图一五五,1;彩版五〇,1)

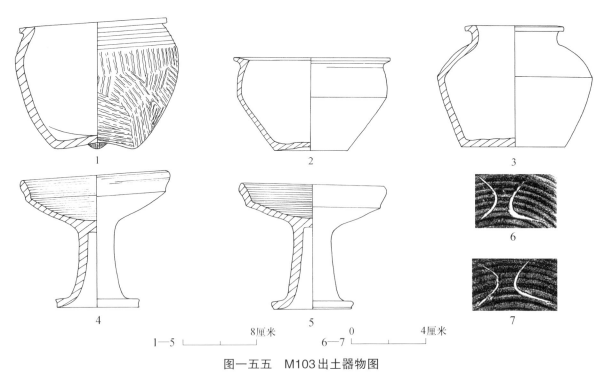

图一五五　M103出土器物图

1.陶鬲(M103：5)　2.陶盉(M103：2)　3.陶罐(M103：1)　4.陶豆(M103：4)　5.陶豆(M103：3)
6.陶豆刻符(M103：3)　7.陶豆刻符(M103：4)

103. M104

该墓开口于①层下,距地表深50厘米,方向290°。墓葬形制为竖穴土坑墓,开口平面形状呈长方形,口大底小,墓口长320厘米,宽240厘米,墓口距墓底深600厘米,墓底长275厘米,宽190厘米。坑壁斜直,壁面加工规整,平底。填土为五花土,土质较松。(图一五六)

葬具为一椁一棺,平面形状均呈长方形。椁距墓口深540厘米,长236厘米,宽160厘米,残高60厘米,壁厚6厘米;棺距墓口深560厘米,长190厘米,宽120厘米,残高40厘米,壁厚8厘米。

骨架一具,仅剩部分臂骨和腿骨。可辨为仰身直肢。

无随葬品。

104. M105

该墓开口于①层下,距地表深50厘米,方向287°。墓葬形制为竖穴土坑墓,开口平面形状呈长方形,墓口长244厘米,宽130厘米,墓口距墓底深220厘米。坑壁垂直,壁面加工规整,平底。填土为五花土,土质较松。(图一五七)

葬具为单棺,平面形状呈长方形。棺距墓口深198厘米,长220厘米,宽94厘米,残高22厘米,壁厚6厘米。

骨架不存,葬式不详。

无随葬品。

105. M106

该墓开口于①层下,距地表深50厘米,方向283°。墓葬形制为竖穴土坑墓,口大底小,开口平面形状呈长方形,墓口长302厘米,宽180厘米,墓口距墓底深460厘米,墓底长252厘米,宽140厘米。坑壁斜直,壁面加工规整,平底。填土为五花土,土质较松。(图一五八;彩版一九,2)

葬具为单棺,平面形状呈长方形。棺距墓口深410厘米,长228厘米,宽100厘米,残高50厘米,壁厚6厘米。

骨架一具,保存较完整。仰身直肢,头向西,面向上,双手交叉置于腹部。

在填土中发现一玛瑙环。

M106:1,玛瑙环。为白色半透明状。环内外均被削棱,使斜面相交于一线,内外侧直边均不存,环肉截面呈不等边六边形。直径4.4厘米,好径3.4厘米,厚1.0厘米。(图一五九,1;彩版一二〇,6)

106. M107

该墓开口于①层下,距地表深50厘米,方向280°。墓葬形制为竖穴土坑墓,口大底小,开口平面形状呈长方形,墓口长300厘米,宽210厘米,墓口距墓底深530厘米,墓底长240厘米,宽150厘米。坑壁斜直,壁面加工规整,平底。填土为五花土,土质较松。(图一六〇)

葬具为单棺,平面形状呈长方形。棺距墓口深480厘米,长226厘米,宽134厘米,高50厘米,壁厚8厘米。

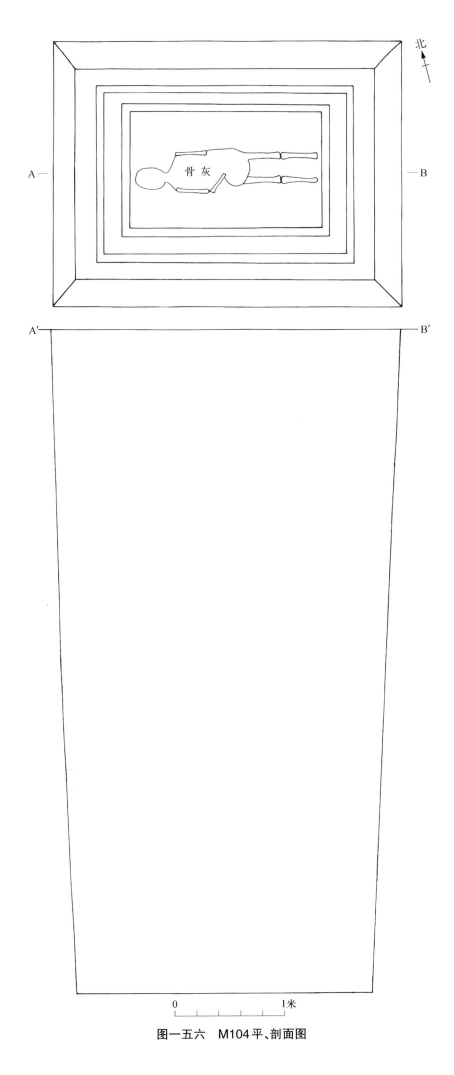

骨灰

北

0　　　　　　　1米

图一五六　M104平、剖面图

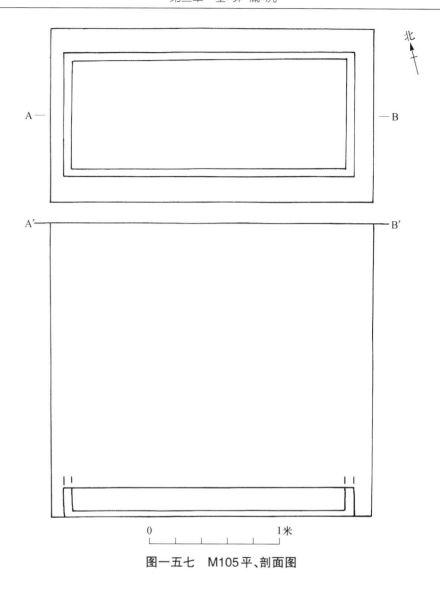

图一五七　M105平、剖面图

骨架一具,保存基本完整。仰身直肢,头向西,面向上,双手置于腹部,双脚并拢。

无随葬品。

107. M108

该墓开口于①层下,距地表深50厘米,方向290°。墓葬形制为竖穴土坑墓,口大底小,开口平面形状呈长方形,墓口长320厘米,宽190厘米,墓口距墓底深380厘米,墓底长280厘米,宽150厘米。坑壁斜直,壁面加工规整,平底。填土为五花土,土质较松。(图一六一)

葬具为一椁一棺,平面形状均呈长方形。椁距墓口深360厘米,长250厘米,宽120厘米,残高20厘米,壁厚6厘米;棺距墓口深370厘米,长214厘米,宽99厘米,残高10厘米,壁厚6厘米。

骨架不存,葬式不详。

无随葬品。

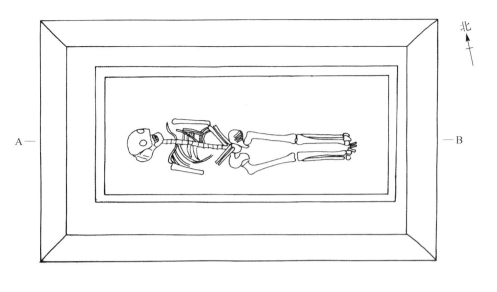

北

A — — B

A′ — — B′

0　　　　　　　1米

图一五八　M106平、剖面图

1.玛瑙环（填土中出土）

0　　　　　　4厘米

图一五九　M106出土器物图

1.玛瑙环（M106：1）

北

A — — B

A′ — — B′

0　　　　　　1米

图一六〇　M107平、剖面图

图一六一 M108平、剖面图

108. M109

该墓开口于①层下,距地表深50厘米,方向290°。墓葬形制为竖穴土坑墓,开口平面形状呈长方形,口大底小,墓口长335厘米,宽260厘米,墓口距墓底深610厘米,墓底长275厘米,宽200厘米。坑壁斜直,壁面加工规整,平底。填土为五花土,土质较松。(图一六二)

葬具为一椁一棺,平面形状均呈长方形。椁距墓口深530厘米,长220厘米,宽130厘米,高80厘米,壁厚8厘米;棺距墓口深580厘米,长180厘米,宽84厘米,高30厘米,壁厚6厘米。

骨架不存,葬式不详。

无随葬品。

109. M110

该墓开口于①层下,距地表深50厘米,方向300°。墓葬形制为竖穴土坑墓,口大底小,开口平面形状呈长方形,墓口长330厘米,宽240厘米,墓口距墓底深650厘米,墓底长240厘米,宽190厘米。坑壁斜直,壁面加工规整,平底。填土为五花土,土质较松。(图一六三;彩版二〇,1)

葬具为一椁一棺,平面形状均呈长方形。椁距墓口深580厘米,长252厘米,宽164厘米,高70厘米,壁厚6厘米;棺距墓口深630厘米,长202厘米,宽115厘米,高20厘米,壁厚6厘米。

骨架一具,仅存部分头骨、臂骨和腿骨。仰身直肢,头向西,面向上。

填土中出土水晶环1个、水晶珠1个、玛瑙环1个、琉璃器2个、玉圭1个(残)、玉饰1包、玉环1个(残)、铜璜2个。

M110:1,水晶环。无色透明,内可见气泡,环内削棱,斜交于一线,环外为直边,环肉截面呈五边形。直径3.0厘米,好径2.6厘米,厚0.6厘米。(图一六四,3;彩版一二一,1)

M110:2,玛瑙环。为白色半透明状。环肉截面近弧边三角形。直径4.0厘米,好径3.0厘米,厚1.0厘米。(图一六四,2;彩版一二一,2)

M110:3-1,琉璃器。腰鼓状,两面有对钻小孔相通。器表蓝、白、褐色相杂。高1.2厘米,腰径1.4厘米。(图一六四,4;彩版一二〇,3)

M110:3-2,琉璃器。腰鼓状,两面有对钻小孔相通。器表蓝、褐色相杂。高0.8厘米,腰径1.1厘米。(图一六四,5;彩版一二〇,3)

M110:3-3,水晶珠。无色透明,内见气泡,圆饼形,台面边棱斜削,两面有对钻小孔相通。直径1.4厘米,高1厘米。(图一六四,6;彩版一二〇,3)

M110:4,玉圭。残存两段,皆为圭身。两面起脊。残长15.0厘米,宽2.1厘米。(图一六四,8;彩版一二〇,4)

M110:5,玉饰。12残片。(彩版一二〇,5)

M110:6,铜璜,两个,形制大小一致。含胸拱背,胸内弧处凸起,璜两端似如意头,拱背处和两端各有一穿孔。两面皆饰相同的纹饰,均有三个云纹,云纹间以凸棱隔开。两端距离约11.6厘米,器身宽度1.8~3.6厘米,厚0.2厘米。(图一六四,7;彩版一一九,6)

M110:7,玉环,残存二分之一。环内直边,环外边棱斜削,斜交于一线,环外两侧抹平,有极

北

图一六二　M109平、剖面图

0　　　　　　1米

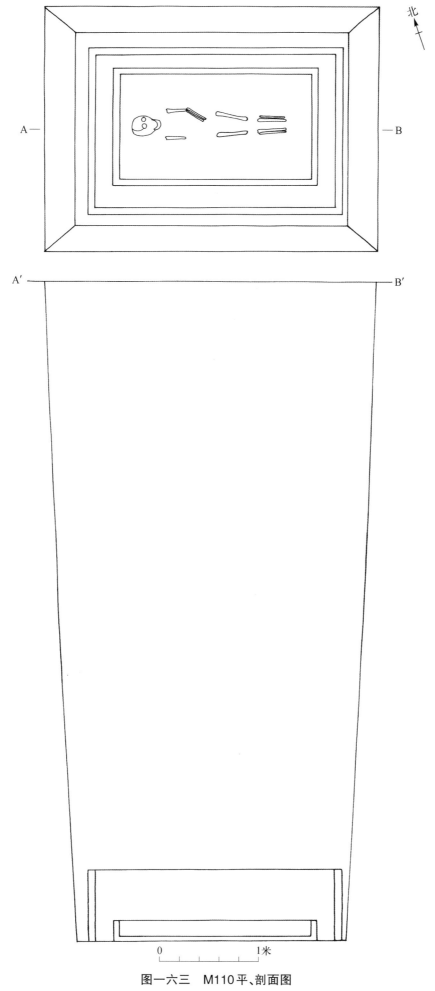

图一六三　M110平、剖面图

1.水晶环　2.玛瑙环　3.琉璃器、水晶珠　4.玉圭　5.玉饰　6.铜璜　7.玉环（器物均土中出土）

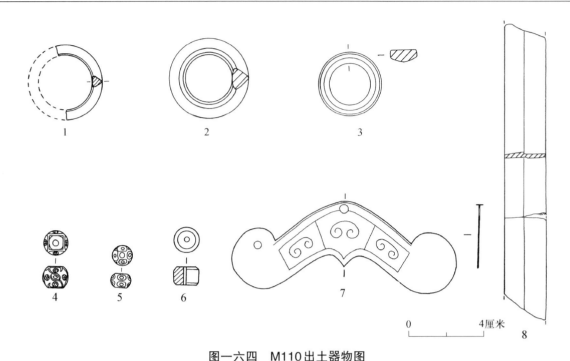

图一六四　M110出土器物图

1. 玉环（M110：7）　2. 玛瑙环（M110：2）　3. 水晶环（M110：1）　4. 琉璃器（M110：3-1）　5. 琉璃器（M110：3-2）

6. 水晶珠（M110：3-3）　7. 铜璜（M110：6）　8. 玉圭（M110：4）

窄台面,环肉截面近三角形。泛绿色。直径4.2厘米,好径3.0厘米,厚0.6厘米。(图一六四,1)

110. M111

该墓开口于①层下,距地表深50厘米,方向285°。墓葬形制为竖穴土坑墓,口大底小,开口平面形状呈长方形,墓口长300厘米,宽220厘米,墓口距墓底深650厘米,墓底长260厘米,宽180厘米。坑壁斜直,壁面加工规整,平底。填土为五花土,土质较松。(图一六五)

葬具为一椁一棺,平面形状均呈长方形。椁距墓口深550厘米,长220厘米,宽140厘米,高100厘米,壁厚8厘米;棺距墓口深610厘米,长180厘米,宽90厘米,高40厘米,壁厚5厘米。

骨架不存,葬式不详。

无随葬品。

111. M112

该墓开口于①层下,距地表深50厘米,方向285°。墓葬形制为竖穴土坑墓,开口平面形状呈长方形,墓口长280厘米,宽170厘米,墓口距墓底深220厘米;坑壁垂直,壁面加工规整,平底。填土为五花土,土质较松。(图一六六)

葬具为一椁一棺,平面形状均呈长方形。椁距墓口深160厘米,长262厘米,宽126厘米,高60厘米,壁厚6厘米;棺距墓口深180厘米,长215厘米,宽78厘米,高40厘米,壁厚6厘米。

骨架一具,除头骨不完整外,其余部位保存基本完整。仰身直肢,头向西,面向上,双手置于腹部。

无随葬品。

北

A —　　　　— B

A′ —　　　　— B′

0　　　　　1米

图一六五　M111平、剖面图

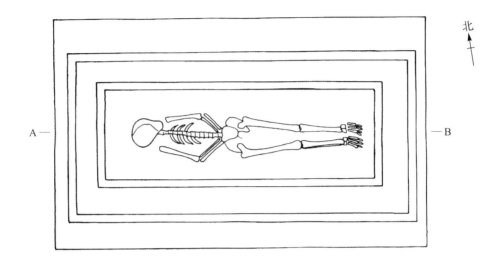

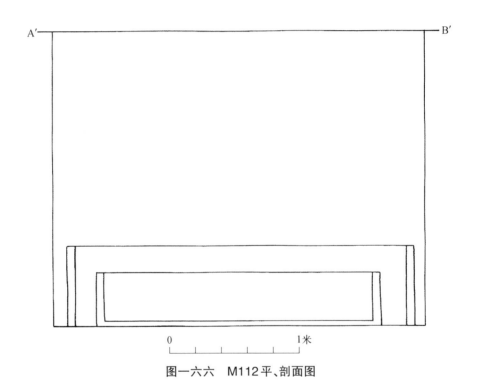

图一六六　M112平、剖面图

112. M113

该墓开口于①层下，距地表深50厘米，方向280°。墓葬形制为竖穴土坑墓，开口平面形状呈长方形，墓口长270厘米，宽184厘米，墓口距墓底深460厘米。坑壁垂直，壁面加工规整，平底。填土为五花土，土质较松。(图一六七；彩版二〇,2)

葬具为一椁一棺，平面形状均呈长方形。椁距墓口深430厘米，长256厘米，宽148厘米，残高30厘米，壁厚6厘米；棺距墓口深440厘米，长202厘米，宽100厘米，残高20厘米，壁厚6厘米。

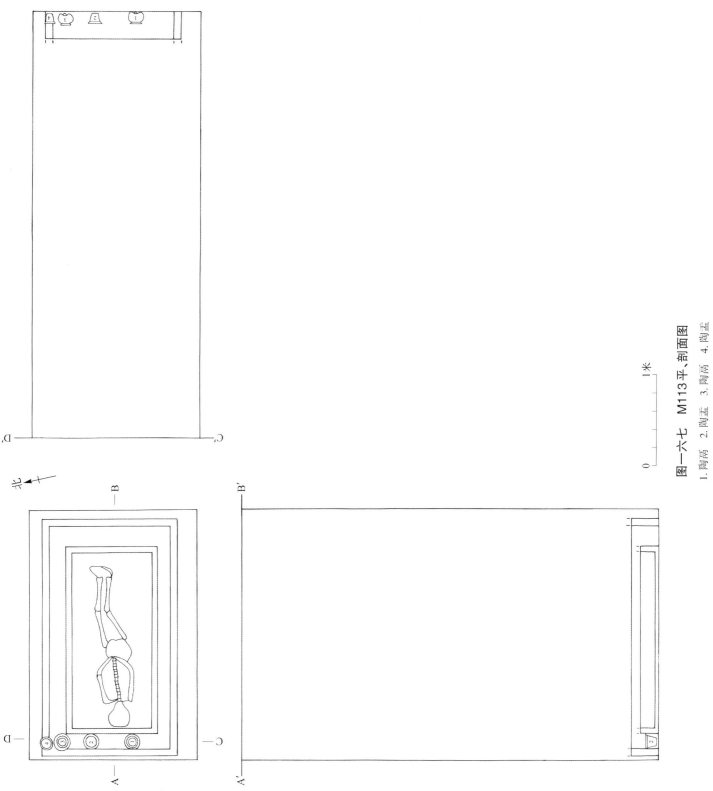

图一六七 M113平、剖面图
1. 陶甬 2. 陶盂 3. 陶甬 4. 陶盂

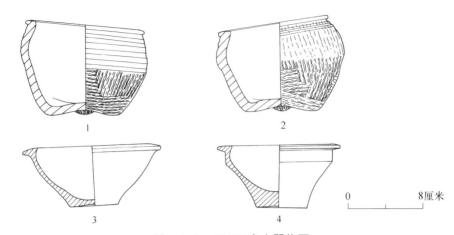

图一六八　M113出土器物图

1. 陶鬲（M113∶1）　2. 陶鬲（M113∶3）　3. 陶盂（M113∶4）　4. 陶盂（M113∶2）

骨架一具，保存差。仰身屈肢，头向西，面向不详，上身平躺，双腿弯曲。

随葬品置于墓葬西端的棺椁之间，出土陶鬲2件、陶盂2件。（彩版三〇，1）

M113∶1，陶鬲。折沿高低不平，较窄，方圆唇，较薄，溜肩，斜腹，袋足内敛，尖足跟，三足间距小，裆部较低。泥质深灰陶。通体饰细绳纹，肩部绳纹被抹去，隐约可见，上饰数周较窄瓦棱状凹带纹。口径13.2厘米，腹径14.3厘米，高10.3厘米。（图一六八，1；彩版五〇，2）

M113∶2，陶盂。平折沿，尖唇，折腹不明显，折棱系刮削形成的细棱，几近弧腹，上腹弧鼓，下腹内弧，平底。泥质灰陶，器表打磨，有横向刮削痕。口径13.5厘米，腹径11.5厘米，底径5.6厘米，高7.0厘米。（图一六八，4；彩版七一，4）

M113∶3，陶鬲。折沿高低不平，较窄，方圆唇，肩部弧鼓，斜腹，袋足内敛，尖足跟，三足间距小，裆部较低。泥质深灰陶。上沿面近口处有一道凹弦纹；通体饰细绳纹，肩部绳纹被抹去，隐约可见，上饰数周较窄瓦棱状凹带纹。口径12.0厘米，腹径14.0厘米，高10.0厘米。（图一六八，2；彩版五〇，3）

M113∶4，陶盂。折沿下斜，尖圆唇，弧腹，平底内凹。泥质灰陶。口径15.4厘米，腹径12.0厘米，底径5.4厘米，高6.6厘米。（图一六八，3；彩版七一，5）

113. M114

该墓开口于①层下，距地表深50厘米，方向290°。墓葬形制为竖穴土坑墓，开口平面形状呈长方形，墓口长250厘米，宽130厘米，墓口距墓底深350厘米。坑壁垂直，壁面加工规整，平底。填土为五花土，土质较松。（图一六九）

葬具为单棺，平面形状呈长方形。棺距墓口深320厘米，长220厘米，宽102厘米，残高30厘米，壁厚6厘米。

骨架一具，仅剩下肢骨。可辨葬式为仰身直肢。

填土中出土铜璜2件（残1）。

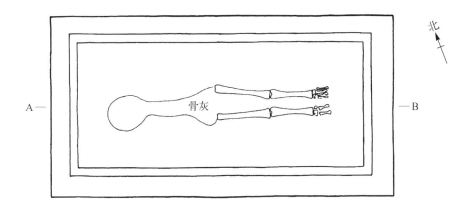

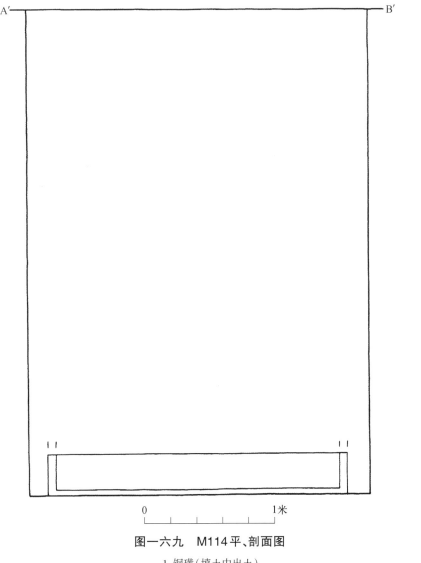

图一六九 M114平、剖面图

1. 铜璜（填土中出土）

M114：1，两个，一个完整，一个断成两截。形制大小相同，含胸拱背，两端斜直，一面平整，一面边缘凸起，拱背处靠上有一穿孔。两端的距离为8.2厘米，体宽1.8厘米，厚0.1厘米。（图一七〇，1；彩版一一九，7）

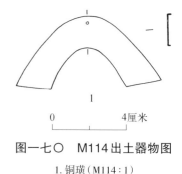

图一七〇　M114出土器物图

1.铜璜（M114：1）

114. M115

该墓开口于①层下，距地表深50厘米，方向294°。墓葬形制为竖穴土坑墓，口大底小，开口平面形状呈长方形，墓口长305厘米，宽210厘米，墓口距墓底深510厘米，墓底长265厘米，宽170厘米。坑壁斜直，壁面加工规整，平底；有壁龛。填土为五花土，土质较松。墓室西壁有壁龛，宽70厘米，高90厘米，进深26厘米。（图一七一；彩版二一）

葬具为一椁一棺，平面形状均呈长方形。椁距墓口深450厘米，长238厘米，宽144厘米，残高60厘米，壁厚6厘米；棺距墓口深476厘米，长210厘，宽90厘米，残高34厘米，壁厚6厘米。

骨架一具，除足骨不存外，其余部分保存基本完整。仰身直肢，头向西，面向上，双手置于腹部。

随葬品放置在墓室西壁壁龛内，出土盖豆2件（其中一件仅剩豆盖）、鼎1件（残）、盘1件、匜1件（残）、豆1件（残）、壶1件。（彩版三四，2）

M115：1，陶盖豆。盖为圆唇，弧壁弧顶，中部一圆形捉手，捉手两道折棱，口沿折而向下，中心为一直达盖顶的圆孔洞，束腰盖柱，较矮。器身为子口内敛，圆唇，深盘折腹，弧腹微鼓，盘底弧收，短柄，喇叭状圈足。泥质灰陶，器表打磨平整。盖顶中部和盖折壁处各有一周凹弦纹，器身腹部有瓦棱状凹带纹。盘径16.0厘米，底径13.0厘米，捉手径8.4厘米，通高23.7厘米。（图一七二，6；彩版一一六，2）

M115：2，陶鼎。盖已残，其上有四周凸棱，斜方唇，弧折，纽已失，位于第二道和第三道凸棱间。器身为子口内敛，圆唇，弧腹，上腹近直，圜底，对称方附耳（两耳已残），三圆形空心蹄足，足跟圆鼓。泥质灰陶。腹中部有两道凸棱似肩。口径17.0厘米，腹径19.4厘米，通高19.4厘米。（图一七二，7；彩版一一五，3）

M115：3，陶壶。器盖圆唇，盖面三道折棱，盖顶隆起，圆平顶，短舌。器身敞口，方唇，长束颈，弧肩，斜弧腹，最大颈接近上部，矮假圈足。泥质灰陶。颈部数周暗纹，肩部有两周凹弦纹。口径11.6厘米，腹径17.7厘米，底径9.4厘米，高27.8厘米。（图一七二，1；彩版一一七，1）

M115：4，陶盖豆，仅剩残豆盖。弧顶盖，方圆唇，盖顶中部及折壁处各有一道凹弦纹。泥质灰陶。盖径19.0厘米，残高5.0厘米。（图一七二，3）

M115：5，陶盘。已残，残存口沿和腹部。平折沿，方唇，折腹。口径26.0厘米，残高6.0厘米。（图一七二，5）

M115：6，陶匜，已残。瓢形，敞口，方唇，弧壁，平底，流较短而略昂。泥质灰陶。长12.8厘米，残宽4.8厘米，高3.6厘米。（图一七二，2）

M115：7，陶豆，残存豆盘和豆座。敞口，圆唇，内壁弧收，外壁内弧，浅盘，喇叭座。泥质灰陶。盘内有凹弦纹。盘径13.0厘米，底径8.6厘米。（图一七二，4）

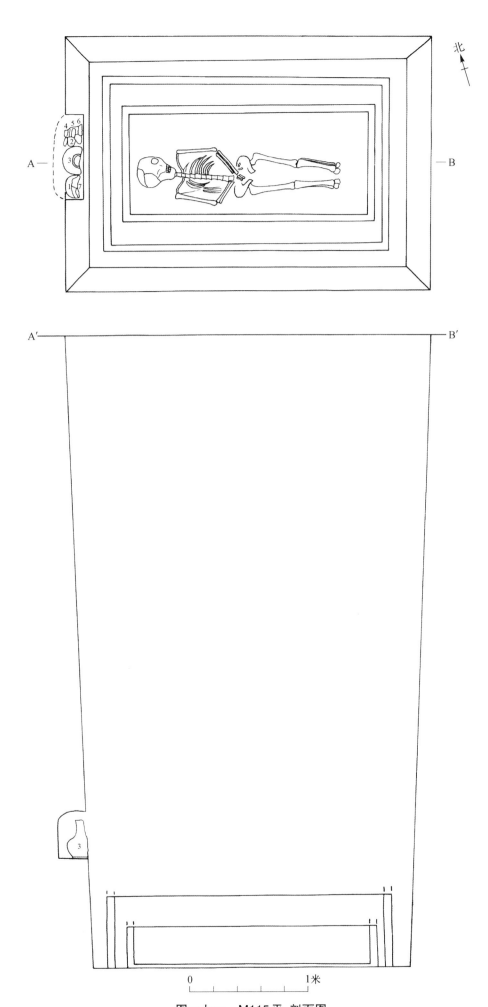

图一七一　M115平、剖面图

1.陶盖豆　2.陶鼎　3.陶壶　4.陶盖豆　5.陶盘　6.陶匜　7.陶豆

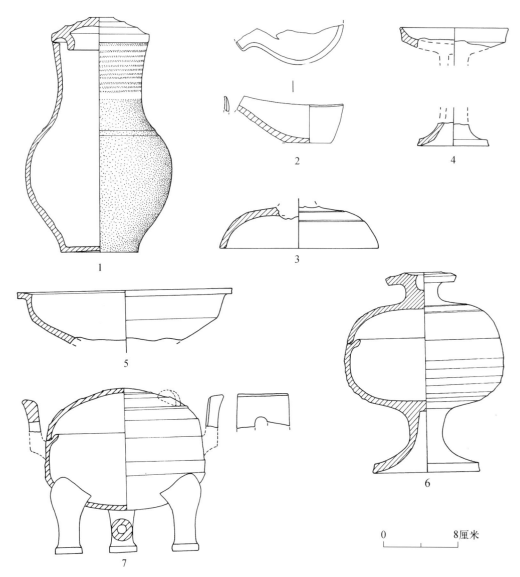

图一七二　M115出土器物图

1.陶壶(M115:3)　2.陶匜(M115:6)　3.陶盖豆(M115:4)　4.陶豆(M115:7)　5.陶盘(M115:5)
6.陶盖豆(M115:1)　7.陶鼎(M115:2)

115. M116

该墓开口于①层下,距地表深50厘米,方向290°。墓葬形制为竖穴土坑墓,开口平面形状呈长方形,墓口长250米,宽130厘米,墓口距墓底深140厘米。坑壁垂直,壁面加工规整,平底。填土为五花土,土质较松。(图一七三)

葬具为单棺,平面形状呈长方形。棺距墓口深130厘米,长216厘米,宽93厘米,残高10厘米,壁厚6厘米。

骨架一具,除小腿骨不存外,其余部位保存基本完整。仰身直肢,头向西,面向上,双手置于腹部。

无随葬品。

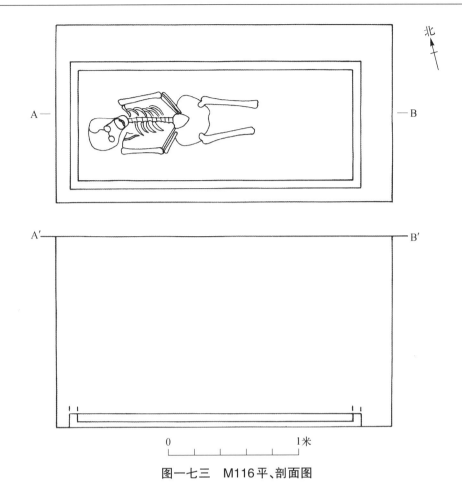

图一七三　M116平、剖面图

116. M117

该墓开口于①层下，距地表深50厘米，方向280°。墓葬形制为竖穴土坑墓，口大底小，开口平面形状呈长方形，墓口长375厘米，宽160厘米，墓口距墓底深440厘米，墓底长245厘米，宽130厘米。坑壁斜直，壁面加工规整，平底。填土为五花土，土质较松。(图一七四)

葬具为单棺，平面形状呈长方形。棺距墓口深420厘米，长216厘米，宽110厘米，残高20厘米，壁厚8厘米。

骨架不存，葬式不详。

无随葬品。

117. M118

该墓开口于①层下，距地表深50厘米，方向295°。墓葬形制为竖穴土坑墓，开口平面形状呈长方形，墓口长270厘米，宽170厘米，墓口距墓底深400厘米。坑壁垂直，壁面加工规整，平底。填土为五花土，土质较松。(图一七五)

葬具为一椁一棺，平面形状均呈长方形。椁距墓口深340厘米，长241厘米，宽139厘米，高60厘米，壁厚8厘米；棺距墓口深360厘米，长201厘米，宽96厘米，高40厘米，壁厚6厘米。

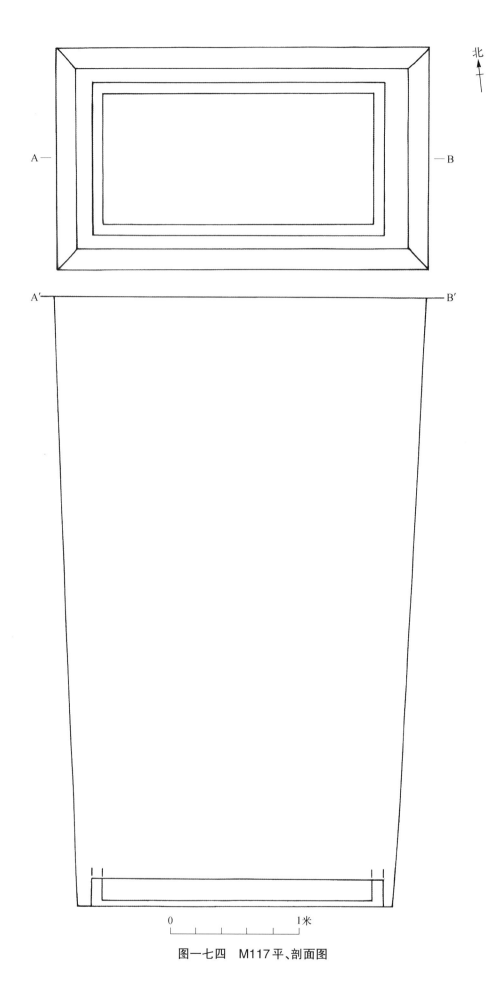

北

A — — B

A′ B′

0　　　　　1米

图一七四　M117平、剖面图

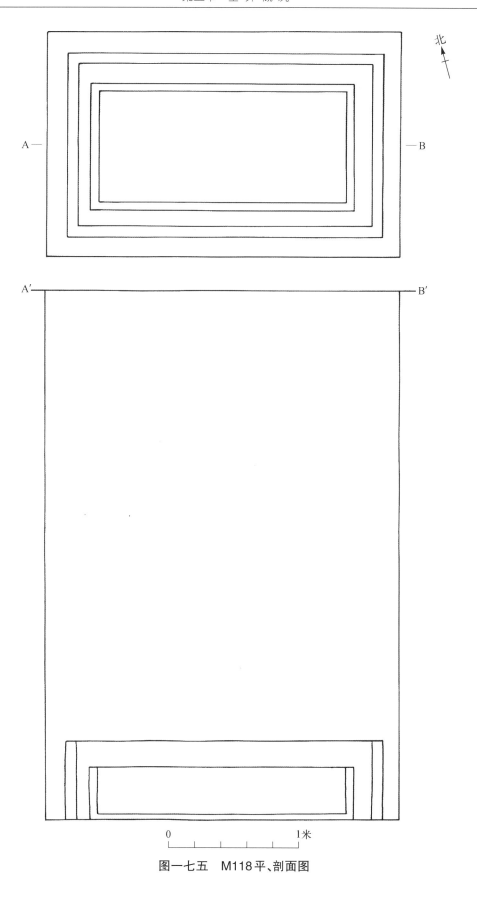

图一七五 M118平、剖面图

骨架不存,葬式不详。

无随葬品。

118. M119

该墓开口于①层下,距地表深50厘米,方向280°。墓葬形制为竖穴土坑墓,口大底小,开口平面形状呈长方形,墓口长370厘米,宽274厘米,墓口距墓底深620厘米,墓底长330厘米,宽234厘米。坑壁斜直,壁面加工规整,平底。填土为五花土,土质较松。(图一七六)

葬具为一椁一棺,平面形状均呈长方形。椁距墓口深517厘米,长283厘米,宽186厘米,高103厘米,壁厚8厘米;棺距墓口深560厘米,长210厘米,宽114厘米,高60厘米,壁厚6厘米。

骨架一具,保存差,仅剩部分臂骨和下肢骨。仰身直肢。

无随葬品。

119. M120

该墓开口于①层下,距地表深50厘米,方向284°。墓葬形制为竖穴土坑墓,口大底小,开口平面形状呈长方形,墓口长360厘米,宽250厘米,墓口距墓底深580厘米,墓底长300厘米,宽190厘米。坑壁斜直,壁面加工规整,平底。填土为五花土,土质较松。(图一七七)

葬具为一椁一棺,平面形状均呈长方形。椁距墓口深500厘米,长255厘米,宽150厘米,高80厘米,壁厚10厘米;棺距墓口深540厘米,长208厘米,宽90厘米,残高40厘米,壁厚6厘米。

骨架一具,保存基本完整。仰身直肢,头向西,面向上,双手交叉置于腹部。

无随葬品。

120. M121

该墓开口于①层下,距地表深50厘米,方向290°。墓葬形制为竖穴土坑墓,口大底小,开口平面形状呈长方形,墓口长380厘米,宽310厘米,墓口距墓底深460厘米,墓底长340厘米,宽270厘米。坑壁斜直,壁面加工规整,平底。填土为五花土,土质较松。(图一七八)

葬具为二椁一棺,平面形状均呈长方形。外椁距墓口深360厘米,长310厘米,宽238厘米,高100厘米,壁厚10厘米;内椁距墓口深410厘米,长245厘米,宽160厘米,高50厘米,壁厚7厘米;棺距墓口深430厘米,长198厘米,宽110厘米,高30厘米,壁厚6厘米。

骨架不存,葬式不详。

无随葬品。

121. M122

该墓开口于①层下,距地表深50厘米,方向296°。墓葬形制为竖穴土坑墓,开口平面形状呈长方形,墓口长280厘米,宽200厘米,墓口距墓底深450厘米。坑壁垂直,壁面加工规整,平底。填土为五花土,土质较松。(图一七九)

北

骨灰

0   1米

图一七六　M119平、剖面图

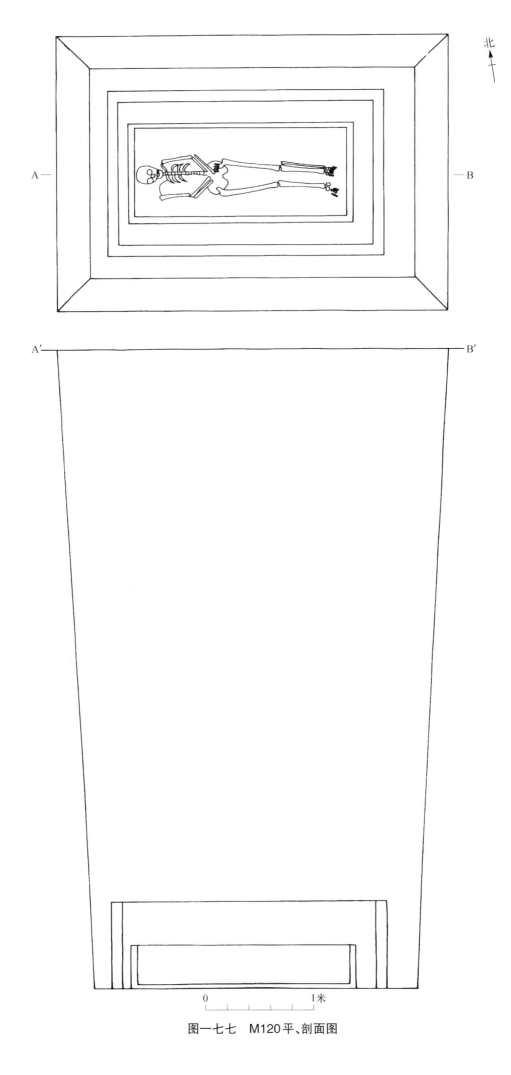

北

A —   — B

A'   B'

0   1米

图一七七　M120平、剖面图

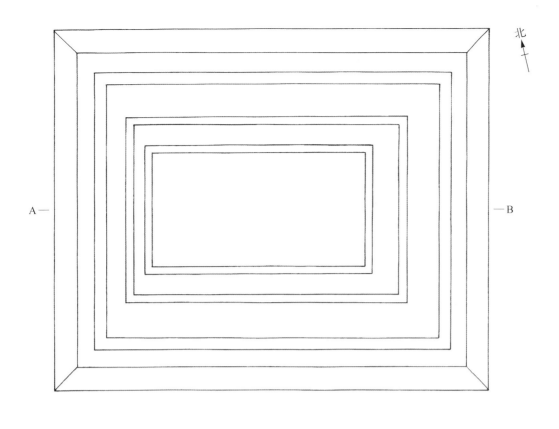

北

A— —B

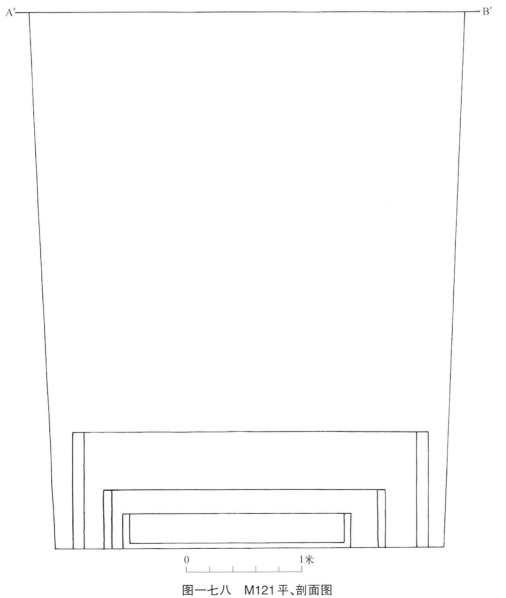

A′ B′

0 1米

图一七八 M121平、剖面图

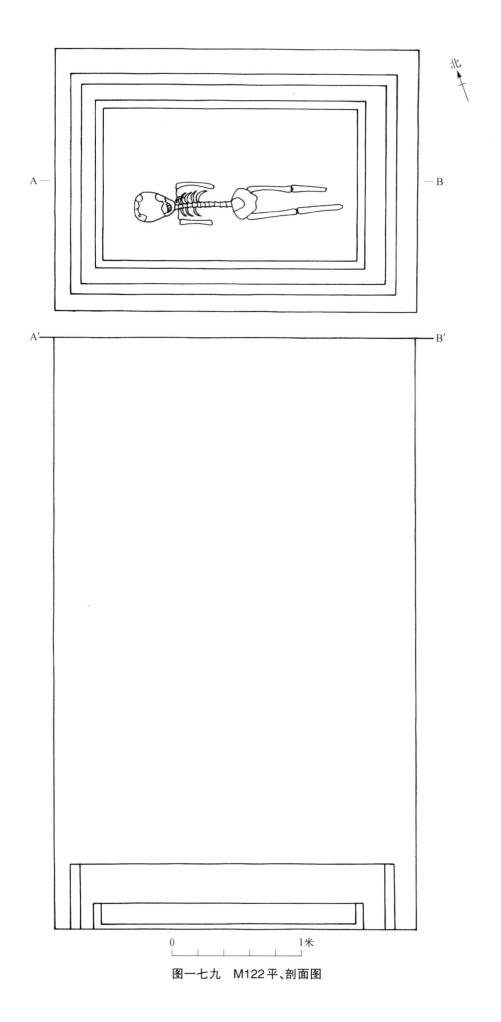

图一七九　M122平、剖面图

葬具为一椁一棺，平面形状均呈长方形。椁距墓口深400厘米，长252厘米，宽168厘米，高50厘米，壁厚8厘米；棺距墓口深430厘米，长208厘，宽128厘米，高20厘米，壁厚6厘米。

骨架一具，保存不完整。仰身直肢，头向西，面向上。

无随葬品。

122. M123

该墓开口于①层下，距地表深50厘米，方向296°。墓葬形制为竖穴土坑墓，开口平面形状呈长方形，墓口长280厘米，宽160厘米，墓口距墓底深150厘米。坑壁垂直，壁面加工规整，平底。填土为五花土，土质较松。(图一八〇)

葬具为单棺，平面形状呈长方形。棺距墓口深140厘米，长238厘米，宽118厘米，残高10厘米，壁厚8厘米。

骨架一具，已朽。葬式不详。

无随葬品。

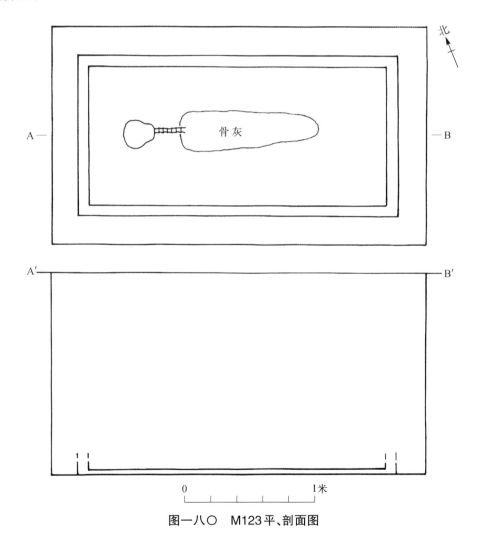

图一八〇　M123平、剖面图

123. M124

该墓开口于①层下，距地表深50厘米，方向290°。墓葬形制为竖穴土坑墓，开口平面形状呈长方形，口大底小，墓口长339厘米，宽240厘米，墓底长280厘米，宽190厘米。墓口距墓底深580厘米。坑壁斜直，壁面加工规整，平底。填土为五花土，土质较松。（图一八一）

葬具为一椁一棺，平面形状均呈长方形。椁距墓口深510厘米，长240厘米，宽140厘米，高70厘米，壁厚8厘米；棺距墓口深545厘米，长200厘米，宽100厘米，高35厘米，壁厚6厘米。

骨架不存，葬式不详。

无随葬品。

124. M125

该墓开口于①层下，距地表深50厘米，方向290°。墓葬形制为竖穴土坑墓，开口平面形状呈长方形，口大底小，墓口长370厘米，宽280厘米，墓口距墓底深820厘米，墓底长290厘米，宽190厘米。坑壁斜直，壁面加工规整，平底。填土为五花土，土质较松。（图一八二）

葬具为一椁一棺，平面形状均呈长方形。椁距墓口深770厘米，长250厘米，宽150厘米，高50厘米，壁厚8厘米。棺距墓口深800厘米，长200厘米，宽100厘米，高20厘米，壁厚5厘米。

骨架不存，葬式不详。

无随葬品。

125. M126

该墓开口于①层下，距地表深50厘米，方向290°。墓葬形制为竖穴土坑墓，开口平面形状呈长方形，墓口长302厘米，宽150厘米，墓口距墓底深260厘米。坑壁垂直，壁面加工规整，平底。填土为五花土，土质较松。（图一八三；彩版三〇，2）

葬具为单棺，平面形状呈长方形。棺内西端隔出头箱。棺距墓口深240厘米，长265厘米，宽126厘米，高20厘米，厚6厘米；头箱长126厘米，宽48厘米，残高20厘米，壁厚约6厘米。

骨架不存，葬式不详。

随葬品置于头箱内，有陶鬲4件（残1）、陶罐4件、陶豆4件。

M126：1，陶罐。平折沿，方圆唇，领较高，肩部以下锐折凸起，溜肩，斜腹，平底。泥质灰陶。器表打磨平整。上沿面可见两道凹弦纹，折肩处上部有一道凹弦纹。口径10.8厘米，腹径14.8厘米，底径9.8厘米，高11.6厘米。（图一八四，2；彩版一〇六，4）

M126：2，陶罐。平折沿，圆唇，溜肩，肩部以下锐折凸起，斜腹，平底内凹。泥质灰陶。器表打磨平整。上沿面可见两道凹弦纹，折肩处上部有一道凹弦纹。口径10.0厘米，腹径13.6厘米，底径8.8厘米，高11.0厘米。（图一八四，5；彩版一〇六，5）

M126：3，陶鬲。仰折沿，口沿高低不平，上沿面唇缘处凸起，方唇，唇面内凹，短肩内弧，弧腹微鼓，袋足肥大，无尖足跟，裆部较高。夹砂褐陶。上沿面近口处有一道凹弦纹；通体饰粗绳纹，

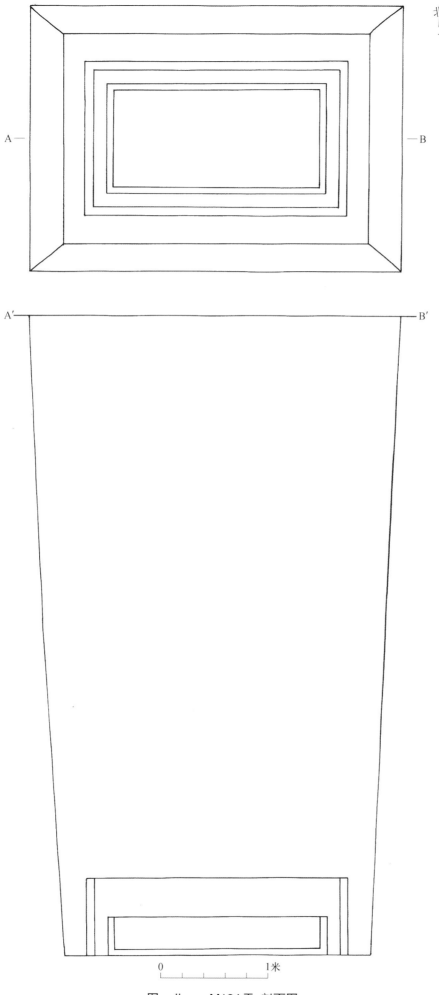

北

A —　　　— B

A′　　　　　　　　　　　　B′

0　　　　　　1米

图一八一　M124平、剖面图

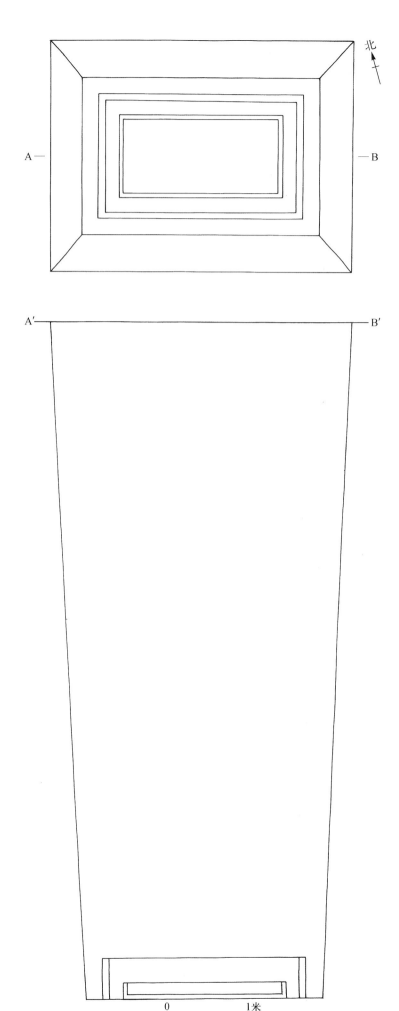

图一八二　M125平、剖面图

北

A

B

A′

B′

0　　　　　1米

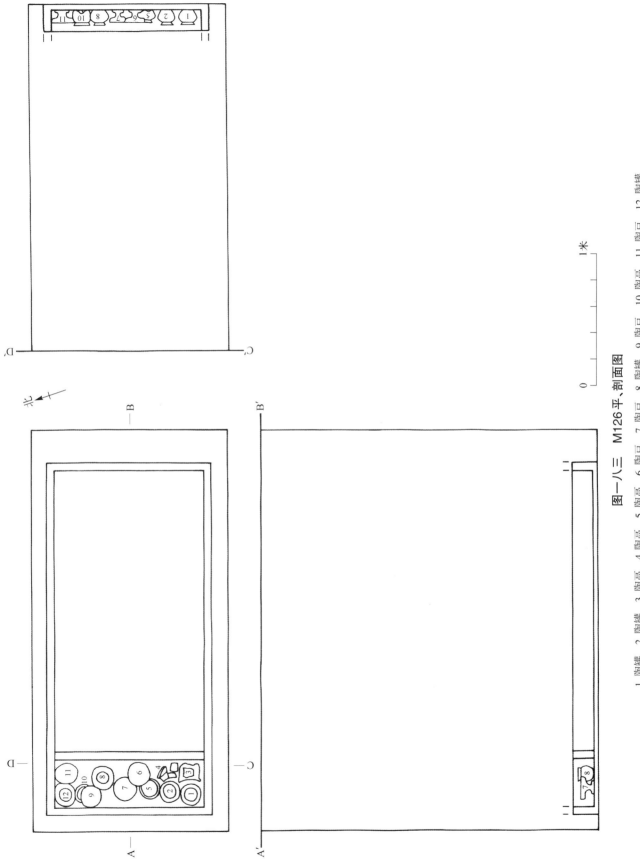

图一八三 M126平、剖面图

1. 陶罐 2. 陶罐 3. 陶鬲 4. 陶鬲 5. 陶鬲 6. 陶鬲 7. 陶豆 8. 陶罐 9. 陶豆 10. 陶鬲 11. 陶豆 12. 陶罐

肩部绳纹被抹,隐约可见。口径17.3厘米,腹径18.9厘米,高15.0厘米。(图一八四,7;彩版五〇,4)

　　M126:4,陶鬲,残存口沿和上腹部。折沿微上仰,上沿面口沿处凸起,方唇,弧腹。上沿面外侧有一道凹弦纹,腹部近口处无绳纹,余腹饰中粗绳纹。夹砂红胎褐陶。口径16.0厘米,腹径18.0厘米,残高7.0厘米。(图一八四,1)

　　M126:5,陶鬲。折沿微上仰,上沿面唇缘处凸起,方唇,短肩略内弧,弧鼓腹,袋足肥大,无尖

图一八四　M126出土器物图

1. 陶鬲(M126:4)　2. 陶罐(M126:1)　3. 陶豆(M126:7)　4. 陶鬲(M126:5)　5. 陶罐(M126:2)　6. 陶豆(M126:9)　7. 陶鬲(M126:3)　8. 陶罐(M126:12)　9. 陶豆(M126:11)　10. 陶鬲(M126:10)　11. 陶罐(M126:8)　12. 陶豆(M126:6)

足跟,裆部较高。夹砂灰胎褐陶。通体饰粗绳纹,肩部绳纹被抹,隐约可见。口径15.2厘米,腹径16.6厘米,高12.1厘米。(图一八四,4;彩版五〇,5)

M126:6,陶豆。微敞口,方唇,盘较深,盘口大,折壁处凸起似肩,短柄较粗,大喇叭座。泥质褐陶,局部红色相杂。唇面有一道较浅凹弦纹;折壁处上部有一道较深凹弦纹;豆盘内外壁均饰有螺旋状暗纹,内壁暗纹较粗,自盘心至外侧间距渐大,外壁暗纹较粗,间距不等。盘径18.0厘米,足径10.4厘米,高12.9厘米。(图一八四,12;彩版八八,5)

M126:7,陶豆。口微敞,方圆唇,盘较深,盘口大,折壁处凸起似肩,短柄较粗,大喇叭座。泥质褐陶。豆盘内外壁均饰有螺旋状暗纹,内壁暗纹较粗,自盘心至外侧间距渐大,外壁暗纹较粗,间距较大。盘径17.2厘米,足径10.4厘米,高12.6厘米。(图一八四,3;彩版八八,6)

M126:8,陶罐。平折沿,方圆唇,溜肩,肩部以下锐折凸起,斜腹,平底。泥质深灰陶。器表打磨平整。上沿面有两道凹弦纹,折肩处上部有一道凹弦纹。口径10.4厘米,腹径14.8厘米,底径9.2厘米,高11.8厘米。(图一八四,11;彩版一〇六,6)

M126:9,陶豆。口微敞,方唇,盘较深,盘口大,折壁处凸起似肩,短柄较粗,大喇叭座。泥质灰褐陶。折壁处上部有一道凹弦纹;豆盘内外壁均饰有螺旋状暗纹,内外壁暗纹较粗,有一定间距。盘径17.4厘米,足径10.5厘米,高12.3厘米。(图一八四,6;彩版八九,1)

M126:10,陶鬲。折沿上仰,上沿面唇缘处上翘,方唇,短溜肩,弧鼓腹略垂,袋足肥大,无尖足跟,裆部较高。夹粗砂黑陶。通体饰粗绳纹,肩部绳纹被抹,隐约可见。口径15.2厘米,腹径17.0厘米,高13.0厘米。(图一八四,10;彩版五〇,6)

M126:11,陶豆。直口,方唇较厚,盘较深,盘口大,折壁处凸起似肩,短柄较粗,大喇叭座。泥质褐陶。折壁处上部有一道凹弦纹;豆盘内外壁均饰有螺旋状暗纹,内外壁暗纹较粗,有一定间距;豆座唇部有一道凹弦纹。盘径17.3厘米,足径10.6厘米,高13.8厘米。(图一八四,9;彩版八九,2)

M126:12,陶罐。平折沿,圆唇,矮领,溜肩,肩部以下锐折凸起,斜腹,平底。泥质灰陶。器表打磨平整。折肩处上部有一道凹弦纹。口径11.2厘米,腹径15.0厘米,底径10.0厘米,高12.6厘米。(图一八四,8;彩版一〇七,1)

126. M127

该墓开口于①层下,距地表深50厘米,方向290°。墓葬形制为竖穴土坑墓,开口平面形状呈长方形,口大底小,墓口长340厘米,宽280厘米,墓口距墓底深480厘米,墓底长280厘米,宽220厘米。坑壁斜直,壁面加工规整,平底。填土为五花土,土质较松。(图一八五)

葬具为一椁一棺,椁和棺平面分别为"Ⅱ"字形和长方形。椁距墓口深390厘米,长260厘米,宽180厘米,高90厘米,壁厚10厘米;棺距墓口深440厘米,长210厘米,宽140厘米,高40厘米,壁厚6厘米。

骨架不存,葬式不详。

无随葬品。

北

A — — B

A' B'

0　　　　　　　　1米

图一八五　M127平、剖面图

127. M128

该墓开口于①层下，距地表深50厘米，方向278°。墓葬形制为竖穴土坑墓，开口平面形状呈长方形，口大底小，墓口长318厘米，宽164厘米，墓口距墓底深430厘米，墓底长298厘米，宽144厘米。坑壁斜直，壁面加工规整，平底。填土为五花土，土质较松。（图一八六）

葬具为单棺，平面形状呈长方形。棺距墓口深420厘米，长240厘米，宽115厘米，残高10厘米，厚壁6厘米。

骨架一具，保存差。仰身直肢，头向西，面向上。

随葬品置于墓葬西端，出土陶鬲4件、陶盂4件、陶罐4件、陶豆4件。（彩版三一，1）

M128：1，陶罐。窄平折沿，方圆唇，矮领，溜肩，斜腹微弧，平底内凹。泥质灰陶。器表打磨平整光滑，腹部有刮削痕。口径9.6厘米，腹径16.0厘米，底径8.8厘米，高13.8厘米。（图一八七，6；彩版一〇七，2）

M128：2，陶鬲。仰折沿，方唇，器口不规则，高低不平，弧鼓肩，斜弧腹，袋足外张，尖足跟，裆部较高。泥质灰陶，胎体厚重。通体饰粗绳纹，肩部绳纹被抹去，隐约可见，其上饰数周凹弦纹。口径17.1厘米，腹径19.2厘米，高15.3厘米。（图一八七，1；彩版五一，1）

M128：3，陶鬲。仰折沿，方唇，不规整，溜肩不明显，弧腹，袋足外张，尖足跟，裆部较低。泥质灰陶，胎体厚重。通体饰交错粗绳纹，肩部绳纹被抹，隐约可见，其上饰数周瓦棱状凹带纹。口径13.4厘米，腹径13.7厘米，高12.4厘米。（图一八七，7；彩版五一，2）

M128：4，陶罐。窄平折沿，方唇，矮领，圆肩，斜腹，平底。泥质灰陶。器表打磨平整光滑。口径9.6厘米，腹径15.6厘米，底径10.0厘米，高14.0厘米。（图一八七，9；彩版一〇七，3）

M128：5，陶盂。折沿微仰，方唇，肩部近口沿处内凹形成似颈结构，折腹，上腹微弧鼓，下腹斜收，平底。泥质灰陶。器表打磨平整光滑。上沿面有一道凹弦纹，唇面有一道凹弦纹。口径16.9厘米，腹径17.3厘米，底径8.8厘米，高10.0厘米。（图一八七，2；彩版七一，6）

M128：6，陶豆。敞口，尖圆唇，唇外缘弧鼓，渐弧收至折壁处再凸起，使整个外壁略成"S"形，上半部外鼓，下半部内收成宽凹槽，折壁，盘较深，盘口较大，细高柄，喇叭座较大。泥质黑灰陶。豆盘内外壁均有螺旋状暗纹，内壁暗纹细而圈圈相连，外壁暗纹较细，间距小。盘径17.9厘米，足径10.0厘米，高15.6厘米。（图一八八，1；彩版八九，3）

M128：7，陶鬲。仰折沿，方唇，器口不规则，高低不平，溜肩微弧，斜腹，袋足外张，尖足跟，裆部较低。泥质灰陶，胎体厚重。上沿面近口处有一道凹弦纹；通体饰交错粗绳纹，肩部绳纹被抹去，隐约可见，其上饰数周瓦棱状凹带纹。口径17.0厘米，腹径16.7厘米，高11.9厘米。（图一八七，10；彩版五一，3）

M128：8，陶罐。平折沿，方圆唇，矮领，溜肩微弧，折肩处凸起，斜腹，平底。泥质深灰陶。器表打磨平整光滑。上沿面有两道凹弦纹，折肩处上部有一道凹弦纹。口径11.6厘米，腹径19.0厘米，底径11.8厘米，高15.2厘米。（图一八七，12；彩版一〇七，4）

M128：9陶豆。敞口，圆唇，唇外缘微弧鼓，渐弧收至折壁处再凸起似肩，使整个外壁略成"S"形，上半部外鼓，下半部内收成宽凹槽，折壁，盘较深，盘口较大，细高柄，喇叭座较大。泥

图一八六　M128平、剖面图

1. 陶罐　2. 陶鬲　3. 陶鬲　4. 陶罐　5. 陶盂　6. 陶豆　7. 陶罐　8. 陶罐　9. 陶豆　10. 陶豆　11. 陶盂　12. 陶罐
13. 陶盂　14. 陶鬲　15. 陶豆　16. 陶盂

质灰陶。豆盘内外壁均有螺旋状暗纹,内壁暗纹细而圈圈相连,外壁暗纹较细,间距较大;豆柄下部有一刻画符号;豆座唇部有一道凹弦纹。盘径18.0厘米,足径11.2厘米,高15.6厘米。(图一八八,2;彩版八九,4)

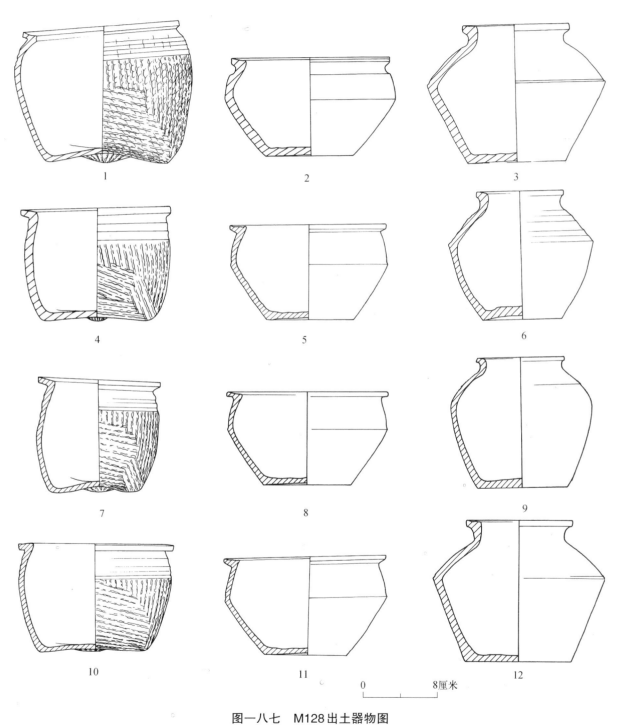

0　　　　　8厘米

图一八七　M128出土器物图

1. 陶鬲(M128∶2)　2. 陶盂(M128∶5)　3. 陶罐(M128∶12)　4. 陶鬲(M128∶14)　5. 陶盂(M128∶11)　6. 陶罐(M128∶1)
7. 陶鬲(M128∶3)　8. 陶盂(M128∶13)　9. 陶罐(M128∶4)　10. 陶鬲(M128∶7)　11. 陶盂(M128∶16)　12. 陶罐(M128∶8)

M128：10，陶豆。敞口，尖圆唇，唇外缘弧鼓，渐弧收至折壁处再凸起，使整个外壁略成"S"形，上半部外鼓，下半部内收成宽凹槽，盘壁弧折，盘较深，盘口较大，细高柄，喇叭座较大。泥质灰陶。豆盘内外壁均有螺旋状暗纹，内壁暗纹细而圈圈相连，外部暗纹较粗，间距大小不一；盘内壁正中有刻画符号。盘径17.2厘米，足径10.6厘米，高15.8厘米。（图一八八，3；图一八八，5；彩版八九，5；彩版一二八，1）

M128：11，陶盂。平折沿，方唇，折腹，折腹处凸起，上腹微弧，下腹斜收，平底内凹。泥质灰陶。器表打磨平整光滑。上沿面近口处和外侧各有一道凹弦纹，折腹处上部有一道凹弦纹。口径17.1厘米，腹径17.1厘米，底径9.0厘米，高10.3厘米。（图一八七，5；彩版七二，1）

M128：12，陶罐。平折沿，方圆唇，矮领，溜肩微弧鼓，折肩处凸起，斜腹，平底。泥质深灰陶。器表打磨平整光滑。折肩处上部有一道凹弦纹。口径11.7厘米，腹径19.6厘米，底径10.8厘米，高14.9厘米。（图一八七，3；彩版一〇七，5）

M128：13，陶盂。折沿微仰，方圆唇，折腹，折腹处凸起，上腹微弧，下腹斜收，平底内凹。泥质灰陶。器表打磨平整光滑。上沿面近口处和外侧各有一道凹弦纹。口径17.4厘米，腹径17.4厘米，底径9.6厘米，高10.1厘米。（图一八七，8；彩版七二，2）

M128：14，陶鬲。仰折沿，方唇，溜肩不明显，弧腹，袋足外张，尖足跟，裆部较低。泥质深灰陶，胎体厚重。通体饰交错粗绳纹，肩部绳纹被抹，隐约可见，其上饰数周不规则瓦棱状凹带纹。口径16.3厘米，腹径15.8厘米，高12.2厘米。（图一八七，4；彩版五一，4）

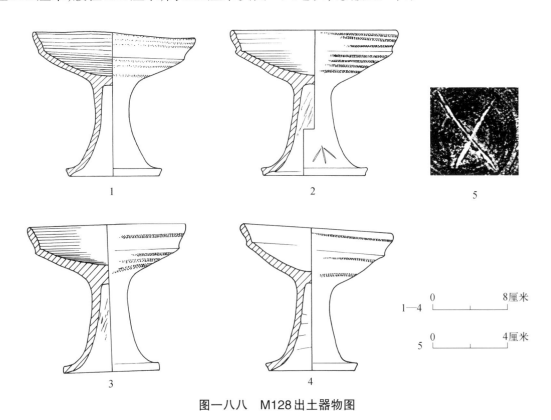

图一八八　M128出土器物图

1. 陶豆（M128：6）　2. 陶豆（M128：9）　3. 陶豆（M128：10）　4. 陶豆（M128：15）　5. 陶豆刻符（M128：10）

M128:15,陶豆。敞口,圆唇,唇外缘弧鼓,渐弧收至折壁处再凸起,使整个外壁略成"S"形,上半部外鼓,下半部内收成宽凹槽,折壁,盘较深,盘口较大,细高柄,喇叭座较大。泥质灰陶。豆盘内外壁均有螺旋状暗纹,内壁暗纹粗,间距小,外壁暗纹较细,间距大。盘径16.8厘米,足径9.2厘米,高15.2厘米。(图一八八,4;彩版八九,6)

M128:16,陶盂。折沿微仰,尖圆唇,折腹,折腹处凸起,上腹斜直,下腹斜收,平底微内凹。泥质深灰陶。器表打磨平整光滑。上沿面近口处和外侧各有一道不明显凹弦纹,折腹处上部有一道不明显且不完整凹弦纹。口径17.7厘米,腹径17.9厘米,底径9.0厘米,高10.9厘米。(图一八七,11;彩版七二,3)

128. M129

该墓开口于①层下,距地表深50厘米,方向285°。北部有一近长方形盗洞将其打破。墓葬形制为竖穴土坑墓,开口平面形状呈长方形,口大底小,墓葬长490厘米,宽380厘米,墓口距墓底深550厘米,墓底长430厘米,宽320厘米。坑壁斜直,壁面加工规整,平底。填土为五花土,土质较松。(图一八九)

葬具为一椁一棺,平面形状均呈长方形。椁距墓口深500厘米,长320厘米,宽250厘米,高50厘米,壁厚10厘米;棺距墓口深540厘米,长230厘米,宽116厘米,残高10厘米,壁厚8厘米。

骨架不存,葬式不详。

墓葬已被盗扰,随葬品出土于盗洞中,出土鼎3件(残1)、盖豆4件(残2)、壶3件(均残)、盘2件、豆8件(残1)、器盖2件。

M129:1,陶鼎。盖为斜方唇,盖缘弧折,盖顶近平。器身子口内敛,方圆唇,弧腹,圜底;对称方附耳,顶端略外撇,耳端内侧有刀削;三圆形空心蹄足,足跟微鼓,蹄足较高。盖顶有一涡状纹;盖面由上至下有两道凸弦纹、一道折棱,两道凸弦纹间等距分布三组,各钮间有纵向短锯齿纹,凸弦纹和折棱间有纵向短锯齿纹;附耳内侧有横向锯齿纹,外侧有纵向锯齿纹;腹部有两周似肩凸棱,近口处有若干纵向短锯齿纹夹两个交叉的"S"纹;蹄足有纵向锯齿纹。口径20.6厘米,腹径25.4厘米,通高25.1厘米。(图一九三,1;彩版一一五,4)

M129:2,陶鼎。盖为斜方唇,盖缘弧折,盖顶近平。器身子口内敛,斜方唇,弧腹,上腹近直,圜底;对称方附耳,顶端略外撇,耳端内侧有刀削;三圆形空心蹄足,足跟微鼓,蹄足较高。泥质灰陶。盖面由上至下有两道凸弦纹、一道折棱,两道凸弦纹间等距分布三组,三组间有纵向短锯齿纹,凸弦纹和折棱间有纵向短锯齿纹;附耳内侧有横向锯齿纹;腹部有两周似肩凸棱,近口处一段饰纵向短锯齿纹夹"S"纹;蹄足上有或纵向或横向的短锯齿纹。口径22.2厘米,腹径25.0厘米,通高25.6厘米。(图一九四,1;彩版一一五,5)

M129:3,陶鼎。盖已残。器身为子口内敛,方圆唇,弧腹,上腹近直,圜底;对称方附耳,顶端略外撇,耳端内侧有刀削。三圆形空心蹄足,足跟微鼓,蹄足较高。泥质灰陶。附耳内侧饰横向锯齿纹,外侧饰纵向短锯齿纹;腹部有两周似肩凸棱,近口处一段为一周三角锯齿纹,其内填若干纵向短锯齿纹和"S"纹;蹄足上有若干纵向短锯齿纹。口径21.0厘米,腹径24.8厘米,通高

图一八九　M129平、剖面图

1. 陶鼎　2. 陶鼎　3. 陶鼎　4. 陶器盖　5. 陶盖豆　6. 陶盖豆　7. 陶器盖　8. 陶盘　9. 陶盘　10. 陶壶　11. 陶壶　12. 陶壶　13. 陶豆　14. 陶豆　15. 陶盖豆　16. 陶盖豆　17. 陶豆　18. 陶豆　19. 陶豆　20. 陶豆　21. 陶豆　22. 陶豆

22.5厘米。(图一九二,6;彩版一一五,6)

M129∶4,陶器盖。弧顶盖,圆唇,弧壁平顶,弧壁处凸起。泥质灰陶。盖顶内饰有若干"S"纹,盖壁饰有锯齿状暗纹。盖径21.7厘米,高5.2厘米。(图一九一,1;彩版一一八,3)

M129∶5,陶盖豆,已残。弧顶盖,圆唇,圆形捉手,折而下垂,折棱凸起,台面内凹,中部有一周凸棱,中心为一直达盖顶的圆孔洞,束腰盖柱,喇叭豆座。盖面约三分之一和三分之二处,均有一组两余周凹弦纹。泥质灰陶。盖径21.2厘米,捉手径8.2厘米,高9.5厘米;底径15.4厘米,残高5.6厘米。(图一九〇,5)

M129∶6,陶盖豆,已残。弧顶盖,圆唇;喇叭豆座。泥质灰陶。盖顶上有两组凹弦纹,每组三道。盖径23.5厘米,残高5.4厘米;足径15.3厘米,残高5.0厘米。(图一九〇,8)

M129∶7,陶器盖。弧顶盖,圆唇,弧壁平顶,弧壁处凸起。泥质灰陶。盖顶内饰有若干"S"纹,盖壁饰有锯齿状暗纹。盖径21.0厘米,高5.6厘米。(图一九一,2;彩版一一八,4)

M129∶8,陶盘。平折沿,沿面略鼓,圆唇,折腹,上腹斜直,下腹略内弧,盘较深,平底内凹。泥质灰陶。口径33.5厘米,腹径27.0厘米,底径14.4厘米,高8.5厘米。(图一九〇,6;彩版一一八,1)

M129∶9,陶盘。宽平折沿,沿面略鼓,方唇,折腹,上腹微弧,下腹斜收,盘较深,平底内凹。盘内正中有一短柱,柱顶呈馒头状。泥质灰陶。柱顶、盘内、上沿面及上腹均有暗纹。口径26.6厘米,腹径22.0厘米,底径11.6厘米,器高7.8厘米,柱高10.9厘米。(图一九〇,9;彩版一一七,5、6)

M129∶10,陶壶,已残。平折沿,方唇,圆肩、下腹明显内弧,最大颈接近器腹上部,假圈足较矮。上沿面及束颈有数周暗纹,肩部饰纵向短锯齿纹;肩部、肩腹交界处、腹中部均饰有凹弦纹。口径11.8厘米,腹径17.7厘米,底径8.0厘米,高18.0厘米。(图一九〇,7)

M129∶11,陶壶,仅存器盖,腹部残片。盖面有两道折棱,盖顶隆起,圆平顶。泥质灰陶。盖径12.5厘米,高3.7厘米。(图一九〇,3)

M129∶12,陶壶,仅存口沿和颈部残片。平折沿较窄,方唇。泥质灰陶。唇面有一道凹弦纹。口径12.0厘米,残高5.3厘米。(图一九〇,4)

M129∶13,陶豆。敞口,圆唇,壁外折内弧,浅盘,细高直柄,喇叭豆座。盘内有锯齿状暗纹。泥质灰陶。盘径13.6厘米,足径9.5厘米,高18.4厘米。(图一九一,3;彩版九〇,1;彩版一二九,2)

M129∶14,陶豆。喇叭座已残。敞口,圆唇,壁外折内弧,浅盘,细高直柄,喇叭豆座。盘内有锯齿状暗纹。泥质灰陶。盘径12.9厘米,足径9.2厘米,残高17.0厘米。(图一九一,4)

M129∶15,陶盖豆。盖为圆唇,弧壁弧顶,中部一圆形捉手,捉手两道折棱,口沿折而向下,中心为一直达盖顶的圆孔洞,束腰盖柱,较矮。器身为子口内敛,方唇近圆,深盘折腹,折棱明显,盘壁近直,盘底弧收,短柄,大喇叭状圈足。泥质灰陶,器表打磨平整。盖面等距分布两组凹弦纹,每组两周;盘壁上部为一周纵向短锯齿纹,下部为一周横向锯齿纹,两者中部被一凸棱隔开。盘径16.8厘米,足径15.2厘米,捉手径8.4厘米,通高26.2厘米。(图一九〇,2;彩版一一六,3)

M129∶16,陶盖豆。器盖为圆唇,弧壁弧顶,中部一圆形捉手,捉手两道折棱,口沿折而向下,中心为一直达盖顶的圆孔洞,束腰盖柱,较矮。器身为子口内敛,方唇近圆,深盘折腹,折棱明显,盘壁

0　　　　　8厘米

图一九〇　M129出土器物图

1.陶盖豆（M129：16）　2.陶盖豆（M129：15）　3.陶壶（M129：11）　4.陶壶（M129：12）　5.陶盖豆（M129：5）
6.陶盘（M129：8）　7.陶壶（M129：10）　8.陶盖豆（M129：6）　9.陶盘（M129：9）

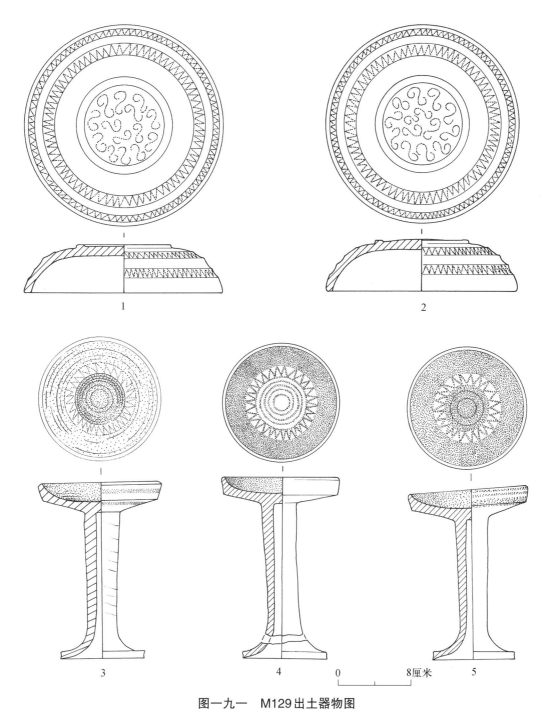

图一九一　M129出土器物图

1. 陶器盖（M129：4）　2. 陶器盖（M129：7）　3. 陶豆（M129：13）　4. 陶豆（M129：14）　5. 陶豆（M129：17）

近直,盘底弧收,短柄,大喇叭状圈足。泥质灰陶,器表打磨平整。盖面等距分布两组凹弦纹,每组两周。盘径16.8厘米,足径15.4厘米,捉手径8.4厘米,通高25.3厘米。（图一九〇,1;彩版一一六,4）

　　M129：17,陶豆。敞口,圆唇,盘壁外折内弧,浅盘,细高直柄,喇叭豆座。盘内有锯齿状暗纹。泥质灰陶。盘径13.2厘米,足径10.0厘米,高18.6厘米。（图一九一,5;彩版九〇,2;彩版一二九,3）

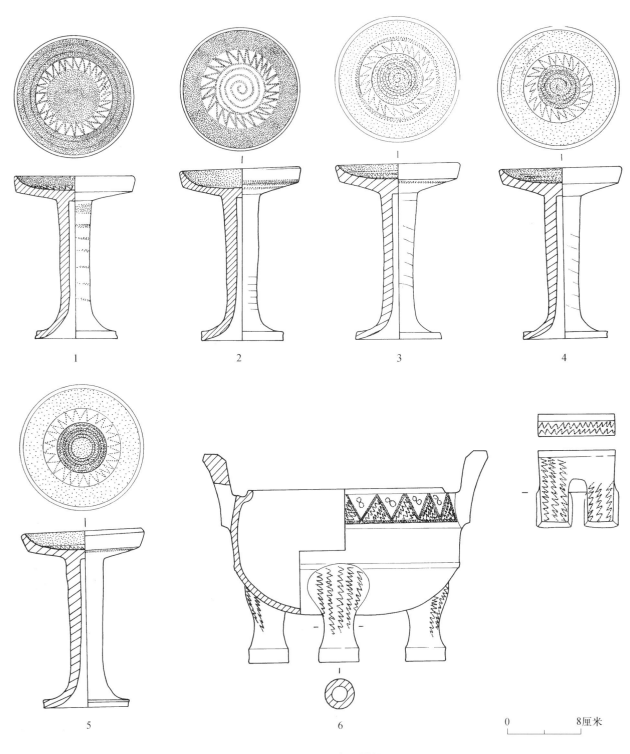

图一九二　M129出土器物图

1. 陶豆（M129：18）　2. 陶豆（M129：19）　3. 陶豆（M129：20）　4. 陶豆（M129：21）　5. 陶豆（M129：22）　6. 陶鼎（M129：3）

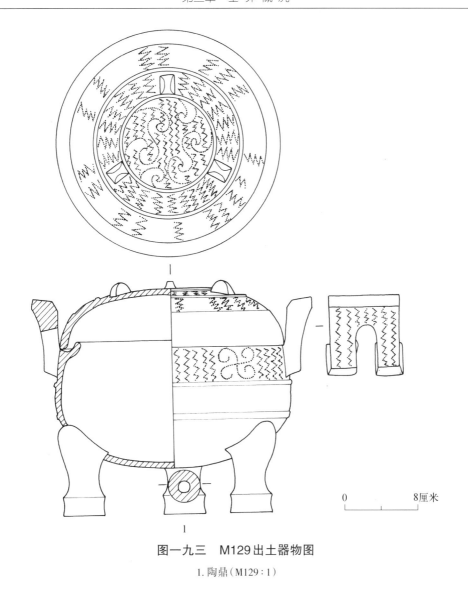

图一九三 M129出土器物图

1.陶鼎（M129：1）

M129：18，陶豆。敞口，圆唇，盘壁外折内弧，浅盘，细高直柄，喇叭豆座。盘内有锯齿状暗纹。泥质灰陶。盘径13.2厘米，足径9.0厘米，高17.5厘米。（图一九二，1；彩版九〇，3；彩版一二九，4）

M129：19，陶豆。敞口，圆唇，盘壁外折内弧，浅盘，细高直柄，喇叭豆座。盘内有锯齿状暗纹。泥质灰陶。盘径13.5厘米，足径9.0厘米，高18.7厘米。（图一九二，2；彩版九〇，4；彩版一二九，5）

M129：20，陶豆。敞口，圆唇，盘壁外折内弧，浅盘，细高直柄，喇叭豆座。盘内有锯齿状暗纹。泥质灰陶。盘径13.5厘米，足径9.2厘米，高19.0厘米。（图一九二，3；彩版九〇，5）

M129：21，陶豆。敞口，圆唇，盘壁外折内弧，浅盘，细高直柄，喇叭豆座。盘内有锯齿状暗纹。泥质灰陶。盘径13.3厘米，足径9.0厘米，高18.4厘米。（图一九二，4；彩版九〇，6）

M129：22，陶豆。敞口，圆唇，盘壁外折内弧，浅盘，细高直柄，喇叭豆座。盘内有锯齿状暗

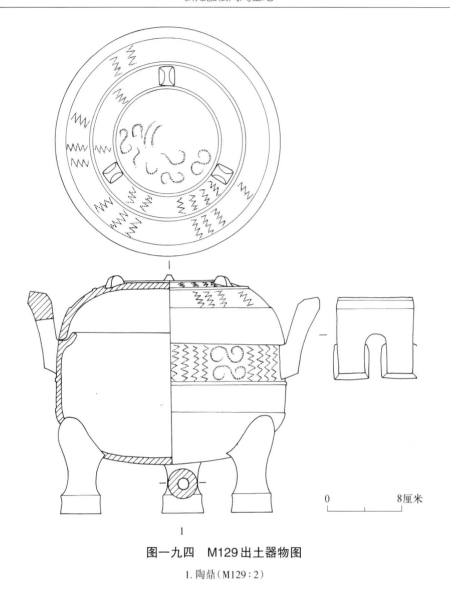

图一九四　M129出土器物图

1. 陶鼎（M129∶2）

纹。泥质灰陶。盘径13.4厘米，足径9.2厘米，高19.1厘米。（图一九二，5；彩版九一，1；彩版一二九，6）

129. M130

该墓开口于①层下，距地表深50厘米，方向290°。墓葬形制为竖穴土坑墓，开口平面形状呈长方形，墓口长260厘米，宽170厘米，墓口距墓底深350厘米。坑壁垂直，壁面加工规整，平底。填土为五花土，土质较松。（图一九五）

葬具为单棺，平面形状呈长方形。棺距墓口深310厘米，长200厘米，宽120厘米，高40厘米，壁厚4厘米。

骨架不存，葬式不详。

无随葬品。

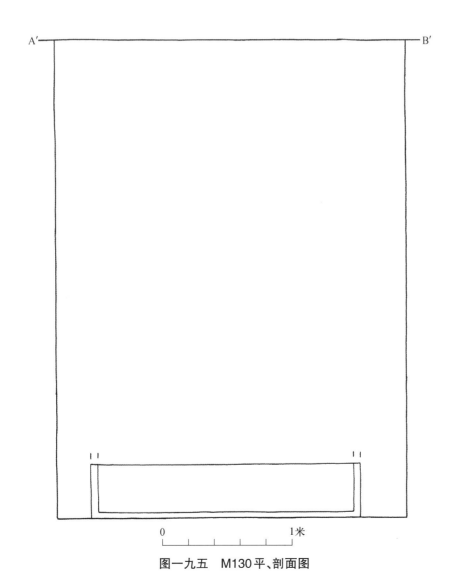

图一九五　M130平、剖面图

130. M131

该墓开口于①层下,距地表深50厘米,方向285°。墓葬形制为竖穴土坑墓,开口平面形状呈长方形,口大底小,墓口长390厘米,宽300厘米,墓口距墓底深570厘米,墓底长330厘米,宽250厘米。坑壁斜直,壁面加工规整,平底。填土为五花土,土质较松。(图一九六)

葬具为一椁一棺,平面形状均呈长方形。椁距墓口深500厘米,长250厘米,宽190厘米,高70厘米,壁厚10厘米;棺距墓口深540厘米,长190厘米,宽120厘米,高30厘米,壁厚6厘米。

骨架不存,葬式不详。

无随葬品。

131. M132

该墓开口于①层下,距地表深50厘米,方向279°。墓葬形制为竖穴土坑墓,开口平面形状呈长方形,口大底小,墓口长350厘米,宽296厘米,墓口距墓底深450厘米,墓底长310厘米,宽252厘米。坑壁斜直,壁面加工规整,平底。填土为五花土,土质较松。(图一九七)

葬具为一椁一棺,平面形状均呈长方形。椁距墓口深390厘米,长286厘米,宽220厘米,残高60厘米,壁厚8厘米;棺距墓口深430厘米,长240厘米,宽142厘米,残高20厘米,壁厚6厘米。

骨架一具,保存差。仰身直肢,头向西,面向上,双手置于腹部。

无随葬品。

132. M134

该墓开口于①层下,距地表深50厘米,方向295°。墓葬形制为竖穴土坑墓,开口平面形状呈长方形,墓口长300厘米,宽140厘米,墓口距墓底深550厘米。坑壁垂直,壁面加工规整,平底。填土为五花土,土质较松。(图一九八)

葬具为单棺,平面形状呈长方形。棺距墓口深500厘米,长254厘米,宽110厘米,残高50厘米,壁厚7厘米。

骨架不存,葬式不详。

随葬品置于棺内西端,出土陶罐2件、陶盂1件。

M134:1,陶罐。器盖折壁平顶,舌极短。器身敛口,方圆唇,领极矮,溜肩弧鼓,斜腹内弧,平底内凹。泥质灰陶。口径6.0厘米,腹径8.6厘米,底径5.4厘米,高7.2厘米。(图一九九,3;彩版一〇七,6)

M134:2,陶罐。盖失。器身敛口,方唇,领极矮,斜肩,斜腹内弧,平底内凹。泥质灰陶。口径5.4厘米,腹径8.7厘米,底径4.4厘米,高5.6厘米。(图一九九,1;彩版一〇八,1)

M134:3,陶盂。折沿微下斜,斜方唇,折腹不明显,几近弧腹,平底。泥质灰陶。口径13.8厘米,腹径10.8厘米,底径6.2厘米,高5.5厘米。(图一九九,2;彩版七二,4)

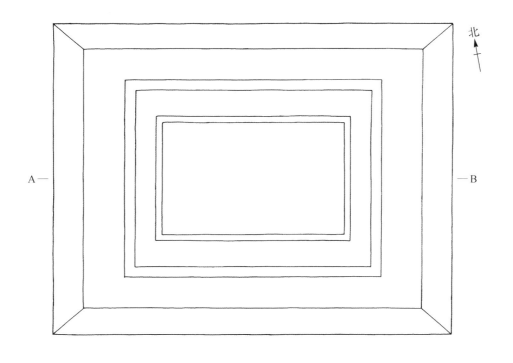

北

A —　　　— B

A′　　　B′

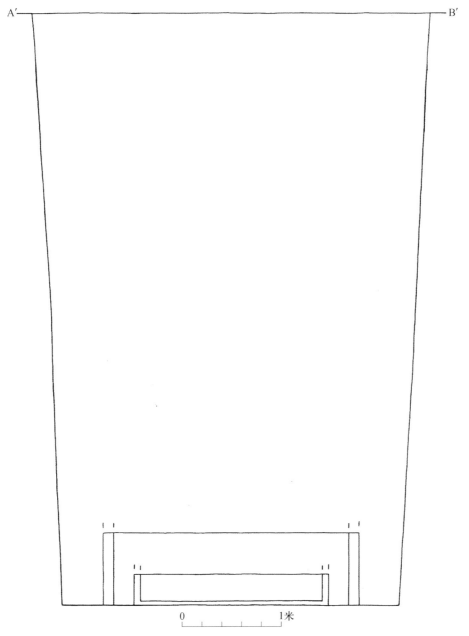

0　　　　　1米

图一九六　M131平、剖面图

北

骨灰

A —   — B

A′ ——————————————————— B′

0   1米

图一九七 M132平、剖面图

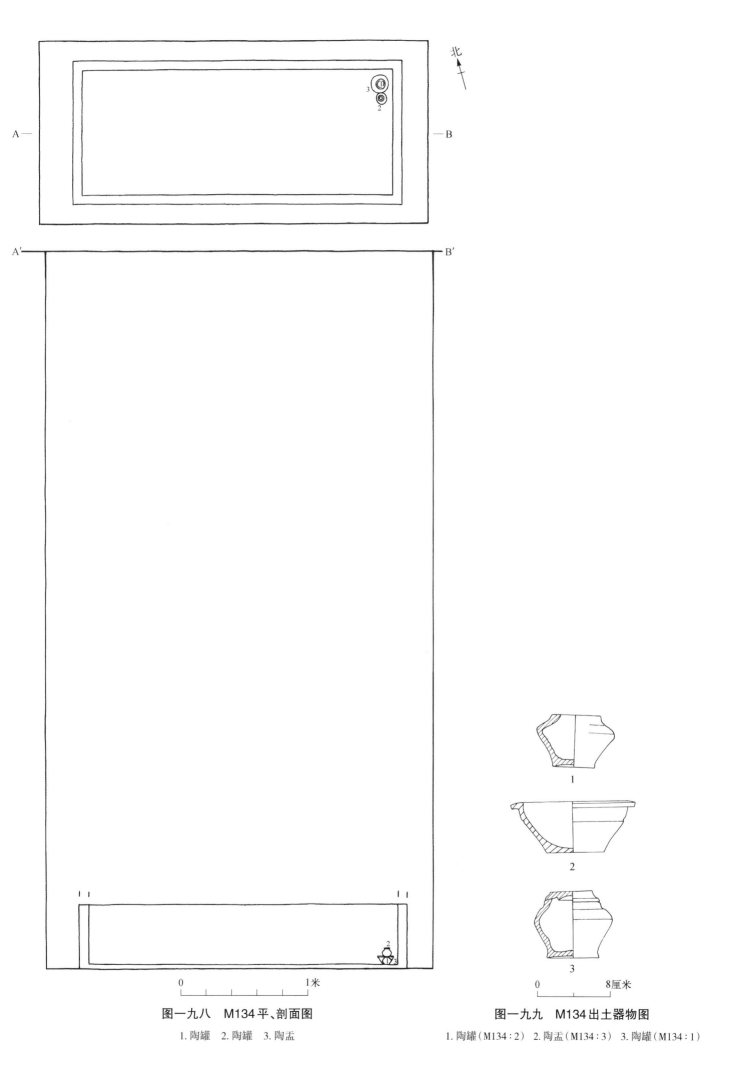

图一九八　M134平、剖面图

1. 陶罐　2. 陶罐　3. 陶盉

图一九九　M134出土器物图

1. 陶罐（M134：2）　2. 陶盉（M134：3）　3. 陶罐（M134：1）

133. M135

该墓开口于①层下，距地表深50厘米，方向290°。墓葬形制为竖穴土坑墓，开口平面形状呈长方形，墓口长262厘米，宽158厘米，墓口距墓底深330厘米。坑壁垂直，壁面加工规整，平底。填土为五花土，土质较松。(图二〇〇；彩版二二，1)

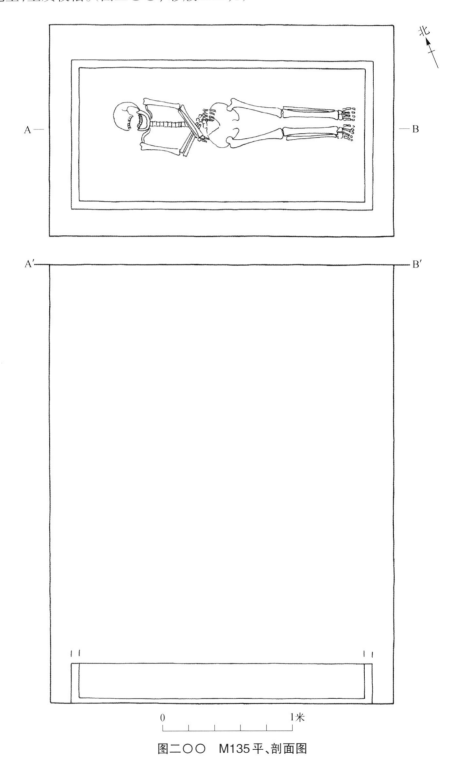

图二〇〇　M135平、剖面图

葬具为单棺,平面形状呈长方形。棺距墓口深300厘米,长230厘米,宽112厘米,残高30厘米,壁厚6厘米。

骨架一具,保存较完整。仰身直肢,头向西,面向上,双手置于腹部。

无随葬品。

134. M136

该墓开口于①层下,距地表深50厘米,方向296°。墓葬形制为竖穴土坑墓,开口平面形状呈长方形,墓口长310厘米,宽180厘米,墓口距墓底深320厘米。坑壁垂直,壁面加工规整,平底。填土为五花土,土质较松。(图二〇一)

葬具为单棺,平面形状呈长方形。棺距墓口深286厘米,长280厘米,宽142厘米,残高34厘米,壁厚6厘米。

骨架不存,葬式不详。

随葬品置于棺内西端,出土陶鬲4件(残1件)、陶盂2件、陶罐4件(残2件)、陶豆3件。

M136:1,陶豆。敞口,尖圆唇,唇外缘弧鼓,渐弧收至折壁处再凸起,使整个外壁略成"S"形,上半部外鼓,下半部内收成较浅宽凹槽,盘壁弧折,盘微浅,盘口较小,细柄较高,喇叭座较大。泥质灰陶。豆盘内外壁均饰螺旋状暗纹,内壁暗纹细密,外壁有五道暗纹,多较粗,线条不流畅,间距不等。盘径17.4厘米,足径19.4厘米,高15.4厘米。(图二〇二,11;彩版九一,2)

M136:2,陶盂。折沿微仰,圆唇,折腹,折腹处凸起,上腹微弧,下腹斜收,平底内凹。泥质灰胎灰黑皮陶。器表打磨平整光滑。上沿面外侧有一道凹弦纹,折腹处上部有一道凹弦纹。口径17.2厘米,腹径16.4厘米,底径8.0厘米,高10.8厘米。(图二〇二,5;彩版七二,5)

M136:3,陶鬲。平折沿,尖唇,溜肩内弧,腹部上鼓下斜,袋足内敛,尖足跟,足尖明显,三足间距大,裆部较高。夹粗砂黑灰陶。上沿面外侧有三道不明显凹弦纹;通体饰粗绳纹,肩部绳纹被抹去,残留清晰可见。口径14.0厘米,腹径16.8厘米,高12.2厘米。(图二〇二,1;彩版五一,5)

M136:4,陶罐。平折沿较窄,斜方圆唇,矮领,溜肩弧鼓,折肩处凸起,斜腹,平底内凹。泥质深灰陶。器表打磨平整光滑。上沿面有三道凹弦纹,唇部有一道凹弦纹,折肩处上部有一道凹弦纹。口径10.2厘米,腹径17.0厘米,底径10.8厘米,高13.5厘米。(图二〇二,3;彩版一〇八,2)

M136:5,陶罐。平折沿,斜方圆唇,矮领,溜肩弧鼓,折肩处凸起,斜腹,平底内凹。泥质深灰陶。器表打磨平整光滑。上沿面有三道凹弦纹,折肩处上部有一道凹弦纹。口径10.9厘米,腹径17.5厘米,底径10.6厘米,高13.8厘米。(图二〇二,8)

M136:6,陶鬲。平折沿,尖唇,溜肩,斜腹,袋足内敛,尖足跟,足尖明显,三足间距大,裆部较高。夹粗砂黑灰陶。上沿面外侧有三道不明显凹弦纹;通体饰粗绳纹,肩部绳纹被抹去,残留清晰可见。口径15.4厘米,腹径17.6厘米,高13.5厘米。(图二〇二,10;彩版五一,6)

M136:7,陶豆。敞口,圆唇,唇外缘弧鼓,渐弧收至折壁处再凸起似肩,使整个外壁略成"S"形,上半部外鼓,下半部内收成较深宽凹槽,盘壁弧折,盘较浅,盘口较小,细柄略矮,喇叭座较大。泥质灰陶。豆盘内外壁均饰螺旋状暗纹,内壁暗纹较细密,部分相连无间距,外壁可见五道较细

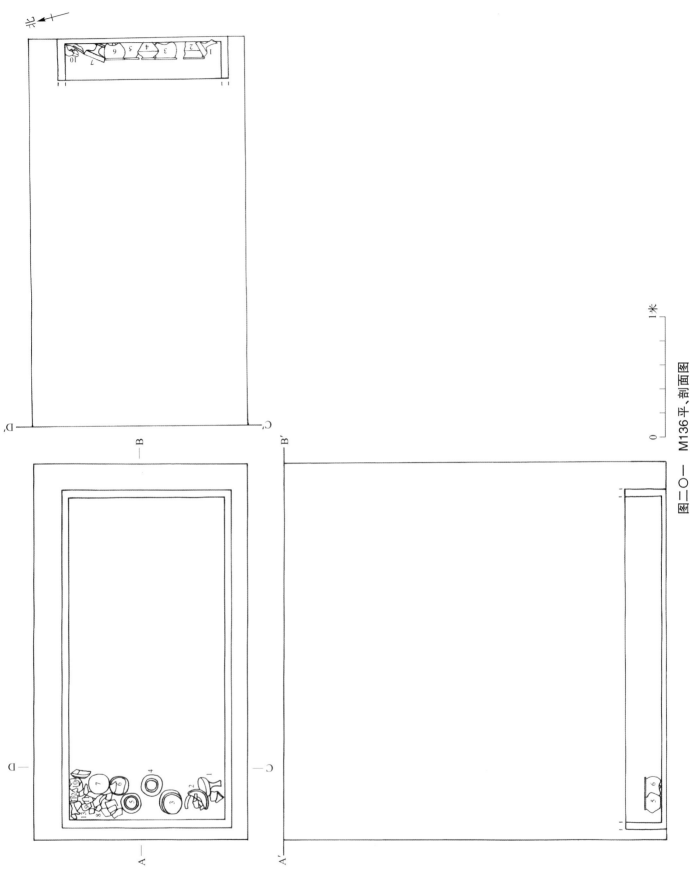

图二○一 M136平、剖面图

1 陶豆 2 陶壶 3 陶豆 4 陶罐 5 陶罐 6 陶豆 7 陶豆 8 陶豆 9 陶壶 10 陶豆 11 陶豆 12 陶罐 13 陶豆

0　　　　　1米

图二〇二　M136出土器物图

1.陶鬲（M136:3）　2.陶盂（M136:9）　3.陶罐（M136:4）　4.陶鬲（M136:13）　5.陶盂（M136:2）　6.陶罐（M136:12）
7.陶鬲（M136:10）　8.陶罐（M136:5）　9.陶罐（M136:11）　10.陶鬲（M136:6）　11.陶豆（M136:1）　12.陶豆（M136:7）
13.陶豆（M136:8）　14.陶豆刻符（M136:7）　15.陶豆刻符（M136:8）

暗纹,间距大;盘心有刻画符号。盘径16.6厘米,足径10.2厘米,高15.2厘米。(图二〇二,12;图二〇二,14;彩版九一,3;彩版一二八,2)

M136:8,陶豆。敞口,尖圆唇,唇外缘弧鼓,渐弧收至折壁处再凸起似肩,使整个外壁略成"S"形,上半部外鼓,下半部内收成较深宽凹槽,盘壁弧折,盘较深,盘口较大,细高柄,喇叭座较大。泥质灰陶。豆盘内外壁均饰螺旋状暗纹,内壁暗纹细,近盘心及外侧间距较大,中间部分间距小,外壁暗纹四道,较细,线条不流畅,间距较大;盘内壁正中有刻画符号。盘径18.2厘米,足径10.0厘米,高15.7厘米。(图二〇二,13;图二〇二,15;彩版九一,4;彩版一二八,3)

M136:9,陶盂。平折仰,方唇,折腹,上腹微弧,下腹斜收,平底。泥质灰胎灰黑皮陶。器表打磨平整光滑。上沿面有若干道凹弦纹,折腹处上部有一道凹弦纹。口径18.0厘米,腹径17.6厘米,底径8.6厘米,高10.8厘米。(图二〇二,2;彩版七二,6)

M136:10,陶鬲。平折沿,尖唇,溜肩,斜腹,袋足内敛,尖足跟,三足间距大,裆部较高。夹粗砂黑灰陶。上沿面外侧有两道较浅凹弦纹;通体饰粗绳纹,肩部绳纹被抹去,隐约可见。口径15.2厘米,腹径17.2厘米,高12.2厘米。(图二〇二,7;彩版五二,1)

M136:11,陶罐,已残。窄平折沿,方唇,矮领,肩部弧鼓,肩以下锐折,斜腹,平底。泥质深灰陶,器表打磨光滑。泥质灰陶。口径12.8厘米,腹径21.0厘米,底径11.8厘米,高16.0厘米。(图二〇二,9)

M136:12,陶罐,残存下腹及器底。斜腹,平底。泥质灰胎黑褐皮陶,器表打磨光滑平整。底径11.6厘米,残高8.5厘米。(图二〇二,6)

M136:13,陶鬲,残存口沿和肩部残片。平折沿,尖圆唇,短肩内弧。泥质红胎灰陶。肩部绳纹被抹去。口径16.0厘米,腹径17.6厘米,残高5.6厘米。(图二〇二,4)

135. M137

该墓开口于①层下,距地表深50厘米,方向286°。墓葬形制为竖穴土坑墓,开口平面形状呈长方形,墓口长316厘米,宽160厘米,墓口距墓底深220厘米。坑壁垂直,壁面加工规整,平底。填土为五花土,土质较松。(图二〇三)

葬具为单棺,平面形状呈长方形。棺内西部隔出头箱。棺距墓口深200厘米,长282厘米,宽120厘米,残高20厘米,壁厚6厘米;头箱长120厘米,宽约72厘米,残高20厘米,壁厚6厘米。

骨架不存,葬式不详。

随葬品置于头箱内,出土陶鬲4件、陶盂4件、陶罐4件、陶豆4件(残1)。

M137:1,陶罐。平折沿,方圆唇,口沿与唇缘处凸起,矮领,溜肩,斜腹,平底内凹。泥质褐陶。器表打磨平整。上沿面有一道凹弦纹,折肩处上部有一道凹弦纹。口径11.0厘米,腹径15.0厘米,底径8.8厘米,高10.5厘米。(图二〇四,1;彩版一〇八,4)

M137:2,陶罐。平折沿,方圆唇,口沿与唇缘处微凸起,矮领,溜肩,折肩处凸起,斜腹,平底内凹。泥质褐陶。器表打磨平整。上沿面有一道凹弦纹,折肩处上部有一道凹弦纹,腹部有刮削痕。口径11.2厘米,腹径14.9厘米,底径7.8厘米,高10.8厘米。(图二〇四,10;彩版一〇八,5)

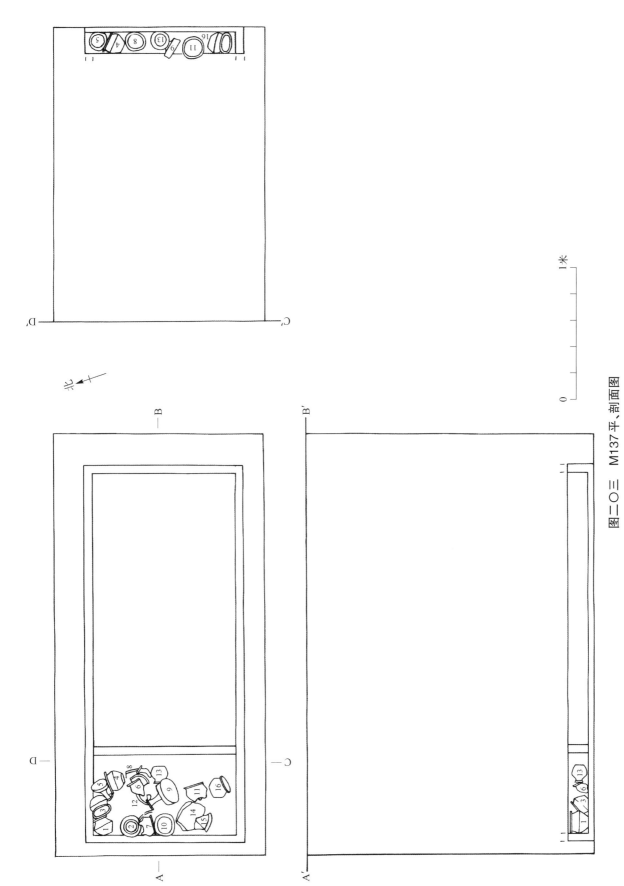

图二〇三 M137平、剖面图

1. 陶罐 2. 陶罐 3. 陶盂 4. 陶盂 5. 陶豆 6. 陶盂 7. 陶盂 8. 陶盂 9. 陶豆 10. 陶盂 11. 陶盂 12. 陶罐 13. 陶罐 14. 陶豆 15. 陶豆 16. 陶盂

M137：3，陶盂。折沿微下斜，方圆唇，折腹，折腹处凸起，上腹斜直，下腹斜收，平底。泥质深灰陶。器表打磨，腹部有刮削痕。折腹处上部有一道凹弦纹。口径16.4厘米，腹径15.6厘米，底径8.6厘米，高10.0厘米。(图二〇四，3；彩版七三，1)

M137：4，陶盂。平折沿，上沿面内凹，内侧和外缘处凸起，方唇，折腹，折腹处凸起，上腹斜直，下腹斜收，平底。泥质灰陶。器表打磨，腹部有刮削痕。上沿面内侧有一道不明显凹弦纹，折腹处上部有一道凹弦纹。口径17.6厘米，腹径17.8厘米，底径8.0厘米，高10.5厘米。(图二〇四，6；彩版七三，2)

M137：5，陶豆。敞口，方唇，折壁，盘腹斜收微弧，深盘，盘口大，矮柄喇叭座较粗。泥质红胎深黑灰陶。豆盘内外壁均饰螺旋状暗纹，暗纹均较细，间距大。盘径18.9厘米，足径12.4厘米，高14.9厘米。(图二〇四，13；彩版九一，5)

M137：6，陶鬲。平折沿，上沿面近口处凸起，方唇，斜肩，折肩处凸起，斜腹，弧裆，截足。泥质黑灰陶。上沿面内侧及外侧各有一道凹弦纹，折肩处上部有一道凹弦纹，腹部、足部及裆部有明显的刮削痕。口径16.0厘米，腹径16.2厘米，高11.8厘米。(图二〇四，8；彩版五二，2)

M137：7，陶鬲。平折沿，上沿面近口处微凸，唇或方或圆，斜肩，折肩处凸起，斜腹，弧裆，锥足。泥质黑灰陶。折肩处上部有一道凹弦纹，腹部、足部及裆部有明显的刮削痕。口径15.8厘米，腹径16.0厘米，高11.6厘米。(图二〇四，11；彩版五二，3)

M137：8，陶盂。平折沿，方圆唇，折腹，折腹处凸起，上腹斜直，下腹斜收，平底内凹。泥质深灰陶。器表打磨，腹部有刮削痕。上沿面有两道凹弦纹，折腹处上部有一道凹弦纹，折肩处下部有三条较宽凹弦纹。口径16.4厘米，腹径15.0厘米，底径8.5厘米，高11.0厘米。(图二〇四，12；彩版七三，3)

M137：9，陶豆，已残。泥质红胎深黑灰陶。

M137：10，陶鬲。平折沿，上沿面微凹，方唇，斜肩，折肩处凸起，斜腹，弧裆，截足。泥质黑灰陶。上沿面外侧有一道不明显凹弦纹，腹部、足部及裆部有明显的刮削痕。口径16.2厘米，腹径16.3厘米，高11.8厘米。(图二〇四，5；彩版五二，4)

M137：11，陶鬲。平折沿，上沿面近口处凸起，圆唇，斜肩，折肩处凸起，斜腹，弧裆，截足。泥质黑灰陶。折肩处上部有一道凹弦纹，腹部、足部及裆部有明显的刮削痕。口径14.2厘米，腹径16.0厘米，高12.1厘米。(图二〇四，2；彩版五二，5)

M137：12，陶罐。平折沿，方圆唇，口沿与唇缘处微凸起，矮领，溜肩，折肩处凸起，斜腹，平底微内凹。泥质褐陶。器表打磨平整。上沿面有一道凹弦纹，折肩处上部有一道凹弦纹，腹部有刮削痕。口径12.0厘米，腹径15.4厘米，底径8.0厘米，高11.4厘米。(图二〇四，7；彩版一〇八，6)

M137：13，陶罐。平折沿，方圆唇，矮领，溜肩，折肩处凸起，斜腹，平底内凹。泥质褐陶。器表打磨平整。上沿面有四道凹弦纹，折肩处下部有一道凹弦纹，腹部有刮削痕。口径11.0厘米，腹径15.0厘米，底径8.2厘米，高10.8厘米。(图二〇四，4；彩版一〇九，1)

M137：14，陶豆。敞口，方圆唇，折壁处凸起，盘腹斜收微弧，深盘，盘口大，矮柄喇叭座较粗，座面内凹。泥质灰陶。豆盘内外壁均饰螺旋状暗纹，内壁暗纹较粗，间距不等，外壁暗纹较细，间距较大。盘径19.0厘米，足径12.2厘米，高14.3厘米。(图二〇四，15；彩版九一，6)

M137：15，陶豆。敞口，尖圆唇，弧壁，盘壁弧收，深盘，盘口大，矮柄喇叭座。泥质红胎深黑

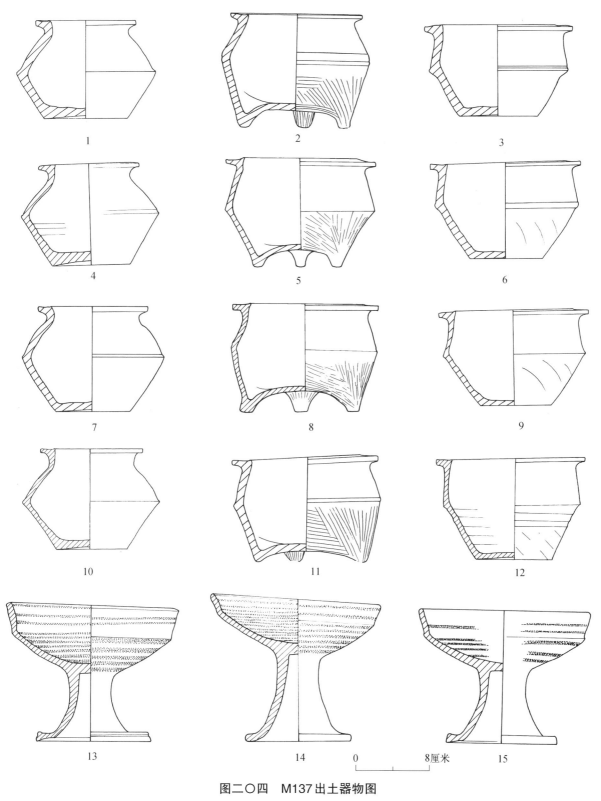

图二〇四 M137出土器物图

1. 陶罐（M137：1） 2. 陶鬲（M137：11） 3. 陶盂（M137：3） 4. 陶罐（M137：13） 5. 陶鬲（M137：10） 6. 陶盂（M137：4）
7. 陶罐（M137：12） 8. 陶鬲（M137：6） 9. 陶盂（M137：16） 10. 陶罐（M137：2） 11. 陶鬲（M137：7） 12. 陶盂（M137：8）
13. 陶豆（M137：5） 14. 陶豆（M137：15） 15. 陶豆（M137：14）

灰陶。豆盘内外壁均有螺旋状暗纹,内壁暗纹数量多,自盘心至外侧,渐细,间距渐大,外壁暗纹较细,间距较大。盘径18.5厘米,足径11.6厘米,高16.0厘米。(图二〇四,14;彩版九二,1)

M137:16,陶盂。折沿微下斜,上沿面近口处凸起,方唇,折腹,折腹处凸起,上腹斜直,下腹斜收,平底。泥质深灰陶。器表打磨,腹部有刮削痕。折腹处上部有一道凹弦纹。口径16.4厘米,腹径15.0厘米,底径8.5厘米,高10.8厘米。(图二〇四,9;彩版七三,4)

136. M138

该墓开口于①层下,距地表深50厘米,方向280°。墓葬形制为竖穴土坑墓,开口平面形状呈长方形,墓口长300厘米,宽200厘米,墓口距墓底深300厘米。坑壁垂直,壁面加工规整,平底。填土为五花土,土质较松。(图二〇五)

葬具为一椁一棺,平面形状均呈长方形。椁距墓口深260厘米,长252厘米,宽152厘米,高40厘米,壁厚6厘米;棺距墓口深280厘米,长180厘米,宽104厘米,残高20厘米,壁厚6厘米。

骨架不存,葬式不详。

随葬品置于墓葬西端的棺椁之间,出土陶鬲4件、陶盂4件、陶罐4件、陶豆4件(残1件)。

M138:1,陶鬲。折沿微下斜,尖圆唇,器口不规则,高低不平,短溜肩,弧腹,袋足外张,尖足跟,三足间距大,裆部较低。夹粗砂黑灰陶。通体饰绳纹,肩部绳纹被抹去,隐约可见,腹上部为纵粗绳纹,下部为较粗的交错绳纹。口径12.9厘米,腹径15.1厘米,高12.8厘米。(图二〇六,1;彩版五二,6)

M138:2,陶罐。折沿微仰,斜方唇,矮领,溜肩,折肩处凸起,斜腹,平底内凹。泥质灰陶。器表打磨平整。上沿面有两条凹弦纹,唇面可见两道不完整细凹弦纹,折肩处上部有两条凹弦纹。口径11.4厘米,腹径17.4厘米,底径9.7厘米,高13.2厘米。(图二〇六,12;彩版一〇九,2)

M138:3,陶罐。折沿微仰,方唇,矮领,溜肩,折肩处凸起,斜腹,平底内凹。泥质灰陶。器表打磨平整。上沿面有两条凹弦纹,唇面有一条凹弦纹,折肩处上部有两条凹弦纹。口径12.6厘米,腹径17.4厘米,高13.4厘米。(图二〇六,6;彩版一〇九,3)

M138:4,陶鬲。折沿下斜,尖唇,器口不规则,高低不平,无肩,弧腹,袋足外张,尖足跟,三足间距大,裆部极低,平裆与足跟几乎齐平。夹砂黑灰陶。通体饰绳纹,腹上部为纵粗绳纹,近口处一段绳纹被抹去,隐约可见,下部为较粗的交错绳纹。口径13.6厘米,腹径15.0厘米,高12.0厘米。(图二〇六,10;彩版五三,1)

M138:5,陶豆。敞口,圆唇,盘较深,盘口较大,折壁,细柄较高,喇叭座较大。泥质浅褐陶。豆盘内外壁均饰螺旋状暗纹,内壁盘心至折壁处暗纹较细而圈圈相连,折壁处上部暗纹较细有一定间距,外壁暗纹粗细不一,间距大。盘径18.0厘米,足径10.6厘米,高15.2厘米。(图二〇六,13;彩版九二,2)

M138:6,陶豆。敞口,尖圆唇,盘较深,盘口较大,折壁,细柄较高,喇叭座较大。泥质灰陶。盘内壁暗纹细密,外壁暗纹不清晰。盘径17.6厘米,足径9.8厘米,高16.2厘米。(图二〇六,14;彩版九二,3)

M138:7,陶豆,残,豆座已失。敞口,圆唇,盘较深,盘口较大,折壁,细柄较高。泥质灰陶。豆盘内外壁均饰螺旋状暗纹,内壁暗纹细密,外壁暗纹较粗,间距较大。盘径17.2厘米,残高12.8厘米。(图二〇七,1)

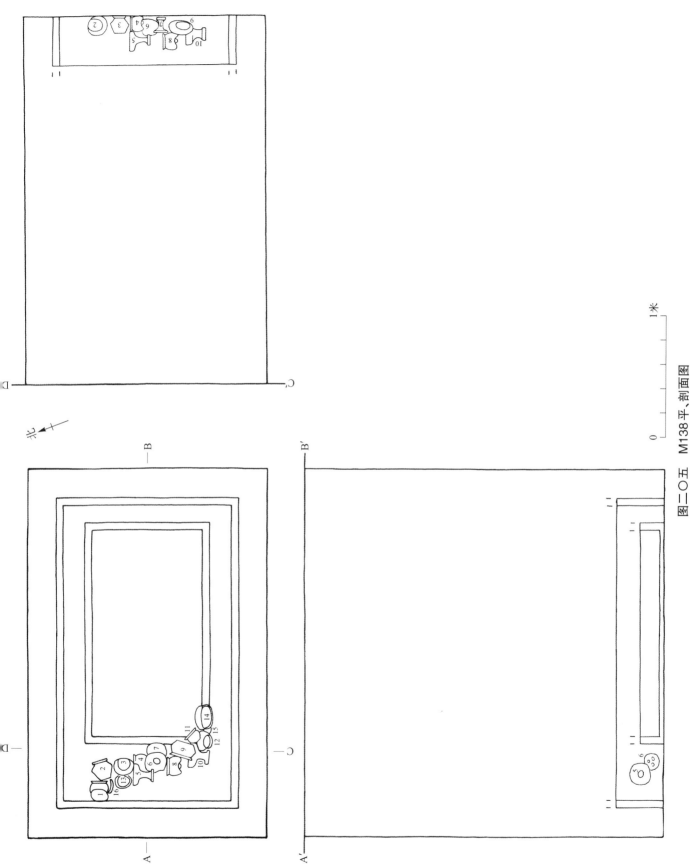

图二〇五　M138平、剖面图

1. 陶鬲　2. 陶罐　3. 陶罐　4. 陶鬲　5. 陶豆　6. 陶豆　7. 陶豆　8. 陶豆　9. 陶盂　10. 陶豆　11. 陶罐　12. 陶罐　13. 陶盂　14. 陶盂　15. 陶盂　16. 陶鬲

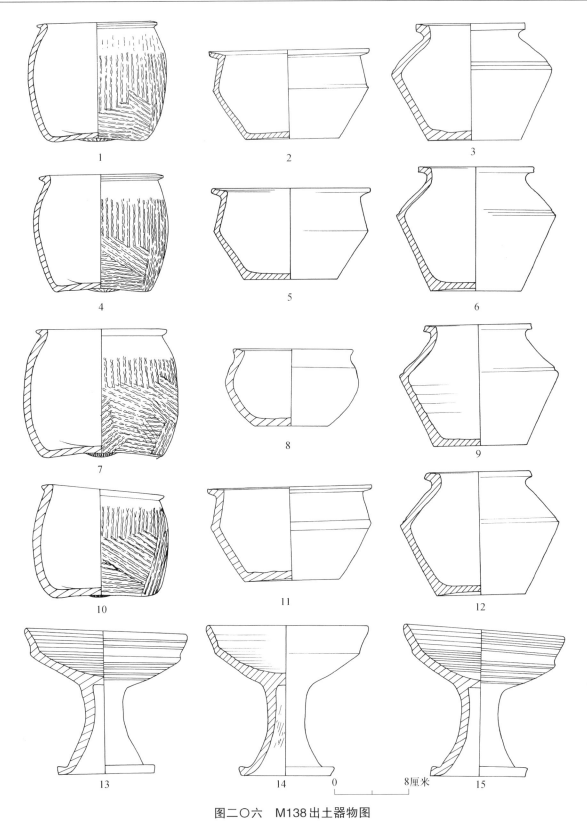

图二〇六　M138出土器物图

1.陶鬲（M138：1）　2.陶盂（M138：15）　3.陶罐（M138：12）　4.陶鬲（M138：8）　5.陶盂（M138：9）　6.陶罐（M138：3）
7.陶鬲（M138：16）　8.陶盂（M138：14）　9.陶罐（M138：11）　10.陶鬲（M138：4）　11.陶盂（M138：13）　12.陶罐（M138：2）
13.陶豆（M138：5）　14.陶豆（M138：6）　15.陶豆（M138：10）

M138：8，陶鬲。折沿下斜，尖圆唇，器口不规则，高低不平，短溜肩，弧腹，袋足外张，尖足跟，三足间距大，裆部极低，平裆与足跟几乎齐平。夹粗砂红胎黑灰陶。通体饰绳纹，肩部绳纹被抹去，隐约可见，腹上部为纵粗绳纹，下部为较粗的交错绳纹。口径13.6厘米，腹径14.8厘米，高12.7厘米。(图二〇六，4；彩版五三，2)

M138：9，陶盂。仰折仰，圆唇，折腹，折腹处凸起，上腹斜直，下腹斜收，平底。泥质灰胎灰黑皮陶，局部褐色。器表打磨平整光滑。上沿面有若干道凹弦纹。口径17.3厘米，腹径16.8厘米，底径10.2厘米，高9.8厘米。(图二〇六，5；彩版七三，5)

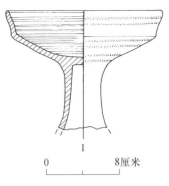

图二〇七 M138出土器物图
1.陶豆(M138：7)

M138：10，陶豆。敞口，圆唇，盘较深，盘口较大，折壁，细柄较高。泥质浅褐陶。豆盘内外壁均饰螺旋状暗纹，内壁暗纹细而圈圈相连，外壁暗纹较细，间距较大。盘径17.5厘米，足径10.4厘米，高15.8厘米。(图二〇六，15；彩版九二，4)

M138：11，陶罐。折沿微仰，方唇，矮领，溜肩，折肩处凸起，斜腹，平底。泥质灰陶。器表打磨平整。上沿面有两条凹弦纹，唇面有一条凹弦纹，折肩处上部有两条凹弦纹。口径11.4厘米，腹径17.4厘米，底径10.2厘米，高13.0厘米。(图二〇六，9；彩版一〇九，4)

M138：12，陶罐。折沿微仰，方圆唇，矮领，溜肩，折肩处凸起，斜腹，平底。泥质灰陶。器表打磨平整。上沿面有凹弦纹，唇面有两条不完整细凹弦纹，折肩处上部有两条凹弦纹。口径11.8厘米，腹径17.4厘米，底径10.2厘米，高12.6厘米。(图二〇六，3；彩版一〇九，5)

M138：13，陶盂。仰折沿，方唇，折腹，折腹处凸起，上腹斜直，下腹斜收，平底微内凹。泥质深灰陶。器表打磨平整光滑。上沿面有若干道凹弦纹，折腹处上、下部各有一道凹弦纹。口径18.0厘米，腹径17.6厘米，底径10.2厘米，高10.0厘米。(图二〇六，11；彩版七三，6)

M138：14，陶盂。窄折沿微仰，上沿面近口处凸起，形成一道凹弦纹，尖唇，圆肩，斜弧腹，平底。泥质灰陶。器表打磨平整光滑。口径13.2厘米，腹径14.5厘米，底径8.1厘米，高8.3厘米。(图二〇六，8；彩版七四，1)

M138：15，陶盂。仰折沿，圆唇，折腹，折腹处凸起，上腹斜直，下腹斜收，平底内凹。泥质深灰陶。器表打磨平整光滑。上沿面有三道凹弦纹，折腹处上部有一道凹弦纹。口径9.6厘米，腹径16.8厘米，底径10.2厘米，高9.6厘米。(图二〇六，2；彩版七四，2)

M138：16，陶鬲。平折沿，尖圆唇，短溜肩，弧腹，袋足外张，尖足跟，三足间距大，裆部极低，平裆与足跟几乎齐平。夹砂灰陶。通体饰绳纹，肩部绳纹被抹去，隐约可见，腹上部为纵粗绳纹，下为较粗的交错绳纹。口径14.4厘米，腹径16.8厘米，高14.0厘米。(图二〇六，7；彩版五三，3)

137. M139

该墓开口于①层下，距地表深50厘米，方向304°。墓葬形制为竖穴土坑墓，开口平面形状呈长方形，墓口长300厘米，宽140厘米，墓口距墓底深150厘米。坑壁垂直，壁面加工规整，平底。填土为五花土，土质较松。(图二〇八；彩版二二，2；彩版二三)

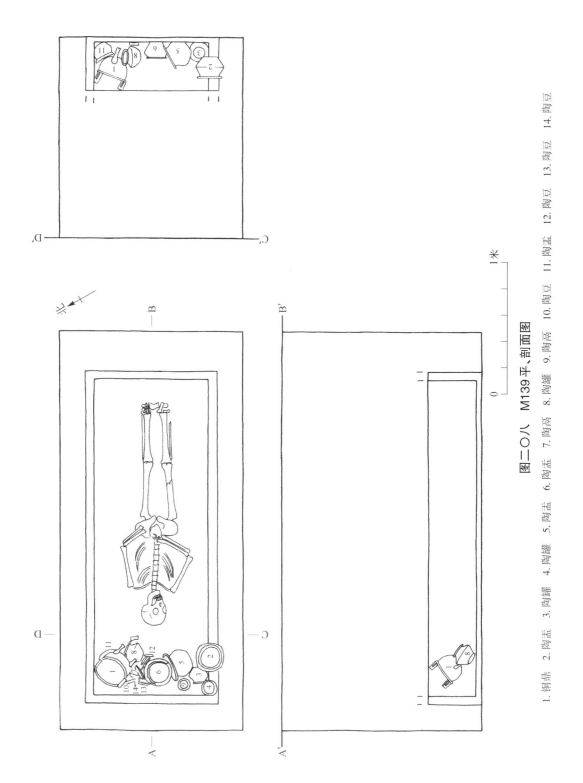

图二〇八　M139平、剖面图

1. 铜鼎　2. 陶盂　3. 陶罐　4. 陶罐　5. 陶盂　6. 陶盂　7. 陶鬲　8. 陶罐　9. 陶罐　10. 陶豆　11. 陶盂　12. 陶豆　13. 陶豆　14. 陶豆

葬具为单棺,平面形状呈长方形。棺距墓口深110厘米,长250厘米,宽102厘米,残高40厘米,壁厚6~8厘米。

骨架一具,保存基本完整。仰身直肢,头向西,面向南,双手置于腹部。

随葬品置于棺内西端,出土陶鬲2件、陶盂4件、陶罐3件、陶豆4件(残3)、铜鼎1件。(彩版三一,2)

M139∶1,铜鼎。仰折沿,方唇,微鼓腹,圜底近平,三蹄足中空(其中两蹄足已残);沿上立对称双方耳;器腹三道范线直贯器足,器底亦有连成三角形的范线。器身薄,器耳厚。上腹部饰一周“回”纹。口径22.0厘米,腹径21.4厘米,高24.0厘米。(图二〇九,14;彩版一二〇,1)

M139∶2,陶盂。宽厚仰折沿,圆唇,折腹,折腹处凸起,上腹斜直,下腹斜收,平底内凹。泥质灰陶。器表打磨平整光滑。上沿面外侧有一条凹弦纹,折腹处上部有两道凹弦纹,器表可见被抹平的残留绳纹。口径19.4厘米,腹径17.5厘米,底径9.2厘米,高12.4厘米。(图二〇九,8;彩版七四,3)

M139∶3,陶罐。折沿微仰,方唇,高领,溜肩,斜腹微弧,内收程度小,平底内凹。泥质灰陶。器表打磨,腹部有纵向刮削痕。唇面有两道不明显凹弦纹,肩部有五余道凹弦纹。口径10.8厘米,腹径13.2厘米,底径7.8厘米,高12.6厘米。(图二〇九,6;彩版一〇九,6)

M139∶4,陶罐。仰折沿,方圆唇,矮领,溜肩微弧,斜腹微弧,平底。夹砂红陶。器表粗糙。口径10.0厘米,腹径13.5厘米,底径7.8厘米,高12.4厘米。(图二〇九,9;彩版一一〇,1)

M139∶5,陶盂。宽厚仰折沿,方唇,折腹,折腹处凸起,上腹斜直,下腹斜收,平底内凹。泥质灰陶。器表打磨平整光滑。唇面有一道凹弦纹,上沿面外侧和近口处各有一道凹弦纹,折腹处上部有两道凹弦纹,器表可见被抹平的残留绳纹。口径20.4厘米,腹径18.6厘米,底径10.4厘米,高11.4厘米。(图二〇九,5;彩版七四,4)

M139∶6,陶盂。仰折沿,方唇,折腹,上腹斜直,下腹斜收微弧,平底。泥质灰陶。器表打磨平整光滑。上沿面外侧和近口处各有一条不明显的凹弦纹,肩部有数周瓦棱状凹带纹。口径22.0厘米,腹径19.6厘米,底径10.6厘米,高12.2厘米。(图二〇九,2;彩版七四,5)

M139∶7,陶鬲。仰折沿,方圆唇,弧腹,柱足。夹粗砂红陶。下沿面,器腹,足外侧均饰粗绳纹。口径13.0厘米,腹径10.4厘米,高8.6厘米。(图二〇九,4;彩版五三,4)

M139∶8,陶罐。仰折沿,方圆唇,高领,溜肩,斜腹,平底内凹。泥质褐陶。器表打磨,器表有刮削痕。口径12.6厘米,腹径15.2厘米,底径9.6厘米,高12.4厘米。(图二〇九,3;彩版一一〇,2)

M139∶9,陶鬲。仰折沿,方唇,弧腹,锥足,夹砂红陶。器表通体饰粗绳纹,下沿面绳纹抹平,隐约可见。口径14.0厘米,腹径11.4厘米,高8.5厘米。(图二〇九,1;彩版五三,5)

M139∶10,陶豆。直口,方唇,浅盘,盘壁弧折,盘腹斜收,矮柄喇叭座。夹砂红陶。盘径16.6厘米,足径10.6厘米,高12.8厘米。(图二〇九,13;彩版九二,5)

M139∶11,陶盂。仰折沿,圆唇,折腹,折腹处凸起,上腹微内弧,下腹斜收,平底。泥质灰陶。器表打磨平整光滑。肩部有三道凹弦纹,器表可见被抹平的残留绳纹。口径22.8厘米,腹径20.0厘米,底径10.6厘米,高13.1厘米。(图二〇九,7;彩版七四,6)

M139∶12,陶豆。已残,仅存豆盘。直口,圆唇,浅盘,折壁,盘腹斜收。夹砂红陶。盘径16.0厘米,残高8.6厘米。(图二〇九,12)

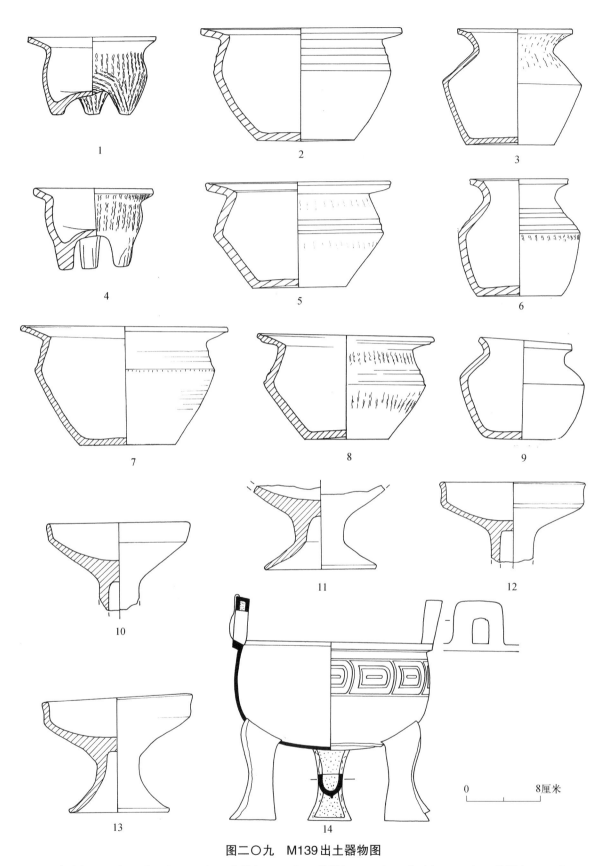

图二〇九　M139出土器物图

1. 陶鬲（M139：9）　2. 陶盂（M139：6）　3. 陶罐（M139：8）　4. 陶鬲（M139：7）　5. 陶盂（M139：5）　6. 陶罐（M139：3）
7. 陶盂（M139：11）　8. 陶盂（M139：2）　9. 陶罐（M139：4）　10. 陶豆（M139：13）　11. 陶豆（M139：14）　12. 陶豆（M139：12）
13. 陶豆（M139：10）　14. 铜鼎（M139：1）

M139：13，陶豆。已残，仅存豆盘。微敞口，圆唇，浅盘，折壁，盘腹斜收。夹砂红陶。盘径16.0厘米，残高9.4厘米。(图二〇九,10)

M139：14，陶豆。已残，仅存豆座。矮柄较粗。夹砂红陶。底径12.4厘米，残高9.0厘米。(图二〇九,11)

138. M140

该墓开口于①层下，距地表深50厘米，方向280°。墓葬形制为竖穴土坑墓，开口平面形状呈长方形，墓口长260厘米，宽130厘米，墓口距墓底深130厘米。坑壁垂直，壁面加工规整，平底。填土为五花土，土质较松。(图二一〇)

葬具为单棺，平面形状呈长方形。棺距墓口深100厘米，长229厘米，宽100厘米，残高30厘米，壁厚6厘米。

骨架一具，仅剩骨灰。葬式不详。

随葬品置于棺内西端，出土陶鬲2件、陶盂2件、陶罐2件、陶豆2件。

M140：1，陶罐。平折沿，折沿较窄，方圆唇，矮领，溜肩微弧鼓，斜腹，平底。泥质灰陶。器表

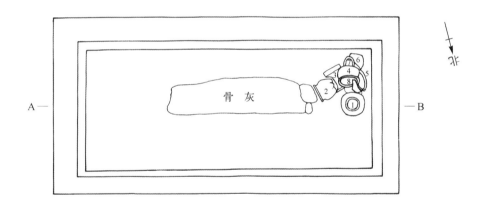

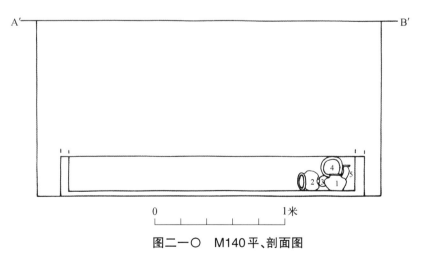

图二一〇　M140平、剖面图

1. 陶罐　2. 陶鬲　3. 陶豆　4. 陶盂　5. 陶盂　6. 陶罐　7. 陶豆　8. 陶鬲

打磨,有刮削痕。领肩交界处可见一道凹弦纹。口径10.8厘米,腹径16.5厘米,底径10.0厘米,高13.22厘米。(图二一一,6;彩版一一○,3)

M140:2,陶鬲。窄折沿不规则,高低不平,薄尖唇,短溜肩,斜腹微弧,袋足内敛,尖足跟,足尖明显,三足间距较小。夹细砂黑灰陶。通体饰绳纹,肩部绳纹被抹去,隐约可见,腹上部为纵向粗绳纹,下部为较粗的交错绳纹。口径12.5厘米,腹径14.1厘米,高12.2厘米。(图二一一,1;彩版五三,6)

M140:3,陶豆。敞口,尖圆唇,唇外缘弧鼓,渐弧收至折壁处再凸起似肩,使整个外壁略成"S"形,上半部外鼓,下半部内收成较浅宽凹槽,折壁,盘较浅,盘口较小,细柄较矮,喇叭座较大。泥质灰陶。豆盘内外壁均饰螺旋状暗纹,内壁暗纹细密,外壁暗纹较粗,间距大;盘心有刻画符号。盘径15.4厘米,足径9.7厘米,高14.2厘米。(图二一一,8;图二一一,9;彩版九二,6;彩版一二八,4)

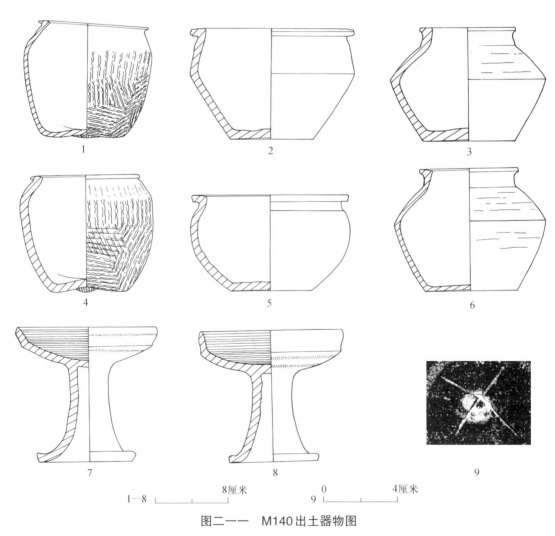

图二一一　M140出土器物图

1. 陶鬲(M140:2)　2. 陶盂(M140:5)　3. 陶罐(M140:6)　4. 陶鬲(M140:8)　5. 陶盂(M140:4)　6. 陶罐(M140:1)
7. 陶豆(M140:7)　8. 陶豆(M140:3)　9. 陶豆刻符(M140:3)

M140：4，陶盂。平折沿，方唇，矮领，圆肩，斜弧腹，平底。泥质深灰胎黑灰皮陶。器表打磨平整，有刮削痕。领肩交界处有一道凹弦纹。口径17.6厘米，腹径17.5厘米，底径9.0厘米，高11.8厘米。(图二一一，5；彩版七五，1)

M140：5，陶盂。平折沿，圆唇，折腹，上腹斜直，下腹斜收，平底。泥质深灰胎黑皮陶。器表打磨平整，有刮削痕。上沿面有若干道凹弦纹，唇面有一道凹弦纹。口径18.0厘米，腹径18.0厘米，底径9.2厘米，高12.0厘米。(图二一一，2；彩版七五，2)

M140：6，陶罐。平折沿，平折沿较窄，方圆唇，矮领，溜肩，斜腹，平底。泥质灰陶。器表打磨，有刮削痕。领肩交界处可见一道凹弦纹。口径10.4厘米，腹径16.8厘米，底径10厘米，高12.2厘米。(图二一一，3；彩版一二〇，4)

M140：7，陶豆。敞口，圆唇，唇外缘弧鼓，渐弧收至折壁处再凸起，上半部外鼓，下半部内收成较浅宽凹槽，盘壁弧折，盘较浅，盘口较小，细柄较矮，喇叭座较大。泥质灰陶。豆盘内外壁均饰有螺旋状暗纹，内壁暗纹细而圈圈相连，外壁暗纹不清晰；盘心有刻画符号。盘径15.2厘米，足径10.0厘米，高14.6厘米。(图二一一，7；彩版九三，1；彩版一二八，5)

M140：8，陶鬲。窄折沿下斜，不规则，高低不平，薄尖圆唇，短溜肩，斜腹微弧，袋足内敛，尖足跟，三足间距较小。夹细砂黑灰陶。通体饰绳纹，肩部绳纹被抹去，隐约可见，腹上部为纵向粗绳纹，下部为较粗的交错绳纹。口径12.0厘米，腹径14.7厘米，高12.6厘米。(图二一一，4；彩版五三，7)

139. M141

该墓开口于①层下，距地表深50厘米，方向312°。墓葬形制为竖穴土坑墓，开口平面形状呈长方形，墓口长270厘米，宽166厘米，墓口距墓底深220厘米。坑壁垂直，壁面加工规整，平底。填土为五花土，土质较松。(图二一二)

葬具为单棺，平面形状呈长方形。棺距墓口深206厘米，长226厘米，宽142厘米，残高14厘米，壁厚6厘米。

骨架不存，葬式不详。

无随葬品。

140. M142

该墓开口于①层下，距地表深50厘米，方向292°。墓葬形制为竖穴土坑墓，开口平面形状呈长方形，墓口长280厘米，宽150厘米，墓口距墓底深280厘米。坑壁垂直，壁面加工规整，平底。填土为五花土，土质较松。(图二一三)

葬具为单棺，平面形状呈长方形。棺距墓口深250厘米，长250厘米，宽110厘米，残高30厘米，壁厚6厘米。

骨架一具，保存较完整。仰身直肢，头向西，面向南，双手交叉置于腹部。

随葬品置于棺内西端，出土陶鬲4件、陶盂4件、陶罐4件、陶豆2件。(彩版三二，1)

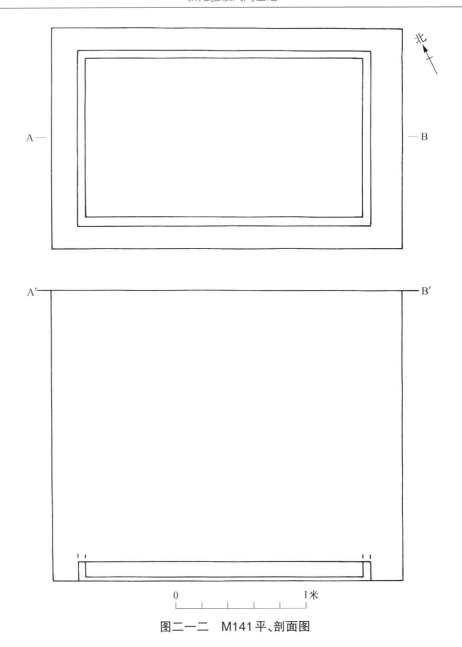

图二一二 M141平、剖面图

M142：1，陶鬲。平折沿，方圆唇，圆肩，弧鼓腹，乳足，裆部低。泥质深灰陶。肩部饰数周窄凹带，腹部、足部及裆部饰较粗绳纹。口径13.8厘米，腹径14.6厘米，高9.9厘米。(图二一四，10)

M142：2，陶罐。平折沿，圆唇，矮领，溜肩微弧，斜腹，平底内凹。泥质灰陶。器表有刮削痕。领肩交界处有一道凹弦纹。口径10.0厘米，腹径16.8厘米，底径10.2厘米，高12.8厘米。(图二一四，12)

M142：3，陶鬲。折沿微上仰，沿面微鼓，方唇，弧肩，斜腹，乳足，裆部低。泥质灰陶。肩部饰数周窄凹带，腹部、足部及裆部可见较粗绳纹。口径15.0厘米，腹径15.6厘米，高10.2

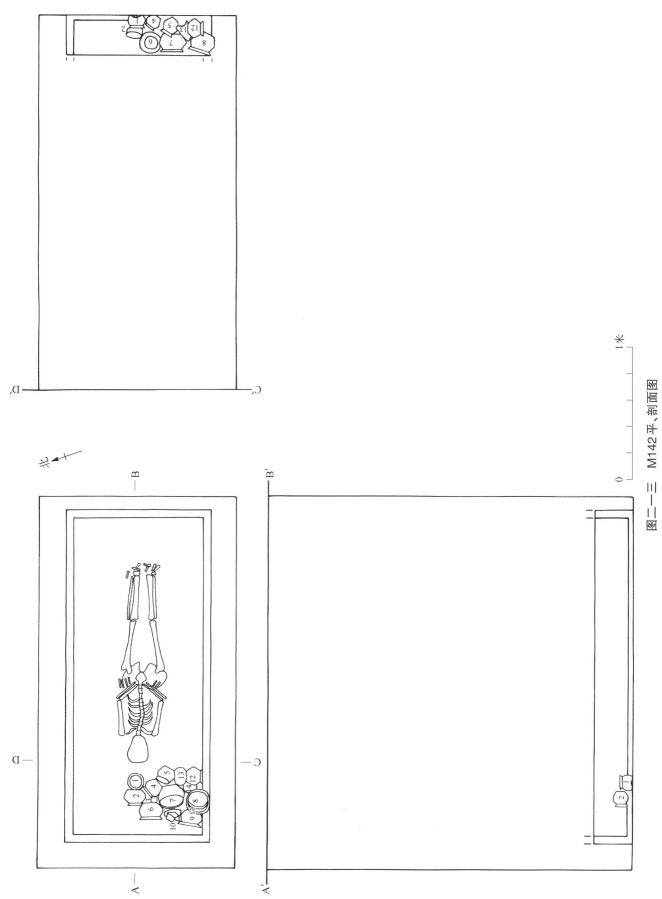

图一一三 M142平、剖面图

1. 陶鬲 2. 陶罐 3. 陶鬲 4. 陶罐 5. 陶罐 6. 陶盂 7. 陶盂 8. 陶盂 9. 陶盂 10. 陶鬲 11. 陶鬲 12. 陶罐 13. 陶豆 14. 陶豆

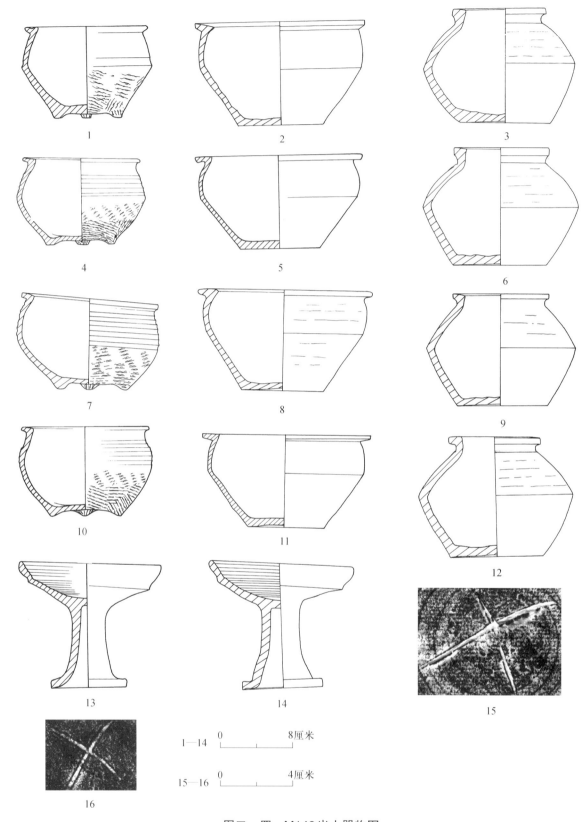

図二一四　M142出土器物図

1. 陶鬲（M142：10）　2. 陶盂（M142：7）　3. 陶罐（M142：5）　4. 陶鬲（M142：11）　5. 陶盂（M142：6）　6. 陶罐（M142：4）
7. 陶鬲（M142：3）　8. 陶盂（M142：9）　9. 陶罐（M142：12）　10. 陶鬲（M142：1）　11. 陶盂（M142：8）　12. 陶罐（M142：2）
13. 陶豆（M142：14）　14. 陶豆（M142：13）　15. 陶豆刻符（M142：13）　16. 陶豆刻符（M142：14）

厘米。(图二一四,7;彩版五四,2)

M142:4,陶罐。折沿微上仰,方唇,矮领,溜肩微弧鼓,斜腹,平底内凹,口小底大。泥质灰陶。器表有刮削痕。领肩交界处有一道凹弦纹。口径10.4厘米,腹径17.0厘米,底径10.0厘米,高12.6厘米。(图二一四,6;彩版一一〇,6)

M142:5,陶罐。平折沿,方唇,矮领,溜肩微弧鼓,斜腹,平底内凹。泥质灰陶。器表有刮削痕。领肩交界处有一道凹弦纹。口径10.0厘米,腹径16.4厘米,底径10.0厘米,高12.2厘米。(图二一四,3;彩版一一一,1)

M142:6,陶盂。平折沿,斜方唇,折腹,上腹弧鼓,下腹微内弧,平底。泥质红褐胎黑皮陶,局部褐色相杂。器表打磨平整光滑。上沿面可见若干道浅细凹弦纹。口径18.4厘米,腹径17.8厘米,底径8.8厘米,高10.0厘米。(图二一四,5;彩版七五,3)

M142:7,陶盂。仰折沿,方唇,折腹,上腹弧鼓,下腹微内弧,平底。泥质灰胎灰黑皮陶。器表打磨,器腹可见刮削痕。上沿面可见若干道浅细凹弦纹,唇面可见一道凹弦纹。口径18.6厘米,腹径17.4厘米,底径9.4厘米,高11.1厘米。(图二一四,2;彩版七五,4)

M142:8,陶盂。平折沿,方唇,折腹,上腹弧鼓,下腹斜收,平底内凹。泥质灰陶。器表打磨,器腹可见刮削痕。上沿面可见若干道浅细凹弦纹,唇面可见一道凹弦纹。口径18.5厘米,腹径17.2厘米,底径8.4厘米,高10.1厘米。(图二一四,11;彩版七五,5)

M142:9,陶盂。平折沿,圆唇,折腹,上腹弧鼓,下腹斜收,平底内凹。泥质灰胎灰黑皮陶。器表打磨,器腹可见刮削痕。上沿面可见若干道浅细凹弦纹,唇面可见一道凹弦纹。口径18.2厘米,腹径17.2厘米,底径9.2厘米,高10.8厘米。(图二一四,8;彩版七五,6)

M142:10,陶鬲。平折沿,尖圆唇,溜肩,斜腹,乳足,裆部低。泥质灰陶。上沿面有一道凹弦纹,肩部饰有凹带纹,腹部、足部及裆部均饰细绳纹。口径13.4厘米,腹径14.2厘米,高9.8厘米。(图二一四,1;彩版五四,3)

M142:11,陶鬲。平折沿,方圆唇,溜肩,斜腹,乳足,裆部低。泥质灰陶,肩部数周窄凹带,腹部、足部及裆部均饰较粗绳纹。口径13.0厘米,腹径14.1厘米,高9.5厘米。(图二一四,4;彩版五四,4)

M142:12,陶罐。平折沿较窄,上沿面微鼓,方唇,领较矮,肩部微弧鼓,肩部以下锐折,斜腹,平底内凹,口小底大。泥质灰陶。器表有刮削痕。领肩交界处有一道凹弦纹。口径10.6厘米,腹径16.2厘米,底径10.0厘米,高12.0厘米。(图二一四,9;彩版一一一,2)

M142:13,陶豆。敞口,圆唇,唇外缘弧鼓,渐弧收至折壁处再凸起似肩,使整个外壁略成"S"形,上半部外鼓,下半部内收成较深宽凹槽,折壁,盘浅,盘口较小,细柄较矮,喇叭座较小。泥质灰陶。豆盘内外壁均饰有螺旋状暗纹,内壁纹较细密,外壁暗纹不明显;盘心有刻画符号。盘径15.7厘米,足径8.8厘米,高14.0厘米。(图二一四,14;图二一四,15;彩版九三,2;彩版一二八,6)

M142:14,陶豆。敞口,尖圆唇,唇外缘弧鼓,渐弧收至折壁处再凸起似肩,使整个外壁略成"S"形,上半部外鼓,下半部内收成较深宽凹槽,折壁,盘浅,盘口较小,细柄较矮,喇叭座较小。泥质灰陶。豆盘内外壁均饰有螺旋状暗纹,内壁暗纹细密,外壁暗纹不明显;盘内有刻画符号。盘径15.6厘米,足径8.2厘米,高13.7厘米。(图二一四,13;图二一四,16;彩版九三,3;彩版一二九,1)

141. M143

该墓开口于①层下,距地表深50厘米,方向296°。墓葬形制为竖穴土坑墓,开口平面形状呈长方形,墓口长270厘米,宽200厘米,墓口距墓底深260厘米。坑壁垂直,壁面加工规整,平底。填土为五花土,土质较松。(图二一五)

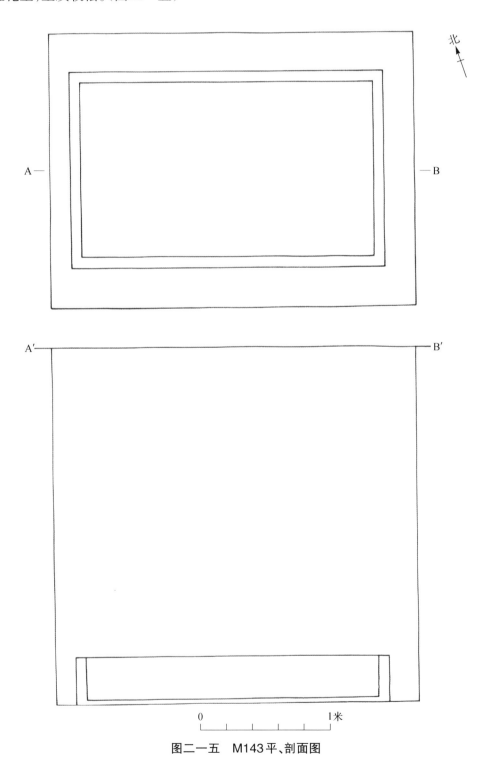

图二一五　M143平、剖面图

葬具为单棺,平面形状呈长方形。棺距墓口深225厘米,长233厘米,宽144厘米,高35厘米,壁厚8厘米。

骨架不存,葬式不详。

无随葬品。

142. M144

该墓开口于①层下,距地表深50厘米,方向295°。墓葬形制为竖穴土坑墓,开口平面形状呈长方形,墓口长300厘米,宽148厘米,墓口距墓底深150厘米。坑壁垂直,壁面加工规整,平底。填土为五花土,土质较松。(图二一六)

葬具为单棺,平面形状呈长方形。棺距墓口深116厘米,长270厘米,宽109厘米,残高34厘米,壁厚6～8厘米。

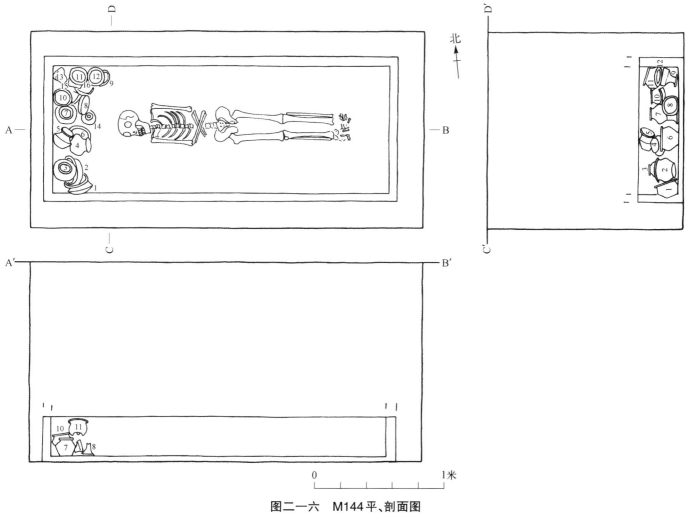

图二一六　M144平、剖面图

1. 陶盉　2. 陶盉　3. 陶罐　4. 陶罐　5. 陶罐　6. 陶盉　7. 陶罐　8. 陶豆　9. 陶豆　10. 陶鬲　11. 陶鬲　12. 陶鬲　13. 陶豆
14. 陶豆　15. 陶鬲　16. 陶盉

骨架一具,保存较完整。仰身直肢,头向西,面向南,双手交叉置于腹部。

随葬品置于棺内西端,出土陶鬲4件、陶盂4件、陶罐4件、陶豆4件。(彩版三二,2)

M144:1,陶盂。宽厚仰折沿,上沿面接近唇缘处凸起,圆唇,折腹,上腹斜直,下腹斜收,平底内凹。泥质灰陶。上沿面有两余道凹弦纹,折腹处上部有三道凹弦纹。口径18.0厘米,腹径16.2厘米,底径9.6厘米,高10.7厘米。(图二一七,11;彩版七六,1)

M144:2,陶盂。宽厚仰折沿,上沿面接近唇缘处凸起,圆唇,上腹斜直,下腹斜收,平底内凹。泥质灰陶。上沿面有一道凹弦纹,折腹处上部有三道凹弦纹。口径18.6厘米,腹径17.0厘米,底径10.2厘米,高11.2厘米。(图二一七,2;彩版七六,2)

M144:3,陶罐。折沿微仰,方圆唇,高领,溜肩,斜腹,平底内凹。泥质灰陶。上沿面有两道凹弦纹,领部有两道凹带纹,肩部有多条凹弦纹。口径10.0厘米,腹径14.1厘米,底径7.2厘米,高11.5厘米。(图二一七,6;彩版一一一,3)

M144:4,陶罐。折沿微仰,圆唇,高领,溜肩,斜腹,平底。泥质褐陶。上沿面有两道凹弦纹,肩上部有两道凹弦纹。口径11.0厘米,腹径16.0厘米,底径8.8厘米,高12.4厘米。(图二一七,12;彩版一一一,4)

M144:5,陶罐。折沿微仰,圆唇,高领,溜肩,斜腹,平底内凹。泥质灰陶。上沿面有两道凹弦纹。口径10.4厘米,腹径15.6厘米,底径8.6厘米,高12.1厘米。(图二一七,9;彩版一一一,5)

M144:6,陶盂。宽厚仰折沿,上沿面接近唇缘处凸起,圆唇,折腹,上腹斜直,下腹斜收,平底内凹。泥质灰陶。上沿面有四道凹弦纹,折腹处上部有三道凹弦纹。口径19.0厘米,腹径17.8厘米,底径11.0厘米,高10.7厘米。(图二一七,8;彩版七六,3)

M144:7,陶罐。折沿微仰,方唇,领较高,溜肩,斜腹,平底内凹。泥质灰陶。上沿面有两道凹弦纹。口径9.6厘米,腹径14.0厘米,底径8.0厘米,高10.8厘米。(图二一七,3;彩版一一一,6)

M144:8,陶豆。直口,方唇,唇缘外处凸起,盘较深,折壁,盘腹弧收,矮柄较粗,中部有箍,喇叭座较大。泥质灰胎灰褐皮陶。豆盘内外壁均饰螺旋状暗纹。豆座唇部有一道凹弦纹。盘径16.0厘米,足径10.1厘米,高12.1厘米。(图二一七,14;彩版九三,4)

M144:9,陶豆。直口,方唇,唇缘外凸起,盘较深,折壁处凸起,盘腹弧收,短柄较粗,中部有箍,喇叭座较大。泥质灰胎灰褐皮陶。豆盘内外壁均饰螺旋状暗纹,内壁暗纹较粗且密,外壁暗纹不清晰。盘径15.0厘米,足径9.8厘米,高12.6厘米。(图二一七,15;彩版九三,5)

M144:10,陶鬲。宽厚仰折沿,圆唇,弧鼓腹,柱足,高裆。泥质灰陶。上沿面有三道凹弦纹,足部及裆部有刮削痕。口径15.3厘米,腹径13.2厘米,高10.5厘米。(图二一七,10;彩版五四,5)

M144:11,陶鬲。宽厚仰折沿,圆唇,弧鼓腹,柱足,高裆。泥质红胎灰陶。口径13.4厘米,腹径13.2厘米,高9.3厘米。(图二一七,4;彩版五四,6)

M144:12,陶鬲。宽厚仰折沿,圆唇,弧鼓腹,柱足,高裆。泥质红胎黑灰陶。足部及裆部有刮削痕。口径13.3厘米,腹径13.0厘米,高9.4厘米。(图二一七,1;彩版五四,7)

M144:13,陶豆。微敞口,斜方唇,盘较深,折壁处凸起,盘腹弧收,矮柄较粗,中部有箍,喇叭座较大。泥质灰陶。豆盘内外壁均饰螺旋状暗纹,内壁暗纹较粗而有一定间距,外壁暗纹不明

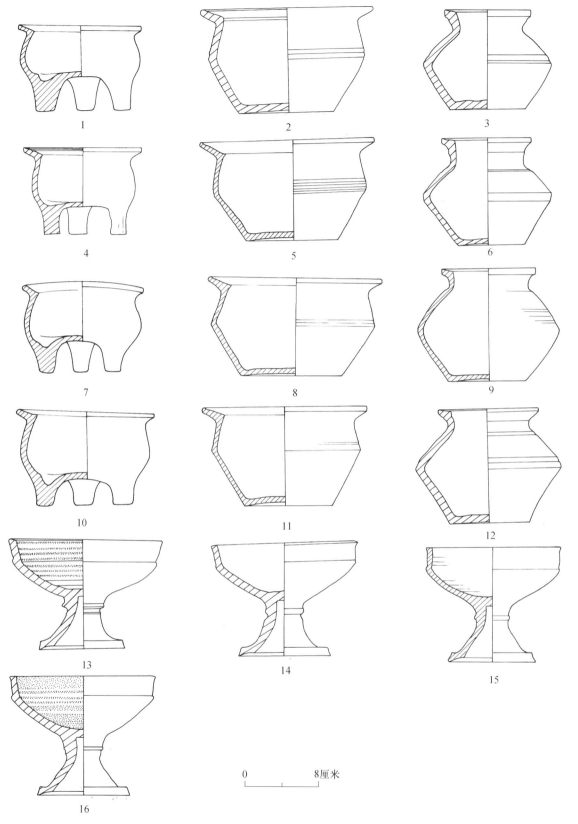

图二一七　M144出土器物图

1. 陶鬲（M144：12）　2. 陶盂（M144：2）　3. 陶罐（M144：7）　4. 陶鬲（M144：11）　5. 陶盂（M144：16）　6. 陶罐（M144：3）
7. 陶鬲（M144：15）　8. 陶盂（M144：6）　9. 陶罐（M144：5）　10. 陶鬲（M144：10）　11. 陶盂（M144：1）　12. 陶罐（M144：4）
13. 陶豆（M144：13）　14. 陶豆（M144：8）　15. 陶豆（M144：9）　16. 陶豆（M144：14）

显。盘径16.8厘米,足径9.4厘米,高11.8厘米。(图二一七,13;彩版九三,6)

M144:14,陶豆。直口,方唇较厚,唇缘外处凸起,盘较深,折壁处凸起,盘腹弧收,矮柄较粗,中部有箍,喇叭座较大。泥质灰胎灰褐皮陶。豆盘内外壁均饰有螺旋状暗纹,内壁暗纹较粗而密,外壁暗纹不明显。盘径16.0厘米,足径10.0厘米,高12.8厘米。(图二一七,16;彩版九三,7)

M144:15,陶鬲。宽厚仰折沿,圆唇,弧鼓腹,柱足,高裆。泥质红胎黑灰陶。足部及裆部有刮削痕。口径13.4厘米,腹径13.0厘米,高9.8厘米。(图二一七,7;彩版五五,1)

M144:16,陶盂。宽厚仰折沿,上沿面接近唇缘处凸起,圆唇,折腹,上腹斜直,下腹斜收,平底内凹。泥质灰陶。上沿面有四道凹弦纹,折腹处上部有三道凹弦纹。口径19.1厘米,腹径16.7厘米,底径9.6厘米,高10.9厘米。(图二一七,5;彩版七六,4)

143. M145

该墓开口于①层下,距地表深50厘米,方向275°。墓葬形制为竖穴土坑墓,开口平面形状呈长方形,墓口长290厘米,宽160厘米,墓口距墓底深120厘米。坑壁垂直,壁面加工规整,平底。填土为五花土,土质较松。(图二一八;彩版二五,1)

葬具为单棺,平面形状呈长方形。棺距墓口深100厘米,长268厘米,宽116厘米,残高20厘米,壁厚6厘米。

骨架一具,除足部不存外,其余部分保存基本完整。仰身直肢,头向西,面向上,双手交叉置于腹部。

随葬品置于棺内西端,出土陶鬲2件、陶盂2件、陶罐2件。(彩版三三,1)

M145:1,陶盂。宽厚仰折沿,方唇,折腹,上腹微内弧,下腹斜直,平底。泥质灰陶。器表打磨,腹部有纵向刮削痕。口径16.0厘米,腹径14.2厘米,底径9.0厘米,高11.0厘米。(图二一九,2;彩版七六,5)

M145:2,陶盂。宽厚仰折沿,方唇,唇面内凹,折腹,上腹微内弧,下腹斜直,平底。泥质灰陶。器表打磨,腹部有纵向刮削痕。口径17.0厘米,腹径14.0厘米,底径8.4厘米,高12.0厘米。(图二一九,5;彩版七六,6)

M145:3,陶罐。窄折沿微上仰,方圆唇,较薄,矮领,溜肩,深腹斜收微弧,平底内凹。泥质灰陶。器表打磨,腹部有刮削痕。口径10.0厘米,腹径16.2厘米,底径8.2厘米,高15.7厘米。(图二一九,6;彩版一一二,1)

M145:4,陶罐。窄折沿微上仰,上沿面微内凹,圆唇,矮领,圆肩,深腹斜收,平底。泥质灰陶。器表打磨,腹部有刮削痕。口径9.2厘米,腹径15.5厘米,底径7.5厘米,高14.0厘米。(图二一九,3;彩版一一二,2)

M145:5,陶鬲。宽厚仰折沿,方唇,短溜肩,腹近直,锥足,高裆。泥质黑灰陶。器表有刮削痕。口径13.8厘米,腹径12.4厘米,高9.7厘米。(图二一九,1;彩版五五,2)

M145:6,陶鬲。宽厚仰折沿,方唇,短溜肩,直腹,锥足,高裆。夹砂黑灰陶。上沿面外侧有一道凹弦纹,器表绳纹被抹,隐约可见,足部及裆部可见刮削痕。口径16.0厘米,腹径14.0厘米,高13.0厘米。(图二一九,4;彩版五五,3)

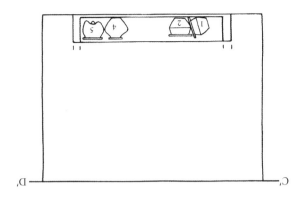

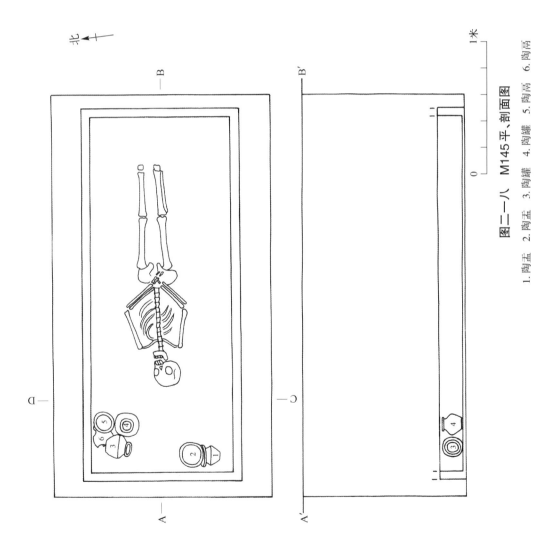

图二一八 M145平、剖面图

1. 陶盂 2. 陶盂 3. 陶罐 4. 陶罐 5. 陶鬲 6. 陶鬲

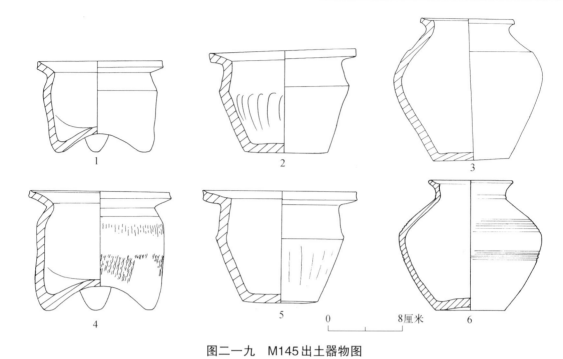

图二一九　M145出土器物图

1.陶鬲（M145：5）　2.陶盂（M145：1）　3.陶罐（M145：4）　4.陶鬲（M145：6）　5.陶盂（M145：2）　6.陶罐（M145：3）

144. M146

该墓开口于①层下，距地表深50厘米，方向290°。墓葬形制为竖穴土坑墓，开口平面形状呈长方形，墓口长250厘米，宽150厘米，墓口距墓底深340厘米。坑壁垂直，壁面加工规整，平底。填土为五花土，土质较松。（图二二〇）

葬具为单棺，平面形状呈长方形。棺距墓口深298厘米，长230厘米，宽110厘米，高42厘米，壁厚6厘米。

骨架一具，仅剩腿骨和零星臂骨。仰身直肢。

填土中出土铜璜2件。

M146：1，铜璜，两个，形制相同。含胸拱背，两端斜直，一面平整，一面边缘凸起，拱背处有一穿孔。两端距离约8.5厘米，宽2.0厘米，厚0.1厘米。（图二二一，1；彩版一二〇，2）

145. M147

该墓开口于①层下，距地表深50厘米，方向290°。墓葬形制为竖穴土坑墓，开口平面形状呈长方形，口大底小，墓口长292厘米，宽198厘米，墓口距墓底深540厘米，墓底长252厘米，宽156厘米。坑壁斜直，壁面加工规整，平底。填土为五花土，土质较松。（图二二二）

葬具为单棺，平面形状呈长方形。棺距墓口深505厘米，长220厘米，宽117厘米，残高35厘米，壁厚8厘米。

骨架不存，葬式不详。

无随葬品。

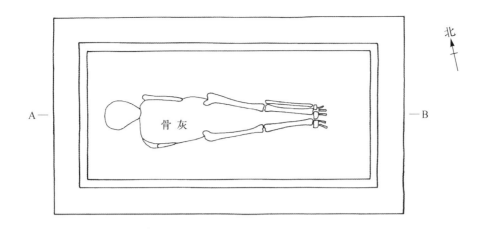

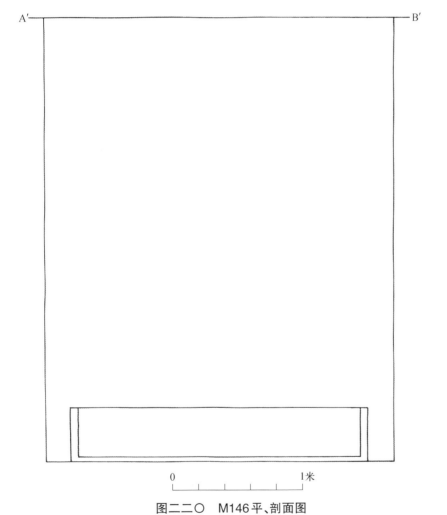

图二二〇　M146平、剖面图

1. 铜璜(填土中出土)

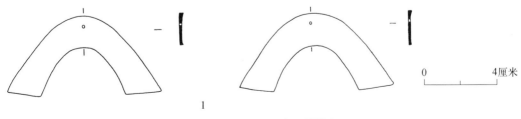

图二二一　M146出土器物图

1. 铜璜(M146∶1)

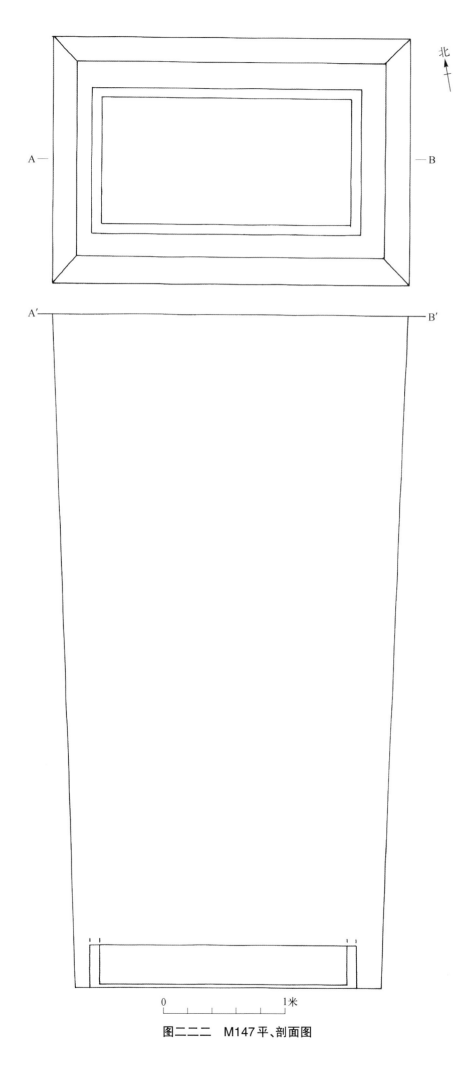

北

A — — B

A′ B′

0 1米

图二二二　M147平、剖面图

146. M148

该墓开口于①层下,距地表深50厘米,方向293°。墓葬形制为竖穴土坑墓,口大底小,开口平面形状呈长方形,墓口长350厘米,宽240厘米,墓口距墓底深648厘米,墓底长290厘米,宽180厘米。坑壁斜直,壁面加工规整,平底。填土为五花土,土质较松。(图二二三)

葬具为单棺,平面形状呈长方形。棺距墓口深600厘米,长242厘米,宽132厘米,高48厘米,壁厚8厘米。

骨架不存,葬式不详。

无随葬品。

147. M149

该墓开口于①层下,距地表深50厘米,方向290°。墓葬形制为竖穴土坑墓,口大底小,开口平面形状呈长方形,墓口长350厘米,宽300厘米,墓口距墓底深600厘米,墓底长310厘米,宽240厘米。坑壁斜直,壁面加工规整,平底。填土为五花土,土质较松。(图二二四)

葬具为单棺,平面形状呈长方形。棺距墓口深555厘米,长206厘米,宽148厘米,高45厘米,壁厚8厘米。

骨架不存,葬式不详。

随葬品置于棺内东端,出土陶鬲2件、陶罐2件。(彩版三三,2)

M149:1,陶罐。器盖弧壁平顶,短舌。器身无沿,圆唇,矮领,肩部弧鼓,斜腹,平底内凹。泥质灰陶。口径68厘米,腹径9.2厘米,底径5.2厘米,高7.5厘米。(图二二五,2;彩版一一二,3)

M149:2,陶罐。器盖弧壁平顶,短舌。器身无沿,圆唇,矮领,肩部弧鼓,斜腹,平底。泥质灰陶。口径6.8厘米,腹径9.2厘米,底径5.2厘米,高7.0厘米。(图二二五,1;彩版一一二,4)

M149:3,陶鬲。无沿,敛口,溜肩,斜腹,袋足,尖足跟,三足内聚,间距小,裆部较低。夹砂红陶。肩部绳纹被抹,上饰数周瓦棱状凹带纹,腹部饰细绳纹。口径8.8厘米,腹径10.4厘米,高7.8厘米。(图二二五,3;彩版五五,4)

M149:4,陶鬲。无沿,敛口,短束颈,短溜肩,斜弧腹,袋足,尖足跟,三足内聚,间距小,裆部较低。夹砂红陶。颈部素面无绳纹,腹上部一段绳纹被抹平,下部饰粗绳纹。口径7.4厘米,腹径10.0厘米,高8.8厘米。(图二二五,4;彩版五五,5)

148. M150

该墓开口于①层下,距地表深50厘米,方向290°。墓葬形制为竖穴土坑墓,开口平面形状呈长方形,墓口长262厘米,宽132厘米,墓口距墓底深360厘米。坑壁垂直,壁面加工规整,平底。填土为五花土,土质较松。(图二二六)

葬具为单棺,平面形状呈长方形。棺距墓口深332厘米,长236厘米,宽98厘米,残高28厘米,壁厚6厘米。

骨架不存,葬式不详。

随葬品置于棺内西端,出土陶鬲2件、陶盂2件、陶罐2件。

北

A —   — B

A′————————————————B′

0   1米

图二二三   M148平、剖面图

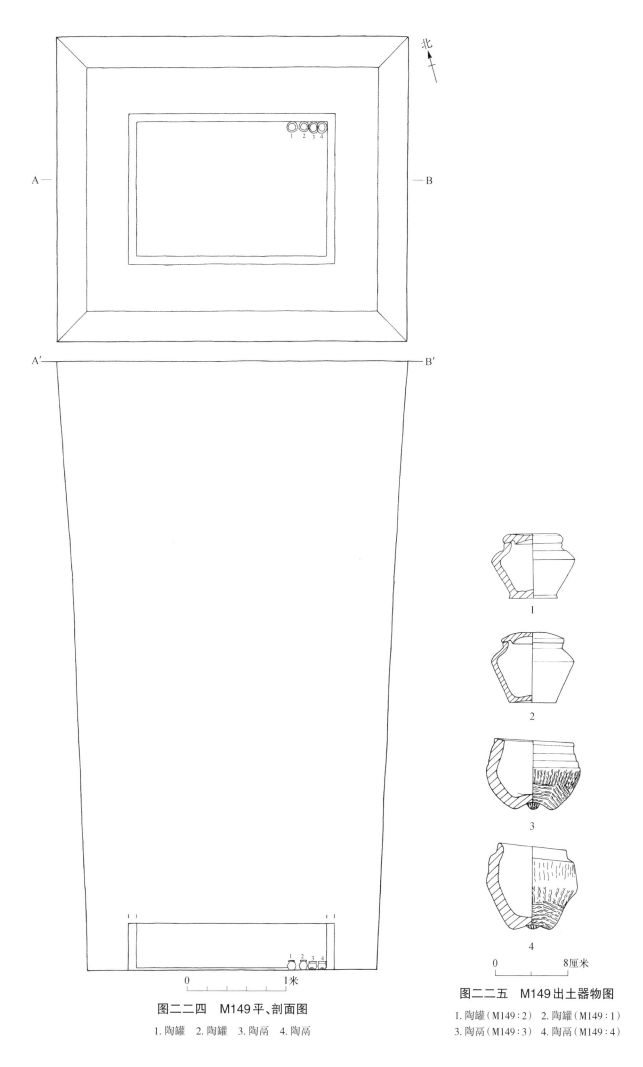

北

A — — B

A′ — — B′

1 2 3 4

0   1米

图二二四　M149平、剖面图

1. 陶罐　2. 陶罐　3. 陶鬲　4. 陶鬲

1

2

3

4

0   8厘米

图二二五　M149出土器物图

1. 陶罐（M149：2）　2. 陶罐（M149：1）

3. 陶鬲（M149：3）　4. 陶鬲（M149：4）

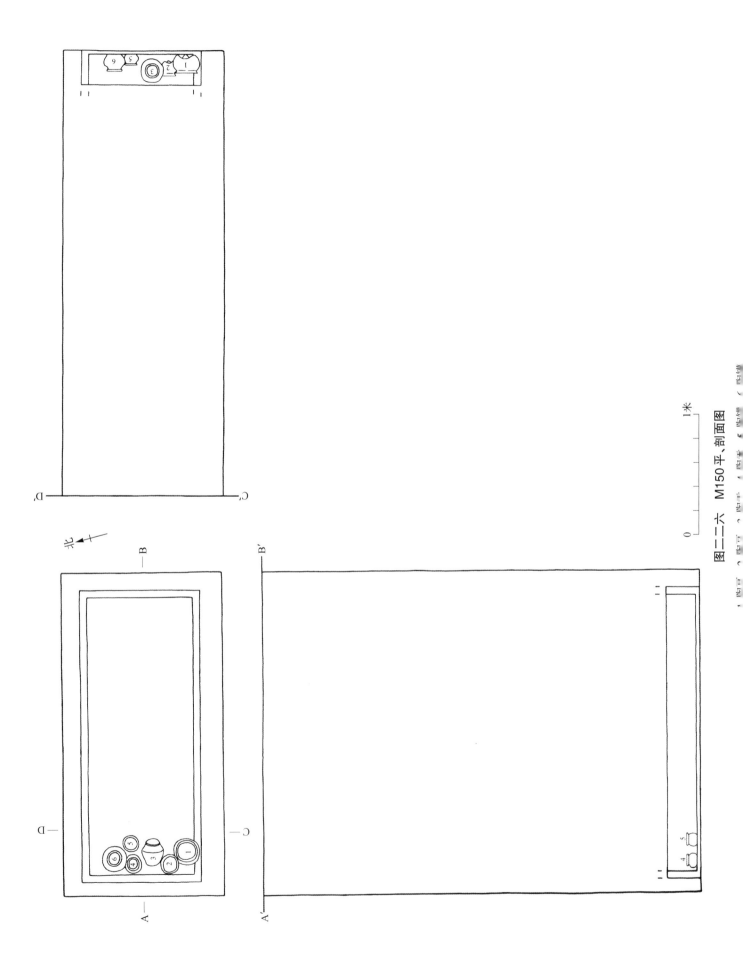

图二二六　M150平、剖面图

1 陶豆　2 陶豆　3 陶罐　4 陶平　5 陶钵　6 陶钵　7 陶纺轮

0 　 　 　 1米

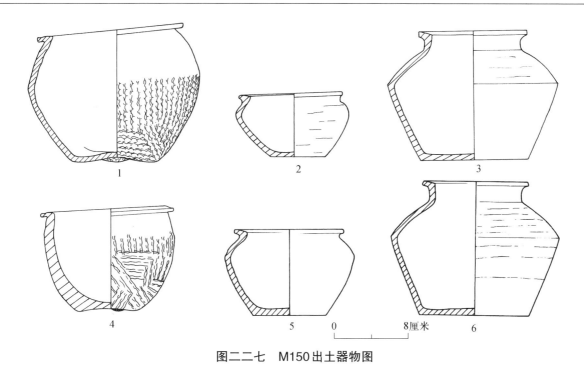

图二二七 M150出土器物图

1. 陶鬲（M150∶1） 2. 陶盂（M150∶3） 3. 陶罐（M150∶6） 4. 陶鬲（M150∶2） 5. 陶盂（M150∶4） 6. 陶罐（M150∶5）

M150∶1，陶鬲。平折沿，方唇，溜肩，弧腹，袋足，尖足跟，三足内聚，间距小，裆部较低。夹砂红陶。腹部、足部及裆部均饰粗绳纹。口径16.0厘米，腹径18.8厘米，高15.0厘米。（图二二七，1；彩版五五，6）

M150∶2，陶鬲。平折沿，圆唇，溜肩，弧腹，袋足，尖足跟，三足内聚，间距小，裆部极低。夹砂红陶。腹部、足部及裆部均饰粗绳纹。口径14.0厘米，腹径14.0厘米，高11.3厘米。（图二二七，4；彩版五五，7）

M150∶3，陶盂。折沿微仰，尖圆唇，领极短，圆肩，斜弧腹，平底。泥质黑灰陶。口径11.3厘米，腹径12.3厘米，底径5.8厘米，高7.0厘米。（图二二七，2；彩版七七，1）

M150∶4，陶盂。仰折沿，方圆唇，圆肩，斜弧腹，平底。泥质灰陶。口径12.2厘米，腹径12.8厘米，底径5.6厘米，高8.8厘米。（图二二七，5；彩版七七，2）

M150∶5，陶罐。折沿微仰，方唇，矮领，溜肩微弧鼓，斜腹，平底。泥质灰陶。器表有刮削痕。唇部有一道凹弦纹。口径11.4厘米，腹径18.4厘米，底径12.2厘米，高14.4厘米。（图二二七，6；彩版一一二，5）

M150∶6，陶罐。折沿微仰，方唇，矮领，溜肩微弧鼓，斜腹，平底。泥质灰陶。器表有刮削痕。上沿面有一道凹弦纹，唇部有一道凹弦纹。口径12.0厘米，腹径18.7厘米，底径12.0厘米，高13.9厘米。（图二二七，3；彩版一一二，6）

149. M151

该墓开口于①层下，距地表深50厘米，方向295°。墓葬形制为竖穴土坑墓，开口平面形状呈长方形，口大底小，墓口长340厘米，宽242厘米，墓口距墓底深540厘米，墓底长300厘米，宽202厘米。坑壁斜直，壁面加工规整，平底。填土为五花土，土质较松。（图二二八；彩版二五，2）

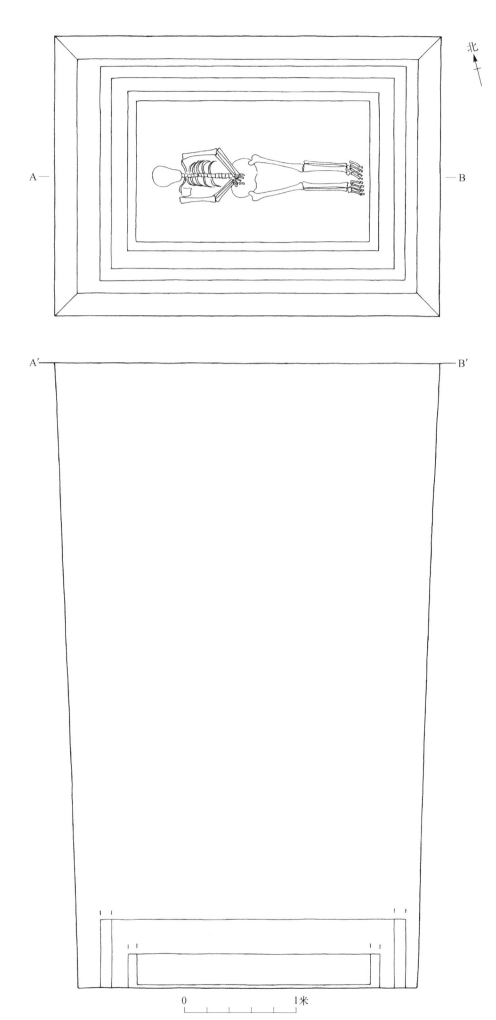

北

A —　　　　　　　　— B

A′　　　　　　　　　B′

0　　　　　1米

图二二八　M151平、剖面图

葬具为一椁一棺,平面形状均呈长方形。椁距墓口深480厘米,长270厘米,宽185厘米,高60厘米,壁厚10厘米;棺距墓口深510厘米,长222厘米,宽138厘米,高30厘米,壁厚8厘米。

骨架一具,保存较完整。仰身直肢,头向西,面向上,双手交叉置于腹部。

无随葬品。

150. M152

该墓开口于①层下,距地表深50厘米,方向293°。墓葬形制为竖穴土坑墓,开口平面形状呈长方形,墓口长276厘米,宽150厘米,墓口距墓底深280厘米。坑壁垂直,壁面加工规整,平底。填土为五花土,土质较松。(图二二九)

图二二九 M152平、剖面图

葬具为单棺,平面形状呈长方形。棺距墓口深255厘米,长244厘米,宽116厘米,残高25厘米,壁厚6厘米。

骨架一具,保存较差。仰身直肢,头向西,面向上,双手置于腹部。

无随葬品。

151. M153

该墓开口于①层下,距地表深50厘米,方向280°。墓葬形制为竖穴土坑墓,开口平面形状呈长方形,口大底小,墓口长390厘米,宽280厘米,墓口距墓底深580厘米,墓底长330厘米,宽220厘米。坑壁斜直,壁面加工规整,平底。填土为五花土,土质较松。(图二三○)

葬具为一椁一棺,平面形状均呈长方形。椁距墓口深510厘米,长258厘米,宽150厘米,高70厘米,壁厚8厘米;棺距墓口深560厘米,长196厘米,宽88厘米,残高20厘米,壁厚6厘米。

骨架不存,葬式不详。

无随葬品。

152. M154

该墓开口于①层下,距地表深50厘米,方向278°。墓葬形制为竖穴土坑墓,开口平面形状呈长方形,口大底小,墓口长415厘米,宽310厘米,墓口距墓底深1050厘米,墓底长350厘米,宽250厘米。坑壁斜直,壁面加工规整,平底。填土为五花土,土质较松。(图二三一)

葬具为二椁一棺,平面形状均呈长方形。外椁距墓口深910厘米,长300厘米,宽230厘米,高140厘米,壁厚10厘米;内椁距墓口深960厘米,长260厘米,宽170厘米,高90厘米,壁厚8厘米;棺距墓口深1 010厘米,长216厘米,宽120厘米,高40厘米,壁厚6厘米。

骨架不存,葬式不详。

无随葬品。

153. M155

墓开口于①层下,距地表深50厘米,方向290°。墓葬形制为竖穴土坑墓,开口平面形状呈长方形,墓口长270厘米,宽180厘米,墓口距墓底深160厘米。坑壁垂直,壁面加工规整,平底。填土为五花土,土质较松。(图二三二)

葬具为单棺,平面形状呈长方形。棺距墓口深120厘米,长220厘米,宽120厘米,残高40厘米,壁厚8厘米。

骨架不存,葬式不详。

随葬品置于棺内西北角,出土陶罐1件、陶盂2件。

M155:1,陶罐。平折沿,沿面内凹,方唇较厚,唇缘处凸起,高领,溜肩,斜腹,平底。泥质褐陶。器表有刮削痕。口径12.2厘米,腹径17.2厘米,底径13.0厘米,高14.0厘米。(图二三三,1;彩版一一三,1)

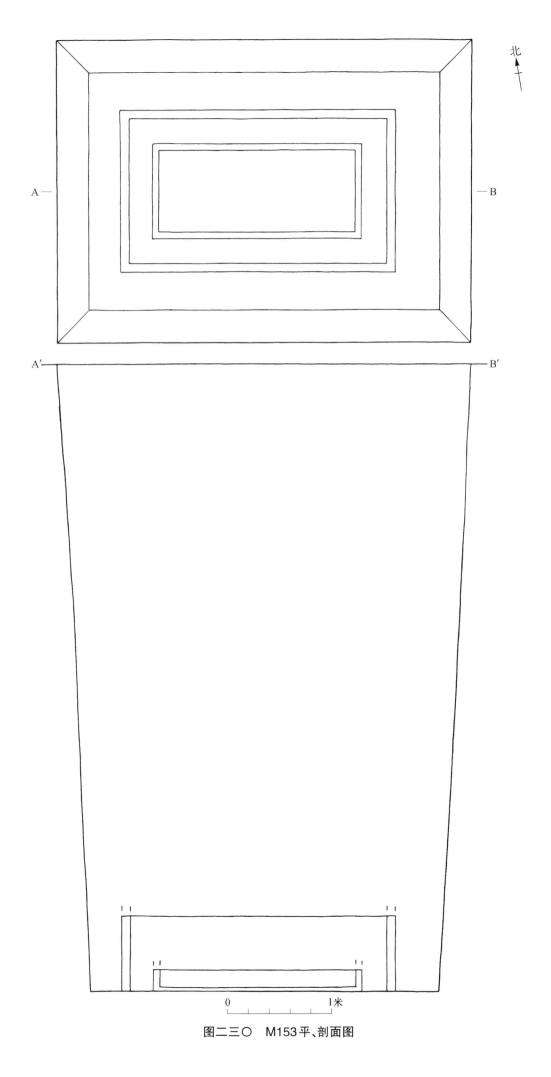

北

A —

— B

A′

B′

0   1米

图二三〇　M153平、剖面图

北

A — — B

A' — — B'

0　　　　1米

图二三一　M154平、剖面图

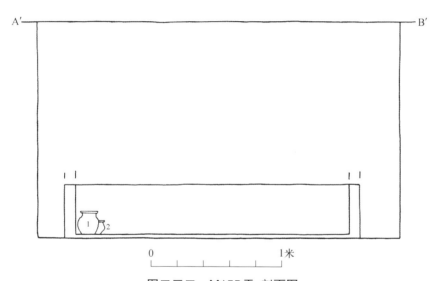

图二三二 M155平、剖面图

1. 陶罐 2. 陶盂 3. 陶盂

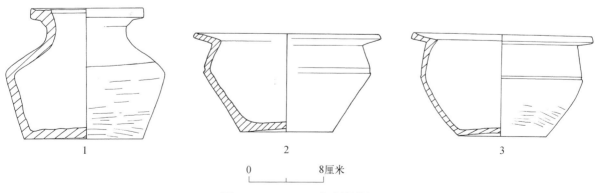

图二三三 M155出土器物图

1. 陶罐（M155：1） 2. 陶盂（M155：2） 3. 陶盂（M155：3）

M155：2，陶盂。宽厚仰折沿，圆唇，折腹，上腹斜直，下腹斜收，平底内凹。泥质灰陶。上沿面接近唇缘处有一道凹弦纹，折腹处上部有一道凹弦纹。口径20.4厘米，腹径18.2厘米，底径10.0厘米，高10.6厘米。(图二三三,2;彩版七七,3)

M155：3，陶盂。宽厚仰折沿，方圆唇，折腹，上腹斜直，下腹斜收微弧，平底内凹。泥质灰陶。上沿面接近唇缘处有一道凹弦纹，折腹处上部有一道凹弦纹。口径20.1厘米，腹径17.8厘米，底径9.8厘米，高11.0厘米。(图二三三,3;彩版七七,4)

第三章　墓葬形制和出土遗物

第一节　墓　葬　形　制

部楼墓地共清理两周时期的墓葬153座。这批墓葬均为竖穴土坑墓,平面形状有长方形和楔形之分,长方形者143座,楔形者10座。坑壁有垂直和斜直之分,其中斜直壁均为内收,直壁者94座,斜直壁者59座;有壁龛的墓葬1座,有二层台的墓葬1座,有头箱的墓葬3座。据棺椁情况不同,分为三类:二椁一棺墓、一椁一棺墓、单棺墓。

一、甲类墓

为二椁一棺墓。
共2座。开口平面形状均呈长方形,墓壁均为斜直壁。包括M121、M154。

二、乙类墓

为一椁一棺墓。共74座。据墓葬开口平面形状分为两型:
A型　墓葬开口平面形状呈长方形。
共68座。据墓葬坑壁特征分为两个亚型。
Aa型　直壁
共29座。包括M5、M12、M16、M22、M23、M25、M26、M28、M29、M34、M35、M36、M40、M43、M44、M49、M53、M56、M61、M65、M87、M109、M112、M113、M118、M120、M122、M127、M138。其中M23有头箱。
Ab型　斜直壁
共39座。包括M4、M19、M20、M31、M37、M38、M42、M50、M57、M59、M60、M64、M66、M67、M78、M79、M82、M84、M85、M86、M88、M89、M90、M98、M100、M101、M104、M108、M110、M111、M115、M119、M124、M125、M129、M131、M132、M151、M153。其中M115有壁龛。
B型　墓葬开口平面形状呈楔形。
共6座。据墓葬坑壁特征分为两个亚型。

Ba型　直壁

共3座。包括M14、M52、M99。

Bb型　斜直壁

共3座。包括M9、M27、M45。

三、丙类墓

为单棺墓。

共77座。据墓葬开口平面形状分为两型。

A型　墓葬开口平面形状呈长方形。

共73座。据墓葬坑壁特征分为两个亚型。

Aa型　直壁

共58座。包括M1、M2、M3、M6、M7、M8、M10、M11、M13、M15、M17、M21、M39、M41、M46、M48、M51、M54、M55、M58、M62、M63、M68、M69、M70、M71、M72、M73、M75、M76、M81、M83、M91、M93、M95、M96、M97、M102、M105、M114、M116、M123、M126、M130、M134、M135、M136、M137、M139、M140、M141、M142、M143、M144、M145、M146、M150、M152。其中M81有二层台，M126、M137有头箱。

Ab型　斜直壁

共15座。包括M24、M32、M74、M77、M80、M92、M94、M106、M107、M117、M128、M147、M148、M149、M155。

B型　墓葬开口平面形状呈楔形。

共4座，均为直壁，包括M18、M33、M47、M103。

第二节　出土遗物

一、铜器

（一）铜鼎

1件。

标本M139∶1，铜鼎。仰折沿，方唇，微鼓腹，圜底近平，三蹄足中空（其中1条鼎足已残）；沿上直立耳；器腹三道范线直贯器足，器底亦有连成三角形的范线。器身薄，器耳厚。上腹部饰一周回纹。口径22.0厘米，腹径21.4厘米，高24.0厘米。（图二〇九，14）

（二）铜璜

6件。据形态特征分为两型。

A型　含胸拱背，两端斜直，一面平整，一面边缘凸起，拱背处有一穿孔。

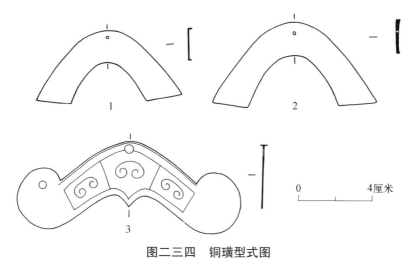

图二三四 铜璜型式图
1. A型（M114：1） 2. A型（M146：1） 3. B型（M110：6）

标本M114：1，两个，形制大小相同。一个完整，一个已断成两截。长8.0厘米，体宽1.8厘米，厚0.1厘米。

标本M146：1，两个，形制大小相同。均完整。长8.4厘米，体宽2.0厘米，厚0.1厘米。

B型 含胸拱背，胸内弧处凸起，璜两端似如意头，拱背处和两端各有一穿孔。两面皆饰相同的纹饰，均为三个云纹，云纹间以凸棱隔开。

标本M110：6，两个，形制大小相同。均完整。两端距离约11.6厘米，器身宽度1.8～3.6厘米，厚0.2厘米。

二、陶器

（一）日用陶器

日用陶器共515件。包括陶鬲、陶盂、陶罐、陶豆、陶圜底罐、陶盆六个器类。

1. 陶鬲

共出土134件，其中5件残损较甚未参加型式分析。据裆部和足部特征分为五型。

A型 86件。分裆袋足鬲。基本为夹砂陶，有夹粗砂和夹细砂之别，以夹细砂为主。按陶色分，有灰陶、红陶、黄陶，以灰陶为主。口沿多素面，大部分鬲的肩部有瓦棱状凹带纹，少数为绳纹或凹弦纹或素面，极少量鬲的肩部饰有泥条或泥饼装饰（有M12：4、M69：2、M80：3）。器腹、足、裆部除个别鬲外，皆饰绳纹，一般腹上部为纵绳纹，下部为交错绳纹。陶鬲分上下两部分，分别制好后再拼接而成，上半部分轮制而成，下半部分用带绳纹的陶拍拍制而成，两者结合处位于肩部稍下，结合处往往有数道抹痕。少数鬲内还保存有兽骨或禽骨。据袋足大小及有无尖足跟分为两个亚型。

Aa型 79件。分裆小袋足，有尖足跟。据口沿、器足及器型总体特征分为五式。

Ⅰ式 11件。袋足外张,三足间距大,多弧腹。从此式至第Ⅲ式,陶鬲的折沿均较宽,折沿或平或微仰或微下斜。

标本M12∶4,M12∶8,M36∶2,M49∶6,M128∶3,M128∶7,M128∶14,M138∶1,M138∶4,M138∶8,M138∶16。

Ⅱ式 27件。袋足内敛,三足间较大,斜腹。

标本M4∶5,M4∶6,M4∶7,M4∶8,M4∶9,M9∶5,M9∶6,M23∶1,M23∶3,M23∶5,M23∶6,M26∶1,M26∶5,M27∶1,M27∶2,M27∶5,M27∶14,M61∶1,M61∶3,M61∶9,M69∶2,M80∶1,M80∶3,M128∶2,M136∶3,M136∶10,M136∶13。

Ⅲ式 37件。袋足内敛程度较上式加大,三足间距较小。

标本M5∶2,M5∶6,M10∶3,M16∶2,M16∶5,M22∶5,M25∶4,M25∶8,M43∶1,M43∶3,M44∶4,M44∶8,M44∶9,M44∶14,M63∶3,M63∶5,M66∶4,M66∶6,M67∶1,M67∶3,M67∶6,M68∶4,M68∶6,M73∶1,M73∶7,M78∶2,M78∶3,M85∶1,M86∶5,M86∶10,M86∶11,M86∶13,M103∶5,M140∶2,M140∶8,M150∶1,M150∶2。

Ⅳ式 2件。从此式起,器型变小,折沿变窄变薄,袋足内聚,三足间距小。

标本M113∶1,M113∶13。

Ⅴ式 2件。器型明器化,无沿,袋足内聚,三足间距小。

标本M149∶3,M149∶4。

Ab型 7件。分裆大袋足,无尖足跟。据口沿、袋足及足间距特征分为三式。

Ⅰ式 3件。仰折沿,袋足肥大。

标本M126∶3,M126∶5,M126∶10。

Ⅱ式 2件。折沿下斜,袋足肥大。

标本M81∶3,M81∶4。

Ⅲ式 2件。折沿微下斜,袋足较肥,略内敛。

标本M49∶1,M96∶1。

B型 16件。分裆乳足鬲。均为夹细砂灰陶。据器表装饰分为两个亚型。

Ba型 14件。器表有绳纹,腹、足部用绳纹工具拍制。据鬲足内敛程度、鬲足大小及裆部特征分为三式。

Ⅰ式 4件。乳足内敛,足较大,裆部较高。

标本M40∶2,M40∶6,M40∶7,M40∶10。

Ⅱ式 8件。乳足内敛,足变小,裆部较低。

标本M95∶6,M95∶7,M95∶8,M95∶9,M142∶1,M142∶3,M142∶10,M142∶11。

Ⅲ式 2件。乳足内敛程度较上式大,足较小,裆部较低。

标本M45∶6,M45∶7。

Bb型 2件。器表素面,无绳纹,器身轮制,足、裆部有刮削痕。

标本M38∶3,M38∶4。器型明器化,乳足内敛,足跟小,裆部较低。

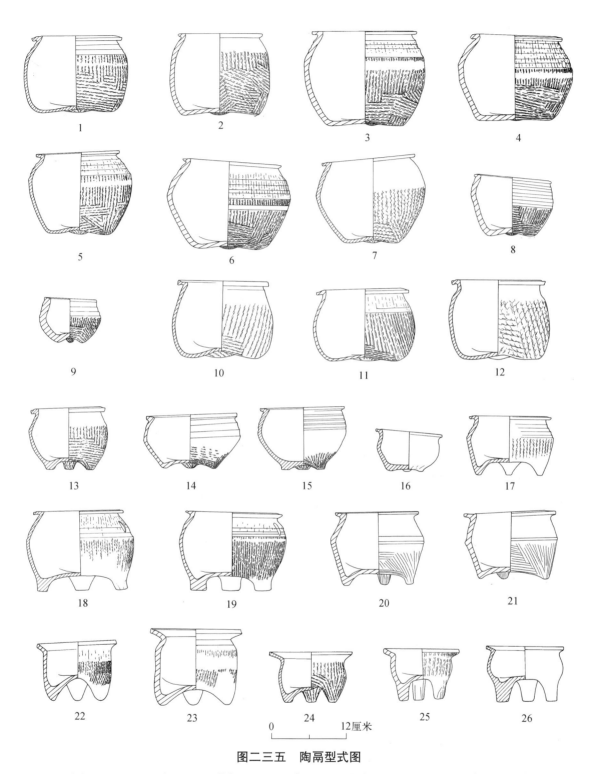

图二三五 陶鬲型式图

1—2. AaⅠ（M36∶2、M138∶16） 3—4. AaⅡ（M4∶5、M23∶1） 5—7. AaⅢ（M67∶3、M73∶7、M150∶2） 8. AaⅣ（M113∶1）
9. AaⅤ（M149∶3） 10. AbⅠ（M126∶10） 11. AbⅡ（M81∶4） 12. AbⅢ（M96∶1） 13. BaⅠ（M40∶7） 14. BaⅡ（M95∶8）
15. BaⅢ（M45∶6） 16. Bb（M38∶4） 17. CaⅠ（M52∶14） 18. CaⅡ（M28∶16） 19. CaⅢ（M74∶8） 20. Cb（M137∶11）
21. Db（M137∶7） 22. DaⅠ（M34∶5） 23. DaⅢ（M145∶6） 24. DaⅡ（M139∶9） 25. Ea（M139∶7） 26. Eb（M144∶12）

C型 15件。联裆截锥足鬲。均为夹细砂灰陶,裆部均较高。据器表装饰特征分为两个亚型。

Ca型 12件。器表有绳纹。器表由带绳纹的工具拍制,肩部绳纹多被抹,隐约可见,上饰瓦棱状凹带纹,足部、裆部有明显的刮削痕。据鬲足外张内敛特征及足跟大小特征分为三式。

Ⅰ式 4件。平折沿,袋足外张,截锥足较小。

标本M52:5,M52:7,M52:8,M52:14。

Ⅱ式 4件。折沿下斜,袋足外张,截锥足变大。

标本M28:3,M28:6,M28:13,M28:16。

Ⅲ式 4件。折沿下斜或平折沿,袋足略内敛,截锥足粗壮。

标本M74:8,M74:9,M74:14,M74:15。

Cb型 3件。器表素面,无绳纹。器身轮制,腹、足及裆部有明显刮削痕。

标本M137:6,M137:10,M137:11。

D型 7件。联裆锥足鬲。据器表装饰分为两个亚型。

Da型 6件。器表有绳纹,由带绳纹的工具拍制,其中M145:5绳纹被抹,隐约可见。据口沿及肩部特征分为三式。

Ⅰ式 3件。仰折沿,且上仰程度较大,裆部较高,无肩。

标本M34:5,M34:6,M34:7。

Ⅱ式 1件。折沿上仰程度变小,裆部变低,无肩。

标本M139:9。

Ⅲ式 2件。仰折沿,裆部较高,此式有短斜肩。

标本M145:5,M145:6。

Db型 仅1件,器表素面,无绳纹。器身轮制,腹部、足部及裆部有明显的刮削痕。

标本M137:7。

E型 5件。联裆柱足鬲。据器表装饰分为两个亚型。

Ea型 1件,器表有绳纹,由带绳纹的工具拍制。

标本M139:7。

Eb型 4件。器表无绳纹,素面。

标本M144:10,M144:11,M144:12,M144:15。

2. 陶盂

共139件,其中8件残损较甚未参加型式分析。绝大多数为泥质灰陶,少量泥质黄陶、黑皮陶等。器表绝大部分经过打磨,打磨光滑有光泽者,多上腹有光泽,下腹无光泽;打磨无光泽者或未打磨者,器表有刮削痕,较为典型的是上腹有因刮削形成的成圈刮削痕,或有与陶豆相同的因刮削形成的暗纹。根据腹部形态特征分为两型。

A型 111件。折腹。根据口沿、器腹及整体形态特征分为十式。

Ⅰ式 4件。宽厚仰折沿,上仰程度大。

标本M34:1,M34:2,M34:4,M34:12。

Ⅱ式　10件。宽厚仰折沿,上仰程度较上式变小,上腹有多道凹弦纹。

标本M14:2,M14:4,M139:2,M139:5,M139:6,M139:11,M144:1,M144:2,M144:6,M144:16。

Ⅲ式　2件。仰折沿,折腹处上部有一道凹弦纹。

标本M155:2,M155:3。

Ⅳ式　2件。仰折沿,折腹处凸起。

标本M145:1,M145:2。

Ⅴ式　8件。平折沿,最大径接近器腹中部,器型较小。

标本M52:1,M52:3,M52:6,M52:11,M137:3,M137:4,M137:8,M137:16。

Ⅵ式　22件。器型变大,折腹处上部多有一道明显凹弦纹,最大径接近器腹中部,器型呈宽扁风格。从此式起折沿或平或微仰或微下斜,已无规律。器表多打磨光滑,一般上腹有光泽,下腹无光泽。

标本M12:3,M12:7,M28:4,M28:5,M28:9,M28:10,M36:3,M36:4,M36:5,M36:8,M49:2,M49:3,M81:5,M81:6,M96:5,M128:11,M128:16,M136:2,M136:9,M138:9,M138:13,M138:15。

Ⅶ式　26件。锐折腹,下腹变深,最大径上移,上式的宽扁风格消失。

标本M4:4,M4:5,M4:12,M23:2,M23:4,M27:6,M27:7,M27:15,M27:16,M40:14,M61:8,M66:5,M69:5,M74:3,M74:4,M74:6,M74:16,M80:7,M80:8,M85:5,M85:6,M85:7,M85:8,M128:5,M128:13,M140:5。

Ⅷ式　29件。器型上腹部多弧鼓,折腹不锐,且折腹处折棱多系刮削形成。从此式起器型宽扁、瘦长风格不一,且器表一般未打磨,有刮削痕,较为典型的是肩部有因刮削形成的成圈刮削痕,或有与陶豆相同的因刮削形成的暗纹。

标本M5:4,M16:1,M16:4,M26:6,M26:7,M40:1,M40:5,M40:11,M44:7,M44:11,M44:12,M44:13,M61:4,M63:1,M63:2,M67:5,M67:8,M68:5,M73:5,M86:2,M86:4,M86:6,M95:5,M95:12,M103:2,M142:6,M142:7,M142:8,M142:9。

Ⅸ式　2件。器型变小。余同上式。

标本M45:2,M45:3。

Ⅹ式　6件。器型小,几近弧腹。

标本M38:5,M38:6,M38:7,M113:2,M113:4,M134:3。

B型　20件。弧腹。据口沿形态特征分为三式。

Ⅰ式　4件。窄折沿,上沿面近口处凸起,形成一道凹弦纹。

标本M9:3,M9:8,M96:4,M138:14。

Ⅱ式　13件。窄折沿,从此式起,上沿面平整。

标本M5:7,M25:2,M25:7,M43:2,M43:4,M78:1,M78:4,M78:6,M95:10,M95:11,M140:4,M150:3,M150:4。

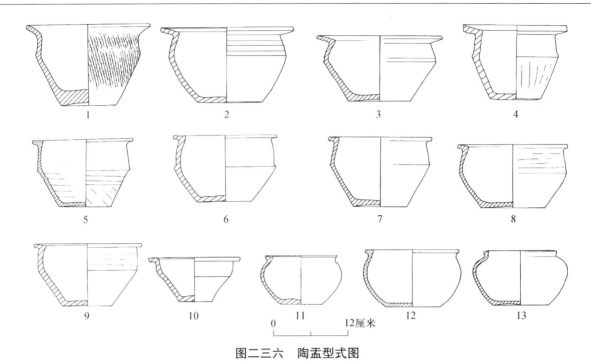

图二三六　陶盂型式图

1. A型Ⅰ式(M34∶1)　2. A型Ⅱ式(M139∶6)　3. A型Ⅲ式(M155∶2)　4. A型Ⅳ式(M145∶2)　5. A型Ⅴ式(M137∶8)
6. A型Ⅵ式(M12∶3)　7. A型Ⅶ式(M27∶7)　8. A型Ⅷ式(M67∶5)　9. A型Ⅸ式(M45∶2)　10. A型Ⅹ式(M38∶5)
11. B型Ⅰ式(M9∶8)　12. B型Ⅱ式(M25∶2)　13. A型Ⅲ式(M22∶3)

Ⅲ式　3件。无沿。

标本M22∶2,M22∶3,M35∶1。

3. 陶罐

共121件,其中6件残,未参加型式分析。绝大多数为泥质灰陶,少量泥质灰胎黑皮陶。器表绝大部分经过打磨,打磨光滑有光泽者,多肩部有光泽,腹部无光泽;打磨无光泽者或未经打磨者,器表有刮削痕,较为典型的是肩部有因刮削形成的成圈刮削痕,或有与陶豆相同的因刮削形成的暗纹。根据肩部形态特征分为三类。

甲类　共110件。溜折肩。根据领部形态特征分为三型。

A型　1件。无领喇叭口。

标本M34∶11。

B型　97件。矮领。据口沿、肩部、器表特征及整体形态特征分为十式。

Ⅰ式　1件。折沿上仰,厚方唇。

标本M139∶4。

Ⅱ式　1件。折沿微仰,圆唇较薄,肩部数周凹弦纹。

标本M145∶3。

Ⅲ式　8件。平折沿,折肩处凸起,器表粗糙多有弦纹。

标本M126∶1,M126∶2,M126∶8,M126∶12,M137∶1,M137∶2,M137∶12,M137∶13。

Ⅳ式 4件。折沿微下斜,器型较小。

标本M52∶2,M52∶4,M52∶10,M52∶13。

Ⅴ式 36件。器型变大,器表打磨较光滑,制作较精致。从此式起折沿或平或微上仰或下斜,已无规律。

标本M4∶1,M4∶2,M4∶3,M9∶1,M9∶2,M12∶5,M12∶6,M25∶1,M25∶3,M26∶2,M26∶3,M36∶1,M61∶2,M61∶5,M61∶7,M66∶1,M66∶7,M69∶3,M78∶5,M80∶2,M81∶2,M85∶2,M85∶3,M85∶4,M85∶13,M96∶2,M103∶1,M128∶1,M128∶8,M128∶12,M136∶4,M136∶5,M138∶2,M138∶3,M138∶11,M138∶12。

Ⅵ式 33件。从此式起器表打磨不光滑或未打磨而有刮削痕,较为典型的是肩部有因刮削形成的成圈刮削痕,或有与陶豆相同的因刮削形成的暗纹。

标本M43∶7,M43∶8,M16∶6,M40∶3,M40∶4,M40∶8,M40∶12,M44∶1,M44∶3,M44∶5,M44∶6,M63∶4,M67∶2,M67∶4,M67∶7,M68∶1,M73∶2,M73∶3,M86∶1,M86∶7,M86∶8,M95∶1,M95∶2,M95∶3,M95∶4,M140∶1,M140∶6,M142∶2,M142∶4,M142∶5,M142∶12,M150∶5,M150∶6。

Ⅶ式 3件。折沿较窄较薄,肩较上式向上略微抬升。器型变小,且不规整,胎体较轻。

标本M22∶1,M45∶1,M45∶4。

Ⅷ式 5件。窄折沿,肩部弧鼓。器型较小。

标本M22∶6,M35∶2,M37∶1,M37∶2,M37∶3。

Ⅸ式 2件。器型更小,余同上式。

标本M38∶1,M38∶2。

Ⅹ式 4件。无沿圆唇,器型小。

标本M134∶1,M134∶2,M149∶1,M149∶2。

C型 12件。高领。根据口沿及器表特征分为五式。

Ⅰ式 2件。仰折沿。

标本M139∶3,M139∶8。

Ⅱ式 4件。折沿微仰。

标本M144∶3,M144∶4,M144∶5,M144∶7。

Ⅲ式 1件。平折沿。

标本M155∶1。

Ⅳ式 1件。折沿微下斜,折肩处凸起,器身打磨光滑。

标本M81∶1。

Ⅴ式 4件。折沿或平或微下斜,折肩处不凸,器身未打磨。

标本M74∶1,M74∶5,M74∶12,M74∶13。

乙类 4件。圆肩。据领部形态特征分为两型。

A型　1件。无领。

标本M34：3。

B型　3件。矮领。根据腹部形态特征分为两个亚型。

Ba型　2件。深腹。根据口沿及肩部特征分为两式。

Ⅰ式　1件。仰折沿,肩部有凹弦纹。

标本M145：4。

Ⅱ式　1件。平折沿,肩部无凹弦纹。

标本M128：4。

Bb型　1件。浅腹。

标本M14：8。

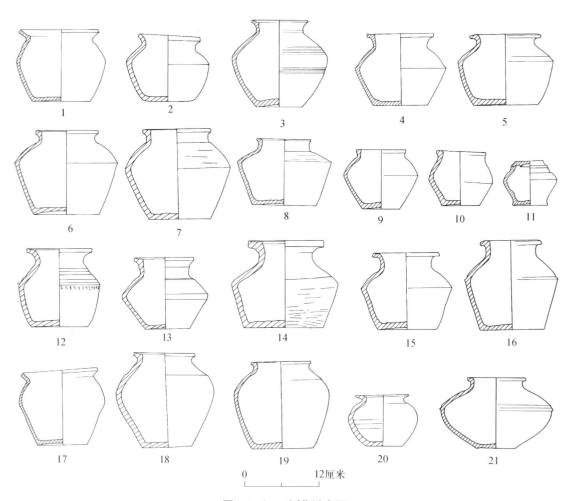

图二三七　陶罐型式图

1. 甲类A型(M34：11)　2. 甲类B型Ⅰ式(M139：4)　3. 甲类B型Ⅱ式(M145：3)　4. 甲类B型Ⅲ式(M126：1)
5. 甲类B型Ⅳ式(M52：2)　6. 甲类B型Ⅴ式(M136：4)　7. 甲类B型Ⅵ式(M44：6)　8. 甲类B型Ⅶ式(M22：1)
9. 甲类B型Ⅷ式(M22：6)　10. 甲类B型Ⅸ式(M38：1)　11. 甲类B型Ⅹ式(M134：1)　12. 甲类C型Ⅰ式(M139：3)
13. 甲类C型Ⅱ式(M144：3)　14. 甲类C型Ⅲ式(M155：1)　15. 甲类C型Ⅳ式(M81：1)　16. 甲类C型Ⅴ式(M74：13)
17. 乙类A型(M34：3)　18. 乙类Ba型Ⅰ式(M145：4)　19. 乙类Ba型Ⅱ式(M128：4)　20. 乙类Bb型(M14：8)　21. 丙类(M80：4)

丙类　1件。广折肩。

标本 M80：4。

4.陶豆

共出土109件。其中7件残损较甚,未列入下面的型式分析中。陶质除个别夹砂外,其余均为泥质。多数器表经打磨,从而形成与胎体色泽不同的陶衣。陶色有灰色、红色、黄色。有刻画符号者46件。绝大部分豆盘内外壁均饰螺旋状暗纹,粗细间距不等。据观察,暗纹的制法是先用钝器压旋出圈圈相连的螺旋纹(非同心圆),然后再用刮刀器对旋纹相接处的凸棱进行修刮而成。豆盘和豆柄分别制好后再拼接而成。根据豆柄形态特征分为两型。

A 型　94件。喇叭豆柄。根据豆盘盘壁形态特征分为两个亚型。

Aa 型　92件。盘上壁较短。根据豆盘、豆柄及整体形态特征分为九式。

Ⅰ式　3件。厚方唇,直口或微敞口,浅盘,折壁不锐微曲,矮粗豆柄,喇叭座。

标本 M34：8,M34：9,M34：10。

Ⅱ式　1件。方唇较厚,直口或微敞口,盘较浅,折壁不锐,豆柄较上式变细。

标本 M139：10。

Ⅲ式　7件。方唇较厚,口微敞,盘壁锐折,豆盘变深。从此式起陶豆制作较为考究。

标本 M14：3,M14：6,M14：9,M144：8,M144：9,M144：13,M144：14。

Ⅳ式　11件。敞口或侈口,豆柄较上式多变高。余同上式。

标本 M52：9,M52：12,M52：15,M126：6,M126：7,M126：9,M126：11,M137：5,M137：9,M137：14,M137：15。

Ⅴ式　15件。尖圆唇或圆唇,敞口或侈口,盘壁上部微鼓,豆柄较高(M96：3豆柄虽较上式未明显变高,但豆座明显变小)。

标本 M9：4,M9：7,M12：1,M12：2,M28：7,M28：11,M28：14,M28：15,M49：4,M96：3,M128：6,M128：15,M138：5,M138：6,M138：10。

Ⅵ式　14件。盘壁上部弧鼓与下壁内凹明显,整体呈"S"形,豆柄高,豆盘深。其中五件豆盘内有刻画符号(分别为M43：5、M80：5、M80：6、M128：10、M136：8),一件豆柄上有刻画符号(M128：9)。

标本 M4：10,M4：11,M27：3,M27：4,M27：8,M27：9,M43：5,M80：5,M80：6,M128：9,M128：10,M136：1,M136：7,M136：8。

Ⅶ式　37件。器型变小,豆盘相对变浅变小,豆柄变矮,豆座变小。除M74：11、M69：1这两件器物外,豆盘内均有刻画符号。

标本 M5：3,M5：5,M16：3,M16：7,M25：1,M25：3,M26：4,M26：8,M40：9,M40：12,M43：6,M44：2,M44：10,M61：6,M66：2,M66：3,M68：2,M68：3,M69：1,M69：4,M73：4,M73：6,M74：2,M74：7,M74：10,M74：11,M85：9,M85：10,M85：11,M85：12,M86：9,M103：3,M103：4,M140：3,M140：7,M142：13,M142：14。

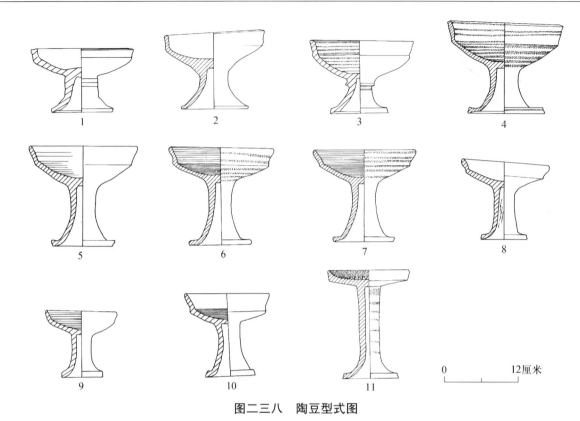

图二三八　陶豆型式图

1. Aa型Ⅰ式（M34：10）　2. Aa型Ⅱ式（M139：10）　3. Aa型Ⅲ式（M144：13）　4. Aa型Ⅳ式（M137：5）
5. Aa型Ⅴ式（M138：6）　6. Aa型Ⅵ式（M27：4）　7. Aa型Ⅶ式（M5：5）　8. Aa型Ⅷ式（M82：1）
9. Aa型Ⅸ式（M37：5）　10. Ab型（M38：12）　11. B型（M129：18）

Ⅷ式　1件。器型进一步变小，余同上式。

标本M82：1。

Ⅸ式　3件。器型更小。余同上式。

标本M37：4，M37：5，M45：5。

Ab型　2件。盘上壁较长。

标本M38：11，M38：12。

B型　8件。柱状豆柄。细高直柄，喇叭豆座，浅盘，盘心有纹饰。

标本M129：13，M129：14，M129：17，M129：18，M129：19，M129：20，M129：21，M129：22。

5. 圜底罐

11件。均为泥质灰陶，腹部饰绳纹，肩部有多道暗纹。肩部及其以上轮制而成，腹部及其以下用带绳纹的陶拍拍印而成，器物由这上下两部分分别制成后拼接而成，在肩腹交界处靠下位置往往有抹痕。根据腹部形态特征分为三型。

A型　6件。斜弧腹。均为折肩，根据领部、腹部、器底形态特征分为三式。

Ⅰ式　4件。领较矮，腹较浅，斜弧腹内收程度较大，凹圜底较小。

标本M28：1,M28：2,M28：8,M28：12。

Ⅱ式　1件。领变高,腹较上式变深,斜弧腹内收程度较上式变小,凹圜底变大。

标本M27：12。

Ⅲ式　1件。领较高,腹较深,斜弧腹内收程度较小,凹圜底较大。

标本M10：1。

B型　2件。球腹。均为溜肩,高领,据腹部深浅变化分为两式。

Ⅰ式　1件。腹较浅。

标本M27：10。

Ⅱ式　1件。腹较深。

标本M5：1。

C型　3件。直腹。均为折肩,高领,根据腹部深浅变化分为两式。

Ⅰ式　2件。腹较浅。

标本M27：11,M27：13。

Ⅱ式　1件。腹较深。

标本M5：8。

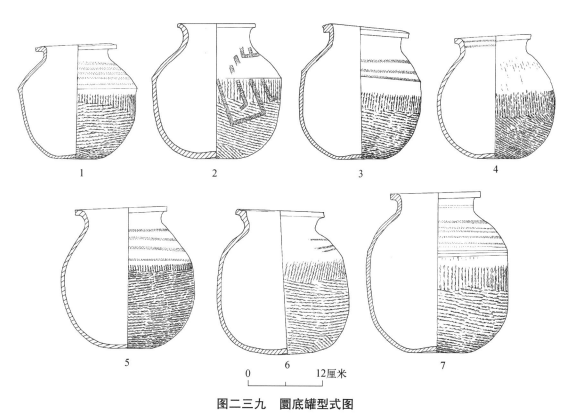

图二三九　圜底罐型式图

1. A型Ⅰ式(M28：2)　2. A型Ⅱ式(M27：12)　3. A型Ⅲ式(M10：1)　4. B型Ⅰ式(M27：10)　5. B型Ⅱ式(M5：1)

6. C型Ⅰ式(M27：11)　7. C型Ⅱ式(M5：8)

（二）仿铜陶礼器

共29件。包括陶鼎、陶盖豆、陶壶、陶高柄小壶、陶盘、陶匜等器类。

1. 陶鼎

5件。均为泥质灰陶。子口承盖，器盖为方唇或方圆唇，盖缘弧折，盖顶近平，盖面等距分别有三个半圆形实心钮。器身子口内敛，圆唇或方圆唇，弧腹，上腹近直，腹部有两周凸棱，圜底；对称方附耳，三圆形空心蹄足。根据腹部、足部及器型特征分为三式。

Ⅰ式　3件。器型较大，深腹，蹄足粗壮。

标本M129：1，M129：2，M129：3。

Ⅱ式　1件。腹较上式变浅，余同上式。

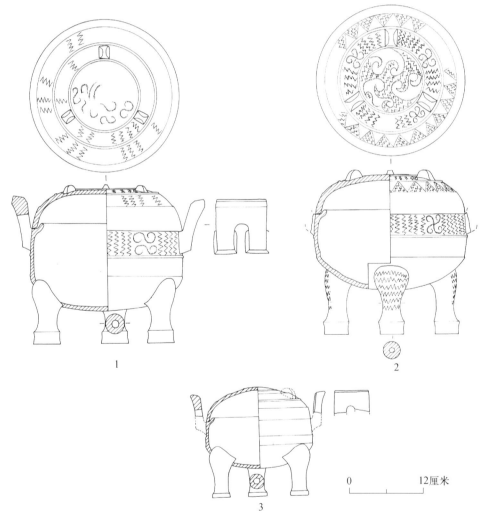

图二四〇　陶鼎型式图
1. Ⅰ式（M129：2）　2. Ⅱ式（M79：9）　3. Ⅲ式（M115：2）

标本M79∶9。

Ⅲ式　1件。器型较小,腹较浅,蹄足足尖较小。

标本M115∶2。

2. 陶盖豆

8件,其中4件残损,未进行型式分析。均为泥质灰陶。根据腹部、豆柄及器盖捉手特征分为三式。

Ⅰ式　2件。器型较大,腹较深,折腹,上腹微外敞,豆柄较矮,豆座大,捉手较高。

标本M129∶15、M129∶16。

Ⅱ式　1件。器型较上式略小,腹较上式略浅,折腹,上腹微内敛,豆座变小,捉手变矮。

标本M79∶6。

Ⅲ式　1件。器型较小,弧腹,上腹微内敛,豆座较小,捉手较矮。

标本M115∶1。

3. 陶壶

6件,其中2件残损较甚,未进行型式分析。均为泥质灰陶。根据有无折沿分为两型。

A型　3件。敞口壶。根据器型大小、器表纹饰及腹部形态特征分为两式。

Ⅰ式　2件。器型较大,颈肩有多周凹弦纹,最大径在器腹上部,圈足较高。

标本M79∶1,M79∶3。

Ⅱ式　1件。器型变小,仅肩部有两周弦纹,最大径接近器腹上部,圈足变矮。

标本M115∶3。

B型　1件。折沿壶。

标本M129∶10。

4. 陶高柄小壶

2件。器盖盖面有一道折棱,盖顶隆起,顶为圆形平面,短舌;器身敞口,方唇,束颈,溜肩,鼓腹略垂,细柄,喇叭座圈足。泥质灰陶,器表打磨,有暗纹。

标本M79∶2,M79∶4。

5. 陶器盖

2件。弧顶盖,圆唇,弧壁平顶,弧壁处凸起。泥质灰陶。盖顶饰有若干"S"纹,盖壁饰有锯齿状暗纹。标本M129∶4,M129∶7。

6. 陶盘

4件。折沿,折腹,平底。泥质灰陶。根据盘内是否有柱分为两型。

图二四一　陶盖豆、陶壶、陶器盖、陶高柄小壶型式图

1. Ⅰ式陶盖豆(M129:15)　2. Ⅱ式陶盖豆(M79:6)　3. Ⅲ式陶盖豆(M115:1)　4. A型Ⅰ式陶壶(M79:1)　5. 陶器盖(M129:4)
6. B型陶壶(M129:10)　7. A型Ⅱ式陶壶(M115:3)　8. 陶高柄小壶(M79:2)

　　A型　1件。盘内有柱。

　　标本M129:9。

　　B型　3件。盘内无柱。根据器腹深浅变化分为三式。

　　Ⅰ式　1件。圆唇,折沿略下斜,器型较大,器腹较深。

　　标本M129:8。

　　Ⅱ式　1件。器型变小,器腹变浅。余同上式。

　　标本M79:8。

　　Ⅲ式　1件。方唇,平折沿,折沿较窄,器型较小,器腹较浅。

标本 M115：8。

7. 陶匜

2件。器身为瓢形，敞口，流略昂，弧壁，平底。泥质灰陶。根据器型大小分为两式。

Ⅰ式　1件。器型较大。

标本 M79：7。

Ⅱ式　1件。器型较小。

标本 M115：6。

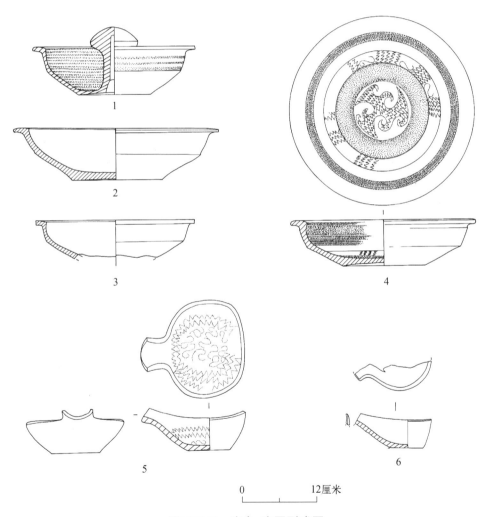

图二四二　陶盘、陶匜型式图

1. A型陶盘（M129：9）　2. B型Ⅰ式陶盘（M129：8）　3. B型Ⅲ陶盘（M115：8）　4. B型Ⅱ式陶盘（M79：8）　5. Ⅰ式陶匜（M79：7）
6. Ⅱ式陶匜（M115：6）

三、泥质器

23件。均为泥质,呈灰色或黄色,部分经过火烧,烧成温度低。均为手制,实心。其中部分模拟陶器,能分辨模拟的器型有鬲、罐、甗等,可确定为模型明器;其他呈圆饼形、长方形、梯形等泥质器,性质待进一步研究确认。根据形态特征分为五型。

A型　2件。模型泥鬲。根据裆部变化分为两式。

Ⅰ式　1件。微弧腹,分裆小袋足,袋足外张,裆部较高。

标本M49:10-4,口径3.4厘米,高2厘米。

Ⅱ式　1件。斜直腹,分裆小袋足,袋足外张,裆部极低。

标本M40:15,口径2.5厘米,高2.4厘米。

B型　5件。模型泥罐。均为折肩,斜腹,平底。

标本M14:11-1,口径3.4厘米,腹径4.6厘米,底径3.4厘米,高3.8厘米;M49:10-1,口径2.8厘米,腹径4厘米,底径2.8厘米,高3厘米;M61:10,口约1.4厘米,腹径约2厘米,底径1.4厘米,高1.6厘米;M85:15-4:两件,口径1.2厘米,腹径2.2厘米,底径1.2厘米,高1.6厘米。

C型　1件。模型泥甗。上部甑为斜直腹,下部鬲弧腹,分裆小袋足,袋足外张,裆部较高。标本M49:10-5,口径3.6厘米,高5.8厘米。

D型　1件。模型泥盘。折腹,平底。标本M85:15-1。直径约2.2厘米,高约1.2厘米。

E型　14件。异型泥质器。根据泥质器形状分为三型。

Ea型　5件。圆饼形。上下两台面平整,直壁微外弧。

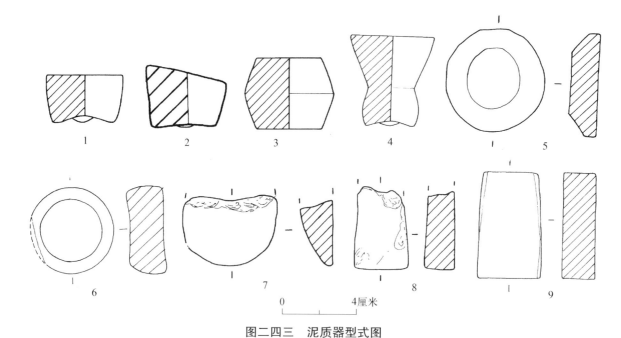

图二四三　泥质器型式图

1. A型Ⅰ式(M49:10-4)　2. A型Ⅱ式(M40:15)　3. B型(M49:10-1)　4. C型(M49:10-5)　5. D型(M85:15-1)
6. Ea型(M22:4)　7. Eb型(M49:10-3)　8、9. Ec型(M49:10-2、M85:15-2)

标本M22：4,5件,形态大小基本相同。直径约3.5厘米,厚约1.5～1.7厘米。

Eb型　2件。馒头形。一面平整,一面弧壁隆起。

标本M14：11-3,直径3厘米,高3.2厘米;M49：10-3,已残,直径4厘米,高2厘米。

Ec型　7件。长方形或梯形。

标本M14：11-2,残长约6厘米,宽约4.2厘米,高约2厘米;M14：11-4,已残成三块,长4～4.8厘米,宽3～4厘米,高1.4～2厘米;M49：10-2:三件,残长3.5～4厘米,宽约3厘米,高约1.5厘米;M85：15-2,长约4.5厘米,宽2.5厘米,厚约1.5厘米;M85：15-3:长约3.7厘米,宽约2厘米,厚约1.2厘米。

四、铁器

1件。铁铲。标本M94：1,上弧下方,有銎以纳铲身。长10.0厘米,最宽处9.5厘米,厚约0.4厘米。(图一四三,1)

五、玉器

(一) 玉圭

2件。

标本M110：4,残存两段,皆为圭身。两面起脊。残长15.0厘米,宽2.1厘米。(图一六四,8)

(二) 玉环

仅1件,即M110：7,已残。环内直边,环外边棱斜削,斜交于一线,环外两侧抹平,有极窄台面,环肉截面近三角形。绿色。直径4.2厘米,好径3.0厘米,厚0.6厘米。(图一六四,1)

(三) 玉残片

12片,标本M110：5,12片。

六、水晶器

(一) 水晶环

1件。

标本M110：1,无色透明,内可见气泡。环内削棱,斜交于一线,环外为直边,环肉截面呈五边形。直径3.0厘米,好径2.6厘米,厚0.6厘米。(图一六四,3)

(二) 水晶珠

1件。

标本M110：3-3,无色透明,内见气泡。圆饼形,直壁,台面边棱斜削,两面有对钻小孔相通。直径1.4厘米,高1.0厘米。(图一六四,6)

七、玛瑙器

2件。均为玛瑙环。

标本 M106:1,为白色半透明状。环内外均被削棱,使斜面相交于一线,内外侧直边均不存,环肉截面呈不等边六边形。直径5.0厘米,好径3.4厘米,厚1.0厘米。(图一五九,1)

标本 M110:2,为白色半透明状。环肉截面近弧边三角形。直径4.0厘米,好径3.0厘米,厚1.0厘米。(图一六四,2)

八、琉璃器

2件。均为琉璃珠。

标本 M110:3-1,腰鼓状,鼓腹,两面有对钻小孔相通。器表蓝、白、褐色相杂。高1.2厘米,腰径1.4厘米。(图一六四,4)

标本 M110:3-2,腰鼓状,鼓腹,两面有对钻小孔相通。器表蓝、褐色相杂。高0.8厘米,腰径1.1厘米。(图一六四,5)

九、蚌器

14枚。M37:6,14枚,其中4枚残,其余保存较好。正面刻齿,背面钻1孔。长约2.5厘米,宽约1.7厘米,厚约1.4厘米。(图五七,8)

第四章 陶器组合

郜楼墓地共清理两周时期的墓葬153座，其中随葬有陶铜器皿的60座，只随葬有水晶器、玉器、铜璜、铁器等小器物的5座（M106、M110、M114、M146、M94）。在随葬陶器皿的墓葬中，呈现出来的器物组合包括以下几组：

第一组 日用陶器组合；

第二组 日用陶器+铜礼器组合；

第三组 日用陶器+泥质器组合；

第四组 仿铜陶礼器组合；

第五组 仿铜陶礼器+日用陶器组合。

出土日用陶器的墓葬共57座，而日用陶器和铜礼器同出的墓葬仅1座，即M139，此墓除了出土日用陶器外，铜礼器仅出土1件铜鼎；日用陶器和泥质器同出的有M14、M22、M40、M49、M85这五座墓葬，且部分泥质器性质还不能确认。上述两种组合情况，数量少而构不成典型组合，因此，将其归入第一组日用陶器组合中一并分析。同时，仿铜陶礼器和日用陶器同出的墓葬仅2座，且每座墓出土的日用陶器均仅是豆。因此，将第五组归入第四组一并分析。故据核心器类组合，可将郜楼墓地陶器组合合并为甲类日用陶器组合、乙类仿铜陶礼器组合。

第一节 型式组合

甲类 即日用陶器组合，出土于57座墓葬中，其中一座墓葬出土器物残损较甚而未参加型式分析，故下面的型式组合分析为56座墓葬。甲类陶器组合中的陶豆和陶鬲形态变化节奏鲜明，速率较快，演变序列较清晰，其中陶豆又贯穿始终。因此我们下面的分析，以陶豆为纲，总领各类型式间的组合变化，将各器类型式间的组合关系分为10组。选取的标准是有完整或较为完整器类组合的墓葬，并对部分器类组合不完整的墓葬进行了组合的定位分析。

Ⅰ组：1座，以Aa Ⅰ式陶豆为核心的组合。

Aa Ⅰ陶豆、Da Ⅰ陶鬲、甲A陶罐、乙A陶罐、A Ⅰ陶盂组合。仅1座，即M34。

Ⅱ组：1座，以Aa Ⅱ式陶豆为核心的组合。

Aa Ⅱ陶豆、Da Ⅱ陶鬲、Ea陶鬲、甲 B Ⅰ陶罐、甲 C Ⅰ陶罐、A Ⅱ陶盂组合。仅 1 座,即 M139。

Ⅲ组:4 座。以 Aa Ⅲ式陶豆为核心的组合。

Ⅲ 1 组:Aa Ⅲ陶豆、Eb陶鬲、甲 C Ⅱ陶罐、A Ⅱ陶盂组合。仅 1 座,即 M144。

Ⅲ 2 组:Aa Ⅲ陶豆、乙 Bb陶罐、A Ⅱ陶盂。仅 1 座,即 M14。

Ⅲ 3 组:甲 C Ⅲ陶罐、A Ⅲ陶盂。仅 1 座,即 M155。(此墓虽未出 Aa Ⅲ陶豆,但依据所出陶罐和陶盂的型式,可以将该墓归为此组。以下情况相同者不再说明。)

Ⅲ 4 组:Da Ⅲ陶鬲、甲 B Ⅱ、乙 Ba Ⅰ陶罐、A Ⅳ陶盂组合。仅 1 座,即 M145。

Ⅳ组:3 座。以 Aa Ⅳ式陶豆为核心的组合。

Ⅳ 1 组:Aa Ⅳ陶豆、Ab Ⅰ陶鬲、甲 B Ⅲ陶罐。仅 1 座,即 M126。

Ⅳ 2 组:Aa Ⅳ陶豆、Cb陶鬲、Db陶鬲、甲 B Ⅲ陶罐、A Ⅴ陶盂组合。仅 1 座,即 M137。

Ⅳ 3 组:Aa Ⅳ陶豆、Ca Ⅰ陶鬲、甲 B Ⅳ陶罐、A Ⅴ陶盂组合。仅 1 座,即 M52。

Ⅴ组:8 座。以 Aa Ⅴ式陶豆为核心的组合。

Ⅴ 1 组:Aa Ⅴ陶豆、Ca Ⅱ陶鬲、A Ⅰ圜底罐、A Ⅵ陶盂组合。仅 1 座,即 M28。

Ⅴ 2 组:Aa Ⅴ陶豆、Aa Ⅰ陶鬲、甲 B Ⅴ陶罐、A Ⅵ陶盂、B Ⅰ陶盂组合。仅 1 座,即 M138。

Ⅴ 3 组:Aa Ⅴ陶豆、Aa Ⅱ陶鬲、甲 B Ⅴ陶罐、B Ⅰ陶盂组合。仅 1 座,即 M9。

Ⅴ 4 组:Aa Ⅴ陶豆、Ab Ⅲ陶鬲、甲 B Ⅴ陶罐、A Ⅵ陶盂、B Ⅰ陶盂组合。仅 1 座,即 M96。

Ⅴ 5 组:Aa Ⅴ陶豆、Aa Ⅰ陶鬲、甲 B Ⅴ陶罐、A Ⅵ陶盂组合。仅 1 座,即 M12。

Ⅴ 6 组:Aa Ⅴ陶豆、Aa Ⅰ陶鬲、Ab Ⅲ陶鬲、A Ⅵ陶盂组合。仅 1 座,即 M49。

Ⅴ 7 组:Aa Ⅰ陶鬲、甲 B Ⅴ陶罐、A Ⅵ陶盂。仅 1 座,即 M36。

Ⅴ 8 组:Ab Ⅱ陶鬲、甲 B Ⅴ陶罐、甲 C Ⅳ陶罐、A Ⅵ陶盂组合。仅 1 座,即 M81。

Ⅵ组:6 座。以 A Ⅵ式陶豆为核心的组合。

Ⅵ 1 组:Aa Ⅴ陶豆、Aa Ⅵ陶豆、Aa Ⅰ陶鬲、Aa Ⅱ陶鬲、甲 B Ⅴ陶罐、乙 Ba Ⅱ陶罐、A Ⅵ陶盂、A Ⅶ陶盂组合。仅 1 座,即 M128(此墓同时出土了 Aa Ⅴ陶豆和 Aa Ⅵ陶豆,而同出的陶鬲、陶盂类除有与 Ⅴ组形态一致外,还有与该组形态一致的。由此,将该墓暂归于该组)。

Ⅵ 2 组:Aa Ⅵ陶豆、Aa Ⅱ陶鬲、甲 B Ⅴ陶罐、A Ⅵ陶盂组合。仅 1 座,即 M136。

Ⅵ 3 组:Aa Ⅵ陶豆、Aa Ⅱ陶鬲、甲 B Ⅴ陶罐、A Ⅶ陶盂组合。仅 1 座,即 M4。

Ⅵ 4 组:Aa Ⅵ陶豆、Aa Ⅱ陶鬲、甲 B Ⅴ陶罐、丙陶罐、A Ⅶ陶盂组合。仅 1 座,即 M80。

Ⅵ 5 组:Aa Ⅵ陶豆、Aa Ⅱ陶鬲、A Ⅱ圜底罐、B Ⅰ圜底罐、C Ⅰ圜底罐、A Ⅶ陶盂组合。仅 1 座,即 M27。

Ⅵ 6 组:Aa Ⅱ陶鬲、A Ⅶ陶盂。仅 1 座,即 M23。

Ⅶ组:24 座。以 Aa Ⅶ式陶豆为核心的组合。

Ⅶ 1 组:Aa Ⅵ陶豆、A Ⅶ陶豆、Aa Ⅲ陶鬲、甲 B Ⅵ陶罐、B Ⅱ陶盂组合。仅 1 座,即 M43。

Ⅶ 2 组:Aa Ⅶ陶豆、Aa Ⅱ陶鬲、甲 B Ⅴ陶罐、A Ⅶ陶盂、A Ⅷ陶盂组合。仅 1 座,即 M61。

Ⅶ 3 组:Aa Ⅶ陶豆、Aa Ⅱ陶鬲、甲 B Ⅴ陶罐、A Ⅶ陶盂组合。仅 1 座,即 M69。

Ⅶ 4 组:Aa Ⅶ陶豆、Aa Ⅱ陶鬲、甲 B Ⅴ陶罐、A Ⅷ陶盂组合。仅 1 座,即 M26。

Ⅶ5组：Aa Ⅶ陶豆、Aa Ⅲ陶鬲、甲 B Ⅴ陶罐、A Ⅶ陶盂组合。共2座，包括M66、M85。

Ⅶ6组：Aa Ⅶ陶豆、Aa Ⅲ陶鬲、甲 B Ⅴ陶罐、A Ⅷ陶盂组合。仅1座，即M103。

Ⅶ7组：Aa Ⅶ陶豆、Aa Ⅲ陶鬲、甲 B Ⅴ陶罐、B Ⅱ陶盂组合。仅1座，即M25。

Ⅶ8组：Aa Ⅶ陶豆、Aa Ⅲ陶鬲、甲 B Ⅵ陶罐、A Ⅶ陶盂、B Ⅱ陶盂。仅1座，即M140。

Ⅶ9组：Aa Ⅶ陶豆、Aa Ⅲ陶鬲、甲 B Ⅵ陶罐、A Ⅷ陶盂组合。共3座，包括M68、M73、M86。

Ⅶ10组：Aa Ⅶ陶豆、Aa Ⅲ陶鬲、甲 B Ⅵ陶罐、A Ⅷ陶盂组合。共2座，包括M16、M44。

Ⅶ11组：Aa Ⅶ陶豆、Aa Ⅲ陶鬲、B Ⅱ圜底罐、C Ⅱ圜底罐、A Ⅷ陶盂、B Ⅱ陶盂组合。仅1座，即M5。

Ⅶ12组：Aa Ⅶ陶豆、Ca Ⅲ陶鬲、甲 C Ⅴ陶罐、A Ⅶ陶盂。仅1座，即M74。

Ⅶ13组：Aa Ⅶ陶豆、Ba Ⅰ陶鬲、甲 B Ⅵ陶罐、A Ⅶ陶盂、A Ⅷ陶盂。仅1座，即M40。

Ⅶ14组：Aa Ⅶ陶豆、Ba Ⅱ陶鬲、甲 B Ⅵ陶罐、A Ⅷ陶盂组合。仅1座，即M142。

Ⅶ15组：Aa Ⅲ陶鬲、甲 B Ⅴ陶罐、B Ⅱ陶盂组合。仅1座，即M78。

Ⅶ16组：Aa Ⅲ陶鬲、甲 B Ⅵ陶罐、B Ⅱ陶盂组合。仅1座，即M150。

Ⅶ17组：Aa Ⅲ陶鬲、甲 B Ⅵ陶罐、A Ⅷ陶盂组合。共2座，包括M63、M67。

Ⅶ18组：Aa Ⅲ陶鬲、A Ⅲ圜底罐组合。仅1座，即M10。

Ⅶ19组：Ba Ⅱ陶鬲、甲 B Ⅵ陶罐、A Ⅷ陶盂、B Ⅱ陶盂组合。仅1座，即M95。

Ⅷ组：1座。以 Aa Ⅷ式陶豆为核心的组合。仅1座，即M82，Aa Ⅷ陶豆。

Ⅸ组：4座。以 Aa Ⅸ式陶豆为核心的组合。

Ⅸ1组：Aa Ⅸ陶豆、Ba Ⅲ陶鬲、甲 B Ⅶ陶罐、A Ⅸ陶盂。仅1座，即M45。

Ⅸ2组：Aa Ⅸ陶豆、甲 B Ⅷ陶罐。仅1座，即M37。

Ⅸ3组：Aa Ⅲ陶鬲、甲 B Ⅶ陶罐、甲 B Ⅷ陶罐、B Ⅲ陶盂组合。仅1座，即M22。

Ⅸ4组：甲 B Ⅷ陶罐、B Ⅲ陶盂组合。仅1座，即M35。

Ⅹ组：4座。以 Ab陶豆为核心的组合。

Ⅹ1组：Ab陶豆、Bb陶鬲、甲 B Ⅸ陶罐、A Ⅹ陶盂。仅1座，即M38。

Ⅹ2组：甲 B Ⅹ陶罐、A Ⅹ陶盂。仅1座，即M134。

Ⅹ3组：Aa Ⅴ陶鬲、甲 B Ⅹ陶罐组合。仅1座，即M149。

Ⅹ4组：Aa Ⅳ陶鬲、A Ⅹ陶盂组合。仅1座，即M113。

乙类 即仿铜陶礼器组合，出土于3座墓葬中。该陶器组合中的陶鼎形态变化节奏鲜明，速率较快，演变序列较清晰，贯穿始终。因此我们下面的分析，以陶鼎为纲，总领各类型式间的组合变化，将各器类型式间的组合关系分为3组。

Ⅰ组：1座。以 Ⅰ式陶鼎为核心的组合。

Ⅰ陶鼎、Ⅰ陶盖豆、B陶壶、A陶盘、B Ⅰ陶盘、B陶豆、陶器盖。仅1座，即M129。

Ⅱ组：1座。以 Ⅱ式陶鼎为核心的组合。

Ⅱ陶鼎、Ⅱ陶盖豆、A Ⅰ陶壶、B Ⅱ陶盘、Ⅰ陶匜、陶高柄小壶。仅1座，即M79。

Ⅲ组：1座。以Ⅲ式陶鼎为核心的组合。

Ⅲ陶鼎、Ⅲ陶盖豆、AⅡ陶壶、BⅢ陶盘、Ⅱ陶匜、陶豆。仅1座，即M115。

第二节　器类组合

通过对陶器型式组合的分析，我们可以将陶器器类组合归纳如表一。

表一　郘楼两周墓地陶器器类组合表

器类	器类数量	器 类 组 合	墓葬数量
甲类	四种及以上	Aa陶豆、Aa陶鬲、甲B陶罐、A陶盂	14
		Aa陶豆、Aa陶鬲、甲B陶罐、丙陶罐、A陶盂	1
		Aa陶豆、Aa陶鬲、甲B陶罐、乙Ba陶罐、A陶盂	1
		Aa陶豆、Aa陶鬲、甲B陶罐、A陶盂、B陶盂	2
		Aa陶豆、Aa陶鬲、甲B陶罐、B陶盂	3
		Aa陶豆、Ab陶鬲、甲B陶罐、A陶盂、B陶盂	1
		Aa陶豆、Ba陶鬲、甲B陶罐、A陶盂	3
		Aa陶豆、Ca陶鬲、甲B陶罐、A陶盂	1
		Aa陶豆、Ca陶鬲、甲C陶罐、A陶盂	1
		Aa陶豆、Cb陶鬲、Db陶鬲、甲B陶罐、A陶盂	1
		Aa陶豆、Da陶鬲、甲A陶罐、乙A陶罐、A陶盂	1
		Aa陶豆、Da陶鬲，Ea陶鬲，甲B、甲C陶罐、A陶盂	1
		Aa陶豆、Eb陶鬲、甲C陶罐、A陶盂	1
		Aa陶鬲、甲B陶罐、A陶盂+残陶豆	1
		Aa陶豆、乙Bb陶罐、A陶盂+残陶鬲	1
		Aa陶豆、Ab陶鬲、A陶盂+残陶罐	1
		Ab陶豆、Bb陶鬲、甲B陶罐、A陶盂	1
		Aa陶豆、Aa陶鬲、A圜底罐、B圜底罐、C圜底罐、A陶盂	1
		Aa陶豆、Ca陶鬲、A圜底罐、A陶盂	1
		Aa陶豆、Aa陶鬲、B圜底罐、C圜底罐、A陶盂、B陶盂+残陶盆	1
	三种	Aa陶豆、Ab陶鬲、甲B陶罐	1
		Aa陶鬲、甲B陶罐、A陶盂	2
		Aa陶鬲、甲B陶罐、B陶盂	3

器类	器类数量	器 类 组 合	墓葬数量
甲类	三种	Ab陶鬲、甲B陶罐、甲C陶罐、A陶盂	1
		Ba陶鬲、甲B陶罐、A陶盂、B陶盂	1
		Da陶鬲、甲B陶罐、乙Ba陶罐、A陶盂	1
		Aa陶鬲、A圜底罐组合+残陶盂	1
	两种	Aa陶鬲,A陶盂	2
		Aa陶鬲、甲B陶罐	1
		甲B陶罐、B陶盂	1
		甲B陶罐、A陶盂	1
		甲C陶罐、A陶盂	1
		Aa陶豆、甲B陶罐	1
		陶盂、陶豆	1
	一种	Aa陶豆	1
乙类	六种	陶鼎、A陶壶、陶高柄小壶、陶盖豆、陶匜、B陶盘	1
		陶鼎、A陶壶、陶盖豆、陶匜、B陶盘、陶豆	1
		陶鼎、B陶壶、陶盖豆、A陶盘、B陶盘、B陶豆	1

第五章　分　期　与　年　代

　　郜楼墓地共清理出两周时期的墓葬153座，出土器物中陶器占绝大多数。下面我们利用上一章对陶器型式组合所做的分析，对墓葬分期与年代进行探讨。

第一节　年　代　分　析

一、甲类日用陶器年代分析

　　通过上一章对陶器型式组合的分析，我们可将甲类日用陶器呈现出的组合形态列表如下。（见表二）我们可以观察到，各型式之间有着较为严密的组合关系，各组合间亦存在着较为紧密的延续过程，相邻两组之间往往共见某一型式的器物，说明组与组之间没有明显的缺环，在时间上是连续不断发展的。

　　第Ⅰ组和第Ⅱ组遗存的形态及组合均有相似性：陶豆均为方唇，直口或微敞口，浅盘，折壁不锐微曲，盘底近平，矮柄喇叭座，风格朴素，并有由Ⅰ至Ⅱ组器壁变薄、豆柄变细的趋势；陶鬲均为仰折沿、无肩、高裆，并有由Ⅰ至Ⅱ组折沿上仰程度变小，裆部变低的趋势；陶盂均为宽厚仰折沿，并有由Ⅰ至Ⅱ组折沿上仰程度变小的趋势。这两组的器物形态及组合间有发展与继承的连续性，因此Ⅰ、Ⅱ组当分别对应早晚不同的两个连续时段。第Ⅱ组仅1座墓葬，即M139，此墓同出一件铜鼎，上饰方形重环纹，此种纹饰通行于西周后期。[1]且此鼎与天马－曲村M5150、上村岭虢国墓地M2011所出铜鼎的形态及纹饰特征均相近，前者年代定在西周晚期，后者年代定在西周晚期晚段，[2]故M139出土铜鼎的年代大致在西周晚期晚段。第Ⅱ组出土的AⅡ式盂与张家坡M453出土盂的形态特征接近，均为宽厚仰折沿，折腹处上部有多道弦纹，张家坡M453为沣西第四期，年代大致在西周晚期晚段。[3]综上，第Ⅱ组的年代可定在西周晚期晚段。如此，第Ⅰ组的年代大约当在西周晚期早段。第Ⅰ组所出AaⅠ式陶豆与沣西第三期墓葬M157出土的陶豆豆盘形态接

［1］　容庚、张维持：《殷周青铜器通论》，中华书局，2012年，第108页。
［2］　北京大学考古学系商周组、山西省考古研究所：《天马－曲村（1980—1989）》，科学出版社，2000年；河南省文物考古研究所、三门峡市文物工作站：《三门峡虢国墓》，文物出版社，1999年。
［3］　中国科学院考古研究所：《沣西发掘报告》，文物出版社，1963年。

表二　日用陶器型式组合表

组	豆 Aa	豆 Ab	鬲 Aa	鬲 Ab	鬲 Ba	鬲 Bb	鬲 Ca	鬲 Cb	鬲 Da	鬲 Db	鬲 Ea	鬲 Eb	罐 甲A	罐 甲B	罐 甲C	罐 乙A	罐 乙Ba	罐 乙Bb	罐 丙	盂 A	盂 B	圆底罐 A	圆底罐 B	圆底罐 C
Ⅰ	Ⅰ								Ⅰ				A			A				Ⅰ				
Ⅱ	Ⅱ								Ⅱ		Ea			Ⅰ	Ⅰ					Ⅱ				
Ⅲ	Ⅲ								Ⅲ	Db		Eb		Ⅱ	Ⅱ Ⅲ		Ⅰ	Bb		Ⅱ Ⅲ Ⅳ				
Ⅳ	Ⅳ			Ⅰ			Ⅰ	Cb						Ⅲ Ⅳ						Ⅴ				
Ⅴ	Ⅴ		Ⅰ Ⅱ	Ⅱ Ⅲ			Ⅱ							Ⅴ	Ⅳ					Ⅵ	Ⅰ	Ⅰ		
Ⅵ	Ⅵ		Ⅰ Ⅱ											Ⅴ	Ⅴ		Ⅱ		丙	Ⅵ Ⅶ				
Ⅶ	Ⅶ		Ⅱ Ⅲ		Ⅰ Ⅱ		Ⅲ							Ⅴ Ⅵ						Ⅶ Ⅷ	Ⅱ	Ⅱ	Ⅰ	Ⅰ
Ⅷ	Ⅷ																							
Ⅸ	Ⅸ		Ⅲ		Ⅲ									Ⅶ Ⅷ						Ⅸ	Ⅲ	Ⅲ	Ⅱ	Ⅱ
Ⅹ		Ab	Ⅳ Ⅴ			Bb								Ⅸ Ⅹ						Ⅹ				

近,朴素风格一致,沣西第三期的年代定在西周晚期偏早阶段;[1]所出 A I 式陶盂与天马-曲村居址 G101 出土的 Aa V 式绳纹陶盆形态较为接近,均为侈口,宽仰折沿,高体,天马曲村 Aa V 式盆的年代定在西周晚期偏早阶段。上述材料可作为第 I 组年代大致属西周晚期早段的佐证。

　　第 III 组所出的 Aa III 式陶豆豆盘开始微敞,盘外壁上部微内凹,豆盘加深,盘底内收,盘壁锐折,制作较为考究,但豆柄依然较矮。所出 Da III 式陶鬲较前组的 Da II 式陶鬲,折沿上仰程度变小,肩由无至有;所出甲类 B II 式、甲类 C II 式、甲类 C III 式罐较第 II 组所出的同型器物,折沿上仰程度变小或变为平折沿;所出 A III 式、IV 式盂,与前组流行的 A II 式盂相较,折腹处上部凹弦纹减少,但其余形态基本相同,且此组还延续有 Aa II 式形态的盂。综上,我们可以观察到,此组器物显现出明显的继承性与过渡性,故与第 II 组的年代相去不远,大致当在两周之际至春秋初期。沣西第五期 M147、兴弘 M127 出土的陶豆,均与此组 Aa II 式豆形态接近,沣西第五期年代大致在西周末年至春秋早期,兴弘 M127 的年代定在西周晚期偏晚阶段。[2]这为我们此组的判年提供了旁证。

　　第 IV 组所出 Aa IV 式陶豆,较上式盘口外敞明显,或为侈口,盘外壁上部微内凹,唇变薄,且方唇多变为圆唇,豆柄较前组的 Aa III 式豆多变高;所出陶罐、陶盂的折沿均未见上仰形态,而演变为平折沿或折沿下斜的形态。同时,此组还出现了 Ab I 式鬲,Ca I 式鬲、Cb 型鬲、Db 型鬲等新器型。此组器物较上式器物有较明显的变化,但相去不远,大致当在春秋早期偏晚阶段。此组所出的 Ab I 式鬲与沣西张家坡 M147 所出鬲的形态相近,但折沿上仰程度要小于后者,且沿面也无凹弦纹,表明 Ab I 式鬲要晚于张家坡 M147 所出鬲。张家坡 M147 属沣西第五期,年代在西周末至两周之际。[3]与山东兖州西吴寺 H2109 所出 A VI 式鬲的形态也一致,但郜楼 Ab I 式陶鬲的折沿上仰程度也小于后者,应该比西吴寺 H2109 所出鬲晚一个时段,西吴寺 H2109 的年代定在西周晚期。[4]综上,郜楼 Ab I 式鬲的年代大致当在春秋早期。此组 M52 出土的鬲、盂、罐与天利 M39 出土同类器形态一致,天利 M39 的年代定在春秋早期晚段。[5]以上材料可作为此组年代属春秋早期晚段的佐证。

　　第 V 组所出陶豆盘外壁上部由弧形内凹逐渐外弧,豆柄变高;所出 Ab 型鬲由仰折沿变为折沿下斜,袋足由肥大变瘦;所出 Ca 型鬲由仰折沿变为平折沿或折沿下斜;所出陶罐、陶盂均由器表不打磨而粗糙变为打磨光滑平整,甚至可以反光。因此,第 V 组明显晚于第 IV 组,但是时代相去不远。故,我们把第 V 组的年代定在春秋中期偏早阶段。此组所出 Aa I 式鬲与郑韩故城兴弘花园与热电厂墓地的 Aa III 式鬲、天利墓地出土的甲类 Aa IV 式鬲、山东兖州西吴寺 H15 出土的

[1]　中国科学院考古研究所:《沣西发掘报告》,文物出版社,1963年。
[2]　中国科学院考古研究所:《沣西发掘报告》,文物出版社,1963年;河南省文物考古研究所:《郑韩故城兴弘花园与热电厂墓地》,文物出版社,2007年。
[3]　中国科学院考古研究所:《沣西发掘报告》,文物出版社,1963年。
[4]　国家文物局考古领队培训班:《兖州西吴寺》,文物出版社,1990年。
[5]　河南省文物考古研究院:《新郑天利两周墓地》,上海古籍出版社,2018年。

Bb Ⅲ式鬲的形态均相近,三者年代分别定在春秋中期、春秋中期早段、春秋中期,[1]故郚楼 Aa Ⅰ式鬲的年代大致当在春秋中期早段。所出 Ab Ⅲ式鬲与兴弘 M140 出土的 Ba Ⅱ式鬲形态基本相同,兴弘 M140 的年代大致定在春秋中期偏早阶段,[2]郚楼 Ab Ⅲ式鬲的年代大抵与之相当。所出 Aa Ⅴ式形态特征的陶豆在新郑地区较为常见,且大致于春秋中期开始流行。[3]上述材料可作为第Ⅴ组属春秋中期早段的佐证。

　　第Ⅵ组与第Ⅴ组的遗存具有相似性,在整个器物发展序列中,两组器物器形最大,陶质最好,造型也最为美观,制作最为考究,表现最典型的是陶盂和陶罐的器表均打磨光滑平整,甚至可以反光。同时,两组器物之间的形态演变彼此相继,第Ⅴ组至第Ⅵ组,陶豆豆盘上部外壁由弧形内凹逐渐外弧,并最终形成近口沿部分外鼓,向下渐弧内收,至近折壁处形成凹槽后,再凸起为肩,使整个豆盘上部的外壁呈"S"状,刻画符号也从无至有;Ab 型陶盂由仰折沿演变为平折沿或折沿微下斜;A 型盂的最大径由接近中部演变为接近上部。同时,第Ⅵ组还大量延续了第Ⅴ组的器物。故两组年代相差应极小,大致应在同一时期而略有早晚。综上,第Ⅵ组的年代大致可定在春秋中期偏晚阶段。

　　第Ⅶ组出土器物形态较上组形态变化明显,陶豆器型开始变小,豆柄开始变矮,陶罐和陶盂器表均由打磨光滑到不打磨且保留有刮削痕。第Ⅷ组仅出土 Aa Ⅷ式陶豆,形态直接承袭第Ⅶ组所出豆,但器型明显变小。故两组当分别对应早晚不同的两个连续时段,大致可分别定在春秋晚期早段、春秋晚期晚段。郑州碧沙岗 M200 出土的灰陶鬲、郑州机械厂 M30 出土的 Ⅱ式鬲均与第Ⅶ组的 Ba Ⅱ式鬲形态接近,据碧沙岗报告表述,M200 的年代大致在春秋晚期,而郑州机械厂 M30 的年代定在春秋晚期。[4]这可作为第Ⅶ组判年的旁证。

　　第Ⅸ组所出陶豆的形态直接承袭第Ⅷ组而来,但是器型进一步变小。因此,我们把第Ⅸ组的年代定在战国早期早段。

　　第Ⅹ组的遗存,器型更小,完全明器化,当较第Ⅸ组略晚。故第Ⅹ组的年代可定在战国早期晚段。第Ⅹ组所出的 Ab 型陶豆,与西亚斯 M211 出土的 Ba Ⅰ式陶豆的形态基本相同,其年代定在战国早期后段;[5]与兴弘乙类 A 型直柄豆的盘壁形态相近,但 Ab 型豆与之相较器型略大,故应早于其年代,兴弘乙类 A 型直柄豆的年代定在战国中期。[6]综上,郚楼 Ab 型豆的年代大致当在战国早期晚段。上述材料可作为第Ⅹ组属战国早期晚段的佐证。

[1]　河南省文物考古研究所:《郑韩故城兴弘花园与热电厂墓地》,文物出版社,2007年。河南省文物考古研究院:《新郑天利两周墓地》,上海古籍出版社,2018年。国家文物局考古领队培训班:《兖州西吴寺》,文物出版社,1990年。

[2]　河南省文物考古研究所:《郑韩故城兴弘花园与热电厂墓地》,文物出版社,2007年。

[3]　河南省文物考古研究所:《郑韩故城兴弘花园与热电厂墓地》,文物出版社,2007年。河南省文物考古研究院:《新郑天利两周墓地》,上海古籍出版社,2018年。

[4]　河南省文化局文物工作队第一队:《郑州碧沙岗发掘简报》,《文物》1956年第3期。郑州市文物考古研究所:《郑州纺织机械厂战国墓葬发掘简报》,《中原文物》1997年第3期。

[5]　河南省文物考古研究所:《新郑西亚斯东周墓地》,大象出版社,2012年。

[6]　河南省文物考古研究所:《郑韩故城兴弘花园与热电厂墓地》,文物出版社,2007年。

二、乙类仿铜陶礼器年代分析

通过上一章对陶器型式组合的分析,我们可将乙类仿铜陶礼器呈现出的组合形态列表如下(见表三)。我们可以观察到,各型式之间有着较为严密的组合关系,各组合间亦存在着较为紧密的延续过程,说明组与组之间没有明显的缺环,在时间上是连续不断发展的。

第Ⅰ组,仅1座,即M129。出土的B型豆为直柄浅盘豆,与河南洛阳中州路Ⅱ式无盖豆、新郑双楼Ba型豆的形态基本相同,年代大致均在战国早期晚段到战国中期,以战国中期较为流行。[1]所出Ⅰ式陶鼎、Ⅰ式陶盖豆与新郑双楼M254出土同类器物形态相近,新郑双楼M254的年代定在战国中期早段。[2]所出Ⅰ式陶盘与西亚斯M232出土陶盘形态接近,西亚斯M232的年代定在战国早中期之际。[3]所出B型壶与兴弘花园C型壶形态接近,均为高束颈、亚字型腹的折沿壶,据兴弘花园墓地出土壶的形态演变特征来看,B型壶的圆肩、下腹明显内弧的形态特征,介于兴弘墓地CⅠ式壶圆肩下腹微内弧和CⅡ式壶斜肩曲腹的形态特征之间,兴弘花园C型壶年代基本在战国中期。[4]综上,M129,即第Ⅱ组的年代可定在战国中期早段。

第Ⅱ组,仅1座,即M79。此墓出土器物与M129出土同类器的形态接近,变化幅度小,故两者年代相差极小,可划在同一时段,即战国中期早段。此组所出Ⅱ式鼎、Ⅱ式盖豆、AⅠ式壶、BⅡ式盘、Ⅰ式匜,分别与新郑双楼M79出土同类器物的形态接近,新郑双楼M79的年代定在战国中期早段。[5]这可作为第Ⅱ组属战国中期早段的一个佐证。

第Ⅲ组,仅1座,即M115。此墓出土器物较前两组出土的同类器,器型明显变小,故年代应较其晚之,但相去不会太远,可定在战国中期晚段。此组所出Ⅲ式盖豆、AⅡ式壶,与新郑双楼M155出土同类器物的形态基本一致,新郑双楼将M115年代定在战国中期晚段。[6]这可作为第Ⅲ组属战国中期晚段的一个佐证。

表三 仿铜陶礼器型式组合表

组	鼎	盖豆	壶		盘		匜
			A	B	A	B	
Ⅰ	Ⅰ	Ⅰ		B	A	Ⅰ	
Ⅱ	Ⅱ	Ⅱ	Ⅰ			Ⅱ	Ⅰ
Ⅲ	Ⅲ	Ⅲ	Ⅱ			Ⅲ	Ⅱ

[1] 中国科学院考古研究所:《洛阳中州路》,科学出版社,1959年。河南省文物考古研究院:《新郑双楼东周墓地》,大象出版社,2016年。
[2] 河南省文物考古研究院:《新郑双楼东周墓地》,大象出版社,2016年。
[3] 河南省文物考古研究所:《新郑西亚斯东周墓地》,大象出版社,2012年。
[4] 河南省文物考古研究所:《郑韩故城兴弘花园与热电厂墓地》,文物出版社,2007年。
[5] 河南省文物考古研究院:《新郑双楼东周墓地》,大象出版社,2016年。
[6] 河南省文物考古研究院:《新郑双楼东周墓地》,大象出版社,2016年。

第二节　郜楼墓葬的整体分期与年代

根据上一节的年代分析,我们将郜楼墓葬分为六期十二段。(图二四四—图二四六)

第一期　西周晚期。分为两段。

西周晚期早段,即日用陶器组合的第Ⅰ组。本段豆、鬲、罐、盂都是最早的形态,年代或可上溯至西周中期晚段。仅1座,即M34。

西周晚期晚段,即日用陶器组合的第Ⅱ组。本段Aa型豆、Da型鬲、A型盂均演变为Ⅱ式形态,同时出现的新器型有甲BⅠ、甲CⅠ式罐和Ea型鬲。仅1座,即M139。

第二期　春秋早期。分为两段。

春秋早期早段,即日用陶器组合的第Ⅲ组。本段Aa型豆、Da型鬲均演变为Ⅲ式形态,甲B型罐演变为Ⅱ式形态,甲C型罐演变为Ⅱ、Ⅲ式形态,A型盂除了继续延续Ⅱ式形态外,还出现Ⅲ、Ⅳ式形态。同时,本期还出现了Eb型鬲及乙类BaⅠ式罐、Bb型罐等新器型。包括M14、M144、M145、M155这4座墓葬。

春秋早期晚段,即日用陶器组合的第Ⅳ组。本段Aa型豆演变为Ⅳ式形态,甲类B型罐演变为Ⅲ、Ⅳ式形态,A型盂演变为Ⅴ式形态。此外,出现了AbⅠ式鬲、CaⅠ式鬲、Cb型鬲、Db型鬲等新器型。包括M52、M126、M137这3座墓葬。

第三期　春秋中期。分为两段。

春秋中期早段,即日用陶器组合的第Ⅴ组。本段Aa型豆演变为Ⅴ式形态,Ab型鬲演变为Ⅱ、Ⅲ式形态,Ca型鬲演变为Ⅱ式形态,甲类B型罐演变为Ⅴ式形态,甲类C型罐演变为Ⅳ式形态,A型盂演变为Ⅵ式形态。同时,新出现AaⅠ、Ⅱ式鬲,B型Ⅰ式盂,A型Ⅰ式圜底罐。包括M9、M12、M28、M36、M49、M81、M96、M138这8座墓葬。

春秋中期晚段,即日用陶器组合的第Ⅵ组。本段Aa型豆演变为Ⅵ式形态,Aa型鬲除了延续少量AaⅠ式形态的鬲外,AaⅡ式鬲,AaⅤ式罐继续流行,乙类Ba型罐演变为Ⅱ式形态,A型盂除了继续延续Ⅵ式形态外,出现Ⅶ式形态。此外,出现的新器型有丙型罐、AⅡ式、BⅠ式、CⅠ式圜底罐。包括M4、M23、M27、M80、M128、M136这6座墓葬。

第四期　春秋晚期。分为两段。

春秋晚期早段,即日用陶器组合的第Ⅶ组。本段Aa豆演变为Ⅶ式形态,Aa型鬲除了延续极少量Ⅱ式形态外,开始大量流行AaⅢ式形态,Ca型鬲演变为Ⅲ式形态,甲类B型罐除了继续流行Ⅴ式形态外,还出现Ⅵ式形态,甲类C型罐演变为Ⅴ式形态,A型盂除了继续流行Ⅶ式形态外,也开始流行Ⅷ式形态,B型盂演变为Ⅱ式形态,A型圜底罐演变为Ⅲ式形态,B型、C型圜底罐均演变为Ⅱ式形态。同时,出现BaⅠ式、BaⅡ式鬲。包括M5、M10、M16、M25、M26、M40、M43、M44、M61、M63、M66、M67、M68、M69、M73、M74、M78、M85、M86、M95、M103、M140、M142、M150这24座墓葬。

春秋晚期晚段,即日用陶器组合的第Ⅷ组。本段仅Aa Ⅷ式豆,相较于上式陶豆器型明显变小,豆柄变细,豆座变小。仅1座,即M82。

第五期　战国早期。分为两段。

战国早期早段,即日用陶器组合的第Ⅸ组。本段Aa型豆演变为Ⅸ式形态,Aa型鬲继续流行Ⅲ式形态,Ba型鬲演变为Ⅲ式形态,甲类B型罐演变为Ⅶ、Ⅷ式形态,A型盂演变为Ⅸ式形态,B型盂演变为Ⅲ式形态。包括M22、M35、M37、M45这4座墓葬。

战国早期晚段,即日用陶器组合的第Ⅹ组。本段Aa型鬲演变为Ⅳ、Ⅴ式形态,甲类B型罐演变为Ⅸ、Ⅹ式形态,A型盂演变为Ⅹ式形态。同时,出现Ab型豆、Bb型鬲。包括M38、M113、M134、M149这4座墓葬。

第六期　战国中期。分为两段。

战国中期早段,包括仿铜陶礼器组合的第Ⅰ组和第Ⅱ组。本期的器型有Ⅰ、Ⅱ式陶鼎,Ⅰ、Ⅱ式陶盖豆,B型陶豆,AⅠ式陶壶,B型陶壶,A型陶盘,BⅠ式、BⅡ式陶盘,Ⅰ式陶匜,BⅠ式陶豆,陶高柄小壶,陶器盖。共2座,包括M79、M129。

战国中期晚段,即仿铜陶礼器组合的第Ⅲ组。陶鼎、陶盖豆均演变为Ⅲ式形态,A型陶壶演变为Ⅱ式形态,B型陶盘演变为Ⅲ式形态,陶匜演变为Ⅱ式形态。仅1座,即M115。

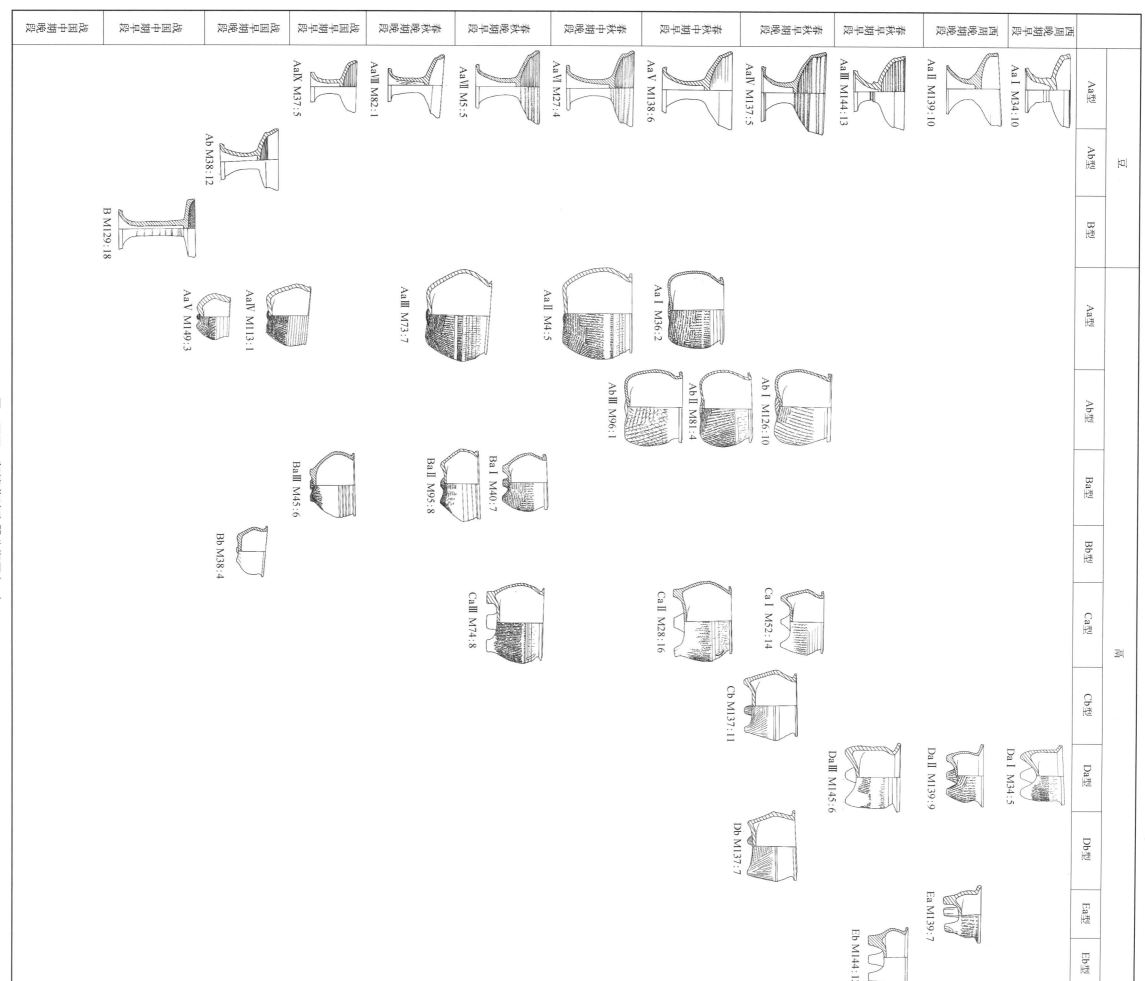

图二四四　邾娄塞地陶器分期图（一）

第六章　相关问题探讨

第一节　文化内涵分析

一、陶器组合特征

（一）组合类型

前文，我们已经将郜楼墓地的陶器组合类型分为两类，即甲类日用陶器组合和乙类仿铜陶礼器组合。其中甲类日用陶器组合主要存在两种组合形态：

第一种：为鬲、盂、罐、豆之间的组合，共53座。其中以鬲、盂、罐、豆四种器类组合的情况最多，共35座，占66.04%；三种器类组合的数量次之，共9座，包括8座鬲、盂、罐的组合，1座鬲、罐、豆的组合；两种器类组合的数量再次之，共8座，包括2座鬲、盂的组合，1座鬲、罐的组合，3座盂、罐的组合，1座盂、豆的组合，1座罐、豆的组合；一种器类组合的数量最少，仅1座，出土器类为豆。

第二种：为鬲、盂、圜底罐、豆、盆或鬲、盂、圜底罐、豆或鬲、盂、圜底罐的组合，分别为1座、2座、1座。

（二）组合数量

由于出土乙类仿铜陶礼器组合的墓葬仅三座，并有一座被盗扰，故组合情况具有偶然性。而出土甲类日用陶器组合的墓葬共57座，占出土陶质器皿墓葬总数的95%，故组合情况反映的特征较为客观。因此，下面仅对日用陶器的数量组合特征进行探讨。日用陶器的数量组合情况见表四。

表四　日用陶器的数量组合表

鬲	盂	罐	豆	圜底罐	盆	墓葬数量（座）
5	4	4	2	0	0	1
4	4	4	4	0	0	5
4	4	4	3	0	0	1

续表

鬲	盂	罐	豆	圜底罐	盆	墓葬数量（座）
4	4	4	2	0	0	3
4	3	3	1	0	0	1
4	2	4	3	0	0	1
4	4	0	4	4	0	2
3	4	2	4	0	0	1
3	2	3	1	0	0	1
2	4	4	4	0	0	1
2	4	4	2	0	0	1
2	4	3	4	0	0	1
2	4	2	1	0	0	1
2	4	1	1	0	0	1
2	2	2	2	0	0	7
2	2	2	1	0	0	1
2	2	1	2	0	0	1
2	1	2	2	0	0	2
2	1	1	2	0	0	1
2	2	0	2	2	1	1
2	4	2	3	0	0	1
2	1	1	2	0	0	2
2	2	1	1	0	0	1
4	4	4	0	0	0	1
4	0	4	4	0	0	1
3	2	3	0	0	0	1
2	2	1	0	0	0	1
2	2	2	0	0	0	3
2	3	1	0	0	0	1
1	2	2	0	0	0	1
1	1	0	0	1	0	1

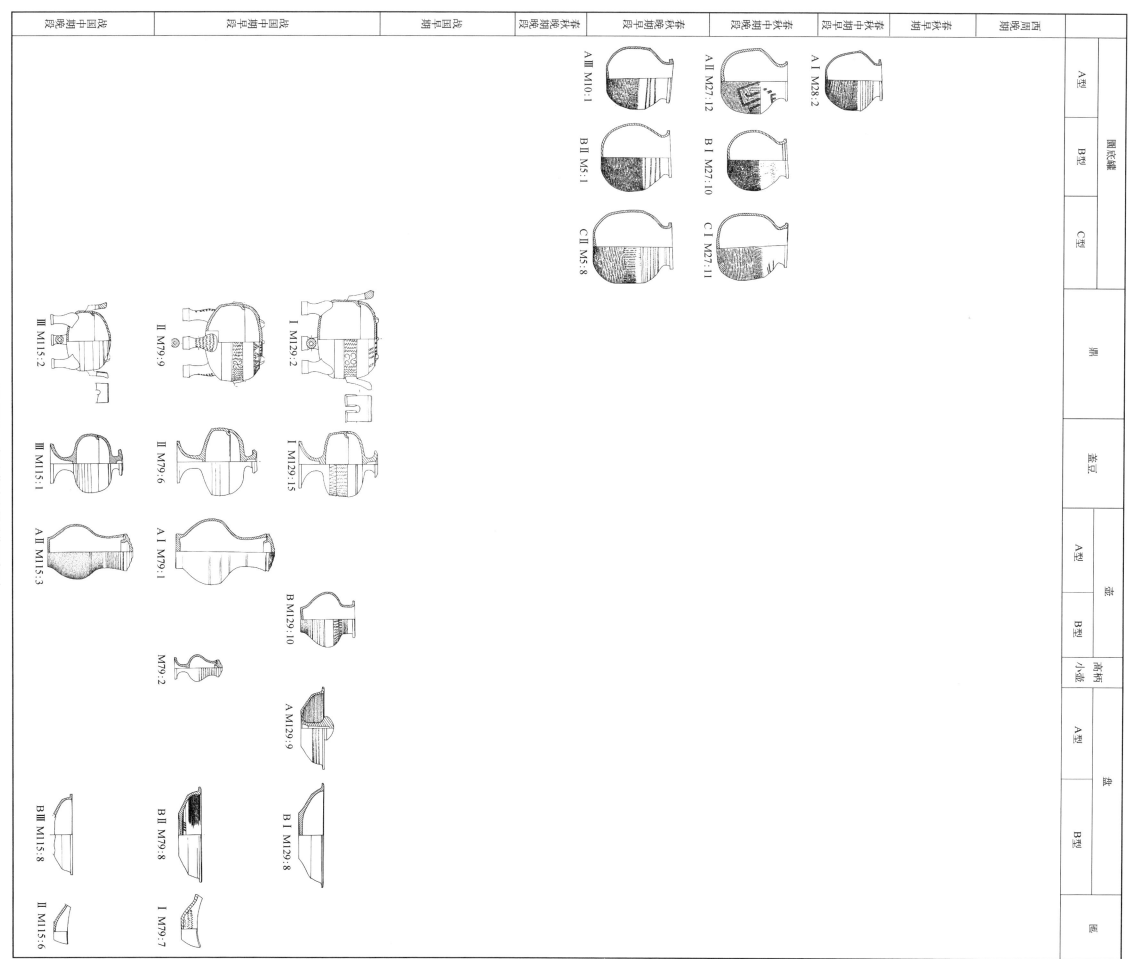

圖二四六　鄀樓墓地陶器分期圖（三）

鬲	盂	罐	豆	圜底罐	盆	墓葬数量（座）
4	2	0	0	0	0	1
2	2	0	0	0	0	1
2	0	2	0	0	0	1
0	1	1	0	0	0	1
0	1	2	0	0	0	1
0	2	1	0	0	0	1
0	1	0	1	0	0	1
0	0	3	2	0	0	2

据上表统计，日用陶器数量组合呈现39种情况，其中数量最多的三种情况均属于四种器类组合，鬲、盂、罐、豆的数量组合分别为：4、4、4、4；2、2、2、2；4、4、4、2，分别为7座、8座、3座，其余墓葬中的随葬品数量及器类种数应是在此基础上的增减。

（三）随葬品器类种数的历时性特征

日用陶器组合的出现与延续时间，从郜楼墓地的西周晚期第一期开始，一直延续到战国早期的第八期，这个过程中，随葬品的器类种数发生了较为明显的变化，如表五所示。需要说明的是，由于西周晚期早、晚段和春秋早期早、晚段的墓葬数量均较少，故在下面的统计中，这两期不再分段。

表五　日用陶器器类组合各期数量表

时期	日用陶器组合数（座）	四种及以上	三种	两种	一种	总数
西周晚期		2	0	0	0	2
春秋早期		4	2	1	0	7
春秋中期	早段	7	1	0	0	8
	晚段	5	0	1	0	6
春秋晚期	早段	18	6	0	0	24
	晚段	0	0	0	1	1
战国早期	早段	1	1	2	0	4
	晚段	1	0	3	0	4
总　数		38	10	7	1	56

从表中来看，西周晚期至春秋晚期早段，四种及以上器类组合齐全者均较同时期数量最多，而春秋晚期晚段至战国早期晚段，两种或一种器类不齐全组合情况较同时期数量最多。我们大致可以推测，日用陶器的器类组合大致应该经历了从较为完整到不完整的过程。

二、文化结构

郑楼墓地出土的陶器存在甲、乙两类重要的组合形态：即以日用陶器为核心的甲类组合和以仿铜陶礼器为核心的乙类组合，各组合内部又存在差别，共同构成了郑楼墓地的文化结构。第四章通过对器类组合的分析，我们可以观察到，郑楼墓地陶器存在以下几组文化因子。

第一组为鬲、盂、豆、罐之间的组合，其中以 Aa 型陶豆、Aa 型陶鬲、甲 B 型陶罐、A 型陶盂的组合最为流行。

第二组为鬲、盂、豆、圜底罐之间的组合，陶鬲有 Aa、Ca 型，陶豆有 Aa 型，陶盂有 A、B 型，陶圜底罐有 A、B、C 型。

第三组为以陶鼎、陶盖豆、A 型陶壶为核心器类的组合。

第一组中的 Aa 型豆约占陶豆总量的85%。Aa Ⅰ式豆为浅盘，盘壁较厚，盘底近平，折壁不锐而微曲，豆柄矮粗，风格朴素，具有周式陶豆的特征，与沣西第三期墓葬 M157 出土的豆盘形态接近，朴素风格一致。[1]陶豆发展至 A Ⅳ式，唇缘开始凸起，豆盘外壁自盘口向下约三分之一处逐渐凸起，外壁上部开始逐渐外弧，并最终形成近口沿部分外鼓，向下渐弧内收，至近折壁处形成凹槽后，再凸起，使整个豆盘上部的外壁呈"S"状的形态。据《郑韩故城兴弘花园与热电厂墓地》的研究，这种特征的陶豆不仅在整个新郑地区常见，还流行于豫中、豫北、洛阳地区、冀中南及山东半岛。[2]Aa 型鬲，约占陶鬲总量的60%，此型特征的陶鬲主要流行于豫中、豫北、洛阳以及冀中南等地区，与殷式陶鬲一脉相承发展而来。[3]甲类 B 型罐约占陶罐总量的79%。较早的甲类 B Ⅱ式罐具有周文化陶罐的特征，与沣西张家坡墓地第二至五期罐的形态相近，与洛阳中州路 M640 出土的 Ⅲ式平底罐形态接近。[4]A 型折腹盂约占陶盂总量的82%。A Ⅰ式盂为侈口、宽仰折沿，高体，器表有绳纹，此种盂的形态与邹衡先生在《试论殷墟文化分期》一文中所列器类盆的形态相近，[5]且其文中所列盆从殷墟文化早期发展至西周第一期，一脉相承，而郑楼 A Ⅰ式盂有此文中西周第一期盆的遗风。故 A Ⅰ 盂应该来源于殷文化。而较早时期的 A Ⅱ、Ⅲ、Ⅳ式盂，上腹皆饰有弦纹的特征，则透露出典型的周文化风格，如 A Ⅱ式盂与张家坡 M453、[6]洛阳王湾 H53 出土盂的形态均相近，且洛阳王湾盂 A 型 Ⅰ式至 Ⅴ式的演变

[1]　中国科学院考古研究所:《沣西发掘报告》，文物出版社，1963年。
[2]　河南省文物考古研究所:《郑韩故城兴弘花园与热电厂墓地》，文物出版社，2007年。
[3]　河南省文物考古研究所:《郑韩故城兴弘花园与热电厂墓地》，文物出版社，2007年。邹衡:《试论殷墟文化分期》，《夏商周考古学论文集》，文物出版社，1980年。
[4]　中国科学院考古研究所:《沣西发掘报告》，文物出版社，1963年。中国科学院考古研究所:《洛阳中州路》，科学出版社，1959年。
[5]　邹衡:《试论殷墟文化分期》，《夏商周考古学论文集》，文物出版社，1980年。
[6]　中国科学院考古研究所:《沣西发掘报告》，文物出版社，1963年。

规律，与郜楼墓地盂A型Ⅱ式至Ⅵ式的演变规律一致，折沿均由上仰到平折沿，肩部多道凹弦纹到无凹弦纹。[1]

这一组特征的器物组合在两周时期的新郑其他地区也较为常见，如兴弘花园与热电厂、西亚斯、天利等墓地中，均较普遍，且轨迹清晰。[2]新郑地区以陶鬲、陶盂、陶罐、陶豆日用陶器为代表的考古学文化，应该主要是受周文化影响下的地方文化，同时还能看到些许殷文化风格的影响。

第二组器物组合较之上组器物组合，差异在于未出平底罐，但出土了圜底罐。新郑地区出土此类遗存的墓葬相对较少，郜楼墓地仅4座，年代从春秋中期至春秋晚期；兴弘花园与热电厂墓地仅6座，年代从西周晚期偏晚阶段至战国中期，其中有且仅有1座墓葬中圜底罐与平底罐同出，年代为西周晚期晚段，其余墓葬均未出土平底罐；西亚斯墓地仅1座，年代为战国晚期；新郑双楼墓地仅1座，年代在战国晚期；天利墓地仅1座，年代为西周晚期。[3]说明这一组特征的器物组合，在整个新郑地区并不是主流组合形态。同时，我们可以观察到，在上述出土圜底罐的墓葬中，仅有2座墓葬同出平底罐，为兴弘M6、天利M119，且两座墓还同出鬲、盂、豆，为常见的日用器物组合，墓葬年代均在西周晚期。其余墓葬则均未同出平底罐，其中圜底罐与鬲、盂、豆同出的墓葬有5座，即兴弘M62和郜楼M5、M10、M27、M28，年代均在东周时期，这5座墓葬的器物组合较稳定，不难看出圜底罐应该代替了平底罐在器物组合中的位置。因此，我们推测，可能进入东周时期，新郑地区部分区域，圜底罐代替了平底罐在日用陶器组合中的位置。

关于圜底罐的来源，张辛先生因其与沣西出土的圜底绳纹瓮形态接近，故认为其来源于关中地区的周文化。[4]这种观点还值得商榷，因为圜底罐的形态特征也与殷文化的圜腹罐有相似之处，且在邹衡先生的《试论殷墟文化分期》一文中，[5]所列器类圜腹罐从殷墟文化早期发展至西周第一期，一脉相承。此外，我们还发现，上述列举出土圜底罐的墓葬，年代最早的兴弘M6、兴弘M25、天利M119这三座墓中，M6带腰坑，这是典型的商人葬俗，故M6可能是座商人墓，那么至少可以说明墓中随葬的圜底罐，来源有可能是殷文化，也有可能是殷文化和周文化因素共同影响的产物。而目前此类遗存材料较少，对其来源还不能定论。

第三组器物组合，郜楼墓地仅三座，但是此类组合在东周时期的新郑地区很普遍，如新郑双楼东周墓地，大量出土仿铜陶礼器，此类组合在新郑双楼墓地中，时代从战国早期至战国中晚期，

[1]　北京大学考古文博学院：《洛阳王湾：田野考古发掘报告》，北京大学出版社，2002年。
[2]　河南省文物考古研究所：《郑韩故城兴弘花园与热电厂墓地》，文物出版社，2007年。河南省文物考古研究所：《新郑西亚斯东周墓地》，大象出版社，2012年。河南省文物考古研究院：《新郑天利两周墓地》，上海古籍出版社，2018年。
[3]　河南省文物考古研究所：《郑韩故城兴弘花园与热电厂墓地》，文物出版社，2007年。河南省文物考古研究所：《新郑西亚斯东周墓地》，大象出版社，2012年。河南省文物考古研究院：《新郑双楼东周墓地》，大象出版社，2016年。河南省文物考古研究院：《新郑天利两周墓地》，上海古籍出版社，2018年。
[4]　张辛：《中原地区东周陶器墓葬研究》，科学出版社，2002年。
[5]　邹衡：《试论殷墟文化分期》，《夏商周考古学论文集》，文物出版社，1980年。

以战国中期较为集中。此组所代表的应是韩文化。[1]

三、埋葬特点

(一) 墓向

郜楼墓地153座墓葬中,有3座在316～360°,分别是M15、M16、M20,位于墓地的北端;有2座在226～270°,分别是M46、M47,位于墓地的西南端;其余均在271～315°,分布于墓地的各个区域。

(二) 形制与规格

153座墓葬均为竖穴土坑墓。开口平面形状有长方形和楔形之分,墓壁有直壁和斜直壁之分。开口平面形状呈长方形者143座,占94.1%,呈楔形者仅10座,占5.9%;墓壁为直壁者94座,占61.4%,为斜直壁者59座,占38.6%。因此,郜楼墓地的墓葬开口平面形状以长方形为主,墓壁以直壁为主。墓葬附属的壁龛、头箱、二层台不是很流行,壁龛墓1座,带二层台的墓1座,有头箱的墓3座。墓底长度最长达430厘米,最短为214厘米。下面就墓葬规格与随葬品的关系进行探析。

1. 仿铜陶礼器墓

郜楼仿铜陶礼器墓仅三座,即M79、M115、M129,三者的墓底长度分别为300厘米、265厘米、430厘米,三者的随葬品数量分别为9件、7件、22件,其中M129虽被盗,但所剩的随葬品数量也远多于另两座。虽然墓葬数量少,但在此类墓葬中,墓葬规格与随葬品正比的关系还是较为明显的。

2. 日用陶器墓

前文已分析日用陶器墓组合数量最多的三种情况为:鬲盂罐豆各4件,鬲盂罐各4件、豆2件,鬲盂罐豆各2件。由于当时器物配备套数的真实情况未知,故此暂不划定套数,而为了下面便于表述,暂将其分别编为A套、B套、C套。这三种数量搭配组合不仅常见,而且数字搭配规律,透露出很强的人为规定性特征。其余随葬品数量搭配基本参差无规律,透露出很强的随意性与偶然性,而对于其中极少数器类不齐全但器类数量相同的墓葬,表面上似乎亦透露出规定性特征,但我们亦已认识到此处墓地随葬品主流为四种器类组合,而其余不齐全者为时代差异,而非组合本身差异。故我们推测上述三种随葬品数量组合情况对应相应的墓葬等级。

需要说明的是,郜楼墓地数量较少,必然局限分析结果,而与之紧邻的天利两周墓地数量多,且两处墓地随葬品特征一致,应为一个墓地的两个墓区,且经过统计分析,天利墓地的随葬品器

---

[1] 河南省文物考古研究院:《新郑双楼东周墓地》,大象出版社,2016年。

类种数最多者亦为A、B、C套,器类种数具有与郜楼墓地相同的历时性特征。故下面将天利墓地材料一并分析,以期探寻随葬品与墓葬规格的关系。

随葬A、B、C套的墓葬,郜楼墓葬墓底长度跨度值分别为:298～354、280～314、260～330厘米。天利墓葬墓底长度跨度值分别为:280～350、270～355、245～320厘米。我们大致以3米、2.8米、2.6米作为分界点,将墓葬分为四种规格,与随葬品套数的对应情况见表六、表七、表八。

表六　郜楼墓地的墓葬规格与随葬品套数的数量对应表

器物套数\墓底长度	A套	B套	C套	总数(座)
3米以上(含3米)	6	1	2	9
2.8米至3米(含2.8米)	1	2	4	7
2.6米至2.8米(含2.6米)	0	0	2	2
2.6米以下	0	0	0	0
总数	7	3	8	18

表七　天利墓地的墓葬规格与随葬品套数的数量对应表

器物套数\墓底长度	A套	B套	C套	总数(座)
3米以上(含3米)	13	7	4	24
2.8米至3米(含2.8米)	8	4	4	16
2.6米至2.8米(含2.6米)	2	1	4	7
2.6米以下	0	0	3	3
总数	23	12	15	50

表八　郜楼墓地和天利墓地的墓葬规格与随葬品套数的比例对应表

器物套数\墓底长度	A套	B套	C套
3米以上(含3米)	63.3%	53.3%	26.1%
2.8米至3米(含2.8米)	30%	40%	34.8%
2.6米至2.8米以下(含2.6米)	6.7%	6.7%	26.1%
2.6米以下	0	0	13%
总比例	100%	100%	100%

通过上表,我们可以观察到,随葬A套、B套墓葬的规格基本相同,墓底长度3米以上(含3米)的比例均最高,分别约占63.3%、53.3%,墓底长度2.6米以下的情况均未见;随葬C套的墓葬,墓底长度2.6米以下的比例明显偏小,而其余三种情况相差并非很大,但是横向来看,其中2.6米至2.8米(含2.6米)者、2.6米以下者较其他套数的此种情况明显最多。因此,我们可以认识到墓葬规格与随葬品套数有着较为明确的正比关系。

随葬A套与B套的墓葬,墓底长度跨度值基本相同,且四种规格的墓葬数量比例亦基本相同,故可将随葬A套、B套对应的墓葬规格定为大型墓,即墓底长度多在2.8米以上(含2.8米),随葬品为4套,包括鬲、盂、罐、豆各4件与鬲、盂、罐各4件、豆2件这两种情况;随葬C套随葬品对应的墓葬规格定为小型墓,即墓底长度多在2.8米以下,随葬品为2套,即鬲、盂、罐、豆各2件。

3. 随葬小件器物的墓

郐楼墓地随葬品除了陶器外,还有少量随葬小件器物的墓葬,但数量非常少,故不宜得出较为可靠的规律与结论。因此,下面仅对材料进行梳理。

随葬铁器的墓葬仅1座,墓底长度为300厘米;随葬蚌器的墓葬仅1座,墓底长度为320厘米;随葬玉器的墓葬仅1座,墓底长度为240厘米;随葬水晶器的墓葬2座,墓底长度跨度值为240~252厘米;随葬玛瑙器的墓葬2座,墓底长度跨度值为240~252厘米;随葬琉璃器的墓葬一座,墓底长度为240厘米。

4. 无随葬品墓

郐楼墓地共有88座墓葬无任何随葬品,并且无明显盗扰痕迹,应属于原始情况。墓底长度跨值为214~350厘米,其中墓地长度小于280厘米的数量最多,共59座,约占56%。

(三) 葬具

葬具均朽,但可据棺灰判断棺椁情况,大致可分为三类:两椁一棺墓、单棺单椁墓、单棺墓。下面对葬具与随葬品的关系展开分析。

1. 仿铜陶礼器墓

郐楼墓地仿铜陶礼器墓仅三座,其中一座被盗。三座均为两重葬具墓葬。

2. 日用陶器墓

通过对比统计(见表九、表十、表十一),我们发现,随葬A、B、C三种套数的墓葬,葬具情况基本一致,单棺比例均在20%~35%之间,单棺单椁比例均在65%~75%之间,而两椁一棺的墓葬仅1座,随葬品B套。故我们可以认识到,这两处墓地墓葬的葬具与随葬品之间并无明晰的正比关系。

表九　郐楼墓地日用陶器墓葬具与随葬品套数的数量对应表

器物套数\葬具	A套	B套	C套	总数
单棺	5	1	2	8
单棺单椁	2	2	6	10
两椁一棺	0	0	0	0
总数	7	3	8	18

表十　天利墓地日用陶器墓葬具与随葬品套数的数量对应表

器物套数\葬具	A套	B套	C套	总数
单棺	5	2	6	13
单棺单椁	18	9	9	36
两椁一棺	0	1	0	1
总数	23	12	15	50

表十一　郐楼墓地和天利墓地的日用陶器墓葬具与随葬品套数的比例对应表

器物套数\葬具	A套	B套	C套
单棺	33.3%	20%	34.8%
单棺单椁	66.7%	73.3%	65.2%
两椁一棺	0	6.7%	0
总比例	100%	100%	100%

（四）葬式

新郑郐楼墓地共153座墓葬，其中有59座由于人骨不存或腐朽严重而无法辨别墓主人葬式情况。在可辨别的墓葬中，仰身直肢的有79座，仰身屈肢的有5座，其中有10座墓由于上半身或下半身缺失，对于完整葬式无法判别，这10座墓中，仰身的有1座，直肢的有6座，屈肢的有3座。墓主人双手放置的位置，通过对保存较好的人骨的统计，仰身直肢葬和仰身屈肢葬中，双手放于腹部的分别为40座、4座，而且绝大部分是交叉放于腹部。可以看出郐楼墓地主要是以仰身直肢葬为主，并且墓主双手多交叉放于腹部。

（五）随葬器物

1. 随葬品

郐楼墓地共出土610件随葬品。其中铜器7件，包括铜鼎1件，铜璜6件。陶器544件，包括日用陶器515件,有鬲、盂、罐、豆、盆、圜底罐等器类;仿铜陶礼器29件,有陶鼎、陶盖豆、陶壶、陶盘、陶匜、陶高柄小壶等器类。泥质器23件,模拟器类有鬲、罐、甗等。铁器1件,为铁铲。玉器15件,包括玉环、玉圭、玉珠等器类。水晶器2件,为水晶环和水晶珠。玛瑙器2件,均为玛瑙环。琉璃器2件,均为琉璃珠。蚌器14件,为蚌壳。

2. 位置

60座出土陶铜器的墓中,其中1座被盗,器物均从盗洞出,即M129。其余墓葬的随葬品均置于墓葬西端,与头向一致。双重葬具的随葬品多置于墓葬西端的双层葬具之间,单层葬具多置于葬具内西端。有二层台的墓葬,随葬品置于其上,有头箱或壁龛的墓葬,随葬品皆置其内。泥质器均出土于陶器皿中。蚌器置于人头骨下。

出土铁器、玉器、水晶器、玛瑙器、琉璃器的5座墓均被盗扰,器物皆在填土中采集,故它们在墓葬中的原始位置不详。

四、文化内涵折射的历史背景

纵观郑楼墓地出土陶器的文化特征,我们可以发现,主要存在以下三个转折期。

(1)春秋早期偏晚阶段。除了Aa型陶豆、B型陶罐、C型陶罐、A型陶盂基本贯穿始终外,Da型、E型陶鬲、乙类Bb型陶罐仅见于西周晚期,Ab型、Ca型、Cb型、Db型陶鬲均从春秋早期偏晚阶段开始出现,圜底罐则是在春秋中期早段开始出现的。表明从春秋早期偏晚阶段开始,考古学文化特征发生了较大变化,同时文化内涵亦更丰富。

(2)春秋中期偏早阶段。各器类发展至春秋中期早段,器型由小变大,陶盂、陶罐的器表由粗糙到打磨光滑平整。表明考古学文化发展至最繁荣的时期。

(3)春秋晚期偏早阶段。各器类器型至此越来越简化和简陋,逐渐变小至明器化,陶罐和陶盂的表面逐渐打磨不甚光滑平整,越往后器表的刮削痕越来越明显。同时,至春秋晚期晚段,随葬品组合齐全的墓葬数量开始明显减少。这些变化特征表明,考古学文化开始走向衰落。

(4)战国中期偏早阶段。至此,以陶鼎、陶盖豆、陶壶为核心的仿铜陶礼器墓开始出现,表明新的考古学文化的诞生。

上述考古学文化特征的变化,折射了深厚的历史背景。春秋早期,郑武公于周平王二年(公元前769年)灭掉郐国,随后又灭掉虢国,在溱、洧之间的新郑建都。[1]定都新郑后,外来人口大量增加,但由于考古学文化的滞后性,原本统治新郑的郐国的考古学文化特征并不会突然消失,加之新迁入的郑人的文化特征,以及可能还包含被征服的虢国及其他八邑的文化特征,这便使新郑地区在春秋早期成为一个众多文化特征并存的区域,因而墓葬中的文化特征显现出极大的丰

---

[1] 关于灭虢、郐者是郑桓公还是郑武公,史籍相互抵牾,历代史家争讼不决,参看苏勇:《周代郑国史研究》,吉林大学博士学位论文,2010年。今从郑武公灭虢、郐之说。

富性。之后,武公之子庄公(在位时间:公元前743年～前701年)乘时"挟天子以令诸侯",史称"小霸",郑国的国际势力最强,国内经济持续发展,考古学文化逐渐发展至一个繁荣的阶段。至厉公后元元年(公元前679年),齐桓公开始称霸,从此进入了齐、晋、楚、秦诸国争霸的时期,而郑国国内也经历了一系列的内乱,国势渐衰,最终沦为大国征伐的对象。内忧外患对郑国的社会经济发展必然会造成沉重的打击,国力势必衰微,考古学文化也自始走向衰落的阶段。直至被韩所灭,郜楼墓地从西周晚期以来占绝对主导地位的鬲、盂、罐、豆组合消失,被属于韩文化的鼎、盖豆、壶的组合所取代。

第二节　墓地结构分析

郜楼墓地共有153座两周时期的墓葬,其中约61%的墓葬年代无法确定,这无疑在一定程度上会局限我们对墓地结构的分析。郜楼墓地南部紧邻天利两周墓地,从两个墓地的平面布局来看,西区虽各成一区,但东区布局较为紧密,故两处墓地实则应属一个墓地的两处墓区。因此,下面的分析是粗略的,主要只是针对郜楼墓地所做的简单探讨,并不一定能够全面反映整个墓地布局结构的真实情形。

一、墓地结构的形成过程

郜楼墓地总体分布虽然并不是很规律,但墓向大体一致,局部区域墓葬排列较为整齐,仅有两座墓葬之间有打破关系,且为年代相距较远而相邻的墓葬。上述现象说明,在墓上应有某种标志物,或者有专门的人进行管理,因此,即便在经历了相当长的时间以后,后人仍能看到明显的地面标志而不致使墓葬发生重叠。

根据墓葬稀疏程度,以M132、M131、M130、M127、M125、M124所在的一列墓葬为界,其西且包括这列墓葬在内的区域是西区,其东则为东区。郜楼墓地可以确定年代的墓葬共有60座,西区47座,东区13座。

郜楼墓地西周晚期早段的墓葬仅1座,位于西区中部偏西。

西周晚期晚段的墓葬亦仅1座,位于东区西北部。

春秋早期早段的墓葬共有4座,其中1座位于西区北部,3座位于东区。位于东区的3座墓葬,其中2座彼此相邻位于东区南端,1座位于东北端。由于墓葬数量少,看不出什么规律,但还是可以观察到东区的3座墓葬均位于边界位置,基本奠定了墓地东区的大致范围。

春秋早期晚段的墓葬仅3座,其中1座在西区的西南部,另2座分别在东区的南部和北部。

西周晚期至春秋早期的墓葬数量少,看不出规律,但还是可以观察到,这几座墓葬均散布于墓地的边界,基本奠定了墓地的大致范围。同时,我们发现,这个时段东区分布的墓葬数量要多于西区,推测可能在春秋早期之前,东区为墓葬的主要分布区。

从春秋中期早段开始,西区的墓葬数量明显变多,密度变大,墓葬的分布也显得有规律。这正与上文分析的郑楼考古学文化于春秋中期达到了最繁荣时期的特征相吻合。

　　春秋中期早段的墓葬共有8座。其中7座在西区,1座在东区。此阶段西区的部分墓葬呈现较为规律的分布,如M12和M28与春秋早期晚段的M52在一列上,M49大致与西周晚期早段的M34在一列上。这种现象说明,郑楼墓地已经开始规划墓葬排位,且是在前阶段墓地排位的基础上进行的。

　　春秋中期晚段的墓葬共有6座。其中5座在西区,1座在东区。此阶段的墓葬是在上一阶段的基础上进行排位的,M27与春秋中期早段的M9在一列上,M23大致与春秋中期早段的M96在一列上,M138与春秋早期早段的M145在一列上。同时,我们可以观察到,墓地发展至此阶段,基本完成了墓地的整体框架。此后,墓葬分布是在此阶段及前几个阶段的墓地基本范围框架下,进行的不断填充。

　　春秋晚期早段的墓葬共有24座,其中西区21座,东区3座。可以明显看出,此阶段的墓葬是在上一阶段的基础上填充形成的,如M10、M25与春秋中期早段的M9和春秋中期晚段的M27在一列上,M26、M43、M44大致与春秋早期早段的M14和春秋中期早段的M12、M28在一列上。同时我们可以观察到,一定数量的春秋晚期早段的墓葬位于西区偏东南方向,这透露出墓地有向南向东扩展的趋势。

　　春秋晚期晚段的墓葬,仅1座,即M82,位于西区东南部。与春秋中期早段的M96、春秋中期晚段的M23、春秋晚期早段的M66在一列上。

　　战国早期早段的墓葬,仅4座,均位于西区,其中三座均位于西区偏东区域。四座墓葬均填充在早期阶段的墓葬之间。

　　战国早期晚段的墓葬仅4座,其中西区2座,东区2座,均填充在早期阶段的墓葬之间。

　　战国中期早段的墓葬有2座,均位于西区的东南部。

　　战国中期晚段的墓葬,仅1座,位于西区的东南部。

　　此外,还有一座战国早期墓葬,即M94,分布在西区中部。

　　整个墓地,西区较为密集,东区则较为疏松。西周晚期早段至春秋早期晚段,郑楼墓地的范围基本奠定,墓葬分布较为松散,没有明显规律。至春秋中期早段,墓地开始呈现有规律的分布,且数量也开始增多。此后的墓葬在此基础上不断填充,至春秋中期晚段,郑楼墓地的框架范围基本形成。从春秋晚期晚段及其之后阶段的墓葬分布特征看,郑楼墓地呈现出向南向东扩展的趋势,西部最先形成较为密集的墓葬分布,而东区作为主要的预留空间并未布满。

二、墓地东西区的布局分析

　　1. 墓地西区分布有两周时期的墓葬47座。墓葬排列并不十分整齐,依据墓葬的方向,大致按东北至西南走向,我们将其粗略地划分为12列,各排墓葬数量不等,排列也有些错落。

　　第一列为春秋中期晚段的M4。

　　第二列为春秋晚期早段的M5。

第三列由北向南，依次为春秋晚期早段的M10，春秋中期早段的M9，春秋晚期早段M25，春秋中期晚段的M27，共4座墓葬，排列较为整齐。

第四列由北向南，依次为春秋中期早段的M12，春秋早期早段的M14，春秋晚期早段的M26，春秋中期早段的M28，春秋晚期早段的M43、M44，春秋早期晚段的M52，共7座墓葬。

第五列由北向南，依次为春秋晚期早段的M16，战国早期早段的M37，战国早期晚段的M38，春秋晚期早段的M40，西周晚期早段的M34，春秋晚期早段的M69，春秋中期早段的M49，春秋晚期早段的M68，战国早期早段的M45，共9座墓葬。

第六列由北向南，依次为春秋晚期早段的M61、M95、M74、M73，共4座墓葬。

第七列由北向南，依次为春秋中期早段的M36，春秋晚期早段的M63、M67，共3座墓葬。

第八列由北向南，依次为春秋中期晚段的M23，春秋晚期早段的M66，春秋中期早段的M96，春秋晚期晚段的M82，共4座墓葬。

第九列由北向南，依次为战国早期早段的M22、M35，春秋晚期早段的M103，春秋中期早段的M81，共4座墓葬。

第十列由北向南，依次为春秋晚期早段的M86、M85，春秋中期晚段的M80，战国中期早段的M79，春秋晚期早段的M78，共5座墓葬，排列较为整齐。

第十一列，由北向南为战国中期晚段的M115，战国早期晚段的M113。

第十二列，由北向南为战国中期早段的M129，春秋中期晚段的M128。

在这个布局中，西周晚期早段的M34、春秋早期早段M14、春秋早期晚段M52这三座墓葬奠定了最初的墓地西界。第四列春秋早期早段的M14与春秋早期晚段的M52分属于南北两端，此排的大致范围基本确定下来，此后春秋中期早段、春秋晚期晚段的墓葬进行填充。至春秋中期晚段，墓地的整体布局过程基本完成。春秋中期晚段的5座墓葬，其中两座分别构成了第一列、第三列，其余三座构成了靠近东部的第八列、第十列、第十二列。以后各段的墓葬分别安置进入各排中。同时，可以观察到，春秋晚期晚段、战国早期早段、战国早期晚段的墓葬基本分布在西区偏东区域，战国中期早段、战国中期晚段的墓葬分布在西区的东南区域，这些墓葬均是较早阶段的墓葬布局框架下，不断向东向南填充的。

2. 墓地东区分布有两周时期的墓葬13座。其中属于西周晚期晚段的M139位于东区的西北部，春秋早期早段的M144和M145位于东区的南端，M155位于东区的东北部，属于春秋早期晚段的M137和M126分属于东区的北端和南端，显然这三个时段的6座墓葬基本位于东区边界，从而界定了东区范围，此后时段的墓葬则是在此范围内填充的。东区分布的七段墓葬数量与西区相应时段墓葬数量的比分别为：1∶0、3∶1、2∶1、1∶7、1∶5、1∶7、1∶1，可以观察到仅西周晚期晚段、春秋早期早段、春秋早期晚段时，墓葬数量东区多于西区，春秋中期早段、春秋中期晚段及春秋晚期早段时，西区墓葬数量明显多于东区。推测从春秋中期早段起，墓葬的主要分布区由东区转向了西区。

东区墓葬数量少且分布稀疏，看不出什么规律，但是，前文已述该区墓葬布局与天利墓地东区墓葬布局较为紧密，故对天利东区墓葬布局进行分析，必然有利于对郘楼东区墓葬布局的认识。天利墓地的东区中部为一近圆形空白地带，将天利墓地东区分为南北两个小墓群，其中北部小墓群北端紧邻郜楼墓地东区南端，故下面仅对天利墓地东区的北部小墓群进行简单的试析。

天利东区北部小墓群可以确定具体年代的墓葬共18座，年代跨度从春秋早期早段至春秋晚期晚段，大致可以分为春秋早期的3座墓葬与郜楼墓地东区同时期的2座墓葬分布情况相似，均位于所在区域的边界，奠定了墓地的最初范围；春秋中期早段的墓葬仅1座，位于此墓群的东端；春秋中期晚段的墓葬7座，位于此墓群的北部，大致分布在呈西北—东南向的一排上，其中M207与M185分属于此区域的东西两端，至此天利此区域的墓地布局框架基本完成，M185与春秋早期早段的M191、春秋中期早段的M187在一列上；春秋晚期早段的墓葬6座，其中M205与春秋中期晚段的M207在一列上，M219、M229、M228与春秋早期晚段的M232在一列上，M240与春秋中期晚段的M241在一列上，M186与春秋早期早段的M191、春秋中期早段的M187、春秋中期晚段的M185在一列上；春秋晚期晚段的墓葬1座，位于此墓群的西南部，填充在春秋早期晚段M232与春秋晚期早段M228、M229间。我们发现，此墓群无年代可以确定在春秋早期之前的墓葬，而郜楼墓地东区恰恰有5座可以确定为这个时期的墓葬，这不仅再次说明两区确应属一个墓群，同时表明墓葬有向南扩展的趋势。

综上，我们可以观察到，墓地的整体布局变化是有一定规律的。首先，从整体来看，春秋早期及之前，墓葬数量较少，基本分布于墓区边界，从而将墓地的大致范围确定下来；春秋中期早段墓葬数量增多，墓地排位明显开始有了规划，至春秋中期晚段墓地的大致格局确定下来，之后的墓葬基本上是对这个大格局的填充，呈现出向南向东扩展的趋势。其次，从小的布局来看，根据墓葬的密集程度，大致分为西区和东区两个区域。西区墓葬数量较多且较为密集，呈现出向南向东扩展的趋势；东区与天利东区北部墓群可划为一个区域，主要呈现出向南扩展的趋势。

第三节　墓主身份等级探析

据以往的考古材料，随葬品往往对墓主身份更具指示意义，最具代表的是用鼎制度。郜楼墓地仅一座墓葬出土铜鼎，即M139，据文献记载以及学界共识，随葬一件铜鼎的墓主阶层应该是士，[1] 故推测这座墓葬的墓主人生前身份可能是"士"。

对于无鼎随葬的墓葬，因无文献记载其墓主身份差异，故我们往往就将其笼统的划归为庶民阶层或平民阶层。然而本文通过对随葬品、葬具、规格的对比考察，认识到随葬品套数与墓葬规格有着较为明晰的正比关系，随葬品为鬲、盂、罐、豆各4件与鬲、盂、罐各4件及豆2件这两种情况的墓葬，墓底长度多在2.8米以上（含2.8米）；随葬品为鬲、盂、罐、豆各2件的

[1]　俞伟超：《周代用鼎制度研究》，《先秦两汉考古学论集》，文物出版社，1985年。

墓葬,墓底长度多在2.8米以下。这启示我们,郜楼墓地日用陶器墓墓主身份大致存在两个等级。

　　综上,我们可以认识到,郜楼墓地除了一座葬鼎的墓主可能为"士"阶层外,其余应该均为平民阶层,这个阶层内部又可划分为两个等级,第一等级随葬日用陶器4套,包括鬲、盂、罐、豆各4件与鬲、盂、罐各4件及豆2件这两种情况,墓底长度多在2.8米以上(含2.8米);第二等级随葬日用陶器2套,即鬲、盂、罐、豆各2件,墓底长度多在2.8米以下。

附录一

新郑郜楼两周墓地人骨研究

孙　蕾　樊温泉

河南省文物考古研究院

第一节　性　别　与　年　龄

　　新郑郜楼墓地共清理两周时期的墓葬153座，均为土坑竖穴墓。根据墓葬棺椁情况分为甲、乙、丙三类墓，分别为二椁一棺墓、一椁一棺墓、单棺墓。墓地收集到的人骨标本共28例，分别来自乙类墓15例和丙类墓13例。

　　对人骨标本性别和年龄的鉴定依据邵象清[1]、朱泓[2]和陈世贤[3]等著作中所列的标准。成年人骨性别的判定依据骨盆和颅骨的形态特征，年龄的判定依据耻骨联合面、耳状关节面、颅骨缝愈合和牙齿磨耗的变化形态。

　　郜楼两周墓地收集到的28例人骨中（见表一和表二），可确定性别的有18例，另有6例为疑似男性，2例为疑似女性，2例性别未知。因人骨标本数较小，所以将疑似男性和疑似女性暂定为确定性别的男性和女性。男性16例，占57.14%，女性10例，占35.71%。男性中，7例为中年，5例为老年，1例为壮年，3例为不知年龄段的成年；女性中，5例为中年，4例为老年，1例为成年；不知性别的2例个体属于成年。全部人骨的平均死亡年龄为49.09岁，男性为50.96岁，女性为46.39岁。

　　乙类墓的15例人骨标本中（见表三），男性9例，女性6例。男性中，4例中年，3例老年，2例成年；女性中，2例中年，3例老年，1例成年。乙类墓全部人骨的年龄跨度从大约42.5岁到60岁以上，平均死亡年龄为51.04岁，男性51.43岁，女性50.50岁。

---

［1］　邵象清：《人体测量手册》，上海辞书出版社，1985年，第34～56页。
［2］　朱泓：《体质人类学》，高等教育出版社，2004年。
［3］　陈世贤：《法医人类学》，人民卫生出版社，1998年，第83～86页。

表一　新郑郑楼两周墓地人骨性别年龄鉴定结果

标本号	性　别	年　龄	标本号	性　别	年　龄
M7	男？	成年	M83	？	成年
M8	女？	40±	M84	男	50±
M9	男	55±	M89	女	40～45
M10	男？	60+	M91	？	成年
M14	男	55±	M99	女	35±
M48	男	50±	M100	女	55±
M51	男	60+	M110	女	60+
M61	男？	成年	M115	男	40±
M63	女	35±	M120	男？	45～50
M66	男	成年	M135	男	30～35
M67	男？	50～55	M139	男？	50～55
M68	女	55±	M144	男	45～50
M79	女？	成年	M145	女	35±
M82	女	60+	M151	男	60+

表二　郑楼组各个年龄段的死亡率

年龄分组	未成年（0～18）	青年期（15～27）	壮年期（24～39）	中年期（36～59）	老年期（60～）	成年	全年龄段
男性（％）	0（0）	0（0）	1（3.57）	7（25）	5（17.86）	3（10.71）	16（57.14）
女性（％）	0（0）	0（0）	0（0）	5（17.86）	4（14.29）	1（3.57）	10（35.71）
未知性别（％）	0（0）	0（0）	0（0）	0（0）	0（0）	2（7.14）	2（7.14）
总计（％）	0（0）	0（0）	1（3.57）	12（42.86）	9（32.14）	6（21.43）	28（100）

表三　郑楼组乙类墓各个年龄段的死亡率

年龄分组	未成年（0～18）	青年期（15～27）	壮年期（24～39）	中年期（36～63）	老年期（64～）	成年	全年龄段
男性（％）	0（0）	0（0）	0（0）	4（26.67）	3（20）	2（13.33）	9（60）
女性（％）	0（0）	0（0）	0（0）	2（13.33）	3（20）	1（6.67）	6（40）
未知性别（％）	0（0）	0（0）	0（0）	0（0）	0（0）	0（0）	0（0）
总计（％）	0（0）	0（0）	0（0）	6（40）	6（40）	3（20）	15（100）

丙类墓的13例人骨标本中（见表四），男性7例，女性4例，未知性别2例。男性中，1例为壮年，3例中年，2例为老年，1例成年；女性中，3例为中年，1例为老年；未知性别的2例皆为成年。丙类墓全部人骨的年龄跨度从大约35岁到60以上，平均死亡年龄为46.75岁，男性50.42岁，女性41.25岁。

表四　郜楼组丙类墓各个年龄段的死亡率

年龄分组	未成年 （0～18）	青年期 （15～27）	壮年期 （24～43）	中年期 （36～63）	老年期 （64～）	成年	全年龄段
男性（％）	0（0）	0（0）	1（8.33）	3（25）	2（16.67）	1（8.33）	7（58.33）
女性（％）	0（0）	0（0）	0（0）	3（25）	1（8.33）	0（0）	4（33.33）
未知性别（％）	0（0）	0（0）	0（0）	0（0）	0（0）	2（16.67）	2（16.67）
总计（％）	0（0）	0（0）	1（8.33）	6（50）	3（25）	3（25）	12（100）

乙类墓分别在全部人骨、男性和女性的平均死亡年龄上均大于丙类墓。乙类墓中两性老年期的比例也大于丙类墓两性中的比例。

第二节　颅骨形态特征和种族类型的研究

为了明确描述新郑郜楼两周墓地人骨的体质类型，按照吴汝康等[1]和邵象清[2]在其有关论著中提出的各项标准，对两性颅骨进行观察、统计和比较研究。新郑郜楼墓地两性颅骨图片参见彩版一三〇和彩版一三一。

一、颅骨形态特征

1.颅骨非测量性形态特征

新郑郜楼墓地两周人骨中可供非测量形态特征观察的颅骨有22例，其中男性12例，女性10例。两性颅骨非测量形态特征的统计结果见表五。

表五　新郑郜楼两周墓地颅骨非测量形态特征观察统计表

观察项目	性别	例　数	形态分类及出现率					
			椭圆形	圆形	卵圆形	五角形	楔形	菱形
颅型	男性	4	0（0）	0（0）	4（100）	0（0）	0（0）	0（0）
	女性	6	0（0）	0（0）	6（100）	0（0）	0（0）	0（0）
	合计	10	0（0）	0（0）	10（100）	0（0）	0（0）	0（0）

［1］　吴汝康、吴新智、张振标：《人体测量方法》，科学出版社，1984年，第11～101页。
［2］　邵象清：《人体测量手册》，上海辞书出版社，1985年，第57～132页。

续表

观察项目	性别	例 数	形态分类及出现率					
			弱	中等	显著	特显	粗壮	
眉弓突度	男性	11	3(27.27)	8(72.73)	0(0)	0(0)	0(0)	
	女性	7	5(71.43)	2(28.57)	0(0)	0(0)	0(0)	
	合计	18	8(44.44)	10(55.56)	0(0)	0(0)	0(0)	
			0级	1级	2级	3级		
眉弓范围	男性	11	1(9.09)	10(90.91)	0(0)	0(0)		
	女性	7	3(42.86)	4(57.14)	0(0)	0(0)		
	合计	18	4(22.22)	14(77.78)	0(0)	0(0)		
			不显	稍显	中等	显著	极显	粗壮
眉间突度	男性	9	0(0)	5(55.56)	4(44.44)	0(0)	0(0)	0(0)
	女性	6	2(33.33)	4(66.67)	0(0)	0(0)	0(0)	0(0)
	合计	15	2(13.33)	9(60)	4(26.67)	0(0)	0(0)	0(0)
			平直	中等	倾斜			
前额	男性	8	0(0)	2(25)	6(75)			
	女性	7	3(42.86)	4(57.14)	0(0)			
	合计	15	3(20)	6(40)	6(40)			
			不存在	不完全存在	全部存在			
额中缝	男性	8	7(87.5)	1(12.5)	0(0)			
	女性	7	5(71.43)	0(0)	2(28.57)			
	合计	15	12(80)	1(6.67)	2(13.33)			
			愈合	微波	深波	锯齿	复杂	
顶骨缝前囟段	男性	8	2(25)	0(0)	6(75)	0(0)	0(0)	
	女性	6	1(16.67)	0(0)	5(83.33)	0(0)	0(0)	
	合计	14	3(21.43)	0(0)	11(78.57)	0(0)	0(0)	
			愈合	微波	深波	锯齿	复杂	
顶骨缝顶段	男性	7	2(28.57)	0(0)	0(0)	5(71.43)	0(0)	
	女性	7	1(14.29)	0(0)	2(28.57)	4(57.14)	0(0)	
	合计	14	3(21.43)	0(0)	2(14.29)	9(64.29)	0(0)	

观察项目	性别	例　数	形态分类及出现率					
顶骨缝顶孔段			愈合	微波	深波	锯齿	复杂	
	男性	7	1(14.29)	0(0)	1(14.29)	5(71.43)	0(0)	
	女性	6	1(16.67)	0(0)	0(0)	5(83.33)	0(0)	
	合计	13	2(15.38)	0(0)	1(7.69)	10(76.92)	0(0)	
顶骨缝后段			愈合	微波	深波	锯齿	复杂	
	男性	7	1(14.29)	0(0)	2(28.57)	4(57.14)	0(0)	
	女性	7	1(14.29)	0(0)	4(57.14)	2(28.57)	0(0)	
	合计	14	2(14.29)	0(0)	6(42.86)	6(42.86)	0(0)	
眶形			圆形	椭圆形	方形	长方形	斜方形	
	男性	2	0(0)	1(50)	0(0)	0(0)	1(50)	
	女性	2	0(0)	1(50)	1(50)	0(0)	0(0)	
	合计	4	0(0)	2(50)	1(25)	0(0)	1(25)	
鼻根区凹陷			无凹陷	略有	明显	极明显	几近直角	
	男性	5	1(20)	4(80)	0(0)	0(0)	0(0)	
	女性	4	3(75)	1(25)	0(0)	0(0)	0(0)	
	合计	9	4(44.44)	5(55.56)	0(0)	0(0)	0(0)	
鼻前棘			不显	稍显	中等	显著	特显	
	男性	6	1(16.67)	4(66.67)	1(16.67)	0(0)	0(0)	
	女性	1	1(100)	0(0)	0(0)	0(0)	0(0)	
	合计	7	2(28.57)	4(57.14)	1(14.29)	0(0)	0(0)	
梨状孔			心形	圆形	梨形			
	男性	5	0(0)	0(0)	5(100)			
	女性	2	2(100)	0(0)	0(0)			
	合计	7	2(28.57)	0(0)	5(71.43)			
梨状孔下缘			锐型	钝型	鼻前沟型	鼻前窝型	混合型	
	男性	9	3(33.33)	2(22.22)	3(33.33)	0(0)	1(11.11)	
	女性	6	4(66.67)	0(0)	2(33.33)	0(0)	0(0)	
	合计	15	7(46.67)	2(13.33)	5(33.33)	0(0)	1(6.67)	

续表

观察项目	性别	例　数	形态分类及出现率					
			无	弱	中等	显著	极显	
犬齿窝	男性	6	0(0)	4(66.67)	2(33.33)	0(0)	0(0)	
	女性	3	0(0)	1(33.33)	2(66.67)	0(0)	0(0)	
	合计	9	0(0)	5(55.56)	4(44.44)	0(0)	0(0)	
			U形	椭圆形	抛物线形			
腭形	男性	12	1(8.33)	2(16.67)	9(75)			
	女性	5	2(40)	1(20)	2(40)			
	合计	17	3(17.65)	3(17.65)	11(64.71)			
			缺如	嵴状	丘状	瘤状		
腭圆枕	男性	9	4(44.44)	2(22.22)	1(11.11)	2(22.22)		
	女性	5	3(60)	2(40)	0(0)	0(0)		
	合计	14	7(50)	4(28.57)	1(7.14)	2(14.29)		
			极小	小	中等	大	特大	
乳突	男性	10	0(0)	4(40)	6(60)	0(0)	0(0)	
	女性	8	1(12.5)	4(50)	3(37.5)	0(0)	0(0)	
	合计	18	1(5.56)	8(44.44)	9(50)	0(0)	0(0)	
			缺如	稍显	中等	显著	极显	喙状
枕外隆突	男性	9	0(0)	3(33.33)	1(11.11)	4(44.44)	0(0)	1(11.11)
	女性	10	0(0)	8(80)	1(10)	1(10)	0(0)	0(0)
	合计	19	0(0)	11(57.89)	2(10.53)	5(26.32)	0(0)	1(5.26)
			缺如	存在1孔	存在2孔	多孔		
顶孔	男性	4	2(50)	0(0)	2(50)	0(0)		
	女性	5	1(20)	0(0)	4(80)	0(0)		
	合计	9	3(33.33)	0(0)	6(66.67)	0(0)		
			愈合	顶蝶型	额颞型	点型	翼上骨型	
翼区	男性	4	1(25)	3(75)	0(0)	0(0)	0(0)	
	女性	5	0(0)	4(80)	0(0)	1(20)	0(0)	
	合计	9	1(11.11)	7(77.78)	0(0)	1(11.11)	0(0)	

续表

观察项目	性别	例 数	形态分类及出现率					
			无	弱	明显	极显		
下颌圆枕	男性	8	2（25）	6（75）	0（0）	0（0）		
	女性	6	4（66.67）	2（33.33）	0（0）	0（0）		
	合计	14	6（42.86）	8（57.14）	0（0）	0（0）		
			外翻型	直型	内翻型			
下颌角区	男性	9	8（88.89）	1（11.11）	0（0）			
	女性	7	5（71.43）	0（0）	2（28.57）			
	合计	16	13（81.25）	1（6.25）	2（12.5）			
			方形	圆形	尖形	不对称型		
颏形	男性	9	3（33.33）	4（44.44）	2（22.22）	0（0）		
	女性	7	0（0）	5（71.43）	2（28.57）	0（0）		
	合计	16	3（18.75）	9（56.25）	4（25）	0（0）		
			存在2孔	存在3孔	存在多孔			
颏孔	男性	10	10（100）	0（0）	0（0）			
	女性	8	8（100）	0（0）	0（0）			
	合计	18	18（100）	0（0）	0（0）			

郘楼墓地两周时期颅骨标本的形态特征可以概括为：颅形为卵圆形，眉弓凸度男性较发达，女性较弱；男性前额以倾斜为主，其次是中等，女性前额以中等为主，其次是平直；两性额中缝多不存在，男性有1例为部分存在，女性有2例全部存在；两性颅顶缝的前囟段以深波状为主，顶段、顶孔段均以锯齿状为主，后段上，男性以锯齿状为主，女性以深波状为主；在眶形上，男性1例椭圆形，1例斜方形，女性1例椭圆形，1例方形；在鼻根区凹陷上，男性多为略有，女性多为无凹陷；男性鼻前棘以稍显为主，女性为不显；男性的梨状孔为梨形，女性为心形；梨状孔下缘两性均以锐型和鼻前沟型为主。男性犬齿窝多较弱，女性多中等。男性腭形以抛物线形为主，女性以U形和抛物线形为主。腭圆枕两性多缺如；男性乳突多为中等，女性多较小；男性枕外隆凸多为显著，女性多为稍显；翼区以顶蝶型为主。男性下颌圆枕以弱为主，女性多不存在；两性下颌角区均以外翻型为主。在颏形上，两性均以圆形为主，男性还有3例方形和2例尖形，女性有2例尖形；在颏孔上，两性均存在2孔。

根据上述观察结果，两性颅骨较弱的鼻根点凹陷、欠发达的犬齿窝及发育很弱的鼻前棘等体现了亚洲蒙古人种的面部形态特征。

2. 颅骨测量性形态特征

新郑郜楼两周墓地颅骨中可供测量的个体共有15例，其中男性9例，女性6例。男、女两性颅骨测量平均值的统计结果见表六。郜楼组两性颅骨测量特征形态分类的出现率见表七。

表六 新郑郜楼两周墓地两性颅骨测量平均值及指数（长度：毫米；角度：度；指数：%）

马丁号	项 目		男性平均值	个体数	标准差	女性平均值	个体数	标准差
1	颅长	g-op	186.50	3	7.50	172.92	6	3.95
8	颅宽	eu-eu	142.50	4	4.04	141.63	4	3.50
17	颅高	b-ba	144.33	3	4.19	136.17	3	7.49
21	耳上颅高	po-po	121.50	1	/	115.40	1	/
9	最小额宽	ft-ft	95.69	4	1.88	92.15	4	7.31
7	枕骨大孔长	enba-o	38.18	4	1.84	35.33	3	3.59
16	枕骨大孔宽		30.33	4	1.65	32.03	3	2.57
25	颅矢状弧	n-o	375.00	2	12.73	366.67	3	18.77
26	额骨矢状弧	n-b	132.33	3	8.62	123.50	4	8.43
27	顶骨矢状弧	b-l	127.75	4	2.36	125.60	5	5.03
28	枕骨矢状弧	l-o	119.75	4	7.04	114.75	4	10.53
29	额骨矢状弦	n-b	117.57	3	8.12	108.38	4	4.64
30	顶骨矢状弦	b-l	113.46	4	2.65	112.12	5	4.74
31	枕骨矢状弦	l-o	101.46	4	3.55	97.79	4	8.33
23	颅周长	g-op-g	524.00	2	9.90	508.50	4	12.50
24	颅横弧	po-b-po	320.33	3	6.81	314.00	4	11.11
5	颅基底长	n-enba	103.20	2	1.13	97.10	2	2.69
40	面底长	pr-enba	100.42	1	/	97.10	2	6.93
48（pr）	上面高	n-pr	79.61	3	4.46	64.60	1	/
48（sd）		n-sd（av）	82.78	3	4.03	66.60	1	/
47	全面高	n-gn	128.00	2	6.79	107.60	1	/
45	颧点间宽	zy-zy	136.53	2	1.03	130.30	1	/
46	中面宽	zm-zm	106.28	3	4.59	/	0	/
43	上面宽	fmt-fmt	108.20	3	2.12	107.40	2	4.24

新郑邰楼两周墓地

马丁号	项 目		男性平均值	个体数	标准差	女性平均值	个体数	标准差
50	前眶间宽	mf-mf	18.38	3	1.37	19.85	2	5.44
MH L	颧骨高	fmo-zm	47.91	3	1.63	40.30	1	/
MH R			47.20	1	/	/	0	/
MB L	颧骨宽	zm-rim.orb	27.74	3	3.16	21.60	1	/
MB R			28.00	1	/	/	0	/
54	鼻宽		28.23	3	0.80	27.25	2	2.47
55	鼻高	n-ns	59.34	3	0.63	46.84	1	/
SC	鼻最小宽		8.27	3	1.62	6.00	1	/
SS	鼻最小宽高		2.60	3	0.53	2.00	1	/
51L	眶宽	mf-ek	46.75	2	0.35	43.70	1	/
51R			45.70	1	/	/	0	/
51aL	眶宽	d-ek	44.28	2	1.02	41.40	1	/
51aR			44.00	1	/	/	0	/
52L	眶高		35.10	2	3.54	21.20	1	/
52R			36.90	1	/	/	0	/
60	上颌齿槽弓长	pr-alv	53.78	7	2.78	50.74	5	3.29
61	上颌齿槽弓宽	ekm-ekm	66.67	6	4.62	62.50	6	4.42
62	腭长	ol-sta	42.71	6	4.24	43.32	5	2.99
63	腭宽	enm-enm	40.18	7	4.46	37.36	6	1.85
12	枕骨最大宽	ast-ast	112.31	4	6.52	107.55	3	5.39
11	耳点间宽	au-au	128.10	4	5.85	124.83	4	6.10
44	两眶宽	ek-ek	101.66	1	/	/	0	/
FC	两眶内宽	fmo-fmo	102.09	3	2.38	100.50	2	6.36
FS	鼻根点至两眶内宽矢高	n to fmo-fmo	19.00	2	1.41	13.75	2	1.06
DC	眶间宽	d-d	20.93	3	1.40	19.10	1	/
32	额侧角 I	∠ n-m FH	82.00	1	/	92.00	1	/
	额侧角 II	∠ g-m FH	75.00	1	/	83.00	1	/

续表

马丁号	项　目		男性平均值	个体数	标准差	女性平均值	个体数	标准差
	前囟角	∠g-b FH	44.00	1	/	51.00	1	/
72	总面角	∠n-pr FH	81.00	1	/	82.00	1	/
73	中面角	∠n-ns FH	83.00	1	/	86.00	1	/
74	齿槽面角	∠ns-pr FH	69.00	1	/	64.00	1	/
75	鼻梁侧角	∠n-rhi FH	61.00	1	/	/	0	/
77	鼻颧角	∠fmo-n-fmo	139.17	3	1.61	149.50	2	0.71
SSA	颧上颌角	∠zm-ss-zm	122.50	3	16.26	/	0	/
	面三角	∠pr-n-ba	63.00	1	/	73.00	1	/
		∠n-pr-ba	73.00	1	/	68.50	1	/
		∠n-ba-pr	44.00	1	/	46.50	1	/
72–75	鼻梁角		20.00	1	/	/	0	/
8∶1	颅长宽指数		77.07	3	1.60	81.40	4	1.52
17∶1	颅长高指数		78.38	2	0.63	78.75	3	4.88
17∶8	颅宽高指数		102.15	3	2.82	96.02	3	4.79
9∶8	额宽指数		66.21	2	1.13	65.07	4	5.04
16∶7	枕骨大孔指数		79.60	4	6.05	91.05	3	8.78
40∶5	面突指数		96.56	1	/	103.03	1	/
48∶17pr	垂直颅面指数		50.76	1	/	48.21	1	/
48∶17sd			53.50	1	/	49.70	1	/
48∶45pr	上面指数（K）		54.36	1	/	49.58	1	/
48∶45sd			57.29	1	/	51.11	1	/
48∶46pr	中面指数（V）		72.86	2	7.97	/	0	/
48∶46sd			76.32	2	7.74	/	0	/
54∶55	鼻指数		47.59	3	1.85	61.91	1	/
52∶51L	眶指数 I		75.11	2	8.13	48.51	1	/
52∶51R			80.74	1	/	/	0	/
52∶51aL	眶指数 II		79.38	2	9.81	51.21	1	/
52∶51aR			83.86	1	/	/	0	/

续表

马丁号	项　目		男性平均值	个体数	标准差	女性平均值	个体数	标准差
54：51L	鼻眶指数 I		60.31	2	1.96	66.36	1	/
54：51R			59.96	1	/	/	0	/
54：51aL	鼻眶指数 II		63.67	2	1.09	70.05	1	/
54：51aR			62.27	1	/	/	0	/
SS：SC	鼻根指数		32.89	3	11.32	33.33	1	/
63：62	腭指数		93.94	6	6.75	86.84	5	2.03
45：(1+8)/2	横颅面指数		83.99	2	2.01	85.44	1	/
17：(1+8)/2	高平均指数		88.08	2	0.48	86.53	3	4.88
65	下颌髁突间宽	cdl-cdl	127.57	2	3.86	124.85	2	2.19
66	下颌角间宽	go-go	100.92	4	5.10	92.30	5	4.16
67	颏孔间径		50.96	6	2.90	46.56	5	3.69
68	下颌体长		78.17	6	4.65	72.76	5	3.31
68(1)	下颌体最大投影长		109.20	5	5.96	106.24	5	3.59
69	下颌联合高	id-gn	36.19	5	2.84	32.36	5	3.30
MBH I L	下颌体高 I		34.75	7	3.06	31.89	5	1.87
MB I R			34.22	6	3.57	32.00	5	1.92
MBH II L	下颌体高 II		32.04	7	2.50	29.47	6	1.84
MBH II R			33.69	7	2.32	26.53	6	7.29
MBT I L	下颌体厚 I		13.62	8	1.94	12.58	5	1.37
MBT I R			13.93	7	1.87	13.02	5	1.54
MBT II L	下颌体厚 II		16.07	8	2.14	14.72	6	1.10
MBT II R			16.14	8	1.83	22.62	6	18.56
70 L	下颌枝高		71.10	5	2.72	67.13	5	4.15
70 R			71.94	5	4.93	62.16	5	12.22
71 L	下颌枝宽		42.46	4	4.32	42.65	4	3.83
71 R			43.73	4	5.15	41.39	6	5.69

续表

马丁号	项 目		男性平均值	个体数	标准差	女性平均值	个体数	标准差
71a L	下颌枝最小宽		34.44	7	3.64	32.79	5	3.25
71a R			34.69	8	3.55	49.48	6	40.50
79	下颌角		119.75	6	3.82	112.90	5	33.46
	颏孔间弧		57.67	6	3.08	52.75	4	6.08
68:65	下颌骨指数		60.47	2	1.94	59.86	2	1.50
71:70 L	下颌枝指数		58.37	3	7.39	59.12	3	2.71
71:70 R			61.77	3	13.07	65.69	5	7.35

表七　新郑郜楼两周墓地两性颅骨主要颅面部测量性特征出现率统计表

项目	性别	例数	形态分类及出现个数		项目	性别	例数	形态分类及出现个数		
颅长宽指数			中颅型	圆颅型	颅宽高指数			狭颅型	中颅型	阔颅型
	男性	1	1	0		男性	3	3	0	0
	女性	4	1	3		女性	3	1	1	1
	合计	5	2	3		合计	6	4	1	1
颅长高指数			正颅型	高颅型	额宽指数			狭额型	中额型	阔额型
	男性	2	0	2		男性	2	1	1	0
	女性	3	1	2		女性	4	3	0	1
	合计	5	1	4		合计	6	4	1	1
腭指数			中腭型	阔腭型	鼻指数			狭鼻型	阔鼻型	特阔鼻型
	男性	6	1	5		男性	3	2	1	0
	女性	5	1	4		女性	1	0	0	1
	合计	11	2	9		合计	4	2	1	1
眶指数 I			中眶型		鼻根指数			很弱	弱	中
	男性	1	1			男性	3	1	0	2
	女性	0	0			女性	1	0	1	0
	合计	1	1			合计	4	1	1	2

项目	性别	例数	形态分类及出现个数		项目	性别	例数	形态分类及出现个数		
			突颌型	正颌型				小	中	很大
面突指数	男性	1	0	1	鼻颧角	男性	3	2	1	0
	女性	1	1	0		女性	2	0	0	2
	合计	2	1	1		合计	5	2	1	2
			小	中				中颌型		
垂直颅面指数	男性	1	0	1	总面角	男性	1	1		
	女性	1	1	0		女性	1	1		
	合计	2	1	1		合计	2	2		
			狭上面型	中上面型				特突颌型		
上面指数（K）	男性	1	1	0	齿槽面角	男性	1	1		
	女性	1	0	1		女性	1	1		
	合计	2	1	1		合计	2	2		

郘楼墓地两周时期颅骨测量结果表明，男性颅骨的主要特征是：具有颅长宽指数的中颅型、颅长高指数的高颅型和颅宽高指数的狭颅型相结合的特点，中等偏窄的额宽，偏狭的鼻型，中眶型，较小的面部扁平度，吻部较突出；女性组在主要颅面部测量特征上与男性基本一致，只是女性为特阔鼻型，面部在水平方向的突出程度高于男性。

二、颅骨种族类型

1. 与现代亚洲蒙古人种各区系类型的比较

表八　郘楼组与现代亚洲蒙古人种的比较（男性）（长度：毫米；角度：度；指数：％）

马丁号	测量项目	郘楼组	亚洲蒙古人种				
			北亚类型	东北亚类型	东亚类型	南亚类型	变异范围
1	颅长	186.50	174.90～192.70	180.70～192.40	175.00～182.20	169.90～181.30	169.90～192.70
8	颅宽	142.50	144.40～151.50	134.30～142.60	137.60～143.90	137.90～143.90	134.30～151.50
17	颅高	144.33	127.10～132.40	132.90～141.10	135.30～140.20	134.40～137.80	127.10～141.10
9	最小额宽	95.69	90.60～95.80	94.20～96.60	89.00～93.70	89.70～95.40	89.00～96.60
48（sd）	上面高	82.78	72.10～77.60	74.00～79.40	70.20～76.60	66.10～71.50	66.10～79.40
45	颧点间宽	136.53	138.20～144.00	137.90～144.80	131.30～136.00	131.50～136.30	131.30～144.80

马丁号	测量项目	郜楼组	亚洲蒙古人种				
			北亚类型	东北亚类型	东亚类型	南亚类型	变异范围
32	额侧角Ⅰ	82.00	77.30～85.10	77.00～79.00	83.30～86.90	84.20～87.00	77.00～87.00
8∶1	颅长宽指数	77.07	75.40～85.90	69.80～79.00	76.90～81.50	76.90～83.30	69.80～85.90
17∶1	颅长高指数	78.38	67.40～73.50	72.60～75.20	74.30～80.10	76.50～79.50	67.40～80.10
17∶8	颅宽高指数	102.15	85.20～91.70	93.30～102.80	94.40～100.30	95.00～101.30	85.20～102.80
48∶17sd	垂直颅面指数	53.50	55.80～59.20	53.00～58.40	52.00～54.90	48.00～52.20	48.00～59.20
48∶45sd	上面指数(K)	57.29	51.40～55.00	51.30～56.60	51.70～56.80	49.90～53.30	49.90～56.80
77	鼻颧角	139.17	147.00～151.40	149.00～152.00	145.00～146.60	142.10～146.00	142.10～152.00
72	总面角	81.00	85.30～88.10	80.50～86.30	80.60～86.50	81.10～84.20	80.50～88.10
52∶51R	眶指数Ⅰ	80.74	79.30～85.70	81.40～84.90	80.70～85.00	78.20～81.00	78.20～85.70
54∶55	鼻指数	47.59	45.00～50.70	42.60～47.60	45.20～50.20	50.30～55.50	42.60～55.50
SS∶SC	鼻根指数	32.89	26.90～38.50	34.70～42.50	31.00～35.00	26.10～36.10	26.10～42.50

根据表八中所列17项颅面部测量和角度、指数项目，将郜楼男性组与亚洲蒙古人种比较，除了颅高、上面高、鼻颧角和上面指数四个项目超出亚洲蒙古人种的变异范围，其余13项均落入其范围。其中，上面指数极接近亚洲蒙古人种的上限。所以，郜楼组男性归属于亚洲蒙古人种范畴，与颅骨非测量性形态特征的观察结果一致。

将该组颅骨与亚洲蒙古人种各类型进行比较。落入北亚类型的项目有颅长、最小额宽、颅长宽指数、眶指数、鼻指数和鼻根指数6项，其余11项均远远超出其变异范围。落入东北亚类型的项目有颅长、颅宽、最小额宽、颅长宽指数、颅宽高指数、垂直颅面指数、总面角和鼻指数8项，其余9项超出其变异范围。落入东亚类型的项目有颅宽、颅长宽指数、颅长高指数、垂直颅面指数、总面角、眶指数、鼻指数和鼻根指数8项，但是颧点间宽和上面指数均与其变异范围的上限极为接近。落入南亚类型的项目有颅宽、颅长宽指数、颅长高指数、眶指数和鼻根指数5项，但最小额宽和颧点间宽极为接近该类型变异范围的上限，总面角接近下限。

郜楼组在颅长绝对值上都接近于北亚类型和东北亚类型，远远大于东亚类型和南亚类型的颅长；在颅宽上较窄，不符合北亚类型较大的颅骨最大宽；但是，郜楼组额部较宽，超出东亚类型的范畴。该组的面部较宽，虽然小于北亚类型和东北亚类型的下限，但与东亚类型和南亚类型的上限极为接近。其颅骨面部较长，与颅高、面宽相比较，虽然短于北亚类型，但长于南亚类型，面部长度更接近东亚类型；该组颅骨吻部的突出程度虽小于南亚类型，但在东北亚类型和东亚类型中也处于较突出的程度。郜楼组反映眼眶形状的眶指数与南亚类型的平均值最接近，但其鼻型较窄，鼻指数与东亚类型平均值最接近，鼻根处相对较低，鼻根指数与东亚类型平均值最接近。

与北亚类型比较，虽然在额部宽度、眼眶形状及鼻型等方面与之存在某些相似性，但在颅面部的其他形态上二者差异显著。总之，从郜楼组颅骨主要颅面部形态特征中可以看出，其与东亚类型可能存在更接近的关系，在某些项目上也反映出一些与东北亚类型和南亚类型较为近似的体质因素。

2. 与亚洲蒙古人种各近代颅骨组的比较

为了进一步考察郜楼组颅骨与现代亚洲蒙古人种各个地区人群在种族类型上的渊源关系，现选择薛村明清组[1]、桃花园组[2]、香港组[3]、华南组、抚顺组、华北组、爱斯基摩（东南）组、楚克奇（河滨）组、蒙古组和通古斯组等10个近代颅骨组进行比较，参加对比的项目和对比组详见表九。采用平均数组间差异均方根函数的方法，将郜楼组与各近代组进行比较分析。比较结果见表十。

$$组差均方根函数：\alpha = \sqrt{\dfrac{\sum \dfrac{d^2}{\delta^2}}{n}}$$

d为两个对比组之间每项平均值的组差，δ为同种系标准差，按照人种学研究上的惯例，本文借用莫兰特（G.M. Morant）的埃及（E）组的各项标准差，n为比较的项目数。一般来说，运用此公式计算所得的函数值越小，则有可能表明这两个对比组之间的关系越接近。

从比较结果看，在全部项目上，与郜楼组距离最近的是抚顺组，其次是华北组、桃花园组、爱斯基摩（东南）组和楚克奇（河滨）组，相对较远的是薛村明清组、香港组和华南组，最远的是蒙古组和通古斯组。前文可知，郜楼组在颅骨测量的绝对值上，即颅长、颅宽和最小额宽数值均较大，与东北亚类型的居民较一致，所以在全部比较项目上显示出与东北亚类型居民爱斯基摩（东南）组和楚克奇（河滨）组较多的相似性。但是角度指数的比较项目避免了个体大小等正常变异的影响。在角度指数项目上，与郜楼组颅面部形态最相似的是代表现代北方汉族的抚顺组、华北组和桃花园组，其次是代表现代南方汉族的薛村明清组、华南组和香港组，差异相对较大的是爱斯基摩（东南）组和楚克奇（河滨）组，差异最大的是蒙古组和通古斯组。由比较结果可知，郜楼组与近现代北方汉族在颅骨形态上存在最大的相似性。

[1] 河南省文物局：《荥阳薛村遗址人骨研究报告》，科学出版社，2015年，第88～90页。

[2] 张敬雷、李法军、盛立双、朱泓：《天津市蓟县桃花园墓地人骨研究》，《文物春秋》2008年第2期，第34～38页。

[3] 王令红：《香港地区现代人头骨的研究——性别和地区类型的判别分析》，《人类学学报》1989年第3期，第222～230页。

表九　郜楼组与近现代各颅骨组的比较（男性）（长度：毫米；角度：度；指数：%）

项　目	郜楼组	薛村明清组	桃花园组	香港组	华南组	抚顺组	华北组	蒙古组	通古斯组	爱斯基摩（东南）组	楚克奇（河滨）组	同种系标准差
颅长	186.50	183.37	181.22	179.31	179.90	180.80	178.50	182.20	185.50	181.80	182.90	5.73
颅宽	142.50	140.71	140.95	139.58	140.90	139.70	138.20	149.00	145.70	140.70	142.30	4.76
颅高	144.33	140.75	139.14	140.19	137.80	139.20	137.20	131.40	126.30	135.00	133.80	5.69 △
额骨最小宽	95.69	92.26	91.84	92.36	91.50	90.80	89.40	94.30	90.60	94.90	95.70	4.05
颧点间宽	136.53	135.14	134.53	133.36	132.60	134.30	132.70	141.80	141.60	137.50	140.80	4.57
上面高	82.78	71.71	72.42	72.85	73.82	76.20	75.30	78.00	75.40	77.50	78.00	4.15
眶高	36.90	35.07	35.63	33.78	34.60	35.50	35.50	35.80	35.00	35.90	36.30	1.91
眶宽	45.70	43.21	43.60	43.84	42.10	42.90	44.00	43.20	43.00	43.40	44.10	1.67
鼻宽	28.23	26.56	24.73	26.18	25.25	25.70	25.00	27.40	27.10	24.40	24.60	1.77
鼻高	59.34	52.84	55.49	53.26	52.60	55.10	55.30	56.50	55.30	54.60	55.70	2.92
总面角	81.00	85.00	84.05	86.28	84.70	83.60	83.39	87.50	86.60	83.80	83.20	3.24
颅长宽指数	77.07	76.76	77.85	77.84	78.75	77.30	77.56	82.00	78.70	77.60	77.90	2.67
颅长高指数	78.38	77.01	76.94	78.18	77.02	77.01	77.02	[72.12]	[68.09]	74.26	73.15	2.94
颅宽高指数	102.15	100.35	98.92	100.44	97.80	100.00	99.53	[88.19]	[86.68]	95.95	94.03	4.30
上面指数（K）	57.29	53.38	56.33	54.63	55.67	56.80	56.80	55.01	53.25	56.36	55.40	3.30
眶指数 I	80.74	81.25	81.85	77.05	84.90	83.00	80.66	82.90	81.50	83.00	82.40	5.05
鼻指数	47.59	50.36	44.74	49.16	47.40	46.90	45.23	48.60	49.40	44.80	44.70	3.82
额颅宽指数	66.21	65.28	65.36	66.17	[64.94]	[65.00]	[64.69]	[63.29]	[62.18]	67.45	67.25	3.29 △

注：1. 标有"△"的采用那城组同种系标准差，其余采用埃及 E 组的同种系标准差。 2. 标注"[　]"的数值是根据平均数计算所得的近似值。 3. 华南组、华北组、蒙古组和通古斯组数据引自文献[1]，爱斯基摩（东南）组和楚克奇（河滨）组数据引自文献[2]。

[1] 朱泓、张全超：《内蒙古林西县井沟子遗址西区墓地人骨研究》，《人类学学报》2007年第2期，第97～106页。
[2] 张全超、胡延春、朱泓：《磴口县纳林套海汉墓人骨研究》，《内蒙古文物考古》2010年第2期，第136～142页。

表十 郜楼组与各近现代颅骨组之间的组差均方根函数值（男性）

全部项目	薛村明清组	华南组	抚顺组	华北组	蒙古组	通古斯组	爱斯基摩(东南)组	楚克奇(河滨)组	桃花园组	香港组
全部项目	1.10	1.24	0.92	1.04	1.46	1.74	1.07	1.09	1.04	1.14
角度和指数项目	0.70	0.71	0.43	0.47	1.73	1.99	0.85	1.02	0.56	0.73

表十一 郜楼组与青铜时代各颅骨组比较（男性）（长度：毫米；角度：度；指数：%）

项目	郜楼组	李家山组	火烧沟组	毛饮合并A组	毛饮合并B组	双楼组	上马组	商丘潘庙组	白庙I组	白庙II组	前掌大合并组	新店子组	井沟子组	同种系标准差
颅长	186.50	182.20	182.80	182.04	182.20	182.28	181.62	182.00	185.38	181.13	187.58	173.80	184.43	5.73
颅宽	142.50	140.00	138.80	142.02	139.76	140.95	143.41	137.70	139.88	149.25	145.29	153.27	147.88	4.76△
颅高	144.33	136.50	139.30	136.88	142.72	141.53	141.11	141.70	146.50	140.00	134.65	129.18	131.50	5.69△
颅点间宽	136.53	138.60	136.85	134.64	135.47	137.10	137.36	135.00	136.50	145.50	138.60	142.08	143.67	4.57
最小额宽	95.69	91.20	90.06	90.50	90.64	91.45	92.41	94.00	94.00	98.03	94.60	94.33	93.83	4.05
眶宽	45.70	43.20	42.50	43.85	42.91	44.85	42.99	43.60	42.80	44.25	43.44	44.38	43.34	1.67
眶高	36.90	35.40	33.63	33.88	33.70	34.77	33.57	34.20	33.13	33.15	34.71	33.12	32.84	1.91
鼻宽	28.23	26.70	26.73	25.97	26.84	26.98	27.27	27.70	26.30	26.85	28.05	27.12	27.66	1.77
鼻高	59.34	57.00	53.59	55.10	54.70	53.39	54.41	54.90	54.63	54.50	56.69	56.52	57.72	2.92
上面高	82.78	77.30	73.82	74.50	74.26	74.45	75.02	74.90	76.00	76.38	77.10	73.91	76.00	4.15
总面角	81.00	87.00	86.70	86.00	83.55	84.70	82.42	85.70	87.75	89.75	86.67	88.00	89.80	3.24
颅指数	77.07	76.93	75.90	78.10	76.79	77.21	78.55	75.90	75.32	82.54	77.54	88.13	80.39	2.67
颅长高指数	78.38	74.96	76.12	75.54	78.38	77.67	77.69	77.90	79.09	77.31	69.25	72.80	71.76	2.94
颅宽高指数	102.15	97.60	100.66	96.63	101.57	100.34	98.62	101.70	104.83	93.84	89.42	84.57	89.51	4.30
上面指数	57.29	55.88	54.40	54.48	54.66	54.86	54.59	55.60	55.95	52.59	57.43	51.93	51.93	3.30
眶指数	80.74	82.02	78.47	77.41	78.73	77.72	78.08	78.50	77.43	77.47	79.84	74.71	75.88	5.05
鼻指数	47.59	47.01	49.90	47.21	49.09	50.60	50.43	50.50	48.15	49.23	50.15	48.06	47.99	3.82
额宽指数	66.21	65.25	64.80	64.10	64.91	65.03	64.49	[68.26]	67.45	65.72	65.24	61.60	61.77	3.29△

注：1. 标有"△"的采用挪威组同种系标准差，其余采用埃及E组的同种系标准差。2. 标注"[ ]"的数值是根据平均数计算所得的近似值。

3. 与各古代颅骨组的比较

为了考察新郑两周时期郜楼人群与我国青铜时代中原地区及西北、北方不同人群之间的亲缘关系，现选择相关12个颅骨组与之进行比较，同样采用平均数组间差异均方根函数的方法。选用对比组包括李家山组[1]、火烧沟组[2]、毛饮合并A组和B组[3]、双楼组[4]、上马组[5]、商丘潘庙组[6]、白庙Ⅰ组和Ⅱ组[7]、前掌大合并组[8]、新店子组[9]和井沟子组[10]。具体比较项目见表十一。

表十二　郜楼组与青铜时代各颅骨组之间的组差均方根函数值（男性）

	李家山组	火烧沟组	毛饮合并A组	毛饮合并B组	双楼组	上马组	商丘潘庙组	白庙Ⅰ组	白庙Ⅱ组	前掌大合并组	新店子组	井沟子组
全部项目	0.95	1.18	1.11	0.98	0.92	0.97	0.93	1.05	1.41	1.32	2.07	1.61
角度和指数项目	0.88	0.83	0.91	0.47	0.63	0.61	0.69	0.86	1.50	1.66	2.45	1.87

因为角度指数项目更少地受到个体大小变异的影响，所以表十二中全部项目的比较结果仅作为参考，主要看角度指数项目的比较结果：与郜楼组颅骨最相似的是东周时期内蒙古凉城县内的中原文化居民毛饮合并B组，都具有偏长的中颅型及高而狭的颅型、中等偏狭的面宽，其次是山西侯马市西周末至东周时期的上马组，两组人群在颅骨形态上相同，都有相对突出的鼻根，再次是郑韩故城的东周居民双楼组，两组人群具有相同的颅型，较狭的额部和中等程度的鼻根指数及较突出的齿槽面角，与郜楼组近似的还有河南豫东地区的东周居民商丘潘庙组。相对较接近的是火烧沟组、白庙Ⅰ组、李家山组和毛饮合并A组，代表我国青铜时代西部的羌人和北方地区的草原文化系统居民，虽然在颅型、偏窄的额宽和偏狭的鼻型上与郜楼组较相似，但郜楼组具有偏长的面部及较小的面部扁平度，与对比组中的居民差别较大。相对较远的是白庙Ⅱ组和前掌大合并组，分别属于春秋战国时期畜牧业发达的北方青铜短剑文化系统居民和山东滕州商周时期包含北亚类型成分的居民，两者的颅骨具有较大的颧宽绝对值和扁平的面型等，均与郜楼组颅骨较窄的面宽和较突出的额部差距较大。新店子组和井沟子组属于先秦时期内蒙古长城地带具

[1]　张君：《青海李家山卡约文化墓地人骨种系研究》，《考古学报》1993年第3期，第381～413页。

[2]　韩康信、婧泽、张帆：《甘肃玉门火烧沟古墓地人骨的研究》，《中国西北地区古代居民种族研究》，复旦大学出版社，2005年，第193～293页。

[3]　张全超：《内蒙古和林格尔县新店子墓地人骨研究》，科学出版社，2010年，第1～115页。

[4]　孙蕾：《新郑双楼东周墓葬人骨研究报告》，《新郑双楼东周墓地》，大象出版社，2016年。

[5]　山西省考古研究所：《上马墓地》，文物出版社，1994年。

[6]　张君：《河南商丘潘庙古代人骨种系研究》，《考古求知集——'96考古研究所中青年学术讨论会文集》，中国社会科学出版社，1997年，第486～498页。

[7]　易振华：《河北宣化白庙墓地青铜时代居民的人种学研究》，《北方文物》1998年第4期，第8～17页。

[8]　中国社会科学院考古研究所：《滕州前掌大墓地》，文物出版社，2005年。

[9]　张全超：《内蒙古和林格尔县新店子墓地人骨研究》，科学出版社，2010年，第1～115页。

[10]　朱泓、张全超：《内蒙古林西县井沟子遗址西区墓地人骨研究》2007年第2期，第97～106页。

有短而低颅型的北方游牧民族[1]，与郜楼组之间存在最疏远的形态学距离。

第三节　身高的推测

本文依据郜楼两周墓地成年两性两侧肱骨、股骨和胫骨的最大长，采用一元回归方程推算身高值。在郜楼两周墓地的两性成年肢骨中，有9例男性个体、4例女性个体存在完整的肱骨、股骨或胫骨，所以本文将对如上成年人骨进行身高的推测。

成年人骨的身高推算公式，男性居民选择陈世贤[2]计算黄色人种身高公式，依据列举的年龄段侧别公式推测身高。女性个体身高推算公式则选择了张继宗[3]计算中国汉族女性身高推算公式。

依据所选用的公式推算出郜楼两周墓葬成年居民的身高，推算结果见表十三和表十四。男性居民平均身高为165.27厘米，身高范围是157.70～169.41厘米，女性居民平均身高为156.23厘米，身高范围是152.50～159.27厘米。

第四节　总　　结

本文分别从性别与年龄的构成、人种特征和成年居民身高等多个角度对新郑郜楼两周墓地出土的人骨标本进行了体质人类学研究，主要结论概括如下：

（一）墓地收集到的28例人骨标本分别来自乙类墓15例和丙类墓13例。

乙类墓中，男性9例，女性6例。年龄跨度从大约42.5岁到60岁以上。平均死亡年龄为51.04岁，男性51.43岁，女性50.50岁。丙类墓中，男性7例，女性4例，未知性别2例。年龄跨度从大约35岁到60以上，平均死亡年龄为46.75岁，男性50.42岁，女性41.25岁。乙类墓在两性的平均死亡年龄上均大于丙类墓。

（二）依据对郜楼组两性颅骨标本的观察和测量，可以将其体质特征归纳为：颅形为卵圆形，具有中颅型、高颅型和狭颅型相结合的特点。男性眉弓凸度较发达，女性较弱；男性前额以倾斜为主，女性以中等为主，两性均为中等偏窄的额宽；两性额中缝多不存在；以卵圆形的眶形为主；鼻根区凹陷多为略有和不存在，均表现为偏狭的鼻型，中眶型，较小的面部扁平度，吻部较突出；男性的梨状孔为梨形，女性为心形。女性组在主要颅面部测量特征上与男性基本一致，只是女性为特阔鼻型，面部在水平方向的突出程度高于男性。

［1］　朱泓：《中国古代居民体质人类学研究》，科学出版社，2014年，第14～26页。
［2］　陈世贤：《法医人类学》，人民卫生出版社，1998年，第83～86页。
［3］　张继宗：《中国汉族女性长骨推断身高的研究》，《人类学学报》2001年第4期，第302～307页。

表十三　郘楼两周墓葬男性成年居民身高推算（毫米）

标本号 侧别	肱骨：最大长 左	右	股骨：最大长 左	右	胫骨：最大长 左	右	肱骨最大值推测身高 左	右	股骨最大值推测身高 左	右	胫骨最大值推测身高 左	右	个体平均身高
M135	327.00	325.00	456.00	452.00	366.00	363.00	1 701.45	1 687.77	1 698.13	1 688.76	1 669.38	1 663.14	1 684.77
M120	/	316.50	450.00	/	361.00	/	/	1 670.24	1 679.48	/	1 652.49	/	1 667.40
M144	318.00	321.00	/	425.00	388.00	384.00	1 680.94	1 684.23	/	1 621.69	1 720.53	1 690.56	1 694.07
M48	303.00	304.00	426.00	425.00	349.00	/	1 629.33	1 620.53	1 618.99	1 665.25	1 624.85	/	1 623.08
M139	/	320.00	434.00	447.00	375.00	382.00	/	1 663.25	1 634.67	/	1 685.43	1 704.28	1 670.58
M14	/	/	401.00	/	333.00	326.00	/	/	1 569.99	/	1 587.57	1 573.24	1 576.93
M10	/	/	438.00	/	/	/	/	/	1 642.51	/	/	/	1 642.51
M151	312.00	310.00	/	/	/	366.00	1 653.45	1 636.55	/	/	/	1 666.84	1 652.28
M51	319.00	/	/	/	/	360.00	1 672.21	/	/	/	/	1 652.80	1 662.51
男性平均身高		1 652.68				身高最大值		1 694.07			身高最小值		1 576.93

表十四　郘楼两周墓葬女性成年居民身高推算（毫米）

标本号 侧别	肱骨：最大长 左	右	股骨：最大长 左	右	胫骨：最大长 左	右	肱骨最大值推测身高 左	右	股骨最大值推测身高 左	右	胫骨最大值推测身高 左	右	个体平均身高
M100	/	/	416.00	419.00	336.00	340.00	/	/	1 595.05	1 612.38	1 571.40	1 591.79	1 592.65
M63	283.00	289.00	/	/	/	339.00	1 555.96	1 572.16	/	/	/	1 588.88	1 572.33
M68	269.00	/	/	/	324.00	318.00	1 510.57	/	/	/	1 536.61	1 527.81	1 525.00
M145	286.00	289.00	/	/	325.00	/	1 565.68	1 572.16	/	/	1 539.51	/	1 559.12
女性平均身高		1 562.28				身高最大值		1 592.65			身高最小值		1 525.00

　　（三）郜楼组与现代亚洲蒙古人种的东亚类型有较大的一致性，并与东北亚类型和南亚类型存在较多相似性。与各近现代颅骨组的比较结果显示，郜楼组与现代北方汉族在颅骨形态上最接近，其次接近的是现代南方汉族。与青铜时代各古代颅骨组比较，郜楼组与毛饮合并B组最接近，其次接近的是上马组和双楼组，与火烧沟组、李家山组、毛饮合并A组和白庙Ⅰ组距离相对较近，与白庙Ⅱ组和前掌大合并组存在相对较远的形态学距离，与新店子组和井沟子组距离最疏远。

　　（四）推算出郜楼两周墓地成年男性居民平均身高为165.27厘米，身高范围是157.70～169.41厘米，女性平均身高为156.23厘米，身高范围是152.50～159.27厘米。

附录二

新郑郜楼两周墓地出土青铜器的初步研究

陈建立　张　吉

北京大学考古文博学院

樊温泉

河南省文物考古研究院

郜楼两周墓地位于河南省新郑市梨河镇郜楼村,时代自西周晚期至战国中晚期。2019年北京大学考古文博学院受河南省文物考古研究院委托,对新郑郜楼两周墓地出土的部分东周青铜器进行取样。检测分析内容包括主、微量元素含量及铅同位素比值。

一、主量元素含量分析

样品经过树脂镶嵌、打磨抛光后,使用北京大学考古文博学院科技考古实验室TM3030超景深电子显微镜观察样品形貌(图一),尽量选取无锈或少锈蚀区域,以联用能谱仪测定成分。样品采集时间为90秒,结果见表一。

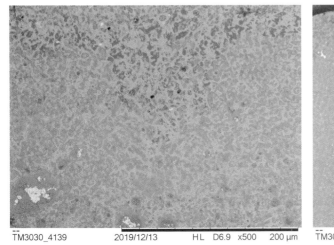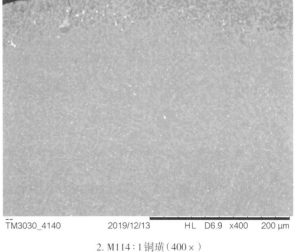

1. M110∶6铜璜(500×)　　　　　　　　　　2. M114∶1铜璜(400×)

图一　郜楼两周墓地出土青铜器样品背散射电子像(1)

3. M139：1铜鼎（250×）　　　　　　　　　　4. M146：1铜璜（250×）

图一　郐楼两周墓地出土青铜器样品背散射电子像（2）

表一　郐楼两周墓地青铜器SEM-EDS（扫描电镜—能谱）成分分析结果

实验室编号	器物号	器物名	取样部位	元素含量/w%						
				O	S	Fe	Cu	Sn	Pb	As
450110	M110：6	卷云纹铜璜	残片	15.8	0.3	0.2	45.3	30.5	7.3	0.6
450111	M114：1	素面铜璜	断裂处	0.8	0.1		78.9	17.3	2.2	0.7
450112	M139：1	铜鼎	底铸缝	0.6	0.7	0.2	84.2	10.5	2.7	1.1
450113	M146：1	素面铜璜	折角残处	0.6	0.1		77.7	19.3	2.3	

二、郐楼M139：1鼎的铅同位素比值及微量元素分析

本次对郐楼M139：1鼎进行铅同位素比值及部分微量元素含量分析。

测定微量元素成分时，以十万分之一电子天平精确称取10～20 mg样品。以王水加热溶解后，稀释定容至50 ml。分析所用仪器为北京大学考古文博学院科技考古实验室的Prodigy SPEC型电感耦合等离子体原子发射光谱（ICP-AES）。结果经换算为质量分数，列于表二。

表二　郐楼鼎M139：1微量元素分析结果

称量质量/mg	元素含量/$\mu g \cdot g^{-1}$									
	Fe	Co	Ni	As	Zn	Sb	Te	Ag	Au	Bi
15.93	1582	38	270	8 237	15	846	249	4 837	58	1 155

测定铅同位素比值时，将测定微量元素含量后的溶液稀释至Pb^{2+}浓度低于0.5mg/L，向其中加入5 ml 0.5 mg/L的Tl_2SO_4溶液作为内标。铅同位素比值测定在北京大学造山带与地壳演化教

育部重点实验室的 VG Axiom 型多接收双聚焦等离子质谱仪（MC-ICP-MS）上完成，结果列于表三。^{207}Pb/^{206}Pb 及 ^{208}Pb/^{206}Pb 比值误差小于 0.05%，^{206}Pb/^{204}Pb 比值小于 0.1%。

表三　郜楼鼎 M139：1 的铅同位素比值

器物号	器物名	铅同位素比值				
		^{208}Pb/^{206}Pb	^{207}Pb/^{206}Pb	^{206}Pb/^{204}Pb	^{207}Pb/^{204}Pb	^{208}Pb/^{204}Pb
M139：1	鼎	0.866 3	2.128 8	17.958	15.560	38.200

三、讨论

1. 郜楼 M139：1 鼎的材质与铅料来源

M139：1 鼎的材质为铅锡青铜，含锡量约为 10%。从背散射电子像中可见较多暗色夹杂物，能够对应成分中硫、铁含量。合金中另含有约 1% 的砷，这一结果也得到微量元素分析的印证。据 ICP-AES 分析结果，合金中银的含量也较高，约为 0.5%，但显微观察中未见大量富集相。

M139：1 鼎的铅同位素比值落在春秋早期非常常见的区域内。春秋早期青铜器及铸铜遗物，^{208}Pb/^{206}Pb 多在 0.86 至 0.87 间，^{207}Pb/^{206}Pb 多在 2.125 至 2.135 间。此鼎的铅同位素比值与河南三门峡虢国墓地[1]、南阳夏响铺鄂国墓地[2]、山西曲沃曲村晋国墓地[3] 等所出同时代青铜器完全一致，也与附近荥阳官庄春秋早期铸铜遗址的熔炼渣及铅块一致，体现时代共性。在下一个阶段，新郑各墓地所出春秋中期青铜器，^{208}Pb/^{206}Pb 多在 0.84 至 0.86 间，^{207}Pb/^{206}Pb 多在 2.09 至 2.11 间，已发生显著变化，这类比值又与新郑中行遗址春秋中期铸铜渣相一致（图二）。

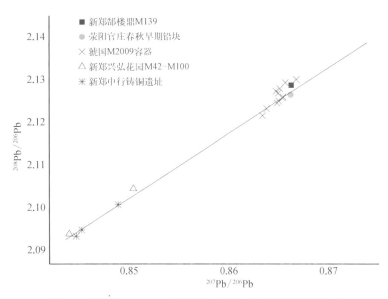

图二　郜楼鼎 M139：1 铅同位素比值与其他样品的比较

［1］ 魏强兵等：《三门峡虢国墓地出土青铜器的材质与矿料来源分析》，《有色金属（冶炼部分）》2019 年第 1 期，第 77—86 页。

［2］ Di Mu, et al., "Provenance study on Chinese bronze artefacts of E in the Zhou Dynasty by lead isotope analysis", *Journal of Archaelogical Science*, 52（2014），pp.515-523.

［3］ 春秋早期的数据见于曲村 M5189 及北赵 M93-M102，参金正耀等：《天马-曲村遗址西周墓地青铜器的铅同位素比值研究》，邹衡：《天马-曲村（1980—1989）》第三册，科学出版社，2000 年，第 1175 页；杨颖亮：《晋侯墓地出土青铜器的合金成分、显微结构和铅同位素比值研究》，北京大学硕士论文，2005 年，第 45 页。

2. 郜楼两周墓地出土铜璜的材质

本次检测了郜楼两周墓地出土的三件铜璜,成分均为高锡青铜。M114:1及M146:1铜璜含锡均在17%以上;M110:6铜璜样品严重锈蚀,但从背散射电子像中可见残留高锡青铜的大量共析体骸像,知其原始含锡量亦当高于17%。

铜璜的高锡材质,与其丧葬功用密切相关,可能是为了具备一定的声学性能。此类器物曾被称为"桥形币"、"磬形币",岳洪彬系统梳理其分布与共出关系,指出是一类装饰物,并多与铜铃共用[1]。本次分析结果表明,铜璜材质均为高锡青铜,既然加入异常量的锡,提高了器物的制作成本,应当有其特别的功用考虑。东周金属货币罕见高锡的合金配比,至战国更是主要以低锡高铅材质为主,故而此类器物不会是货币。高锡青铜质地硬,其中铅含量较低时,声音还较清脆,或许与铃共用构成串饰时,能够像风铃一样发声。铜璜的特殊材质也暗示研究者应当关注其声学性质,对发声方式及音色增进了解。

四、总结

新郑地区春秋早期青铜器发现较少,检测工作尤其不足,郜楼鼎M139:1的相关数据填补了这一时期的空白。此鼎为铅锡青铜,含有少量砷、银,所用铅料与春秋早期中原及周边各地青铜器一致。

郜楼两周墓地出土铜璜均为高锡青铜,反映其具有特殊的功能设计,而不太可能作为货币。这类器物或串联或与铃组合为饰物,在悬置时发出清脆声音。

---

[1]　岳洪彬:《我国古代铜桥形饰及相关问题》,中国社会科学院考古研究所编著:《考古求知集》,中国社会科学出版社,1997年,第387—405页;岳洪彬:《铜桥形饰的性质和用途再考》,《华夏考古》2002年第3期,第60—72页。

附录三

新郑郜楼两周墓地出土文物的科技分析

刘　松　董俊卿　李青会

中国科学院上海光学精密机械研究所科技考古中心

樊温泉　郭　亮　余　洁

河南省文物考古研究院

河南省新郑市郜楼两周墓地位于新郑市梨河镇韩城路东段北、郜楼村南。其东接乡村道路，西邻七里闫村耕地，南依郑州市天利食品厂，北临郜楼村耕地、郜楼村居民区，建筑区域平面呈长方形。共发掘两周时期墓葬150余座，出土陶、骨、玉、铜等不同质料的文物数百件，其中陶器数量最多，器类有鬲、盂、豆、罐、鼎、壶、盘、匜等。

一、样品信息

本次选取了郜楼墓地出土战国时期典型玉器12件进行了科技分析，器型主要有环、圭、饰片等，还选取了两颗釉陶珠。样品信息如表一所示。

表一　河南省新郑市郜楼战国墓葬出土文物样品信息

实 验 编 号	出 土 编 号	器 物 名 称	照　　片
XZHYZ-01	M106∶1	水晶环1个	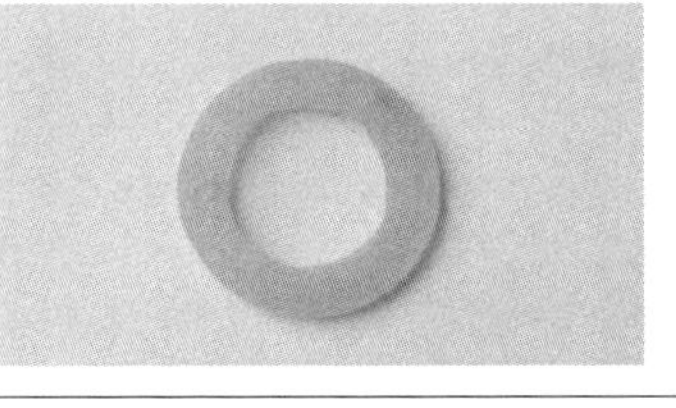
XZHYZ-04	M110∶3-1	釉陶珠1个	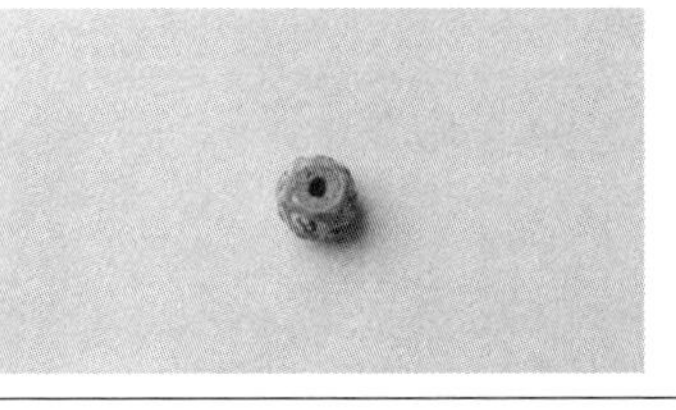

实 验 编 号	出 土 编 号	器 物 名 称	照 片
XZHYZ-05	M110 : 3-2	釉陶珠1个	
XZHYZ-08	M110 : 5-1	玉圭（残）	
XZHYZ-09	M110 : 5-2	玉环（残）	
XZHYZ-10	M110 : 5-3	玉饰（残）	
XZHYZ-13	M110 : 5-6	玉饰（残）	
XZHYZ-14	M110 : 5-7	玉饰（残）	

续表

实　验　编　号	出　土　编　号	器　物　名　称	照　　片
XZHYZ-15	M110：5-8	玉饰（残）	
XZHYZ-18	M110：5-11	玉饰（残）	
XZHYZ-20	M110：5-13	玉饰（残）	
XZHYZ-21	M110：5-14	玉饰（残）	

二、实验方法

1. 能量色散型X射线荧光光谱分析技术

采用型号为 OURSTEX 100FA 能量色散型X射线荧光光谱分析仪进行化学成分分析。该设备采用金属钯（Pd）作为X射线源，X射线管的激发电压最高可达40 kV，最大功率为50 W，辐照到样品表面的X射线焦斑直径约为2.5 mm。设备主要由四个单元组成：探测器单元、高压单元、控制单元和数据处理单元。其中，探测器单元又包括低真空探测单元和大气探测单元。本次测试采用低真空探测器单元。数据处理单元主要包括控制软件及定性、定量分析软件。仪器相关参数及定量分析方法请参阅相关文献。[1]此设备已经成功应用于新疆、广西、湖北、浙江等地出

[1] S. Liu, Q. H. Li, F. X. Gan, P. Zhang. "Characterization of some ancient glass vessels fragments found in Xinjiang, China, using a portable energy dispersive XRF pectrometer". *X-Ray Spectrometry*, 2011, 40（5）, 364-375.

土的古代玻璃器研究。[1][2]

2. 共聚焦激光拉曼光谱分析技术

采用LabRAM XploRA型激光共焦拉曼光谱仪对样品进行物相结构分析。该设备由法国Horiba公司生产,采用高稳定性研究级显微镜,配有反射及透射柯勒照明,物镜包括10×、100×和LWD 50×。采用532 nm高稳定固体激光器(25 mW)以及相应的滤光片组件,及计算机控制多级激光功率衰减片。同时采用了针孔共焦技术,与100×物镜配合,空间分辨率横向优于1 μm,纵向优于2 μm。光谱仪拉曼频移范围为70～8 000 cm^{-1}(532 nm),光谱分辨率≤2 cm^{-1},内置四块光栅(2 400 gr/mm、1 800 gr/mm、1 200 gr/mm、600 gr/mm)。光谱重复性≤±0.2 cm^{-1}。本台谱仪在中国古代玻璃化合物着色剂和玉石内包裹体的分析中得到成功应用。[3]

三、结果与讨论

1. 玉器材质判定

样品XZHYZ-01的化学组分中SiO_2为主要组分,含量为95.31 wt%(表二),表明此件样品为石英质矿物,结合器物外观特征,其材质应为玛瑙。样品XZHYZ-08的主要组分为SiO_2、MgO、CaO,其含量分别为60.67 wt%、23.92 wt%和11.02 wt%,同时还有一定量的Fe_2O_3(2.86 wt%)。其化学成分特征与透闪石-阳起石类型矿物基本一致[4],表明此件样品材质应为软玉。样品XZHYZ-09的拉曼图谱如图一所示,其拉曼特征峰在956 cm^{-1}、1 069 cm^{-1},其中956 cm^{-1}处强峰应归属为磷酸根的振动,与磷灰石(Apatite)的拉曼特征峰相吻合(图一)。化学成分分析结果亦表明此件样品的主要组分为P_2O_5和CaO,其含量分别为39.37 wt%和41.77 wt%,与拉曼测试结果相一致,表明样品XZHYZ-09的材质为磷灰石。

表二 新郑郏楼两周墓地出土玉器定量分析结果(wt%)

样品编号	Na_2O	MgO	Al_2O_3	SiO_2	P_2O_5	K_2O	CaO	Fe_2O_3
XZHYZ-01	n.d.	0.51	2.00	95.31	1.27	0.53	0.33	0.05
XZHYZ-08	1.67	23.92	1.42	60.67	n.d.	0.11	11.02	2.86
XZHYZ-09	n.d.	0.81	1.43	16.05	39.37	0.29	41.77	0.27

[1] S. Liu, Q. H. Li, F. X. Gan, P. Zhang, J.W. Lankton. "Silk Road glass in Xinjiang, China: chemical compositional analysis and interpretation using a high-resolution portable XRF spectrometer". *Journal of Archaeological Science*, 2012, 39(7), 2128-2142.

[2] S. Liu, Q. H. Li, Q. Fu, F. X. Gan, Z. M. Xiong. "Application of a portable XRF spectrometer for classification of potash glass beads unearthed from tombs of Han Dynasty in Guangxi, China". *X-Ray Spectrometry*, 2013, 42(6):470-479.

[3] Zhao H X, Li Q H, Liu S, Fu X G. "Characterization of microcrystals in some ancient glass beads from china by means of confocal Raman microspectroscopy". *Journal of Raman Spectroscopy*, 2013, 44(4):643-649.

[4] Zhang Z W, Gan F X, Cheng H S. "PIXE analysis of nephrite minerals from different deposits". *Nuclear Instruments & Methods in Physics Research*, 2011, 269(4):460-465.

续表

样品编号	Na$_2$O	MgO	Al$_2$O$_3$	SiO$_2$	P$_2$O$_5$	K$_2$O	CaO	Fe$_2$O$_3$
XZHYZ-10	n.d.	39.51	9.02	46.59	n.d.	0.24	0.58	4.06
XZHYZ-15	n.d.	34.28	9.71	50.64	n.d.	0.43	0.92	4.02
XZHYZ-18	n.d.	35.67	8.82	50.01	n.d.	0.35	0.84	4.31
XZHYZ-20	n.d.	36.51	8.15	49.08	n.d.	0.21	1.11	4.94

注:"n.d."表示此种组分含量低于定量分析方法检测限,无法定量。

样品XZHYZ-10、15、18、20的主要组分均为SiO$_2$、MgO、Al$_2$O$_3$、Fe$_2$O$_3$,而且上述主要组分的含量也是相互接近(表二),表明XZHYZ-10、15、18、20此四件样品的材质是相似的。同时,样品XZHYZ-10、13、14、21的拉曼图谱特征峰位置基本一致,其特征峰主要位于193 cm^{-1}、362 cm^{-1}、668 cm^{-1}、3 664 cm^{-1}附近(图二),这与滑石的拉曼特征峰相吻合(图三),表明上述样品材质主要

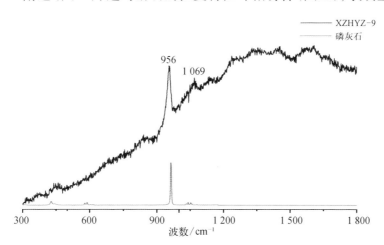

图一 样品XZHYZ-09拉曼图谱与磷灰石标准拉曼谱

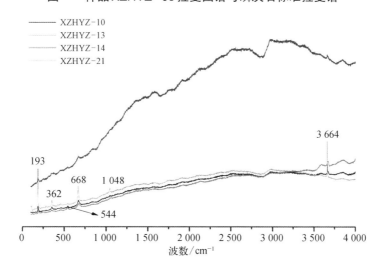

图二 样品XZHYZ-10、13、14、21拉曼图谱

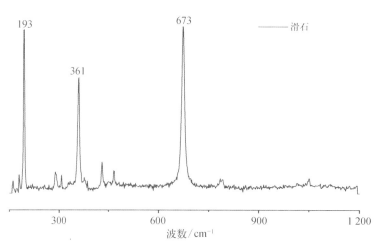

图三 滑石（Talc）标准拉曼图谱

物相为滑石。同时，除了滑石的主要特征峰外，还存在其他特征峰，如位于544 cm⁻¹、1 048 cm⁻¹等处的特征峰，这也是上述样品化学成分与滑石理论组分存在差异的主要原因。综合化学成分和拉曼分析结果，XZHYZ-10、13、14、15、18、20、21的材质是相同的，其主要物相为滑石矿物，但同时含有其他类型矿物，如绿泥石等。

2. 釉陶珠的科技分析

样品XZHYZ-04、05两件样品为珠饰，可明显分辨出内部胎体和表面釉层，表明两件样品为釉陶。图四给出了釉层玻璃相的拉曼图谱。表三则给出了两件样品表面的化学成分分析结果。化学成分分析结果表明，两件釉陶样品表面釉层中主要组分为SiO_2、PbO、BaO，其含量范围分别为32.58～55.61 wt%、12.21～25.92 wt%、10.77～37.82 wt%，表明釉层属于铅钡硅酸盐玻璃。除上述主要组分外，还含有Fe_2O_3、CuO、MnO等，不同颜色部分，上述三种组分差异较大，如棕色部分Fe_2O_3的含量高达20.50 wt%，而在其他部分其含量则较低。在样品XZHYZ-04表面釉层中检测到了中

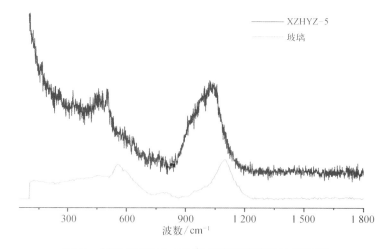

图四 样品XZHYZ-05表面釉层玻璃相拉曼图谱

国蓝,其拉曼特征峰位于120 cm⁻¹、416 cm⁻¹、457 cm⁻¹、1 090 cm⁻¹附近(图五),与其他文献研究结果相一致[1]。同时,还在样品XZHYZ-04表面釉层中检测到了石英、赤铁矿等晶体(图六)。

表三　新郑郜楼两周墓地出土釉陶珠定量分析结果/wt%

样品编号	测试点	Na₂O	MgO	Al₂O₃	SiO₂	P₂O₅	K₂O	CaO	MnO	Fe₂O₃	CuO	PbO	BaO
XZHYZ-04	蓝色	1.02	0.57	4.33	46.69	0.70	1.49	1.50	0.74	2.71	3.46	12.21	13.19
XZHYZ-04	棕色	1.01	0.69	3.17	32.58	1.71	0.92	3.68	0.24	20.50	1.21	20.12	11.43
XZHYZ-04	白色	1.05	0.49	4.30	42.30	0.57	1.18	2.07	0.63	6.26	1.59	19.73	10.77
XZHYZ-05	蓝色	2.10	1.41	15.02	51.56	0.43	3.55	3.86	2.65	1.79	1.63	18.49	37.82
XZHYZ-05	黑色	1.28	0.76	8.27	41.72	0.73	3.46	4.65	1.30	9.48	2.54	20.27	18.20
XZHYZ-05	白色	2.07	0.93	10.83	55.61	0.45	3.79	4.47	2.43	3.06	0.54	25.92	31.05

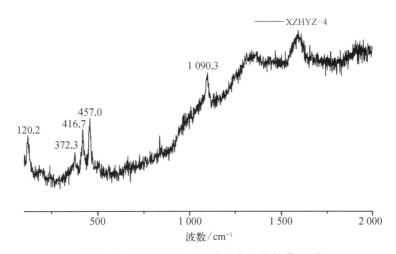

图五　样品XZHYZ-04釉层中国蓝拉曼图谱

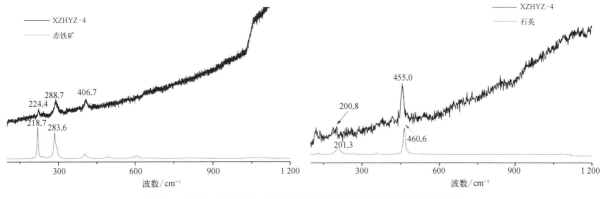

图六　样品XZHYZ-04釉层中赤铁矿和石英晶体拉曼图谱

[1]　付强、赵虹霞、董俊卿、李青会、胡永庆:《河南宝丰和新郑出土硅酸盐制品的无损分析研究》,《光谱学与光谱分析》2014年第1期,第259—264页。

四、小结

利用能量色散型 X 射线荧光光谱分析技术和激光拉曼光谱分析技术对河南省新郑市郜楼两周墓地出土的战国时期部分玉石器和釉陶珠饰进行了科技分析。实验结果表明，玉石器的材质主要有玛瑙、软玉、磷灰石、滑石等多种类型。滑石质样品中除了主要的滑石物相外，还检测到绿泥石等其他矿物类型，此类材质器物以玉饰片为主，且数量较多。釉陶珠饰表面釉层为铅钡硅酸盐玻璃，但釉层玻璃化程度并不完全，在其中还检测到了中国蓝、石英、赤铁矿等晶体。

附表

新郑郜楼墓地墓葬登记表

墓号	墓葬结构		葬具		墓向	人骨及保存状况		时代	随葬品	其他
	形制	墓口尺寸与深度(长×宽-深)(cm)	椁(长×宽×高×厚)(cm)	棺(长×宽×高×厚)(cm)		数量	葬式及保存状况			
M1	长方形竖穴土坑墓，直壁，平底。	250×112-60		234×90×10×6	285°	1	仰身直肢，左小臂不存，仅见右手置于腹部，双脚并拢。		无	
M2	长方形竖穴土坑墓，直壁，平底。单椁。	270×130-120		240×104×45×6	290°	1	仰身直肢，左小臂不存，仅见右手置于腹部，双脚并拢。		无	
M3	长方形竖穴土坑墓，直壁，平底。单椁。	270×132-100		232×90×12×6	280°	1	仰身直肢，双手置于腹部，双脚交叉并拢。		无	
M4	长方形竖穴土坑墓，口大底小，斜直壁，平底。一椁一棺。	320×180-300	263×127×40×6	212×71×10×6	292°	1	仰身直肢。	春秋中期晚段	AaⅥ陶豆2，AaⅡ陶罐5、甲BⅤ陶罐4，AⅦ陶盂3，陶盖1(残)	
M5	长方形竖穴土坑墓，直壁，平底。一椁一棺。	270×132-250	246×116×30×6	176×62×6×6	296°	1	仰身直肢。	春秋晚期早段	AⅦ陶豆2，BⅡ圆底罐1，CⅡ陶高2，AaⅢ陶高2，BⅡ圆底罐1，AⅧ陶盖1，BⅡ陶盖1，禽骨	
M6	长方形竖穴土坑墓，直壁，平底。单椁。	270×110-140		227×86×25×6	300°	1	仰身直肢，双手置于腹部，双脚并拢。		无	
M7	长方形竖穴土坑墓，直壁，平底。单椁。	220×112-100		202×(82~72)×10×6	295°	1	仰身直肢，左小臂不存，仅见右手置于腹部，双脚并拢。		无	
M8	长方形竖穴土坑墓，直壁，平底。单椁。	255×140-140		218×108×10×8	300°	1	仰身直肢，双手置于腹部。		无	

注：表中，东西宽度不同的情况，按照"先西宽，后东宽"的顺序描述。

续表

墓号	墓葬结构		葬具		人骨及保存状况			时代	随葬品	其他
	形制	墓口尺寸与深度（长×宽—深）(cm)	椁（长×宽×高×厚）(cm)	棺（长×宽×高×厚）(cm)	墓向	数量	葬式及保存状况			
M9	楔形竖穴土坑墓，口大底小，斜直壁，平底。一椁一棺。	300×（180~162)—220	262×128×50×6	192×91×14×6	310°	1	仰身直肢，双手置于腹部。	春秋中期早段	AaⅤ陶豆2、AaⅡ陶鬲2、甲BⅤ陶罐2、BⅠ陶盂2	
M10	长方形竖穴土坑墓，直壁，平底。单棺。	250×110—80		200×(101~94)×10×(6~8)	285°	1	仰身直肢，双手交叉置于腹部。	春秋晚期早段	AaⅢ陶鬲1、AⅢ圜底罐1、陶盂1(残)	
M11	长方形竖穴土坑墓，直壁，平底。单棺。	265×130—120		247×106×20×(6~7)	285°	1	仰身直肢。		无	
M12	长方形竖穴土坑墓，直壁，平底。一椁一棺。	280×140—250	258×108×50×8	204×72×24×6	310°	1	已朽，葬式不详。	春秋中期早段	AaⅤ陶豆2、AaⅠ陶罐2、甲BⅤ陶盂2、AⅥ陶盂2、禽骨	
M13	长方形竖穴土坑墓，直壁，平底。单棺。	244×140—170		226×110×20×8	290°	1	仰身直肢。		无	
M14	楔形竖穴土坑墓，东宽西窄，直壁，平底。一椁一棺。	290×（130~138)—110	258×114×40×6	206×67×20×6	315°	1	仰身直肢。	春秋早期早段	AaⅢ陶豆3、陶鬲1(残)、乙Bb陶罐1、AⅡ陶盂1、陶罐2(均残)、B泥质陶器1、Eb泥质器1、Ec泥质器2	
M15	长方形竖穴土坑墓，直壁，平底。单棺。	240×110—100		216×100×34×6	320°	1	仰身直肢，双手交叉置于腹部，双脚并拢。		无	
M16	长方形竖穴土坑墓，直壁，平底。一椁一棺。	260×128—160		250×106×30×8	332°	1	已朽，葬式不详。	春秋晚期早段	AaⅧ陶豆2、AaⅢ陶鬲2、甲BⅥ陶罐1、AⅧ陶盂2	

续表

墓号	墓葬结构		葬具		墓向	人骨及保存状况		时代	随葬品	其他
	形制	墓口尺寸与深度（长×宽—深）(cm)	椁（长×宽×高×厚）(cm)	棺（长×宽×高×厚）(cm)		数量	葬式及保存状况			
M17	长方形竖穴土坑墓，直壁，平底。单棺。	230×130—220		196×（100～105）×20×6	280°	1	仰身直肢，双手交叉置于腹部。		无	
M18	楔形竖穴土坑墓，西窄东宽，直壁，平底。单棺。	240×（128～122）—190		210×（102～97）×60×6	290°	1	仰身直肢。		无	
M19	长方形竖穴土坑墓，口大底小，斜直壁，平底。一椁一棺。	400×320—520	278×190×80×（8～10）	215×130×40×8	290°	1	仰身直肢，双手交叉置于腹部。		无	
M20	长方形竖穴土坑墓，口大底小，斜直壁，平底。一椁一棺。	340×220—360	260×（154～160）×44×6	210×100×30×6	330°	1	仰身屈肢，双手交叉置于腹部。		无	
M21	长方形竖穴土坑墓，直壁，平底。单棺。	220×123—170		196×116×30×6	278°	1	仅剩部分下肢骨，直肢。		无	
M22	长方形竖穴土坑墓，直壁，平底。一椁一棺。	280×150—310	242×124×80×6	174×62×10×6	304°	1	不详。	战国早期早段	AaⅢ陶鬲1，甲BⅦ陶罐1，甲BⅧ陶罐1，BⅢ陶盂2，Ea泥质陶器5	
M23	长方形竖穴土坑墓，直壁，平底。一棺，有头箱。	292×160—300	252×123×20×6（头箱：123×42×20×6）	194×64×3×6	302°	1	仰身直肢。	春秋中期晚段	AaⅡ陶鬲4，AⅧ陶盂2	
M24	长方形竖穴土坑墓，口大底小，斜直壁，平底。单棺。	296×160—400		232×（100～96）×60×6	295°	1	仰身直肢，双手置于腹部。		无	

续表

墓号	墓葬结构		葬具		墓向	人骨及保存状况		时代	随葬品	其他
	形制	墓口尺寸与深度（长×宽×深）(cm)	椁（长×宽×高×厚）(cm)	棺（长×宽×高×厚）(cm)		数量	葬式及保存状况			
M25	长方形竖穴土坑墓，直壁，平底。一棺。	290×150—200	250×118×30×6	194×(78～86)×10×6	290°	1	已朽，葬式不详。	春秋晚期早段	AaⅧ陶豆2、AaⅢ陶罐2、甲BⅤ陶罐2、BⅡ陶盂2	
M26	长方形竖穴土坑墓，直壁，平底。一棺。	280×136—320	258×112×50×6	184×66×20×6	300°	1	仰身直肢，双手交叉置于腹部。	春秋晚期早段	AaⅧ陶豆2、AaⅡ陶罐2、甲BⅤ陶罐2、陶盂、禽骨	
M27	楔形竖穴土坑墓，西窄东宽，口大底小，斜直壁。平底。一棺。	360×(217～206)—400	278×(140～128)×60×6	214×(90～76)×30×6	280°	1	已朽，葬式不详。	春秋中期晚段	AaⅥ陶豆4、AaⅡ陶罐4、AⅡ圆底罐1、BⅠ圆底罐1、CⅠ圆底罐2、AⅧ陶盂4、禽骨	
M28	长方形竖穴土坑墓，直壁，平底。一棺。	310×160—280	274×128×30×6	204×76×10×6	285°	1	仰身直肢，双手置于腹部，双脚并拢。骨架上有松砂。	春秋中期早段	AaⅤ陶豆4、CaⅡ陶罐4、AⅠ圆底罐4、AⅥ陶盂4	
M29	长方形竖穴土坑墓，直壁，平底。一棺。	300×168—200	252×(116～122)×20×6	196×66×10×6	285°	1	保存较好。仰身直肢，双手交叉置于腹部。		无	
M31	长方形竖穴土坑墓，口大底小，斜直壁。平底。一棺。	370×260—380	270×140×40×6	218×100×20×6	290°	0	骨架不存，葬式不详。		无	
M32	长方形竖穴土坑墓，平底直壁。单棺。	340×260—600		226×144×40×6	275°	1	仰身直肢。		无	
M33	楔形竖穴土坑墓，西宽东窄，直壁，平底。单棺。	280×(140～130)—190		220×(100～88)×50×6	275°	1	仰身直肢。		无	

续表

墓号	墓葬结构		葬具		墓向	人骨及保存状况		时代	随葬品	其他
	形制	墓口尺寸与深度（长×宽—深）(cm)	椁（长×宽×高×厚）(cm)	棺（长×宽×高×厚）(cm)		数量	葬式及保存状况			
M34	长方形竖穴土坑墓，直壁，平底。一椁一棺。	325×162—110	282×(128～118)×26×6	206×(67～60)×10×6	295°	1	仰身直肢。	西周晚期早段	AaⅠ陶豆3、陶豆1(残)、DaⅠ陶甬3、甲A陶罐1、乙A陶罐1、AⅠ陶盂4	
M35	长方形竖穴土坑墓，直壁，平底。一椁一棺。	270×140—360	231×128×40×7	181×70×12×6	276°	0	骨架不存，葬式不详。	战国早期早段	甲BⅧ陶罐1、BⅢ陶盂1	
M36	长方形竖穴土坑墓，直壁，平底。一椁一棺。	290×140—450	258×124×20×8	179×76×10×6	280°	0	骨架不存，葬式不详。	春秋中期早段	陶豆1(残)、AaⅠ陶甬1、陶甬1(残)、甲BⅤ陶罐1、AⅥ陶盂4	
M37	长方形竖穴土坑墓，口大底小，斜直壁，平底。一椁一棺。	370×260—440	282×180×50×10	237×127×20×8	273°	1	仰身直肢。	战国早期早段	AaⅨ陶豆2、甲BⅧ陶罐3、蚌器14(残4)	
M38	长方形竖穴土坑墓，口大底小，斜直壁，平底。一椁一棺。	370×260—550	292×184×60×10	266×120×30×8	282°	1	已朽，葬式不详。骨灰上有朱砂。	战国早期晚段	Ab陶豆2、Bb陶甬1、甲BⅨ陶罐2、陶罐2(均残)、AⅩ陶盂3、陶盂1(残)	
M39	长方形竖穴土坑墓，直壁，平底。单棺。	292×160—170		242×127×30×6	300°	1	仰身直肢。		无	
M40	长方形竖穴土坑墓，直壁，平底。一椁一棺。	314×170—400	284×(143～133)×18×6	197×(76～64)×8×6	295°	1	仰身直肢，双手置于腹部。	春秋晚期早段	AaⅧ陶豆2、BaⅠ陶甬两4、甲BⅥ陶罐4、AⅦ陶盂1、AⅧ陶盂3、AⅡ泥质陶器1、禽骨	
M41	长方形竖穴土坑墓，直壁，平底。单棺。	250×150—170		210×110×30×6	290°	0	骨架不存，葬式不详。		无	

续表

墓号	墓葬结构		葬具		墓向	人骨及保存状况		时代	随葬品	其他
	形制	墓口尺寸与深度（长×宽—深）(cm)	椁（长×宽×高×厚）(cm)	棺（长×宽×高×厚）(cm)		数量	葬式及保存状况			
M42	长方形竖穴土坑墓，口大底小，斜直壁，平底。一椁一棺。	300×260—580	203×146×40×8	175×90×15×6	290°	0	骨架不存，葬式不详。		无	
M43	长方形竖穴土坑墓，直壁，平底。一椁一棺。	330×160—210	254×125×60×6	176×70×10×6	285°	1	仅剩头部杯痕，葬式不详。	春秋晚期早段	Aa Ⅵ陶豆1，A Ⅶ陶豆1，Aa Ⅲ陶两2，甲 BⅥ陶罐2，BⅡ陶盂2	
M44	长方形竖穴土坑墓，直壁，平底。一椁一棺。	314×168—330	274×148×30×6	202×92×10×6	294°	1	仰身直肢，双手交叉置于腹部。	春秋晚期早段	Aa Ⅷ陶豆2，Aa Ⅲ陶两4，甲 BⅥ陶罐4，A Ⅷ陶盂4	
M45	长方形竖穴土坑墓，口大底小，西窄东宽，斜直壁，平底。一椁一棺。	334×（210~220）—380	278×160×60×6	218×90×30×6	279°	1	仰身直肢。	战国早期早段	Aa Ⅸ陶豆1，Ba Ⅲ陶两1，甲 BⅦ陶罐2，A Ⅸ陶盂2	
M46	长方形竖穴土坑墓，直壁，平底。单棺。	240×120—110		230×106×30×6	227°	1	保存差。可见下肢骨弯曲。		无	
M47	楔形竖穴土坑墓，西宽东窄，直壁，平底。单棺。	240×（129~125）—170		212×104×30×6	270°	1	仰身直肢。		无	
M48	长方形竖穴土坑墓，口大底小，斜直壁，平底。单棺。	326×170—310		235×108×20×6	276°	1	仰身直肢，双手交叉置于腹部，双脚并拢。		无	
M49	长方形竖穴土坑墓，直壁，平底。一椁一棺。	288×124—150	264×（116~108）×10×6	184×（72~66）×4×6	285°	1	已朽，葬式不详。	春秋中期早段	Aa Ⅴ陶豆1，Aa Ⅰ陶两1，AbⅢ陶高1，陶罐1（残），A Ⅶ陶盂2，陶盂2（均残），A Ⅰ泥质器1，B泥质器1，C泥质器1，Eb泥质器1，Ec泥质器3	

续表

墓号	墓葬结构		葬具		墓向	人骨及保存状况		时代	随葬品	其他
	形制	墓口尺寸与深度（长×宽—深）(cm)	椁（长×宽×高×厚）(cm)	棺（长×宽×高×厚）(cm)		数量	葬式及保存状况			
M50	长方形竖穴土坑墓，口大底小，斜直壁，平底。一椁一棺。	350×240—300	270×152×20×6	214×80×7×6	285°	1	已朽，可辨葬式为仰身直肢。		无	
M51	长方形竖穴土坑墓，直壁，平底。单棺。	272×160—500		222×114×10×6	309°	1	仰身屈肢，双手交叉置于腹部，小腿并拢。		无	
M52	楔形竖穴土坑墓，西窄东宽，直壁，平底。一椁一棺。	306×（180~200）—130	278×160×30×6	224×110×12×6	279°	1	已朽，葬式不详。	春秋早期晚段	AaⅣ陶豆3、CaⅠ陶两4、甲BⅣ陶罐4、AⅤ陶盂4	
M53	长方形竖穴土坑墓，直壁，平底。一棺。	254×140—310	220×112×10×6	186×80×2×6	275°	0	骨架不存，葬式不详。		无	
M54	长方形竖穴土坑墓，直壁，平底。单棺。	260×160—210		230×120×20×6	275°	0	骨架不存，葬式不详。		无	
M55	长方形竖穴土坑墓，直壁，平底。单棺。	296×168—180		252×（110~98）×40×8	299°	1	仰身直肢，双手交叉置于腹部。		无	
M56	长方形竖穴土坑墓，直壁，平底。一椁一棺。	270×180—280	245×156×40×6	195×64×4×5	285°	1	仰身直肢，双手交叉置于腹部。		无	
M57	长方形竖穴土坑墓，口大底小，斜直壁，平底。一椁一棺。	320×240—310	258×175×70×6	195×102×20×6	285°	1	仰身直肢，双手交叉置于腹部。		无	
M58	长方形竖穴土坑墓，直壁，平底。单棺。	255×156—300		212×124×56×6	292°	1	仅存下肢骨。直肢。		无	

续表

墓号	墓葬结构		葬具		墓向	人骨及保存状况		时代	随葬品	其他
	形制	墓口尺寸与深度（长×宽-深）(cm)	椁（长×宽×高×厚）(cm)	棺（长×宽×高×厚）(cm)		数量	葬式及保存状况			
M59	长方形竖穴土坑墓，口大底小，斜直壁，平底。一椁一棺。	295×220-560	218×148×40×10	178×80×10×6	278°	0	骨架不存，葬式不详。		无	
M60	长方形竖穴土坑墓，口大底小，斜直壁，平底。一椁一棺。	370×280-520	272×182×60×8	235×124×30×7	295°	1	已朽，可辨葬式为仰身直肢。		无	
M61	长方形竖穴土坑墓，直壁，平底。一椁一棺。	300×160-310	263×133×40×6	198×70×10×6	295°	1	仰身直肢，双手置于腹部。	春秋晚期早段	AaⅧ陶豆1，AaⅡ陶罐3，甲BⅤ陶罐3，AⅦ陶盂1，AⅧ陶盂1，B泥质器1	
M62	长方形竖穴土坑墓，直壁，平底。单棺。	260×180-240		232×142×50×7	275°	0	骨架不存，葬式不详。		无	
M63	长方形竖穴土坑墓，直壁，平底。单棺。	240×140-200		226×106×30×6	285°	1	仰身直肢，双手交叉置于腹部。	春秋晚期早段	AaⅢ陶鬲2，甲BⅥ陶罐1，AⅧ陶盂2	
M64	长方形竖穴土坑墓，口大底小，斜直壁，平底。一椁一棺。	280×200-280	232×152×60×6	188×108×10×6	285°	0	骨架不存，葬式不详。		无	
M65	长方形竖穴土坑墓，直壁，平底。一椁一棺。	245×140-100	224×100×10×6	161×60×10×4	280°	1	仰身直肢。		陶盂1（残），陶豆1（残）	
M66	长方形竖穴土坑墓，口大底小，斜直壁，平底。一椁一棺。	336×180-310	242×116×53×6	184×72×10×6	292°	1	仰身屈肢。	春秋晚期早段	AaⅧ陶豆2，AaⅢ陶鬲2，甲BⅤ陶罐2，AⅦ陶盂1	

续表

墓号	墓葬结构		葬具		墓向	人骨及保存状况		时代	随葬品	其他
	形制	墓口尺寸与深度(长×宽—深)(cm)	椁(长×宽×高×厚)(cm)	棺(长×宽×高×厚)(cm)		数量	葬式及保存状况			
M67	长方形竖穴土坑墓，口大底小，斜直壁，平底。一椁一棺。	365×220—425	276×150×65×8	232×104×30×6	294°	1	仰身直肢，双手交叉置于腹部。	春秋晚期早段	AaⅢ陶鬲3，甲BⅥ罐3，AⅧ陶盂2	
M68	长方形竖穴土坑墓，直壁，平底。单棺。	266×136—130		218×96×24×(6~7)	299°	1	仰身直肢，双手置于腹部。	春秋晚期早段	AaⅦ陶豆2，AaⅢ陶鬲2，甲BⅥ陶罐1，AⅧ陶盂1	
M69	长方形竖穴土坑墓，直壁，平底。单棺。	270×112—110		206×72×8×6	291°	1	仰身直肢。	春秋晚期早段	AaⅦ陶豆2，AaⅡ陶鬲1，甲BⅤ陶罐1，AⅧ陶盂1	
M70	长方形竖穴土坑墓，直壁，平底。单棺。	236×108—120		220×96×34×6	279°	0	骨架不存，葬式不详。		无	
M71	长方形竖穴土坑墓，直壁，平底。单棺。	266×132—130		222×102×44×6	283°	1	仰身直肢。		无	
M72	长方形竖穴土坑墓，直壁，平底。单棺。	250×164—300		210×112×10×6	300°	1	仰身直肢。		无	
M73	长方形竖穴土坑墓，直壁，平底。单棺。	250×120—100		196×90×15×6	298°	1	仅残存部分下肢骨。直肢。	春秋晚期早段	AaⅦ陶豆2，AaⅢ陶鬲2，甲BⅥ陶罐1，AⅧ陶盂1	
M74	长方形竖穴土坑墓，口大底小，斜直壁，平底。单棺。	354×220—410		280×146×60×8	298°	1	仰身直肢。	春秋晚期早段	AaⅦ陶豆4，CaⅢ陶鬲4，甲CⅤ陶罐4，AⅧ陶盂4，禽骨	
M75	长方形竖穴土坑墓，直壁，平底。单棺。	260×140—310		240×120×40×6	290°	0	骨架不存，葬式不详。		无	

续表

墓号	墓葬结构		墓口尺寸与深度（长×宽—深）(cm)	葬具		墓向	人骨及保存状况		时代	随葬品	其他
	形 制			椁（长×宽×高×厚）(cm)	棺（长×宽×高×厚）(cm)		数量	葬式及保存状况			
	形	制									
M76	长方形竖穴土坑墓，直壁，平底。	单棺。	246×120—130		214×(102~106)×30×6	300°	1	直肢，腿骨略有弯曲。		无	
M77	长方形竖穴土坑墓，口大底小，斜直壁，平底。	单棺。	350×260—670		200×100×40×8	290°	0	骨架不存，葬式不详。		无	
M78	长方形竖穴土坑墓，口大底小，斜直壁，平底。	一椁一棺。	346×208—380	276×140×30×6	206×88×10×6	297°	1	仰身直肢，双手交叉置于腹部，双脚并拢偏向南侧。	春秋晚期早段	AaⅢ陶高两2，甲BⅤ陶罐1，BⅡ陶豆3	
M79	长方形竖穴土坑墓，口大底小，斜直壁，平底。一椁一棺。		360×260—540	244×145×20×8	195×84×10×8	286°	1	仰身直肢，双手交置于腹部，双脚并拢。	战国中期早段	Ⅱ陶鼎1（残），Ⅱ陶盖豆1（残），AⅠ陶豆1（残），BⅡ陶盖2，丙Ⅱ陶盘1，Ⅰ陶匜1，陶高柄小壶2（残1）	
M80	长方形竖穴土坑墓，口大底小，斜直壁，平底。单棺。		316×140—380		278×100×16×8	295°	1	仰身直肢。	春秋中期晚段	AaⅥ陶豆2，AaⅡ陶罐1，甲BⅤ陶罐1，AⅧ陶盂2	
M81	长方形竖穴土坑墓，直壁，平底，西壁设二层台。单棺。		270×132—190		212×102×30×6（二层台：高82，宽40,长132）	292°	1	仅剩部分头骨和下肢骨。仰身直肢。	春秋中期早段	AbⅡ陶高2，甲BⅤ陶罐1，甲CⅣ陶罐1，AⅥ陶盂2	
M82	长方形竖穴土坑墓，口大底小，斜直壁，平底。一椁一棺。		362×240—390	254×160×40×8	186×90×10×6	283°	1	仰身屈肢，双手交叉置于腹部。	春秋晚期晚段	AaⅧ陶豆1	
M83	长方形竖穴土坑墓，直壁，平底。单棺。		240×108—130		212×88×30×6	280°	1	仅剩下肢骨。直肢，双脚并拢。		无	

续表

墓号	墓葬结构		葬具		墓向	人骨及保存状况		时代	随葬品	其他
	形制	墓口尺寸与深度(长×宽×深)(cm)	椁(长×宽×高×厚)(cm)	棺(长×宽×高×厚)(cm)		数量	葬式及保存状况			
M84	长方形竖穴土坑墓，口大底小，斜直壁，平底。一椁一棺。	302×200-320	247×136×20×6	210×100×10×6	297°	1	仰身直肢，双手置于腹部。		无	
M85	长方形竖穴土坑墓，口大底小，斜直壁，平底。一椁一棺。	346×220-410	272×140×30×6	192×84×8×6	279°	0	骨架不存，葬式不详。	春秋晚期早段	AaⅦ陶豆、陶甂各1，陶甂1(残)，甲BⅤ陶罐4，AⅧ陶盂4，B泥质器2，D泥质器1，E:泥质器2	
M86	长方形竖穴土坑墓，口大底小，斜直壁，平底。一椁一棺。	350×220-330	288×156×60×6	254×95×40×6	285°	1	已朽，可辨下肢骨弯曲。	春秋晚期早段	AaⅧ陶豆1，AaⅢ陶甂4，甲BⅥ陶罐3，AⅧ陶盂3	
M87	长方形竖穴土坑墓，直壁，平底。一椁一棺。	270×140-280	252×120×50×6	232×88×28×6	286°	1	仰身直肢。		无	
M88	长方形竖穴土坑墓，口大底小，斜直壁，平底。一椁一棺。	390×280-580	290×192×80×8	238×130×50×8	314°	0	骨架不存，葬式不详。		无	
M89	长方形竖穴土坑墓，口大底小，斜直壁，平底。一椁一棺。	344×240-320	278×157×60×7	222×104×34×6	297°	1	仰身直肢，双手交叉置于腹部。		无	
M90	长方形竖穴土坑墓，口大底小，斜直壁，平底。一椁一棺。	296×200-470	222×120×30×6	180×80×10×8	291°	1	下肢不存。仰身。		无	
M91	长方形竖穴土坑墓，直壁，平底。单棺。	214×104-220		198×90×20×6	301°	1	仅剩下肢骨及零星臂骨。直肢。		无	

续表

墓号	墓葬结构		葬具		墓向	人骨及保存状况		时代	随葬品	其他
	形制	墓口尺寸与深度（长×宽—深）(cm)	椁（长×宽×高×厚）(cm)	棺（长×宽×高×厚）(cm)		数量	葬式及保存状况			
M92	长方形竖穴土坑墓，口大底小，斜直壁，平底。单棺。	300×192—500		220×120×40×6	305°	0	骨架不存，葬式不详。		无	
M93	长方形竖穴土坑墓，直壁，平底。单棺。	250×140—120		210×96×30×6	280°	0	骨架不存，不详。		无	
M94	长方形竖穴土坑墓，口大底小，斜直壁，平底。单棺。	300×180—230		240×120×20×6	280°	0	骨架不存，葬式不详。		填土中出土一件铁铃产。	
M95	长方形竖穴土坑墓，直壁，平底。单棺。	270×136—210		248×112×30×6	295°	1	仅剩部分头骨和下肢骨，直肢。	春秋晚期早段	BaⅡ陶罐4，甲BⅥ陶盂2，BⅡ陶盂2	被M98打破
M96	长方形竖穴土坑墓，直壁，平底。单棺。	250×110—120		238×99×40×8	280°	0	骨架不存，葬式不详。	春秋中期早段	AaⅤ陶豆1，AbⅢ陶罐1，甲BⅤ陶盂1，BⅠ陶盂1	
M97	长方形竖穴土坑墓，直壁，平底。单棺。	260×150—130		237×120×30×（6~7）	295°	1	仰身直肢。		无	
M98	长方形竖穴土坑墓，口大底小，斜直壁，平底。一椁一棺。	360×240—520	264×150×50×10	206×114×30×6	290°	0	骨架不存，葬式不详。		无	打破M95
M99	楔形竖穴土坑墓，西宽东窄，直壁，平底。一椁一棺。	324×（220~212）—380	270×150×20×（6~7）	230×112×10×6	307°	1	仰身直肢。		无	
M100	长方形竖穴土坑墓，口大底小，斜直壁，平底。一椁一棺。	350×260—500	250×150×40×8	204×96×30×8	291°	1	仰身直肢，双手交叉置于腹部，双脚并拢。		无	

续表

墓号	墓葬结构		葬具		墓向	人骨及保存状况		时代	随葬品	其他
	形制	墓口尺寸与深度（长×宽-深）(cm)	椁（长×宽×高×厚）(cm)	棺（长×宽×高×厚）(cm)		数量	葬式及保存状况			
M101	长方形竖穴土坑墓，口大底小，斜直壁，平底。一椁一棺。	280×180—600	233×132×70×7	200×102×40×6	295°	0	骨架不存、葬式不详。		无	
M102	长方形竖穴土坑墓，直壁，平底。单棺。	264×152—210		252×120×30×6	309°	1	仰身直肢。		无	
M103	楔形竖穴土坑墓，西窄东宽，直壁，平底。单棺。	265×（132～144）—170		234×110×18×6	291°	1	仰身直肢。	春秋晚期早段	Aa Ⅷ陶豆 2、Aa Ⅲ陶两 1、甲 B Ⅴ 陶罐 1、A Ⅷ 陶盂 1	
M104	长方形竖穴土坑墓，口大底小，斜直壁，平底。一椁一棺。	320×240—600	236×160×60×6	190×120×40×8	290°	1	仰身直肢。		无	
M105	长方形竖穴土坑墓，直壁，平底。单棺。	244×130—220		220×94×22×6	287°	0	骨架不存、葬式不详。		无	
M106	长方形竖穴土坑墓，口大底小，斜直壁，平底。单棺。	302×180—460		228×100×50×6	283°	1	仰身直肢，双手交叉置于腹部。		玛瑙环 1	
M107	长方形竖穴土坑墓，口大底小，斜直壁，平底。单棺。	300×210—530		226×134×50×8	280°	1	仰身直肢，双手交叉置于腹部，双脚并拢。		无	
M108	长方形竖穴土坑墓，口大底小，斜直壁，平底。一椁一棺。	320×190—380	250×120×20×6	214×99×10×6	290°	0	骨架不存、葬式不详。		无	
M109	长方形竖穴土坑墓，口大底小，直壁，平底。一椁一棺。	335×260—610	220×130×80×8	180×84×30×6	290°	0	骨架不存、葬式不详。		无	

续表

墓号	墓葬结构		葬具		墓向	人骨及保存状况		时代	随葬品	其他
	形制	墓口尺寸与深度(长×宽—深)(cm)	椁(长×宽×高×厚)(cm)	棺(长×宽×高×厚)(cm)		数量	葬式及保存状况			
M110	长方形竖穴土坑墓，口大底小，斜直壁，平底。一椁一棺。	330×240—650	252×164×70×6	202×115×20×6	300°	1	仰身直肢。		水晶环1、水晶珠1、玛瑙环1、琉璃器1、玉圭2、玉圭1(残)、玉饰1包、玉环1(残)、铜璜2	
M111	长方形竖穴土坑墓，口大底小，斜直壁，平底。一椁一棺。	300×220—650	220×140×100×8	180×90×40×5	285°	0	骨架不存，葬式不详。		无	
M112	长方形竖穴土坑墓，直壁，平底。一椁一棺。	280×170—220	262×126×60×6	215×78×40×6	285°	1	仰身直肢，双手置于腹部。		无	
M113	长方形竖穴土坑墓，平底。一椁一棺。	270×184—460	256×148×30×6	202×100×20×6	280°	1	仰身屈肢，双手置于腹部，双腿微弯。	战国早期晚段	AaⅣ陶鬲2，AX陶盂2	
M114	长方形竖穴土坑墓，直壁，平底。单棺。	250×130—350		220×102×30×6	290°	1	仅剩下肢骨。可辨葬式为仰身直肢。		铜璜2件(残1)	
M115	长方形竖穴土坑墓，口大底小，斜直壁，平底。西壁有壁龛。一椁一棺。	305×210—510	238×144×60×6	210×90×34×6	294°	1	仰身直肢，双手交叉置于腹部。	战国中期晚段	Ⅲ陶鼎1(残)、Ⅲ陶盖豆1、陶盖豆1(残)、AⅡ陶壶1、BⅢ陶盘1、Ⅱ陶匜1(残)、Ⅱ陶豆1(残)	
M116	长方形竖穴土坑墓，直壁，平底。单棺。	250×130—140		216×93×10×6	290°	1	仰身直肢，双手置于腹部。		无	

续表

墓号	墓葬结构			葬具		墓向	人骨及保存状况		时代	随葬品	其他
	形　制		墓口尺寸与深度（长×宽-深）(cm)	椁（长×宽×高×厚）(cm)	棺（长×宽×高×厚）(cm)		数量	葬式及保存状况			
M117	长方形竖穴土坑墓，口大底小，斜直壁，平底。单棺。		375×160-440		216×110×20×8	280°	0	骨架不存，不详。		无	
M118	长方形竖穴土坑墓，直壁，平底。一椁一棺。		270×170-400	241×139×60×8	201×96×40×6	295°	0	骨架不存，葬式不详。		无	
M119	长方形竖穴土坑墓，口大底小，斜直壁，平底。一椁一棺。		370×274-620	283×186×103×8	210×114×60×6	280°	1	仰身直肢。		无	
M120	长方形竖穴土坑墓，口大底小，斜直壁，平底。一椁一棺。		360×250-580	255×150×80×10	208×90×40×6	284°	1	仰身直肢，双手交叉置于腹部。		无	
M121	长方形竖穴土坑墓，口大底小，斜直壁，平底。二椁一棺。		380×310-460	外椁：310×238×100×10 内椁：245×160×50×7	198×110×30×6	290°	0	骨架不存，不详。		无	
M122	长方形竖穴土坑墓，直壁，平底。一椁一棺。		280×200-450	252×168×50×8	208×128×20×6	296°	1	仰身直肢。		无	
M123	长方形竖穴土坑墓，直壁，平底。单棺。		280×160-150		238×118×10×8	296°	1	已朽，葬式不详。		无	
M124	长方形竖穴土坑墓，口大底小，斜直壁，平底。一椁一棺。		339×240-580	240×140×70×8	200×100×35×6	290°	0	骨架不存，葬式不详。		无	

续表

墓号	墓葬结构		葬具		墓向	人骨及保存状况		时代	随葬品	其他
	形制	墓口尺寸与深度(长×宽×深)(cm)	椁(长×宽×高×厚)(cm)	棺(长×宽×高×厚)(cm)		数量	葬式及保存状况			
M125	长方形竖穴土坑墓，口大底小，斜直壁，平底。一椁一棺。	370×280-820	250×150×50×8	200×100×20×5	290°	0	骨架不存，葬式不详。		无	
M126	长方形竖穴土坑墓，平底，直壁，棺内西端有头箱。单棺。	302×150-260		265×126×20×6　头箱：126×48×20×6	290°	0	骨架不存，葬式不详。	春秋早期晚段	AaIV陶豆4，AbI陶甗1（残）、甲BⅢ陶甗3，陶甗1（残）、甲BⅢ陶罐4	
M127	长方形竖穴土坑墓，直壁，平底。一椁一棺。	340×280-480	260×180×90×10	210×140×40×6	290°	0	骨架不存，葬式不详。		无	
M128	长方形竖穴土坑墓，口大底小，斜直壁，平底。单棺。	318×164-430		240×115×10×6	278°	1	仰身直肢。	春秋中期晚段	AaⅠ鬲3，AaⅡ鬲1，AⅥ盂2，AⅦ盂2，甲BⅤ罐3，乙BaⅡ罐1，AaⅤ豆2，AaⅥ豆2	
M129	长方形竖穴土坑墓，口大底小，斜直壁，平底。一椁一棺。	490×380-550	320×250×50×10	230×116×10×8	285°	0	骨架不存，葬式不详。	战国中期早段	Ⅰ陶鼎3（残1），Ⅰ陶盖豆2，陶盖豆2（均残），B陶壶1（残）、A陶盘1，陶豆2（均残），A陶盘1，BⅠ陶盘1，B陶豆8（残1），陶器盖2	有盗洞
M130	长方形竖穴土坑墓，直壁，平底。单棺。	260×170-350		200×120×40×4	290°	0	骨架不存，葬式不详。		无	
M131	长方形竖穴土坑墓，口大底小，斜直壁，平底。一椁一棺。	390×300-570	250×190×70×10	190×120×30×6	285°	0	骨架不存，葬式不详。		无	

续表

墓号	墓葬结构		葬具		墓向	人骨及保存状况		时代	随葬品	其他
	形制	墓口尺寸与深度(长×宽—深)(cm)	椁(长×宽×高×厚)(cm)	棺(长×宽×高×厚)(cm)		数量	葬式及保存状况			
M132	长方形竖穴土坑墓，口大底小，斜直壁，平底。一椁一棺。	350×296—450	286×220×60×8	240×142×20×6	279°	1	仰身直肢，骨架涂有朱砂。		无	
M134	长方形竖穴土坑墓，直壁，平底。单棺。	300×140—550		254×110×50×7	295°	0	骨架不存，葬式不详。	战国早期晚段	甲BX陶罐2、AX陶盂1	
M135	长方形竖穴土坑墓，直壁，平底。单棺。	262×158—330		230×112×30×6	290°	1	仰身直肢，双手交叉置于腹部。		无	
M136	长方形竖穴土坑墓，直壁，平底。单棺。	310×180—320		280×142×34×6	296°	0	骨架不存，葬式不详。	春秋中期晚段	AaⅥ陶豆3、AaⅡ陶鬲3、陶罐1(残)、甲BⅤ陶罐2、陶罐2(均为残)、AⅥ陶盂2	
M137	长方形竖穴土坑墓，平底。有头箱。单棺。	316×160—220		282×120×20×6 头箱：120×72×20×6	286°	0	骨架不存，葬式不详。	春秋早期晚段	AaⅣ陶豆4、Cb陶鬲1、Db陶鬲3、甲BⅢ陶罐4、AⅤ陶盂4	
M138	长方形竖穴土坑墓，平底。一椁一棺。	300×200—300	252×152×40×6	180×104×20×6	280°	0	骨架不存，葬式不详。	春秋中期早段	AaⅤ陶豆3、陶豆1(残)、AaⅠ陶鬲4、甲BⅤ陶罐4、AⅥ陶盂3、BⅠ陶豆1	
M139	长方形竖穴土坑墓，直壁，平底。单棺。	300×140—150		250×102×40×(6~8)	304°	1	仰身直肢，双手置于腹部。	西周晚期晚段	AaⅡ陶豆4(残3)、DaⅡ陶鬲1、EaⅠ陶罐1、甲BⅠ陶鬲1、甲CⅠ陶盂4、AⅡ陶罐2、AⅡ陶盂4、铜鼎1	

续表

墓号	墓葬结构		葬具		墓向	人骨及保存状况		时代	随葬品	其他
	形制	墓口尺寸与深度（长×宽－深）(cm)	椁（长×宽×高×厚）(cm)	棺（长×宽×高×厚）(cm)		数量	葬式及保存状况			
M140	长方形竖穴土坑墓，直壁，平底。单棺。	260×130－130		229×100×30×6	280°	1	已朽，葬式不详。	春秋晚期早段	Aa Ⅷ陶豆2、Aa Ⅲ陶两2、甲BⅥ陶罐2、AⅦ陶盂1，BⅡ陶盂1	
M141	长方形竖穴土坑墓，直壁，平底。单棺。	270×166－220		226×142×14×6	312°	1	已朽，葬式不详。		无	
M142	长方形竖穴土坑墓，直壁，平底。单棺。	280×150－280		250×110×30×6	292°	1	仰身直肢，双手交叉置于腹部。	春秋晚期早段	Aa Ⅷ陶豆2、Ba Ⅱ陶两2、甲BⅥ陶罐4、AⅧ陶盂4	
M143	长方形竖穴土坑墓，直壁，平底。单棺。	270×200－260		233×144×35×8	296°	0	骨架不存，葬式不详。		无	
M144	长方形竖穴土坑墓，直壁，平底。单棺。	300×148－150		270×109×34×(6～8)	295°	1	仰身直肢，双手交叉置于腹部。	春秋早期早段	Aa Ⅲ陶两4、Eb陶两4、甲CⅡ陶罐4、AⅡ陶盂4	
M145	长方形竖穴土坑墓，直壁，平底。单棺。	290×160－120		268×116×20×6	275°	1	仰身直肢，双手交叉置于腹部。	春秋早期早段	Da Ⅲ陶两2、甲BⅡ陶罐1、乙Ba Ⅰ陶罐1、AⅣ陶盂2	
M146	长方形竖穴土坑墓，直壁，平底。单棺。	250×150－340		230×110×42×6	290°	1	仅剩下肢和零星臂骨，仰身直肢。		铜镮2	
M147	长方形竖穴土坑墓，口大底小，斜直壁，平底。单棺。	292×198－540		220×117×35×8	290°	0	骨架不存，葬式不详。		无	
M148	长方形竖穴土坑墓，口大底小，斜直壁，平底。单棺。	350×240－648		242×132×48×8	293°	0	骨架不存，葬式不详。		无	

续表

墓号	墓葬结构		葬具		墓向	人骨及保存状况			时代	随　葬　品	其他
	形　制	墓口尺寸与深度（长×宽─深）(cm)	椁（长×宽×高×厚）(cm)	棺（长×宽×高×厚）(cm)		数量	葬式及保存状况				
M149	长方形竖穴土坑墓，口大底小，斜直壁，平底。单棺。	350×300─600		206×148×45×8	290°	0	骨架不存，葬式不详。		战国早期晚段	Aa V 陶鬲 2，甲 B X 陶罐 2	
M150	长方形竖穴土坑墓，直壁，平底。单棺。	262×132─360		236×98×28×6	290°	0	骨架不存，葬式不详。		春秋晚期早段	Aa Ⅲ 陶鬲 2，甲 B Ⅵ 陶罐 2，B Ⅱ 陶盂 2	
M151	长方形竖穴土坑墓，口大底小，斜直壁，平底。一椁一棺。	340×242─540	270×185×60×10	222×138×30×8	295°	1	仰身直肢，双手交叉置于腹部。			无	
M152	长方形竖穴土坑墓。直壁，平底。单棺。	276×150─280		244×116×25×6	293°	1	仰身直肢，双手置于腹部。			无	
M153	长方形竖穴土坑墓，口大底小，斜直壁，平底。一椁一棺。	390×280─580	258×150×70×8	196×88×20×6	280°	0	骨架不存，葬式不详。			无	
M154	长方形竖穴土坑墓，口大底小，斜直壁，平底。二椁一棺。	415×310─1050	外椁：300×230×140×10内椁：260×170×90×8	216×120×40×6	278°	0	骨架不存，葬式不详。			无	
M155	长方形竖穴土坑墓。直壁，平底。单棺。	270×180─160		220×120×40×8	290°	0	骨架不存，葬式不详。		春秋早期早段	甲 C Ⅲ 陶罐 1，A Ⅲ 陶盂 2	

后　记

　　《新郑邰楼两周墓地》是河南省文物考古研究院配合郑州和一正生物科技有限公司新建厂房工程,于2013年底进行的抢救性考古发掘的最终报告,同时也是新郑工作站承担郑韩故城考古发掘与研究体系的一个重要组成部分和阶段性的成果体现。

　　新郑工作站的考古工作多年来一直离不开河南省文物局的高度关注和正确引导;新郑市委市政府以及各有关部门也尽最大努力给我们创造了良好的工作环境;特别是新郑市旅游和文物局的全体同仁,无论是考古发掘、外围事务,还是安全管理、日常生活,都给与了我们倾心的援助和无私的奉献;院里的领导和同事们也都在业务和后勤等方面密切关心和热情支持着站里的工作。当然,还要感谢那些常年与我们一起摸打滚爬、并肩奋斗的民工朋友们,他们的默默付出和不计报酬是鼓励我们全心工作和用心科研的最大动力。另外在这里,还要特别感谢郑州和一正生物科技有限公司的鼎力相助和积极配合,才得以使发掘工作顺利完成。

　　新郑邰楼两周墓地的发掘工作是2013年11月开始的,发掘领队为樊温泉,新郑工作站的郭亮及新郑市旅游和文物局的沈小芳承担了发掘期间的摄影和测绘工作,郭松峰和贾蒙丽负责后勤管理工作,同时郭亮还和樊恭昌一道肩负着考古工地的安全保卫工作。参加这次田野发掘的工作人员先后有蔡小红、牛华敏、于小楠、石变等。

　　发掘过程中,我院科技考古研究室的孙蕾博士多次到工地对出土人骨进行现场鉴定,并在整理阶段对取样人骨做了全面的分析研究;我院科技考古研究室的蓝万里博士也亲临发掘现场做了腹土取样;我院技术室的祝贺、任潇二位同事对墓地进行了航拍。

　　发掘结束后,我们就及时安排了墓地资料的整理工作。武汉大学历史学院考古专业研究生赵路花、河南博物院的郭品参加了资料整理的全过程;出土青铜器的修复工作由左二香、刘恒承担;出土陶器由贾蒙丽、王刘敏、李彩玲、高玉梅、王俊卫等负责修复;姜凤玲、陈伟芳完成了全部器物的绘图工作;沈新荣制作了报告中所需的拓片;郭庆、陈伟芳负责全部文字和图片的电脑录入工作;祝贺对出土器物进行了拍照;封面上的航拍照片由郭亮先生友情提供,在此一并感谢。

　　墓地出土的玉器由中国科学院上海光学精密机械研究所科技考古中心的刘松、董俊卿、李青会做了检测,我院郭亮、余洁也参加了检测工作。北京大学考古文博学院陈建立、张吉等对墓地出土的青铜器做了取样检测,检测分析内容包括主、微量元素含量及铅同位素比值等。

　　在《新郑郜楼两周墓地》即将付梓印刷之际,再次向一直关注及支持我们工作的各界人士表示真诚的感谢!

　　本报告由樊温泉、赵路花、郭品、任潇执笔完成。

编　者

2019年6月

.

彩　　版

鄙楼墓地分布图

彩版二

邸楼墓地发掘全景

郜楼墓地发掘现场

郜楼墓地发掘现场

1. M2

2. M3

M2 和 M3

1. M4

2. M5

M4 和 M5

1. M6

2. M8

M6和M8

1. M9

2. M19

M9和M19

1. M23

2. M23

M23

1. M28

2. M29

M28和M29

1. M37

2. M37

M37

1. M44

2. M45

M44和M45

1. M48

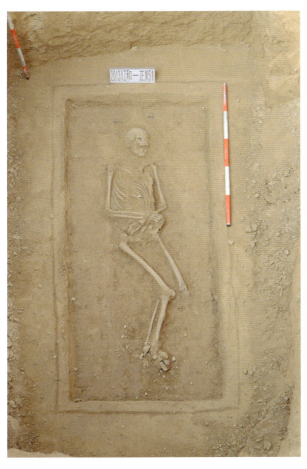

2. M51

M48 和 M51

1. M67

2. M67

M67

1. M74

2. M74

M74

1. M78

2. M80

M78 和 M80

1. M81

2. M82

M81 和 M82

1. M84

2. M89

M84和M89

1. M103

2. M106

M103 和 M106

1. M110

2. M113

M110和M113

1. M115

2. M115

M115

1. M135

2. M139

M135 和 M139

1. M139

2. M139

M139

1. M144

2. M144

M144

1. M145

2. M151

M145 和 M151

1. M12出土陶器

2. M22出土陶器

M12和M22出土日用陶器

1. M25 出土陶器

2. M27 出土陶器

M25和M27出土日用陶器

1. M28出土陶器

2. M34出土陶器

M28和M34出土日用陶器

1. M37出土陶器

2. M44出土陶器

M37和M44出土日用陶器

1. M113出土陶器

2. M126出土陶器

M113和M126出土日用陶器

1. M128出土陶器

2. M139出土陶器

M128和M139出土日用陶器

1. M142出土陶器

2. M144出土陶器

M142和M144出土日用陶器

1. M145出土陶器

2. M149出土陶器

M145和M149出土日用陶器

1. M79出土仿铜陶礼器

2. M115出土仿铜陶礼器

M79和M115出土仿铜陶礼器

1. 罋（M4：5）

2. 罋（M4：6）

3. 罋（M4：7）

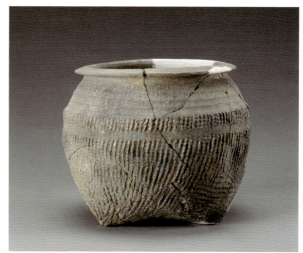

4. 罋（M4：8）

5. 罋（M4：9）

6. 罋（M5：2）

陶罋

1. 鬲（M5：6）

2. 鬲（M9：5）

3. 鬲（M9：6）

4. 鬲（M10：3）

5. 鬲（M12：4）

6. 鬲（M12：8）

陶鬲

1. 鬲（M16∶2）

2. 鬲（M16∶5）

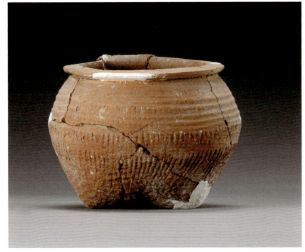

3. 鬲（M22∶5）

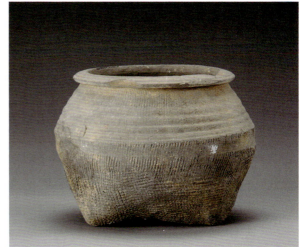

4. 鬲（M23∶1）

5. 鬲（M23∶3）

6. 鬲（M23∶5）

陶鬲

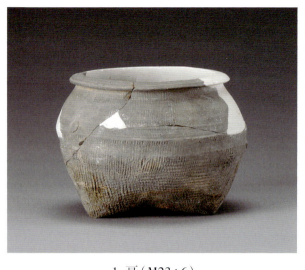

1. 鬲（M23：6）

2. 鬲（M25：4）

3. 鬲（M25：8）

4. 鬲（M26：1）

5. 鬲（M26：5）

6. 鬲（M27：1）

陶鬲

1. 鬲（M27：2）

2. 鬲（M27：5）

3. 鬲（M27：14）

4. 鬲（M28：3）

5. 鬲（M28：6）

6. 鬲（M28：13）

陶鬲

1. 鬲（M28：16）

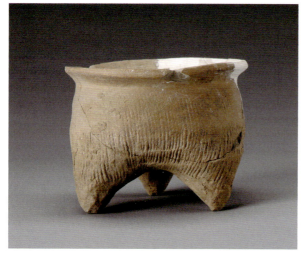

2. 鬲（M34：5）

3. 鬲（M34：6）

4. 鬲（M34：7）

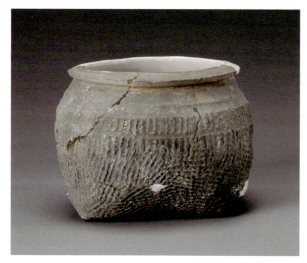

5. 鬲（M36：2）

6. 鬲（M38：3）

陶鬲

1. 鬲（M38：4）

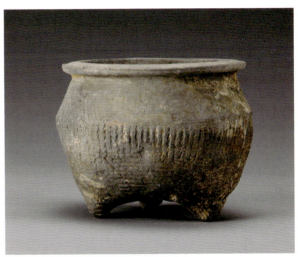

2. 鬲（M40：2）

3. 鬲（M40：6）

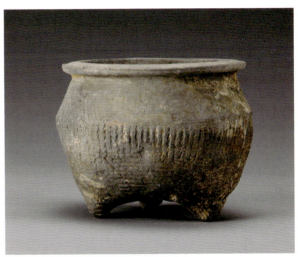

4. 鬲（M40：7）

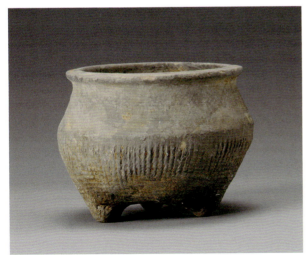

5. 鬲（M40：10）

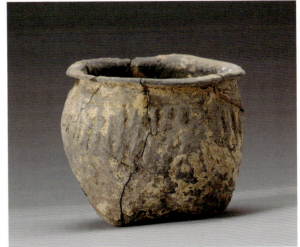

6. 鬲（M43：1）

陶鬲

1. 鬲（M43：3）

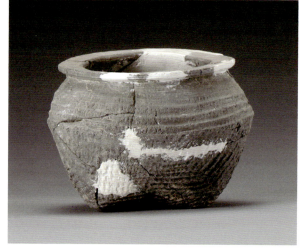

3. 鬲（M44：8）

2. 鬲（M44：4）

4. 鬲（M44：9）

5. 鬲（M44：14）

6. 鬲（M45：6）

陶鬲

1. 鬲（M45：7）

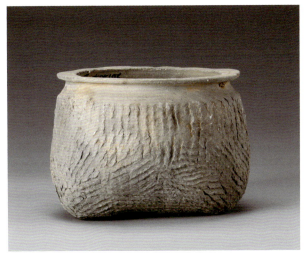

2. 鬲（M49：1）

3. 鬲（M49：6）

4. 鬲（M52：5）

5. 鬲（M52：7）

6. 鬲（M52：8）

陶鬲

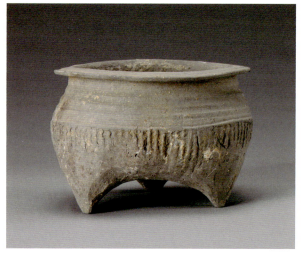

1. 鬲（M52：14）

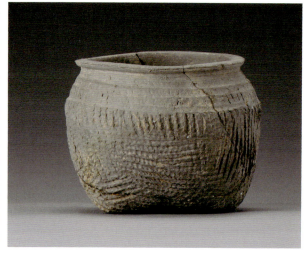

2. 鬲（M61：1）

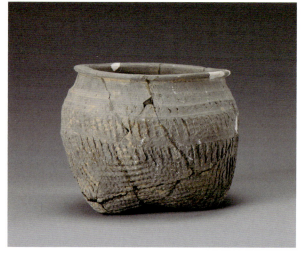

3. 鬲（M61：3）

4. 鬲（M61：9）

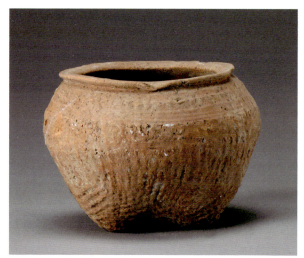

5. 鬲（M63：3）

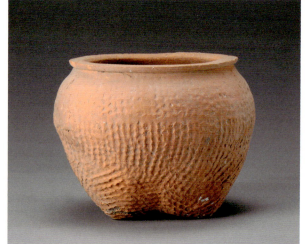

6. 鬲（M63：5）

陶鬲

1. 鬲（M66：4）

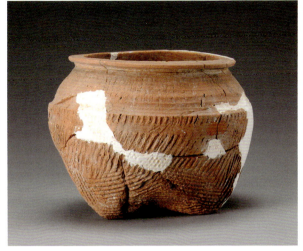

2. 鬲（M66：6）

3. 鬲（M67：1）

4. 鬲（M67：3）

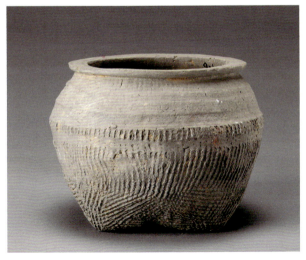

5. 鬲（M67：6）

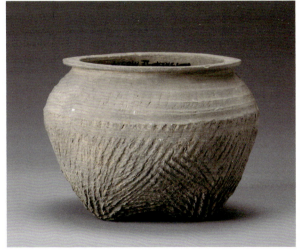

6. 鬲（M68：4）

陶鬲

1. 鬲（M68∶6）

2. 鬲（M69∶2）

3. 鬲（M73∶1）

4. 鬲（M73∶7）

5. 鬲（M74∶8）

6. 鬲（M74∶9）

陶鬲

1. 鬲（M74：14）

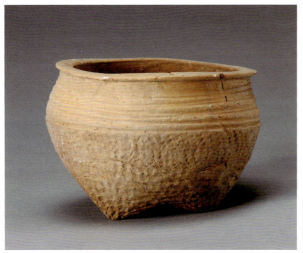

2. 鬲（M74：15）

3. 鬲（M78：2）

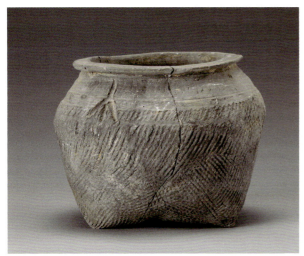

4. 鬲（M78：3）

5. 鬲（M80：1）

6. 鬲（M80：3）

陶鬲

1. 鬲（M81：3）

2. 鬲（M81：4）

3. 鬲（M85：1）

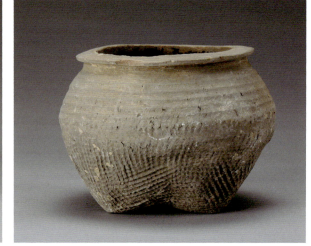

4. 鬲（M86：3）

5. 鬲（M86：5）

6. 鬲（M86：10）

陶鬲

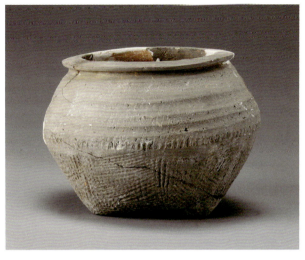

1. 鬲（M86∶11）

2. 鬲（M95∶6）

3. 鬲（M95∶7）

4. 鬲（M95∶8）

5. 鬲（M95∶9）

6. 鬲（M96∶1）

陶鬲

1. 鬲（M103：5）

2. 鬲（M113：1）

3. 鬲（M113：3）

4. 鬲（M126：3）

5. 鬲（M126：5）

6. 鬲（M126：10）

陶鬲

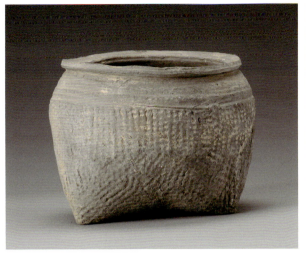

1. 鬲（M128：2）

2. 鬲（M128：3）

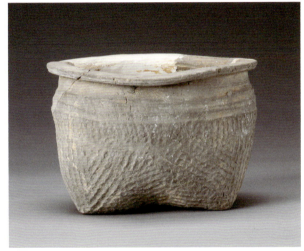

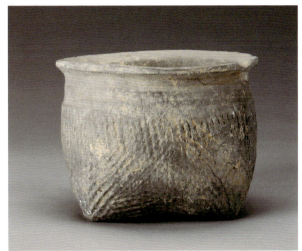

3. 鬲（M128：7）

4. 鬲（M128：14）

5. 鬲（M136：3）

6. 鬲（M136：6）

陶鬲

1. 鬲（M136：10）

2. 鬲（M137：6）

3. 鬲（M137：7）

4. 鬲（M137：10）

5. 鬲（M137：11）

6. 鬲（M138：1）

陶鬲

1. 鬲（M138：4）　　　　　　　　2. 鬲（M138：8）

3. 鬲（M138：16）　　　　　　　　4. 鬲（M139：7）

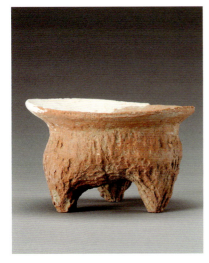

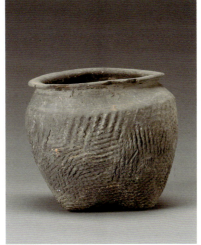

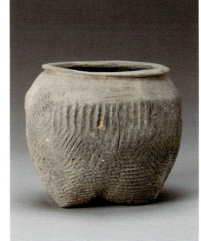

5. 鬲（M139：9）　　　　6. 鬲（M140：2）　　　　7. 鬲（M140：8）

陶鬲

1. 鬲（M142：1）

2. 鬲（M142：3）

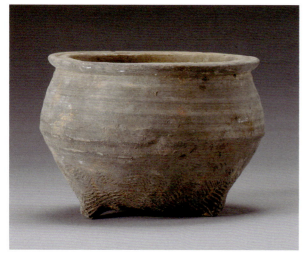

3. 鬲（M142：10）

4. 鬲（M142：11）

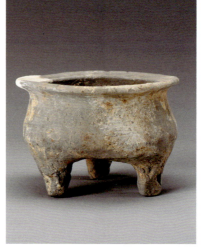

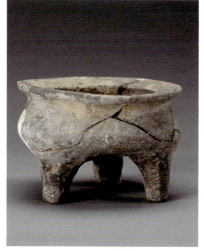

5. 鬲（M144：10）

6. 鬲（M144：11）

7. 鬲（M144：12）

陶鬲

1. 鬲（M144：15）

2. 鬲（M145：5）

3. 鬲（M145：6）

4. 鬲（M149：3）

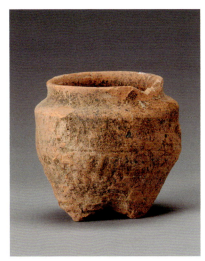

5. 鬲（M149：4）

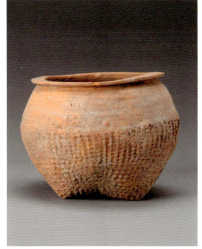

6. 鬲（M150：1）

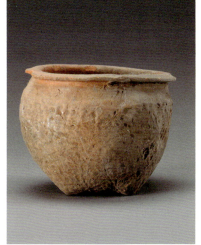

7. 鬲（M150：2）

陶鬲

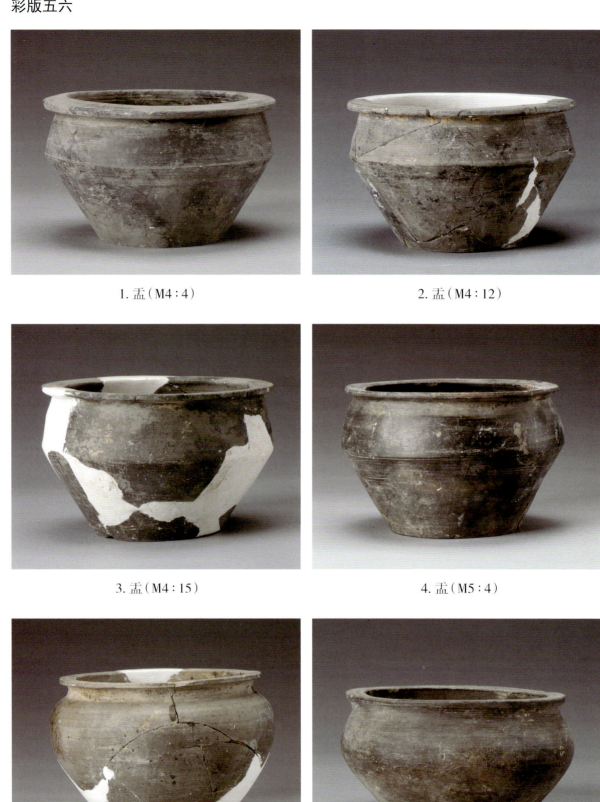

1. 盂（M4：4）　　　　　2. 盂（M4：12）

3. 盂（M4：15）　　　　　4. 盂（M5：4）

5. 盂（M5：7）　　　　　6. 盂（M9：3）

陶盂

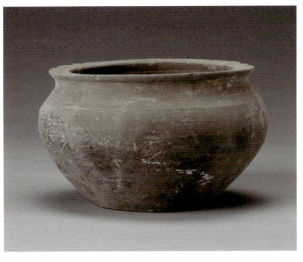

1. 盂（M9：8）

2. 盂（M12：3）

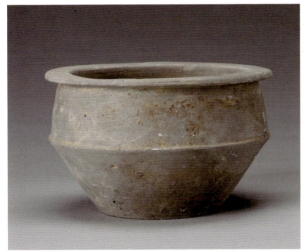

3. 盂（M12：7）

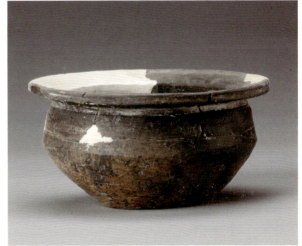

4. 盂（M14：7）

5. 盂（M14：10）

6. 盂（M16：1）

陶盂

1. 盂（M16：4）

2. 盂（M22：2）

3. 盂（M22：3）

4. 盂（M23：2）

5. 盂（M23：4）

6. 盂（M25：2）

陶盂

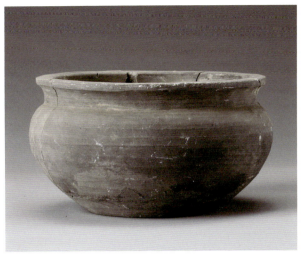

1. 盂（M25∶7）

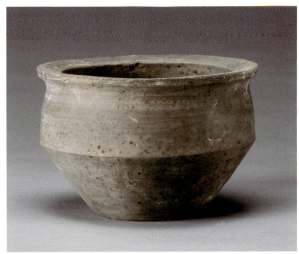

2. 盂（M26∶6）

3. 盂（M26∶7）

4. 盂（M27∶6）

5. 盂（M27∶7）

6. 盂（M27∶15）

陶盂

1. 盂（M27：16）

2. 盂（M28：5）

3. 盂（M28：9）

4. 盂（M28：10）

5. 盂（M34：1）

6. 盂（M34：2）

陶盂

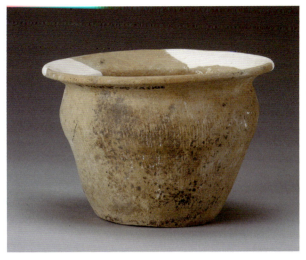

1. 盂（M34∶4）

2. 盂（M34∶12）

3. 盂（M35∶1）

4. 盂（M36∶3）

5. 盂（M36∶4）

6. 盂（M36∶5）

陶盂

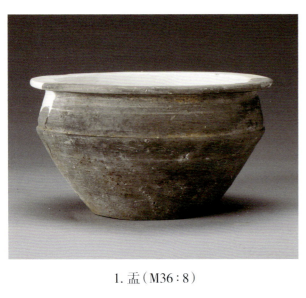

1. 盂（M36：8）

2. 盂（M38：5）

3. 盂（M38：6）

4. 盂（M38：7）

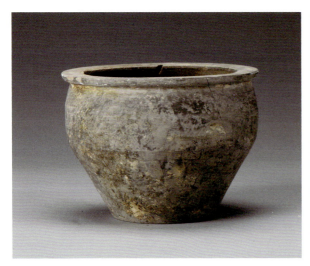

5. 盂（M40：1）

6. 盂（M40：5）

陶盂

1. 盂（M40：11）

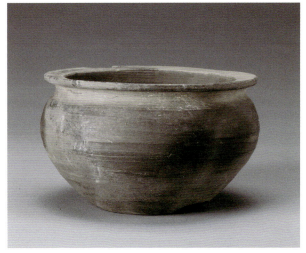

2. 盂（M40：14）

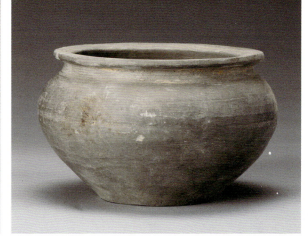

3. 盂（M43：2）

4. 盂（M43：4）

5. 盂（M44：7）

6. 盂（M44：11）

陶盂

1. 盂（M44：12）

2. 盂（M44：13）

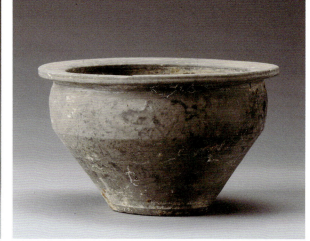

3. 盂（M45：2）

4. 盂（M45：3）

5. 盂（M49：2）

6. 盂（M49：3）

陶盂

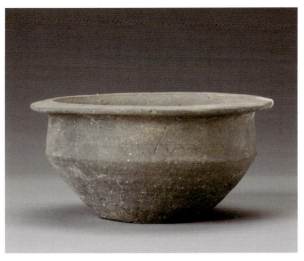

1. 盂（M52：1）

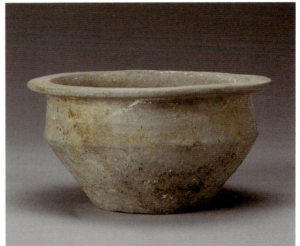

2. 盂（M52：3）

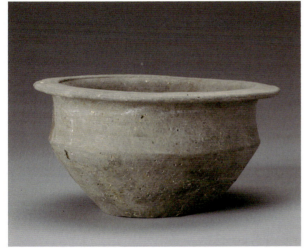

3. 盂（M52：6）

4. 盂（M52：11）

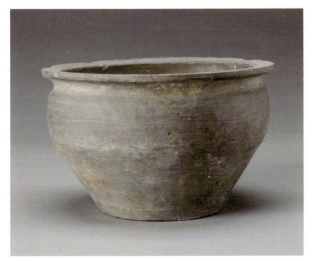

5. 盂（M61：4）

6. 盂（M61：8）

陶盂

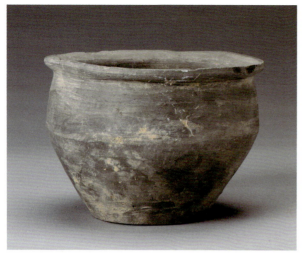

1. 盂（M63：1）

2. 盂（M63：2）

3. 盂（M66：5）

4. 盂（M67：5）

5. 盂（M67：8）

6. 盂（M68：5）

陶盂

1. 盂（M69：5）

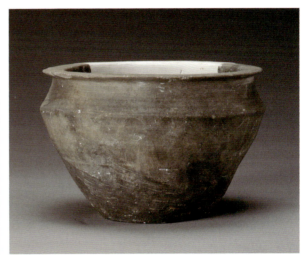

2. 盂（M73：5）

3. 盂（M74：3）

4. 盂（M74：4）

5. 盂（M74：6）

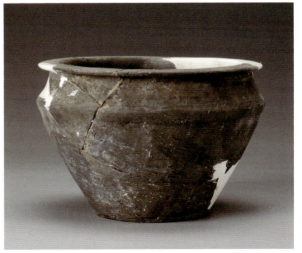

6. 盂（M74：16）

陶盂

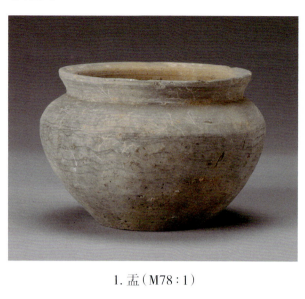

1. 盂（M78：1）　　　　　　2. 盂（M78：4）

3. 盂（M78：6）　　　　　　4. 盂（M80：7）

5. 盂（M80：8）　　　　　　6. 盂（M81：5）

陶盂

1. 盂（M81：6）

3. 盂（M85：6）

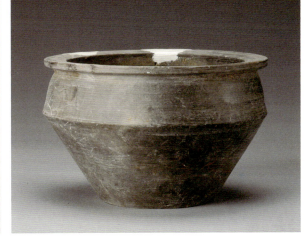

4. 盂（M85：7）

5. 盂（M85：8）

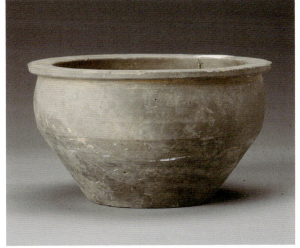

6. 盂（M86：2）

陶盂

1. 盂（M86∶4）

2. 盂（M86∶6）

3. 盂（M95∶5）

4. 盂（M95∶10）

5. 盂（M95∶11）

6. 盂（M95∶12）

陶盂

1. 盂（M96：4）

2. 盂（M96：5）

3. 盂（M103：2）

4. 盂（M113：2）

5. 盂（M113：4）

6. 盂（M128：5）

陶盂

1. 盂（M128：11）

2. 盂（M128：13）

3. 盂（M128：16）

4. 盂（M134：3）

5. 盂（M136：2）

6. 盂（M136：9）

陶盂

1. 盂（M137：3）

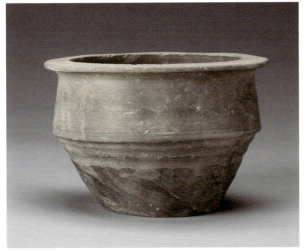

2. 盂（M137：4）

3. 盂（M137：8）

4. 盂（M137：16）

5. 盂（M138：9）

6. 盂（M138：13）

陶盂

1. 盂（M138：14）

2. 盂（M138：15）

3. 盂（M139：2）

4. 盂（M139：5）

5. 盂（M139：6）

6. 盂（M139：11）

陶盂

1. 盂（M140：4）

2. 盂（M140：5）

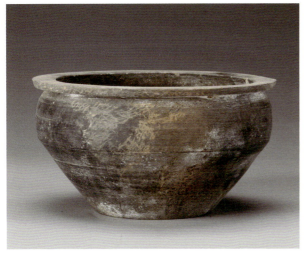

3. 盂（M142：6）

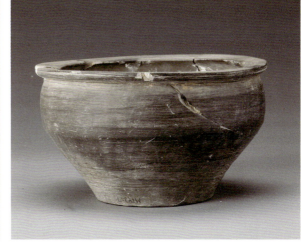

4. 盂（M142：7）

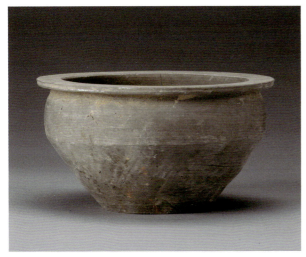

5. 盂（M142：8）

6. 盂（M142：9）

陶盂

1. 盂（M144：1）

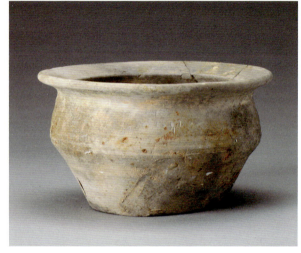

2. 盂（M144：2）

3. 盂（M144：6）

4. 盂（M144：16）

5. 盂（M145：1）

6. 盂（M145：2）

陶盂

1. 盂（M150：3）

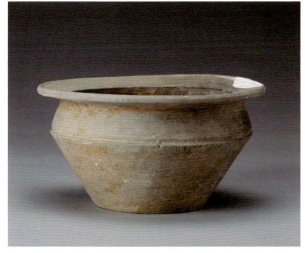

2. 盂（M150：4）

3. 盂（M155：2）

4. 盂（M155：3）

5. 豆（M4：10）

6. 豆（M4：11）

陶盂和陶豆

1. 豆（M5：3）

2. 豆（M5：5）

3. 豆（M9：4）

4. 豆（M9：7）

5. 豆（M12：1）

6. 豆（M12：2）

陶豆

1. 豆（M14：3）

2. 豆（M14：6）

3. 豆（M14：9）

4. 豆（M16：3）

5. 豆（M16：7）

6. 豆（M25：5）

陶豆

1. 豆（M25：6）

2. 豆（M26：4）

3. 豆（M26：8）

4. 豆（M27：3）

5. 豆（M27：4）

6. 豆（M27：8）

陶豆

1. 豆（M27：9）

2. 豆（M28：7）

3. 豆（M28：11）

4. 豆（M28：14）

5. 豆（M28：15）

6. 豆（M34：8）

陶豆

1. 豆（M34：9）

2. 豆（M34：10）

3. 豆（M37：4）

4. 豆（M37：5）

5. 豆（M38：11）

6. 豆（M38：12）

陶豆

1. 豆（M40：9）

2. 豆（M40：12）

3. 豆（M43：5）

4. 豆（M43：6）

5. 豆（M44：2）

6. 豆（M44：10）

陶豆

1. 豆（M45：5）

2. 豆（M49：4）

3. 豆（M52：9）

4. 豆（M52：12）

5. 豆（M52：15）

6. 豆（M61：6）

陶豆

1. 豆（M66：2）

2. 豆（M66：3）

3. 豆（M68：2）

4. 豆（M68：3）

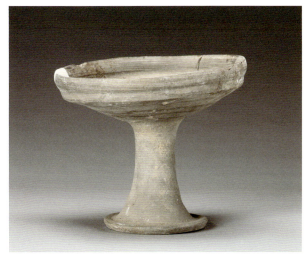

5. 豆（M69：1）

6. 豆（M69：4）

陶豆

1. 豆（M73：4）

2. 豆（M73：6）

3. 豆（M74：2）

4. 豆（M74：7）

5. 豆（M74：10）

6. 豆（M74：11）

陶豆

1. 豆（M80：6）

2. 豆（M82：1）

3. 豆（M85：9）

4. 豆（M85：10）

5. 豆（M85：11）

6. 豆（M85：12）

陶豆

1. 豆（M86：9）

2. 豆（M96：3）

3. 豆（M103：3）

4. 豆（M103：4）

5. 豆（M126：6）

6. 豆（M126：7）

陶豆

1. 豆（M126：9）

2. 豆（M126：11）

3. 豆（M128：6）

4. 豆（M128：9）

5. 豆（M128：10）

6. 豆（M128：15）

陶豆

1. 豆（M129：13）

2. 豆（M129：17）

3. 豆（M129：18）

4. 豆（M129：19）

5. 豆（M129：20）

6. 豆（M129：21）

陶豆

1. 豆（M129：22）

2. 豆（M136：1）

3. 豆（M136：7）

4. 豆（M136：8）

5. 豆（M137：5）

6. 豆（M137：14）

陶豆

1. 豆（M137：15）

2. 豆（M138：5）

3. 豆（M138：6）

4. 豆（M138：10）

5. 豆（M139：10）

6. 豆（M140：3）

陶豆

1. 豆（M140：7）

2. 豆（M142：13）

3. 豆（M142：14）

4. 豆（M144：8）

5. 豆（M144：9）

6. 豆（M144：13）

7. 豆（M144：14）

陶豆

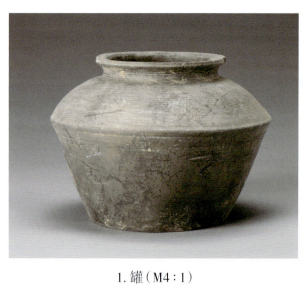

1. 罐（M4：1）

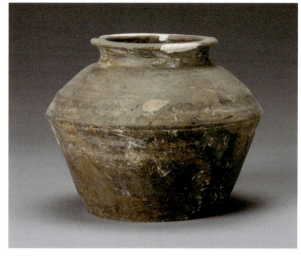

2. 罐（M4：2）

3. 罐（M4：3）

4. 罐（M9：1）

5. 罐（M9：2）

6. 罐（M12：5）

陶罐

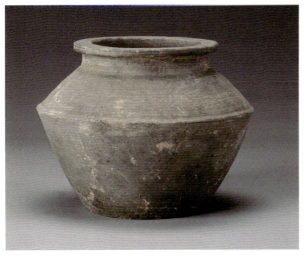

1. 罐（M12：6）

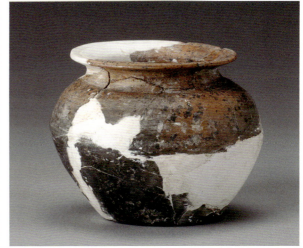

2. 罐（M14：8）

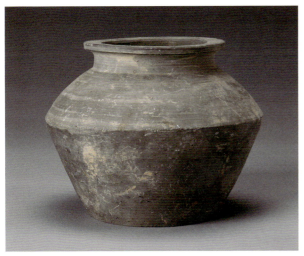

3. 罐（M16：6）

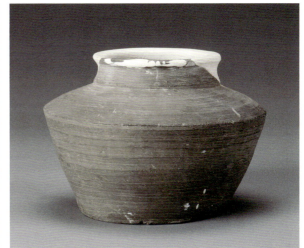

4. 罐（M22：1）

5. 罐（M22：6）

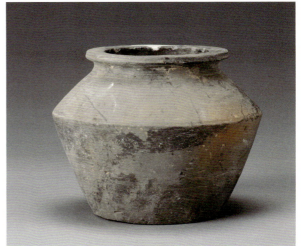

6. 罐（M25：1）

陶罐

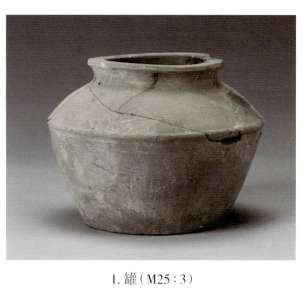

1. 罐（M25：3）

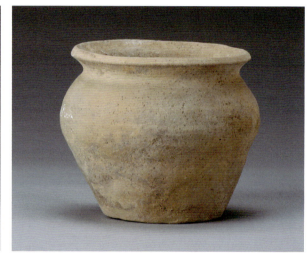

2. 罐（M26：2）

3. 罐（M26：3）

4. 罐（M34：3）

5. 罐（M34：11）

6. 罐（M35：2）

陶罐

1. 罐（M36：1）

2. 罐（M37：1）

3. 罐（M37：2）

4. 罐（M37：3）

5. 罐（M38：1）

6. 罐（M38：2）

陶罐

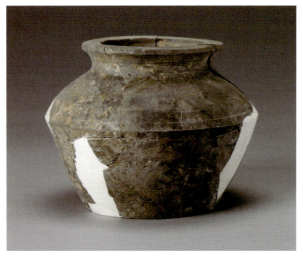

1. 罐（M40：3）

2. 罐（M40：4）

3. 罐（M40：8）

4. 罐（M40：13）

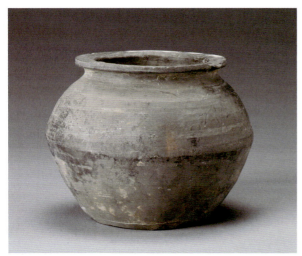

5. 罐（M43：7）

6. 罐（M43：8）

陶罐

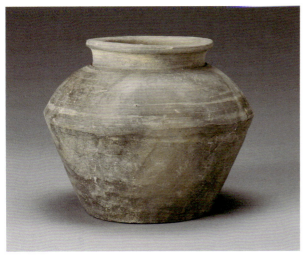

1. 罐（M44：1）

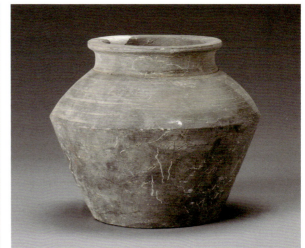

2. 罐（M44：3）

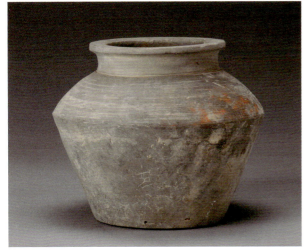

3. 罐（M44：5）

4. 罐（M44：6）

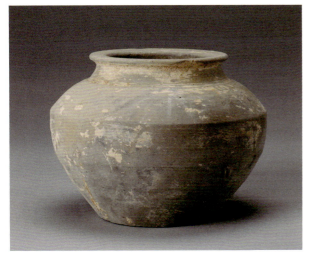

5. 罐（M45：1）

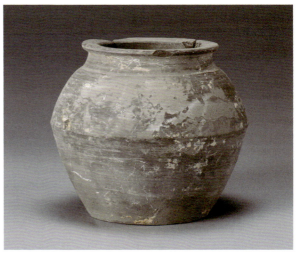

6. 罐（M45：4）

陶罐

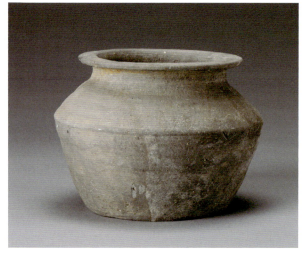

1. 罐（M52∶2）

2. 罐（M52∶4）

3. 罐（M52∶10）

4. 罐（M52∶13）

5. 罐（M61∶2）

6. 罐（M61∶5）

陶罐

1. 罐（M61：7）

2. 罐（M63：4）

3. 罐（M66：1）

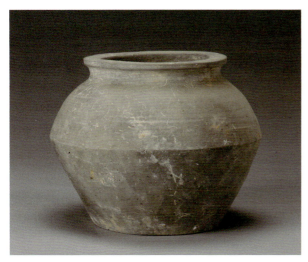

4. 罐（M66：7）

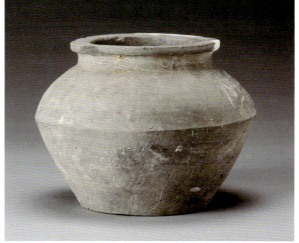

5. 罐（M67：2）

6. 罐（M67：4）

陶罐

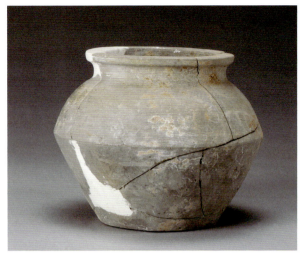

1. 罐（M67：7）

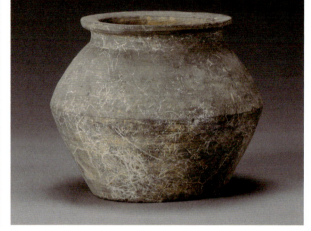

2. 罐（M68：1）

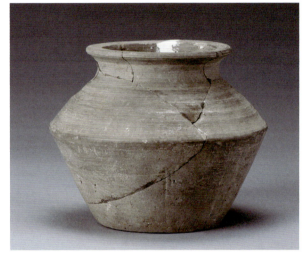

3. 罐（M69：3）

4. 罐（M73：2）

5. 罐（M73：3）

6. 罐（M74：1）

陶罐

1. 罐（M74：5）

2. 罐（M74：12）

3. 罐（M74：13）

4. 罐（M78：5）

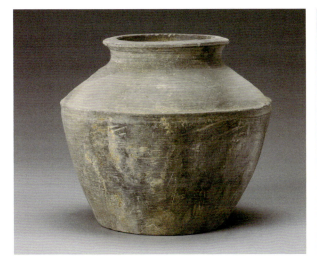

5. 罐（M80：2）

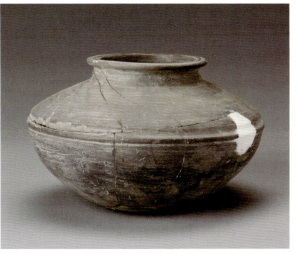

6. 罐（M80：4）

陶罐

1. 罐（M81：1）

2. 罐（M81：2）

3. 罐（M85：2）

4. 罐（M85：3）

5. 罐（M85：4）

6. 罐（M85：13）

陶罐

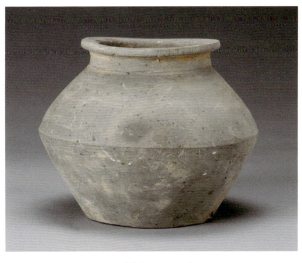

1. 罐（M86：1）

2. 罐（M86：7）

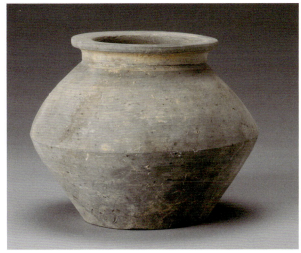

3. 罐（M86：8）

4. 罐（M95：1）

5. 罐（M95：2）

6. 罐（M95：3）

陶罐

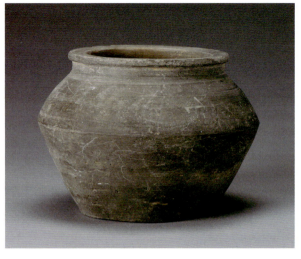

1. 罐（M95：4）

2. 罐（M96：2）

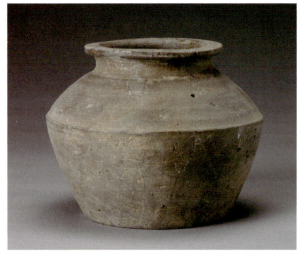

3. 罐（M103：1）

4. 罐（M126：1）

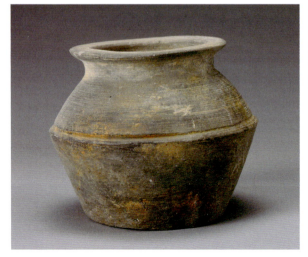

5. 罐（M126：2）

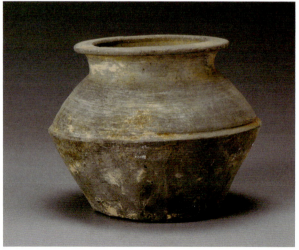

6. 罐（M126：8）

陶罐

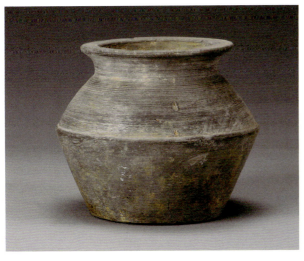

1. 罐（M126：12）

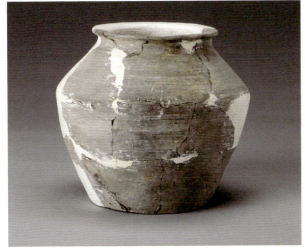

2. 罐（M128：1）

3. 罐（M128：4）

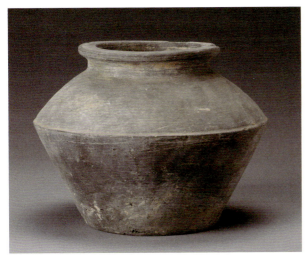

4. 罐（M128：8）

5. 罐（M128：12）

6. 罐（M134：1）

陶罐

1. 罐（M134：2）

2. 罐（M136：4）

3. 罐（M136：5）

4. 罐（M137：1）

5. 罐（M137：2）

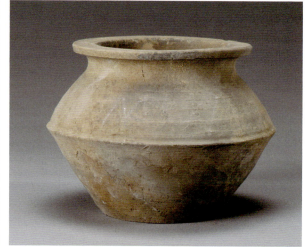

6. 罐（M137：12）

陶罐

1. 罐（M137：13）

2. 罐（M138：2）

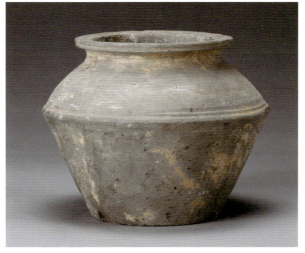

3. 罐（M138：3）

4. 罐（M138：11）

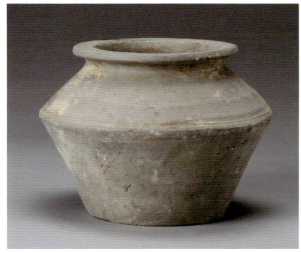

5. 罐（M138：12）

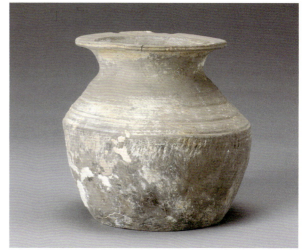

6. 罐（M139：3）

陶罐

1. 罐（M139：4）

2. 罐（M139：8）

3. 罐（M140：1）

4. 罐（M140：6）

5. 罐（M142：2）

6. 罐（M142：4）

陶罐

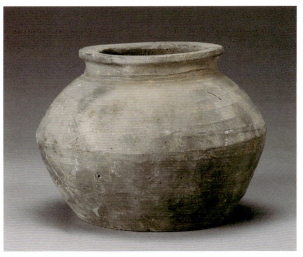

1. 罐（M142：5）

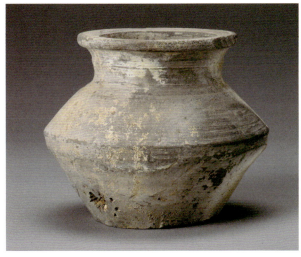

2. 罐（M142：12）

3. 罐（M144：3）

4. 罐（M144：4）

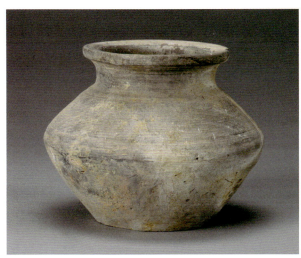

5. 罐（M144：5）

6. 罐（M144：7）

陶罐

1. 罐（M145：3）

2. 罐（M145：4）

3. 罐（M149：1）

4. 罐（M149：2）

5. 罐（M150：5）

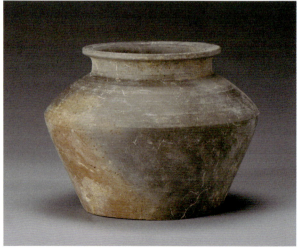

6. 罐（M150：6）

陶罐

1. 罐（M155：1）

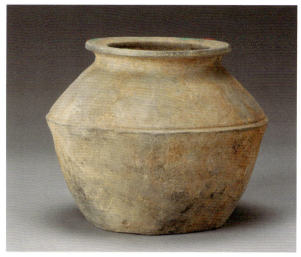

2. 罐（采集：1）

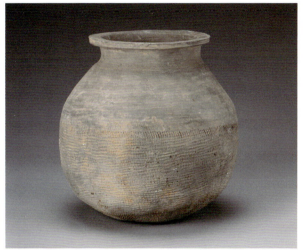

3. 圜底罐（M5：1）

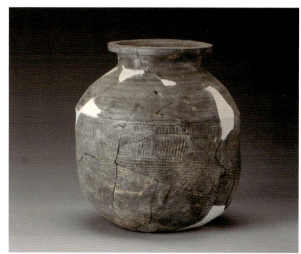

4. 圜底罐（M5：8）

5. 圜底罐（M10：1）

6. 圜底罐（M27：10）

陶罐和陶圜底罐

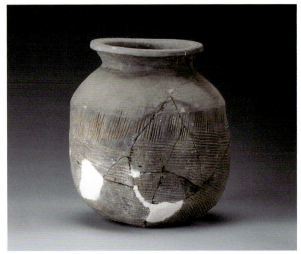

1. 圜底罐（M27：11）

2. 圜底罐（M27：12）

3. 圜底罐（M27：13）

4. 圜底罐（M28：1）

5. 圜底罐（M28：2）

6. 圜底罐（M28：8）

陶圜底罐

1. 圜底罐（M28：12）

2. 圜底罐（采集：2）

3. 鼎（M115：2）

4. 鼎（M129：1）

5. 鼎（M129：2）

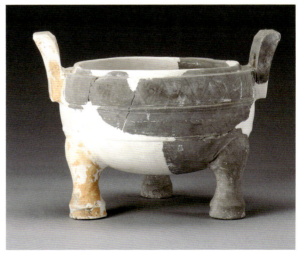

6. 鼎（M129：3）

陶圜底罐和陶鼎

1. 盖豆（M79：6）

2. 盖豆（M115：1）

3. 盖豆（M129：15）

4. 盖豆（M129：16）

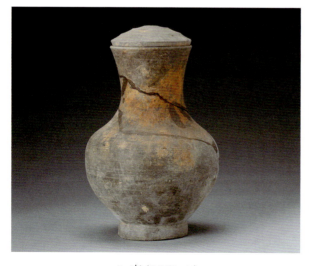

5. 壶（M79：1）

6. 壶（M79：3）

陶盖豆和陶壶

1. 壶（M115：3）

2. 高柄小壶（M79：2）

3. 盘局部（M79：8）

4. 盘（M79：8）

5. 盘（M129：9）

6. 盘背面（M129：9）

陶壶和陶盘

1. 盘（M129:8）

2. 匜（M79:7）

3. 器盖（M129:4）

4. 器盖（M129:7）

5. 泥质器（M14:11-3）

6. 泥质器（M22:4）

陶盘、陶匜、陶器盖和泥质器

1. 泥质器（M40：15）

2. 泥质器（M49：10-1、2、4、5）

3. 泥质器（M61：10）

4. 泥质器（M85：15-1、2、3）

5. 泥质器（M85：15-4）

6. 铜璜（M110：6）

7. 铜璜（M114：1）

泥质器和铜器

1. 铜鼎（M139：1）

2. 铜璜（M146：1）

3. 琉璃器、水晶珠（M110：3-1、2、3）

4. 玉圭（M110：4）

5. 玉饰（M110：5）

6. 玛瑙环（M106：1）

铜器、琉璃器、水晶器、玉器和玛瑙器

1. 水晶环（M110∶1）

2. 玛瑙环（M110∶2）

3. 铁器（M94∶1）

4. 蚌贝（M37∶6）

5. 陶豆刻符（M4∶10）

6. 陶豆刻符（M4∶11）

水晶器、玛瑙器、铁器、蚌器和陶豆刻符

1. 陶豆刻符（M5：3）

2. 陶豆刻符（M5：5）

3. 陶豆刻符（M16：3）

4. 陶豆刻符（M16：7）

5. 陶豆刻符（M25：5）

6. 陶豆刻符（M25：6）

陶豆刻符

1. 陶豆刻符（M26：4）

2. 陶豆刻符（M26：8）

3. 陶豆刻符（M37：4）

4. 陶豆刻符（M37：5）

5. 陶豆刻符（M40：12）

6. 陶豆刻符（M43：5）

陶豆刻符

1. 陶豆刻符（M43∶6）

2. 陶豆刻符（M44∶2）

3. 陶豆刻符（M44∶10）

4. 陶豆刻符（M45∶5）

5. 陶豆刻符（M61∶6）

6. 陶豆刻符（M66∶2）

陶豆刻符

1. 陶豆刻符（M66：3）

2. 陶豆刻符（M68：2）

3. 陶豆刻符（M68：3）

4. 陶豆刻符（M73：4）

5. 陶豆刻符（M73：6）

6. 陶豆刻符（M74：2）

陶豆刻符

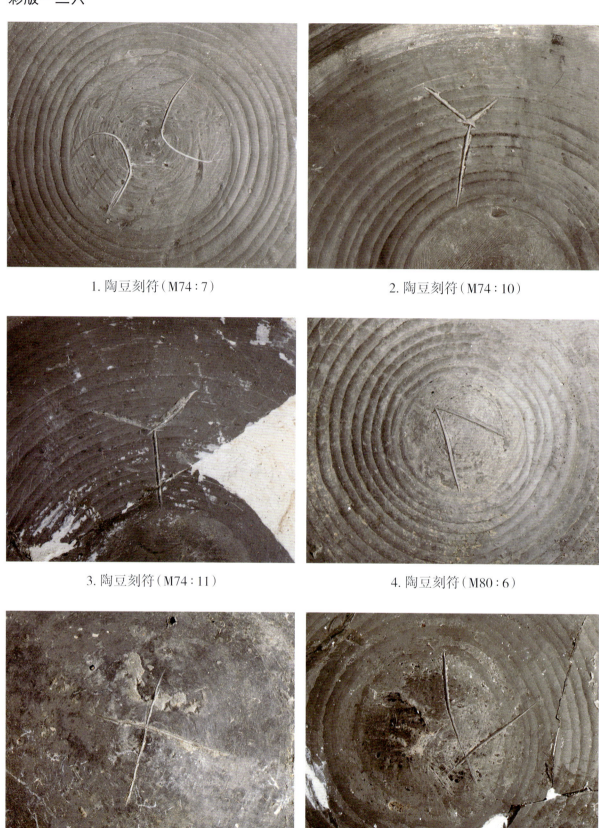

1. 陶豆刻符（M74：7）

2. 陶豆刻符（M74：10）

3. 陶豆刻符（M74：11）

4. 陶豆刻符（M80：6）

5. 陶豆刻符（M82：1）

6. 陶豆刻符（M85：9）

陶豆刻符

1. 陶豆刻符（M85：10）

2. 陶豆刻符（M85：11）

3. 陶豆刻符（M85：12）

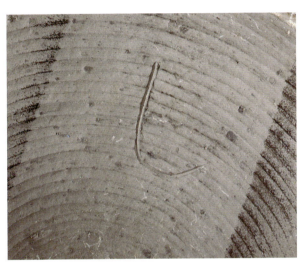

4. 陶豆刻符（M86：9）

5. 陶豆刻符（M103：3）

6. 陶豆刻符（M103：4）

陶豆刻符

1. 陶豆刻符（M128：10）

2. 陶豆刻符（M136：7）

3. 陶豆刻符（M136：8）

4. 陶豆刻符（M140：3）

5. 陶豆刻符（M140：7）

6. 陶豆刻符（M142：13）

陶豆刻符

1. 陶豆刻符（M142：14）

2. 陶豆纹饰（M129：13）

3. 陶豆纹饰（M129：17）

4. 陶豆纹饰（M129：18）

5. 陶豆纹饰（M129：19）

6. 陶豆纹饰（M129：22）

陶豆刻符和陶豆纹饰

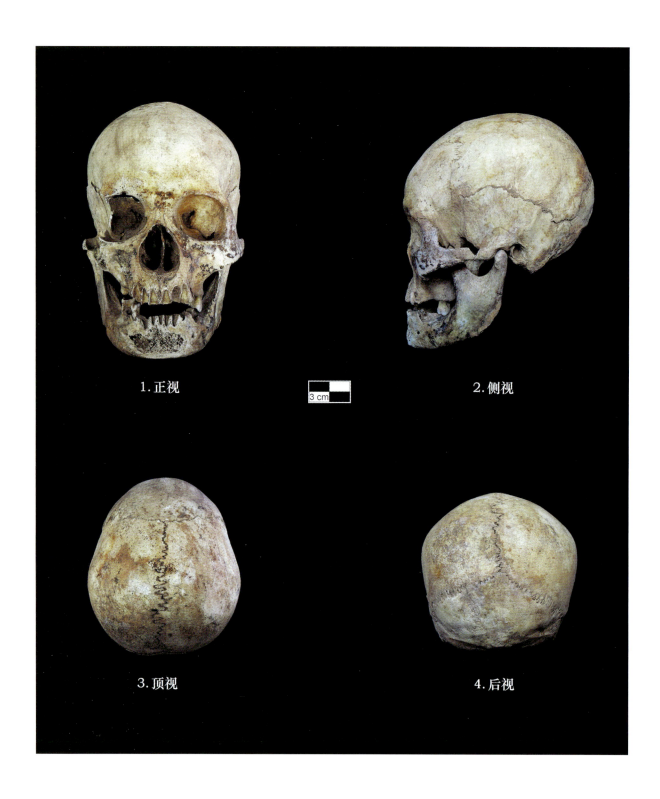

1. 正视

3 cm

2. 侧视

3. 顶视

4. 后视

M68颅骨（女性）

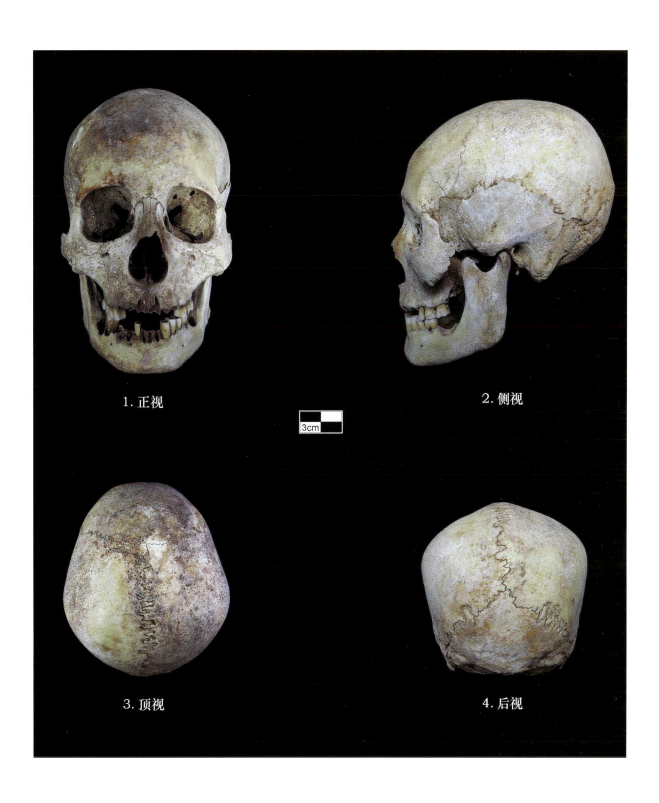

1. 正视

3cm

2. 侧视

3. 顶视

4. 后视

M84颅骨（男性）